CB060746

AS MINHAS RECEITAS DE BACALHAU

500 receitas

AS MINHAS RECEITAS DE BACALHAU

500 receitas

VÍTOR SOBRAL

Editora Senac São Paulo – São Paulo – 2013

ADMINISTRAÇÃO REGIONAL DO SENAC NO ESTADO DE SÃO PAULO

Presidente do Conselho Regional:
Abram Szajman

Diretor do Departamento Regional:
Luiz Francisco de A. Salgado

Superintendente Universitário e de Desenvolvimento:
Luiz Carlos Dourado

EDITORA SENAC SÃO PAULO

Conselho Editorial:
Luiz Francisco de A. Salgado
Luiz Carlos Dourado
Darcio Sayad Maia
Lucila Mara Sbrana Sciotti
Jeane Passos de Souza

Gerente/Publisher:
Jeane Passos de Souza (jpassos@sp.senac.br)

Coordenação Editorial/Prospecção:
Luís Américo Tousi Botelho (luis.tbotelho@sp.senac.br)
Dolores Crisci Manzano (dolores.cmanzano@sp.senac.br)

Comercial:
comercial@editorasenacsp.com.br

Administrativo:
grupoedsadministrativo@sp.senac.br

Edição de Texto:
Rafael Barcellos Machado

Preparação de Texto:
Eloiza Helena Rodrigues

Revisão de Texto:
Globaltec Editora Ltda.
Ivone P. B. Groenitz (coord.)

Projeto Gráfico, Capa e Editoração Eletrônica:
R.2 Comunicação

Fotografias:
Nicolas Lemonnier, com exceção de:
p. 12: Ana Russo
pp. 22, 29, 31, 32, 34, 38, 40: Norge – Conselho Norueguês da Pesca

Impressão e Acabamento:
Gráfica A. S. Pereira

Proibida a reprodução sem autorização expressa.
Todos os direitos reservados.

Editora Senac São Paulo
Rua 24 de Maio, 208 – 3º andar – Centro
CEP 01041-000 – São Paulo – SP
Caixa Postal 1120 – CEP 01032-970
Tel.(11) 2187-4450 – Fax (11) 2187-4486
editora@sp.senac.br
http://www.editorasenacsp.com.br

Dados Internacionais de Catalogação na Publicação (CIP)
(Jeane Passos de Souza – CRB 8ª/6189)

Sobral, Vítor
    As minhas receitas de bacalhau : 500 receitas / Vítor Sobral. – São Paulo: Editrora Senac São Paulo, 2013.

    ISBN 978-85-396-0355-8

    1. Bacalhau (Culinária) 2. Bacalhau (Receitas) 3. Bacalhau da Noruega I. Título.

13-096s   CDD-641.692

Índice para catálogo sistemático:
1. Gastronomia : Bacalhau (Culinária)   641.692

SUMÁRIO

7	**NOTA DA EDIÇÃO BRASILEIRA**
9	**BACALHAU É DA NORUEGA**

11 APRESENTAÇÃO

13	**AS PALAVRAS DE MARIA DE LOURDES MODESTO**
14	**AGRADECIMENTOS**

17 BACALHAU DA NORUEGA

19	**A HISTÓRIA**
19	O início da tradição
19	O mar da Noruega
20	A chegada do Bacalhau a Portugal
20	A tradição popular
20	O fiel amigo
21	O rei da Páscoa e do Natal
23	**O BACALHAU COMO FONTE DE INSPIRAÇÃO**
23	Ditos e expressões populares
23	A inspiração de escritores e compositores
25	**ORIGEM DE ALGUMAS RECEITAS DE BACALHAU**
27	**CICLO DE VIDA DO BACALHAU**
29	**A FAMÍLIA DO BACALHAU**
29	Bacalhau - O tesouro do mar da Noruega
29	Bacalhau (*Gadus morhua*)
31	Ling ou Maruca (*Molva molva*)
31	Zarbo (*Brosmius brosme*)
31	Saithe ou Escamudo (*Pollachius virens*)
33	**A PESCA DO FIEL AMIGO NOS DIAS DE HOJE**
33	A pesca sustentável na Noruega
35	A indústria da aquicultura
35	Práticas de pesca responsáveis
35	O papel das autoridades e dos operadores de mercado
36	Acordos com outros países participantes
36	Cotas de pesca e gestão de estoques
37	Distribuição das cotas pesqueiras
37	Medidas e instrumentos de regulamentação
37	Medidas bem-sucedidas
39	Cumprimento das cotas
39	Aquicultura
41	**PREPARAR O BACALHAU**
41	O processo de transformação do bacalhau

43	**CATEGORIAS E CLASSIFICAÇÃO**
43	Segredos na escolha do melhor Bacalhau
45	Bacalhau fresco e Bacalhau salgado seco
49	**CORTES DE BACALHAU**
49	Outras formas de bacalhau
51	**A IMPORTÂNCIA DE UMA BOA DEMOLHA**
51	Como Conservar todo o sabor do Bacalhau da Noruega
53	**SEGREDOS NA CONFECÇÃO DO BACALHAU**
55	**O QUE NÃO PODE FALTAR NAS MINHAS RECEITAS DE BACALHAU**
56	**TRUQUES, DICAS E OUTROS CONSELHOS**
60	**ERVAS AROMÁTICAS**
63	**MESA PARA DEZ**

65 RECEITAS-BASE

83 SOPAS

137 SALADAS & PETISCOS

205 RECEITAS DE FAMÍLIA

391 RECEITAS DO AUTOR

577 ÍNDICE DAS RECEITAS

NOTA DA EDIÇÃO BRASILEIRA

Os portugueses nutrem um profundo e reverente amor pelo bacalhau, o tradicional peixe do mar da Noruega, que é chamado carinhosamente por muitos de o "fiel amigo". Em *As minhas receitas de bacalhau: 500 receitas*, o renomado *chef* português, Vítor Sobral, evidencia esse amor lusitano e utiliza toda sua experiência para proporcionar um acervo de quinhentas receitas com o tão apreciado peixe, incluindo sopas, bolinhos, tortas, assados e muito mais.

Algumas das receitas encontradas neste livro utilizam ingredientes tipicamente portugueses, vários dos quais puderam ser substituídos por similares nacionais. Outros, no entanto, não possuem equivalentes por aqui. Por isso, em certos casos, manteve-se a referência ao produto original. Há, contudo, no Brasil, casas importadoras especializadas, que podem dispor de tais produtos, permitindo ao leitor apreciar com mais exatidão os sabores sugeridos pelo *chef* Vítor Sobral.

Produzido com a colaboração da Norge – Conselho Norueguês da Pesca, e publicado no Brasil pelo Senac São Paulo, este livro é, certamente, uma preciosa contribuição para a área gastronômica.

BACALHAU
É DA NORUEGA

A Norge – Conselho Norueguês da Pesca – em parceria com o prestigiado *chef* Vítor Sobral, convidam-no a viajar pelas águas frias e cristalinas da Noruega apreciando os sabores únicos e paladares inconfundíveis que só o bacalhau da Noruega proporciona.

Folheie as muitas páginas que preparamos para você e descubra tudo o que precisa saber acerca do melhor bacalhau. O da Noruega. História, origem, espécies, cortes, demolha, truques, dicas... partilhamos com você os principais segredos deste peixe. Tudo para que se torne um verdadeiro especialista em bacalhau.

Receitas-base, sopas, saladas e petiscos, de família ou do autor. Sugestões que contam a história do bacalhau e que encerram em si sabores únicos, fazendo do bacalhau da Noruega o rei da mesa. *As minhas receitas de bacalhau* são quinhentas receitas para experimentar em casa, com a família, amigos, ou a dois, pela combinação sábia dos mais diversos ingredientes.

O bacalhau da Noruega é o preferido dos portugueses e o escolhido para o preparo das mais variadas receitas. Um ingrediente versátil e criativo da gastronomia portuguesa que nos inspira todos os dias.

Com a ajuda da Norge e do *chef* Vítor Sobral, as suas receitas de bacalhau da Noruega podem tornar-se ainda mais especiais.

APRESENTAÇÃO

11

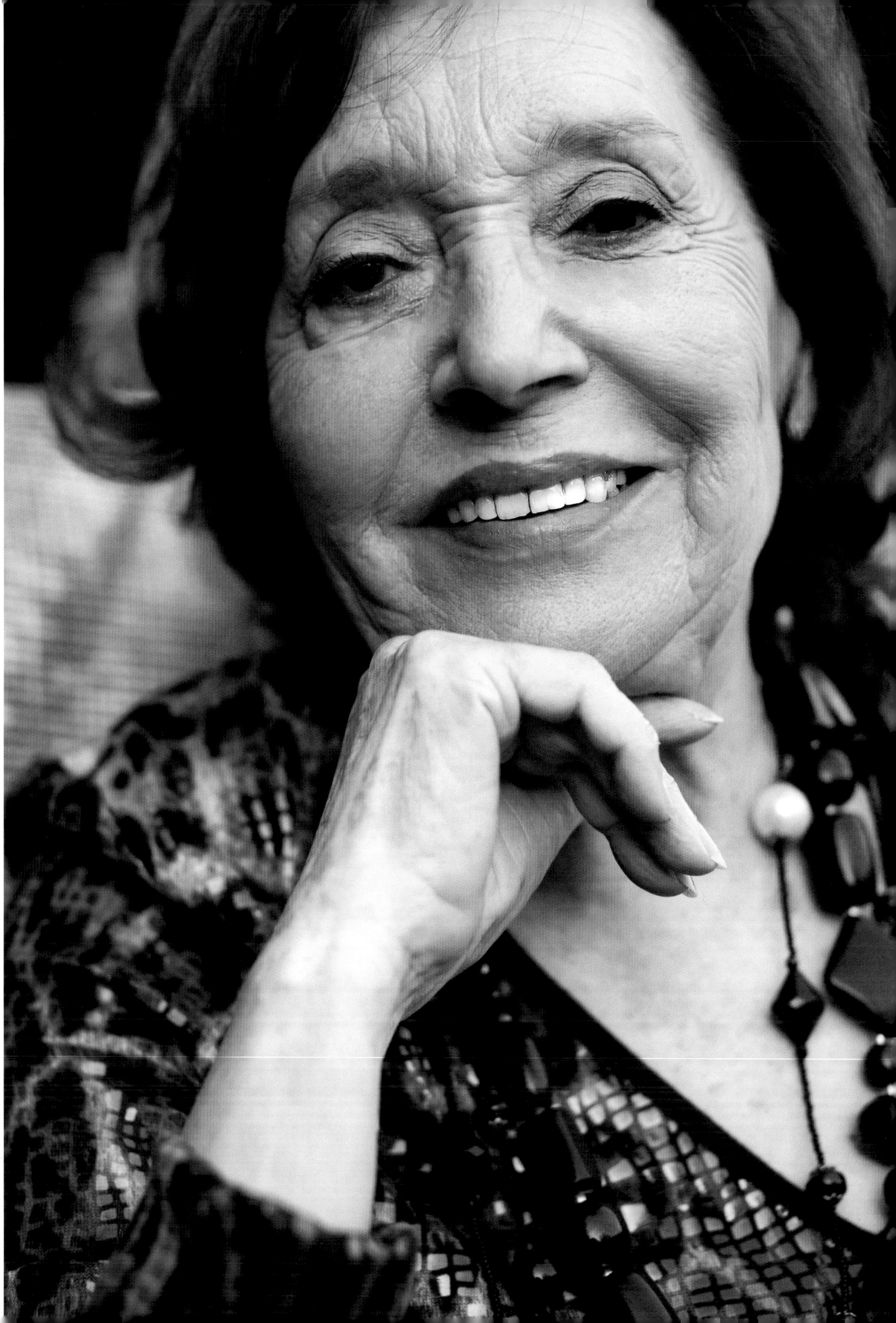

AS PALAVRAS DE MARIA DE LOURDES MODESTO

A avaliar pelo número de apresentações ou prefácios de livros que tenho feito nos últimos anos, produzidos pela chamada "Nova Geração" de *chefs* de cozinha, atrevo-me a considerar a minha cotação muito alta.

Desta vez, pede-me o meu querido amigo, e um dos mais talentosos cozinheiros portugueses da atualidade, Vítor Sobral, que apresente ao público o seu último trabalho por escrito, a que deu o nome de "*As minhas receitas de bacalhau*". Quinhentas receitas de bacalhau!!! Isto é um recorde histórico! Que diria deste livro o celebrado mestre Escoffier que num dos seus livros considera os portugueses como os melhores a cozinhar bacalhau? Estamos assim perante uma grande obra!

Apresentar Vítor Sobral, é uma tarefa quase impossível. A sua majestática figura, à la Bocuse, enchendo páginas inteiras dos mais variados jornais e revistas, é por demais conhecida e apreciada pelos portugueses, quer se interessem ou não por cozinha. Parafraseando Sacha Guitry[1] na apresentação do livro do grande Nignon,[2] "Eu não detesto as coisas inúteis, mas também aprecio as coisas necessárias. Este livro era necessário". Há quanto tempo nos gabamos de possuir mais de cem receitas de bacalhau? Já era tempo de avançar. Fazê-lo pela mão de Vítor Sobral é a garantia, de que bem depressa estas suas quinhentas receitas farão parte do acervo culinário nacional.

Vítor Sobral é mestre na arte de harmonizar aromas sem nunca trair o gosto português. A sua cozinha é mesmo uma "cozinha de autor", no sentido mais rigoroso da expressão. Tem identidade, a sua marca. Moderna, mais ou menos estilizada, mas sempre com o acento português.

Ao escolher o bacalhau como tema para este livro, Vítor Sobral sabia que acertava no alvo. Este livro não resulta pois do acaso, mas de uma escolha refletida e por isso acertada. O bacalhau, à mesa do rico ou do pobre, será sempre o nosso "fiel amigo" e, como muito bem disse Ferreira de Castro[3] "um dos mais importantes laços que ligam o português à sua terra".

Parabéns, querido Vítor, por este seu belo livro e por todo o seu trabalho. Obrigada pela honra que me deu ao dispensar-me estas linhas que com afeto aqui lhe deixo.

---

[1] Sacha Guitry (São Petersburgo, 1865 – Paris, 1957), jornalista, humorista, cineasta e grande apreciador de gastronomia.

[2] Nignon (Nantes 1865 – 1934), cozinheiro de imperadores, uma das maiores referências da cozinha francesa. Deixou vários livros de cunho profissional, de que algumas receitas são ainda hoje praticadas em grandes banquetes.

[3] José Maria Ferreira de Castro (Oliveira de Azeméis, 1898 – Porto, 1974), escritor e jornalista português.

AGRADECIMENTOS

A vida de cozinheiro é uma vida bastante desgastante mas, sem dúvida, com muitas compensações. No meu caso pessoal, e no da minha equipe, tenho tido todo o privilégio de viajar pelo mundo e conhecer novas culturas, gentes diferentes e tudo o que implica viajar com olhos de cozinheiro.

Ao longo dos últimos anos, temos desenvolvido um trabalho em conjunto que só é possível com uma equipe. Não conseguiríamos crescer e evoluir se não trabalhássemos em equipe, muitas vezes uns nos bastidores e outros no nosso "palco".

Este livro ilustra bem esse trabalho. Obrigado, equipe!

Falta-me agradecer aos amigos que nos têm acompanhado e ajudado a crescer, e a um em especial, ao David Lopes Ramos. Tive a honra de ter acompanhado o David na viagem que fizemos à Noruega. A mesma foi muito gratificante, mas a sua companhia deu-lhe uma dimensão que só ele podia dar. Obrigado, David!

Vítor Sobral à esquerda, Luis Espadana ao centro e Hugo Nascimento à direita.

BACALHAU DA NORUEGA

17

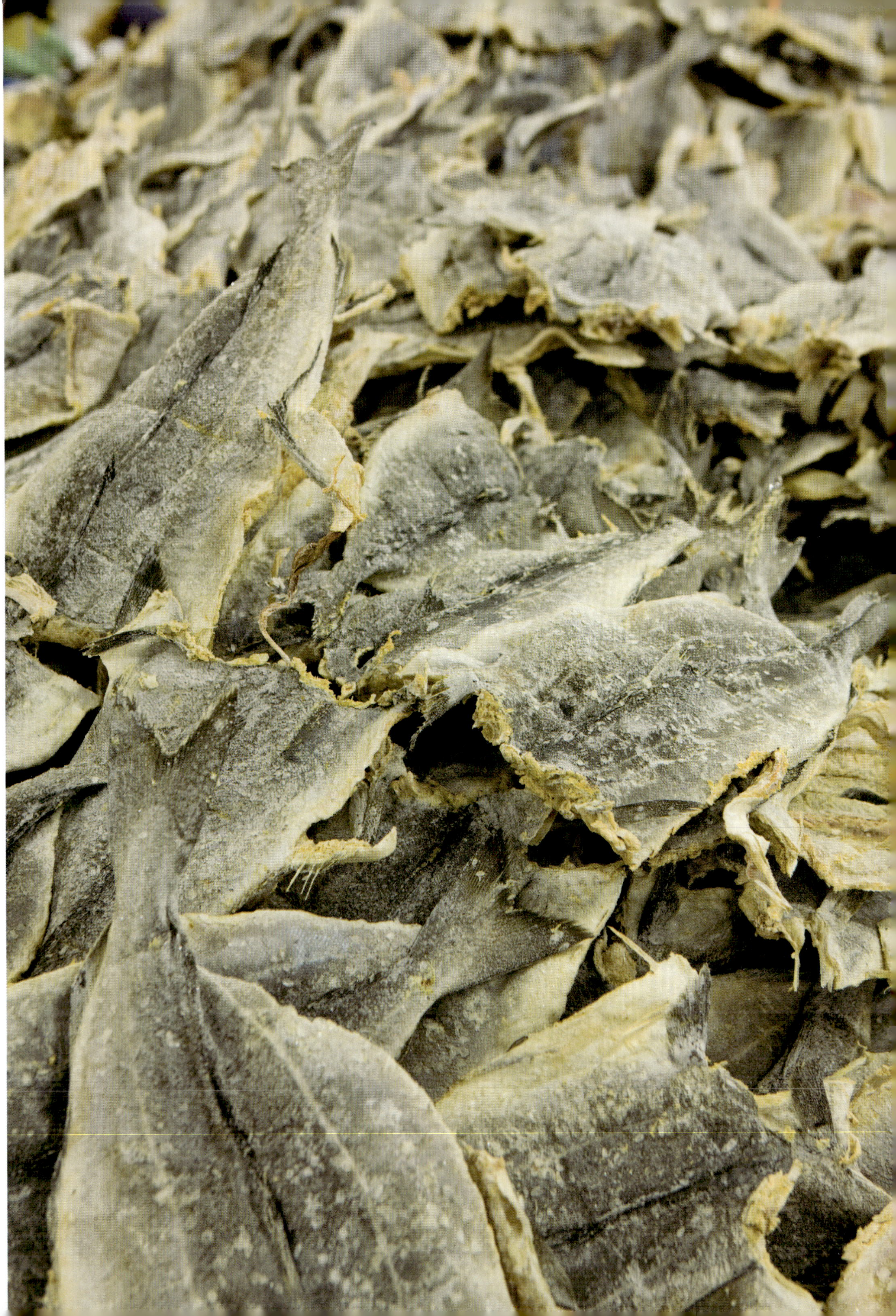

A HISTÓRIA

O INÍCIO DA TRADIÇÃO

Bacalhau para os portugueses, *codfish* preparam os ingleses, *Torsk* chamam os dinamarqueses, *baccalà* dizem os italianos, *bacalao* para os espanhóis e *morue*, *cabillaud* saboreiam os franceses.

Este peixe, cujo nome tem origem no latim *baccalaureu*, é mundialmente apreciado e a sua história, milenar. Um alimento com grande história e tradição, cujo consumo e transformação remontam ao século IX em terras tão longínquas como a Islândia ou a Noruega.

O mercador holandês Yapes Ypess foi o primeiro a fundar uma indústria de transformação na Noruega, sendo por isso considerado o pai da comercialização do bacalhau industrializado.

Desde então o gosto especial por este peixe cresceu pela Europa, atingiu a América e até se fez sentir no continente africano, levando ao aumento do número de barcos pesqueiros e de indústrias espalhadas pela costa norueguesa, transformando a Noruega no polo principal de pesca, transformação e exportação de bacalhau.

Mas é aos *vikings* que se atribui o pioneirismo no consumo de bacalhau, que após descoberta deste peixe passaram a secá-lo ao ar livre até endurecer (o sal apareceria apenas mais tarde), perdendo cerca de um quinto do seu peso, podendo assim ser consumido aos pedaços durante as longas viagens marítimas deste povo.

No que respeita ao início da comercialização do bacalhau, diz-se que foram os bascos, cujo território está atualmente espalhado em províncias da Espanha e da França, que inauguraram este processo, uma vez que já conheciam o sal e começaram a salgar o pescado, evitando que o peixe se estragasse com facilidade. Quanto mais durável o produto, mais fácil a sua comercialização.

Por volta do ano 1000, o bacalhau já começava a ser comercializado curado, salgado e seco. Considera-se por isso que foi na costa espanhola, que o bacalhau começou a ser salgado e depois seco nas rochas, ao ar livre, para que o peixe fosse mais bem conservado.

Este procedimento de salga e secagem viria a ser crucial mais tarde, pela época dos descobrimentos, altura em que os navegadores realizavam longas viagens marítimas, tendo necessidade de recorrer à salga dos alimentos para que pudessem consumi-los ao longo das viagens.

O MAR DA NORUEGA

A Noruega, país mais setentrional da Europa, é literalmente um mar de oportunidades. A riqueza dos recursos dos seus fiordes e mares desempenha um importante papel não só na economia do país, como em todo o mundo.

As características físicas, entre as quais se destaca a elevada porcentagem de costa em relação ao total do território, fazem com que se encontre literalmente voltada para o mar, de onde extrai grande parte das suas riquezas. A chamada corrente do Golfo permite desfrutar de temperaturas mais suaves do que a situação geográfica poderia levar a pensar. As águas do mar da Noruega acolhem um grande número de espécies piscícolas.

A navegação e a pesca na Noruega têm mais de mil anos de história. A Noruega ocupa o primeiro lugar no *ranking* mundial de exportadores de peixe e marisco e tem no setor da pesca a segunda força exportadora do país.

Tradicionalmente, os noruegueses têm procurado no mar os seus meios de subsistência. Para melhor usufruir desta riqueza natural, a Noruega desenvolveu técnicas e sistemas específicos, isto é, apesar das quantidades elevadas de peixe exportado, utiliza as imensas reservas pesqueiras de forma a não prejudicar a manutenção dos recursos naturais. Bergen, Tromso e outros portos, são marcos na história da tradição pesqueira norueguesa, nomeadamente para o bacalhau.

Na Noruega a pesca funciona numa base sustentável, com uma frota pesqueira muito moderna e gestão de recursos baseada no conhecimento. O peixe e o marisco noruegueses são produtos de consumo seguro e uma excelente fonte de proteínas, vitaminas, minerais e ácidos graxos essenciais de fácil digestão.

A CHEGADA DO BACALHAU A PORTUGAL

O método de pesca adotado pelos portugueses foi introduzido com a aquisição de embarcações de madeira e a vela aos ingleses, mantendo-se inalterado até os anos 1970.

A chamada pesca à linha, era uma prática muito trabalhosa, sendo rentável apenas em regiões onde abundava o peixe. Este tipo de pesca era praticado a partir dos dóris, pequenas embarcações individuais, de cerca de 4 m a 5 m de comprimento, de fundo chato e tabuado e que pesavam entre 80 kg e 100 kg.

Cada homem dispunha de duas linhas, com um só anzol, e pescava de pé. Como isca usavam pequenas lulas ou peixes muitas vezes encontrados no estômago das primeiras capturas. Os pescadores portugueses tinham sempre a bordo, dia e noite, uma linha guarnecida de lula para a pesca, chegando mesmo a acordar todas as pessoas quando da passagem de um cardume de bacalhau.

Depois de o dóris regressar ao navio já com o peixe capturado, o bacalhau era lançado para dentro de umas caixas, as *quêtes*, com a ajuda de uns garfos. Passavam então para o troteiro, que os degolava e abria com uma trota, uma faca de dois gumes. O chamado quebra-cabeças retirava-lhe as vísceras, com uma pancada na espinha, separando a cabeça do resto do corpo. Passava-o ao escalador, que moldava o bacalhau para que ficasse com a forma a que estamos habituados, triangular e plana, usando para isso uma faca de um só gume. Depois disto o bacalhau era lançado para a selha de lavagem e colocado no porão para ser salgado. Esta seria provavelmente a fase mais dura do processo: com a escotilha quase sempre semiaberta, para proteger o bacalhau da chuva e dos golpes de mar, com pouca luz e o mau cheiro intenso, debruçados sobre o bacalhau que vão empilhando, os salgadores jogam punhados e mais punhados de sal sobre o peixe, que passa então a bacalhau verde.

Este era um trabalho que ocorria ao longo de todo o dia e sob condições climáticas bastante rigorosas.

A TRADIÇÃO POPULAR

O bacalhau foi durante muitos anos considerado um alimento barato, acessível a todos os bolsos, mesmo aos mais modestos, marcando por isso presença à mesa dos portugueses.

Além das sextas-feiras, dias santos e festas familiares, o bacalhau passou a fazer parte do dia a dia dos portugueses graças à pesca, então farta. Ao chegar em grandes quantidades a Portugal, este peixe era de fácil acesso, barato e de alto valor nutritivo, sendo por isso um produto que podia ser consumido por quase toda a população.

Depois da Segunda Guerra Mundial, a escassez de alimentos em toda a Europa fez com que o preço do bacalhau aumentasse, restringindo assim o consumo popular.

O perfil do consumidor de bacalhau foi-se alterando e evoluindo ao longo dos tempos, e o consumo popular deste peixe concentrou-se essencialmente nas principais festas cristãs: Páscoa e Natal.

Atualmente, o bacalhau faz parte da gastronomia portuguesa, sendo preparado diariamente nos lares ou servido nos melhores restaurantes, nas mais variadas receitas.

O FIEL AMIGO

Diz-se que foram os portugueses o primeiro povo a introduzir este peixe, hoje universalmente conhecido, na nossa alimentação. Diz-se também que português que é português não dispensa um bom prato de bacalhau preparado com os melhores ingredientes, e são dezenas as combinações que a gastronomia portuguesa oferece, agradando a todos os gostos.

Os portugueses descobriram o bacalhau por volta do século XV, época das navegações e tempo das grandes descobertas. Nessa época procuravam produtos que não fossem perecíveis e que suportassem longas viagens. Após várias tentativas com diversos tipos de peixe da costa portuguesa, descobriram, em 1947, na Terra Nova (Canadá), o bacalhau, encontrando assim a solução para uma alimentação saudável durante as longas jornadas no mar. O bacalhau foi então apelidado de "fiel amigo", por estar sempre presente e nunca faltar por não se deteriorar.

Como era mais barato e de maior duração que os peixes habitualmente consumidos pelos portugueses, rapidamente o seu consumo se propagou pela população, tornando Portugal o maior consumidor de bacalhau em nível global.

Alguns registros indicam que em 1508 o bacalhau correspondia a cerca de 10% do pescado comercializado em Portugal. Em 1596, no reinado de dom Manuel, era cobrado o dízimo da pesca efetuada na Terra Nova nos portos de Entre Douro e Minho. Nesta época também já se pescava o bacalhau na costa africana.

O bacalhau passava assim a fazer parte dos hábitos alimentares portugueses, sendo ainda hoje uma das principais tradições gastronômicas do país. Portugal é o primeiro importador mundial de bacalhau da Noruega (reconhecido pela sua qualidade, textura e sabor únicos), o que faz com que este peixe tenha sido apelidado pelos portugueses de "fiel amigo". Um termo carinhoso que transmite bem a ideia do papel do bacalhau na alimentação dos portugueses.

"Os meus romances, no fundo, são franceses, como eu sou, em quase tudo, um francês – exceto num certo fundo sincero de tristeza lírica que é uma característica portuguesa, num gosto depravado pelo fadinho, e no justo amor do bacalhau de cebolada!"

(Eça de Queiroz, carta a Oliveira Martins.)

O REI DA PÁSCOA E DO NATAL

A Igreja Católica, na época da Idade Média, mantinha um rigoroso calendário em que os cristãos deveriam obedecer aos dias de jejum, abstendo-se de comer carne.

Os fiéis tinham de excluir as carnes consideradas "quentes". O bacalhau era uma comida "fria", e seu consumo era incentivado pelos comerciantes nos dias de jejum. Desse modo, o bacalhau passou a ter uma forte identificação com a religiosidade e a cultura do povo português.

O número de dias de jejum e abstinência a que se sujeitavam anualmente os portugueses era considerável, não se limitando ao período da Quaresma, a época do ano em que o bacalhau era o rei da mesa. Durante mais de um terço do ano não se podia comer carne.

Assim era na Quarta-Feira de Cinzas e em todas as sextas e todos os sábados da Quaresma, nas quartas, nas sextas e nos sábados das Têmperas, as vésperas do Pentecostes, da Assunção, de Todos os Santos e do dia de Natal e ainda nos dias de simples abstinência, ou seja, todas as sextas-feiras do ano não coincidentes com dias enumerados para as solenidades, os dias restantes da Quaresma, a Circuncisão, a Imaculada Conceição, a Bem-Aventurada Virgem Maria e os Santos Apóstolos Pedro e Paulo.

O rigoroso calendário de jejum foi aos poucos sendo desfeito, mas a tradição do bacalhau manteve-se forte nos países de língua portuguesa, principalmente no Natal e na Páscoa, as datas mais expressivas da religião católica, em que se comemoram o Nascimento e a Ressurreição de Cristo.

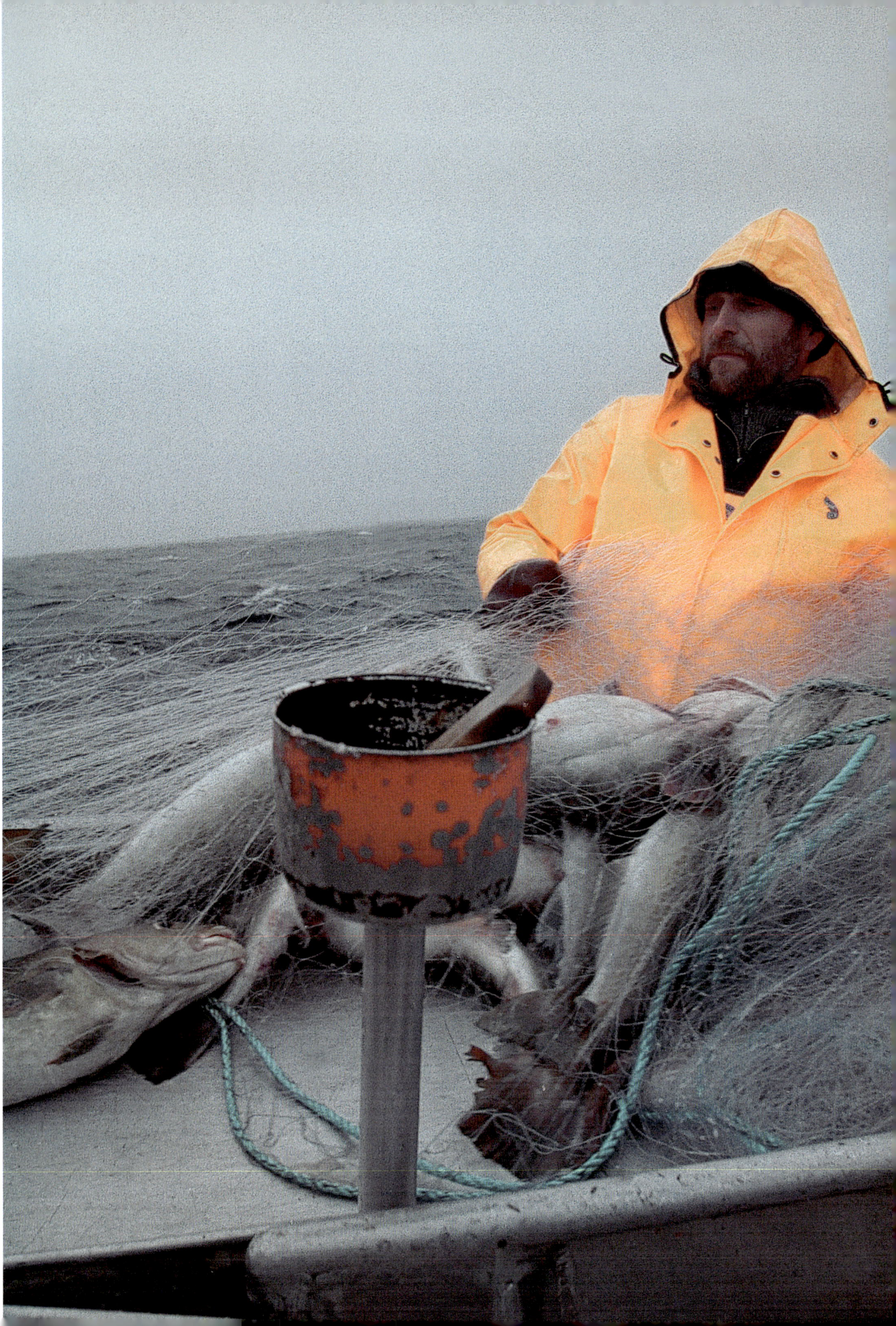

O BACALHAU COMO FONTE DE INSPIRAÇÃO

Portugal está tão fortemente ligado ao bacalhau que até mesmo na linguagem corrente os portugueses recorrem ao bacalhau para passar mensagens. Muitas vezes sem se darem conta disso, o "fiel amigo" é chamado à conversa, chegando aos portugueses por meio de ditos e expressões populares, ou pela mão dos muitos escritores, autores e compositores que se inspiraram neste peixe delicioso para criar verdadeiros sucessos.

DITOS E EXPRESSÕES POPULARES

"Apertar o bacalhau" ou "Dá cá um bacalhau"
Expressão cuja origem se baseia na analogia entre o bacalhau seco e espalmado e a forma da mão aberta quando iniciamos o chamado "aperto de mão".

"Ficar em águas de bacalhau"
Expressão bastante utilizada pelos portugueses que significa que determinado fato/acontecimento não se realizou ou deu em nada.

Diz-se que a sua origem remonta a uma das tradições mais enraizadas nos pescadores portugueses, que diz respeito à faina dos bacalhoeiros nos mares da Terra Nova e da Groenlândia. Faina essa marcada por êxitos, aventuras e frustrações deste tipo de pesca, em que muitas embarcações ficaram nestas águas para sempre. Se o significado desta expressão nos remete para algo não realizado ou que não chegou a bom termo, supõe-se que a sua origem estaria na atividade piscatória dos bacalhoeiros.

"Para quem é, bacalhau basta"
Expressão que significa que, para a pessoa/fato/acontecimento, insignificante que é, qualquer coisa serve.

Ao longo dos tempos, o bacalhau tornou-se um produto bastante acessível e também, por essa razão, nasceu a expressão "Para quem é, bacalhau basta".

Além de ser abundante, o bacalhau era um produto de preço acessível, por isso, ao longo dos tempos, adotou-se a expressão "Para quem é, bacalhau basta", para designar alguma coisa ou situação a que a mais modesta das pessoas teria acesso.

"Está seco que nem um bacalhau"
Expressão bastante popular entre os portugueses, utilizada para descrever uma pessoa magra.

"Há mil maneiras de fazer o bacalhau"
Usada quando queremos dizer que existem muitas maneiras de resolver determinado problema/assunto.

"Cheira a bacalhau"
Expressão que identifica um odor de maresia.

"Bacalhau a pataco"
Expressão que significa que o bacalhau é de baixo preço, barato.

"Arrotar postas de bacalhau"
Expressão normalmente utilizada para caracterizar alguém que se exibe enquanto fala ou que acha que é perito em determinado assunto.

A INSPIRAÇÃO DE ESCRITORES E COMPOSITORES

Para quem é bacalhau basta!
"Eu não quero que me dês
o mundo inteiro num beijo
eu não quero que me dês
latifúndios no Alentejo
eu não quero que me dês
mais do que tens para me dar
eu não quero nem amêndoas
nem anéis nem um colar
nem declarações entusiastas
vou dizê-lo alto e bom som
para quem é bacalhau basta
para quem é bacalhau basta
mas dá-me bacalhau do bom."

(Trecho da música "Bacalhau basta", de Sérgio Godinho)

Fadinho do bacalhau

"Ai! Que saudades do meu bacalhau
Das pataniscas, das postas na brasa
Com cebolinhas e com colorau
Com feijão-frade à moda da casa"

(Trecho da música "Fadinho do bacalhau", de Ary dos Santos, cantado por Paulo de Carvalho.)

"Em Portugal é tradicional acompanhar os pratos de bacalhau com vinho tinto. Este 'casamento' feliz explica-se pela ação do tipo de sabores frutados presentes nos vinhos tintos que, dando-nos uma sensação gustativa indireta da doçura, amenizam o gosto 'oposto' salgado do bacalhau.
"Para receitas mais condimentadas de bacalhau, é também vantajosa a existência dos aromas que se formam durante o envelhecimento em garrafa, que se ligam com outros temperos. [...] vinhos alentejanos de boa estrutura e com um envelhecimento curto em garrafa apresentam estas características."
"Outros pratos mais leves, especialmente os que são compostos por legumes onde o bacalhau é moderadamente salgado, podem ser acompanhados por um vinho branco estruturado, como alguns do Dão envelhecidos e o tradicional Cova da Ursa, elaborado com a uva Chardonnay.
"Vinhos verdes só os tintos, e mesmo assim acompanhando os famosos 'bolinhos de bacalhau':
"Com esta escolha pretendemos que o dominante gosto salgado e os sabores do bacalhau e cebola fritos desta receita sejam equilibrados pela elevada acidez e os aromas florais do vinho".

(Trechos do livro *Comer e beber bem com Eça de Queiroz*, da Editora Index.)

"[...] Vendo D. Quixote a humildade do 'alcaide da fortaleza', respondeu: – Para mim, senhor castelão, qualquer coisa basta porque ... senão umas postas de um pescado, que em Castela se chama abadejo, e em Andaluzia bacalhau, [...]"
"[...] – Muitas truchuelas – respondeu D. Quixote – que são diminutivos, somarão uma truta; tanto me vale que me dêem oito reais pegados, como em miúdos. E quem sabe se as tais truchuelas não serão como a vitela, que é melhor do que a vaca, como o cabrito é mais saboroso que o bode? Seja porém o que for, venha logo, que o trabalho e peso das armas não se pode levar sem o governo das tripas.
"Puseram-lhe a mesa à porta da venda para estar mais à fresca, e trouxe-lhe o hospedeiro uma porção do mal remolhado e pior cozido bacalhau, e um pão tão negro e de tão má cara, como as armas de D. Quixote.
"Pratinho para boa risota era vê-lo comer; porque, como tinha posta a celada e a viseira erguida, não podia meter nada para a boca por suas próprias mãos; e por isso uma daquelas senhoras o ajudava em tal serviço. Agora o dar-lhe de beber é que não foi possível, nem jamais o seria, se o vendeiro não furara os nós de uma cana, e, metendo-lhe na boca uma das extremidades dela, lhe não vazasse pela outra o vinho. Com tudo aquilo se conformava o sofrido fidalgo, só por se lhe não cortarem os atilhos da celada. [...]"

(Trechos do livro *El ingenioso hidalgo don Quijote de la Mancha*, vol. I, capítulo 2, de Miguel de Cervantes.)

ORIGEM DE ALGUMAS RECEITAS DE BACALHAU

Diz-se que existem mil e uma maneiras de preparar bacalhau. Sabores tradicionais ou mais elaborados, idealizados por alguém que outrora experimentou e se repetem com o mesmo gosto nas nossas casas. Viajamos até à origem das muitas receitas de bacalhau que habitualmente preparamos, e deixamos a você o convite para que descubra as muitas histórias que a ela estão associadas.

Bacalhau à Brás
Este prato típico português de bacalhau, que consiste em bacalhau desfiado, batata frita e ovo mexido, teria sido criado por um taberneiro do Bairro Alto em Lisboa, de nome Brás.

A sua popularidade atravessou fronteiras e hoje é possível encontrar esta receita no cardápio de alguns restaurantes espanhóis sob a designação "revuelto de bacalao a la portuguesa".

Bacalhau à Gomes de Sá
Filho de um comerciante do Porto é a José Luiz Gomes de Sá Júnior a quem se deve a receita de bacalhau à Gomes de Sá, que é em tudo semelhante à preparada atualmente, utilizando-se praticamente os mesmos ingredientes, com exceção do leite.

Cozinheiro no restaurante O Lisbonense nos finais do século XIX, decidiu inovar e criar esta deliciosa receita de bacalhau, deixando as lascas de bacalhau a marinar em leite aquecido de forma a ficar mais macias. Lascas essas levadas depois ao forno em azeite finíssimo, com batatas, alho, cebola e na hora de servir, azeitonas pretas, salsa e ovo cozido.

Em 1926, perdeu-se este grande cozinheiro mas ficou um dos mais famosos pratos da gastronomia portuguesa, ainda hoje preparado nos melhores restaurantes e lares do país.

Bacalhau à Zé do Pipo
Receita criada por um dos proprietários de uma famosa casa de pasto do Porto a que todos chamavam Zé do Pipo, esse prato tornou-se conhecido na década de 1960, ao alcançar o primeiro lugar no concurso "A melhor refeição, ao melhor preço". Desde então, grande parte dos restaurantes adotou esta receita como especialidade da casa.

Bacalhau à lagareiro
Normalmente conhecido como "bacalhau com batatas a murro", o bacalhau à lagareiro é uma das mais conhecidas e preparadas receitas deste peixe. Oriunda das Beiras, esta receita de bacalhau era preparada em fornos dos lagares de azeite, pela época do azeite novo, no final de outubro, quando se moía a azeitona, daí a origem do seu nome.

Pastéis de bacalhau
Acredita-se que a primeira receita oficial de pastéis de bacalhau[1] data de 1904, sendo mencionada no livro *Tratado de cozinha e copa*, cujo autor é Carlos Bandeira de Melo, um oficial do Exército português de pseudônimo Carlos Bento da Maia. Uma obra que fica na história como a primeira a apresentar este prato tipicamente português.

"[...] Toma-se o bacalhau cozido, limpa-se de peles e espinhas, mistura-se com batatas cozidas e bastante salsa cortada em pedaços, e passa-se tudo pela máquina de picar.[2] O polme resultante liga-se com leite e gemas de ovos e tempera-se com um pouco de sal fino e pimenta em pó. Bate-se a massa, à qual juntam-se as claras de ovos, previamente batidas em castelo,[3] liga-se tudo rapidamente, tira-se a massa às colheradas, que tendem, fazendo-se passar de uma para outra, (as colheres molham-se no azeite fervente em que os bolos hão de ser fritos) e, em seguida e sucessivamente, põe a frigir. O azeite deve ser abundante, para que os bolos mergulhem nele sem tocar o fundo. Tiram-se do azeite com uma colher crivada e põem-se a escorrer. [...]"

(Carlos Bandeira de Melo, em *Tratado de cozinha e Copa*, 1904.)

---

[1] No Brasil são chamados "bolinhos de bacalhau". (N.E.)

[2] "Máquina de picar", isto é, "moedor de carne". (N.E.)

[3] "Em castelo", isto é, "em neve". (N.E.)

Pataniscas de bacalhau

Com origem na região da Estremadura, as pataniscas de bacalhau consistem em pedaços de bacalhau desfiado fritos em polme de farinha de trigo, temperado com sal, pimenta e salsa. Na região norte, mais propriamente no Porto, são conhecidas por "iscas de bacalhau".

Bacalhau à Assis

Conta-se que esta receita teria sido criada pelo dono de uma pensão que, ao ser surpreendido por uma terrível nevada, usou os últimos mantimentos que tinha para saciar os seus hóspedes, criando assim o bacalhau à Assis.

Bacalhau espiritual

Receita que chegou a Portugal em 1947 pela mão da condessa Almeida Araújo, quando se deslocou até a França com intuito de visitar vários restaurantes de elite gastronômica, na esperança de descobrir receitas diferentes para o cardápio do seu restaurante de luxo "Cozinha Velha", instalado nas antigas cozinhas do Palácio Nacional de Queluz. Num dos restaurantes visitados, a condessa apreciou particularmente uma receita de "brandade chaude de morue", cuja leveza e textura, associada ao fato de utilizar um produto português, lhe mereceu especial atenção. O *chef* do restaurante vendeu-lhe a receita de bom grado, na esperança de que assim também os portugueses pudessem degustar esta forma de saborear bacalhau.

Caldeirada (de bacalhau)

A caldeirada de bacalhau é em tudo semelhante à tradicional receita de caldeirada à portuguesa, preparada pelos fragateiros do Tejo com as diferentes espécies de peixe que apanhavam. Um prato preparado a bordo e servido com fatias de pão torrado.

Neste caso, trocamos os vários tipos de peixe por bacalhau, mantendo-se a cebola, o tomate, os pimentões e a salsa como ingredientes principais.

Açorda

Prato tradicional português cuja origem resulta da presença dos árabes nas terras lusitanas. Tendo por base uma antiga sopa árabe, preparada com pedaços de pão duro, ensopados em caldo quente, aromatizado e enriquecido com azeite, hoje em dia a açorda está associada sobretudo ao Alentejo, sendo um dos pratos mais típicos da região.

Registros apontam também para o fato de a açorda ser vista como um prato de subsistência, provavelmente na sequência de crises alimentares. E a sua chegada à gastronomia portuguesa deve-se à sua facilidade de preparo e principalmente à mistura simples de ingredientes-base, como é exemplo o bacalhau.

Roupa-velha

Roupa-velha é um prato tradicionalmente preparado no dia de Natal, feito com as sobras do "bacalhau com todos", que é saboreado na noite de consoada. Assim, o que sobra da ceia é normalmente aquecido em azeite a que se juntam alguns dentes de alho. Quando o azeite ferve, juntam-se então o bacalhau e os vegetais, deixando-se aquecer um pouco. Serve-se decorado com os ovos cozidos em rodelas e azeitonas pretas.

CICLO DE VIDA DO BACALHAU

Considerado um dos peixes economicamente mais importantes do mar da Noruega, o bacalhau pode ser encontrado de forma abundante na parte norte do oceano Atlântico, estando geralmente dividido em duas categorias: o *bacalhau migrante*, ou bacalhau oceânico, e o *bacalhau da costa*.

O *bacalhau da costa* é o típico peixe de fundo, enquanto o *bacalhau migrante* é pelágico e cobre grandes distâncias.

O *bacalhau norueguês – ártico* é a espécie mais importante. Vivendo a maior parte da vida no mar de Barents, migra tanto jovem quanto adulto para a desova.

O bacalhau atinge a área de desova, que se encontra fora da costa norueguesa nos meses de fevereiro ou março, com idade entre 5 e 7 anos (adulto). Área essa que se estende da parte da costa norueguesa de Finnmark até Stad, embora Vestfjord e a região de Romsdal e de More sejam consideradas as áreas de desova mais importantes.

Nos dias de hoje, as rotas de migração para a desova do bacalhau norueguês constituem ainda a base para a temporada de pesca mais importante na Noruega, a famosa pesca de bacalhau no arquipélago Lofoten, embora este também seja pescado no mar de Barents, por meio de redes de arrasto.

No mar de Barents, o bacalhau ainda novo nada na direção da costa de Finnmark durante a primavera, procurando o capelim[4] pronto para a desova, formando assim a base da pesca tradicional de bacalhau na primavera.

O bacalhau da costa é bastante semelhante ao encontrado no mar de Barents, embora tenda a permanecer fixo em águas baixas, procurando adaptar-se a vários lugares ao longo da costa norueguesa. Esta espécie de bacalhau encontra-se a partir da zona intermediária até profundidades de aproximadamente 600 m. Este bacalhau amadurece sexualmente também mais cedo, crescendo mais lentamente que o seu parente migratório, o bacalhau norueguês ártico.

O bacalhau é o elemento mais importante da indústria pesqueira norueguesa, sendo vendido fresco, salgado, seco e seco/salgado. Além disso, os produtos derivados do bacalhau (ovas, fígado, línguas, bochechas, etc.) são utilizados na produção industrial ou vendidos para consumo.

O bacalhau é pescado no mar do Norte durante todo o ano, recorrendo a redes de arrasto de fundo, cercador de redes de arrasto de fundo, redes, linha comprida e linhas de monofilamentos, sendo uma das espécies mais utilizadas para consumo.

---

[4] Espécie de peixe que desova na mesma época e que serve de alimento ao bacalhau. (N.E.)

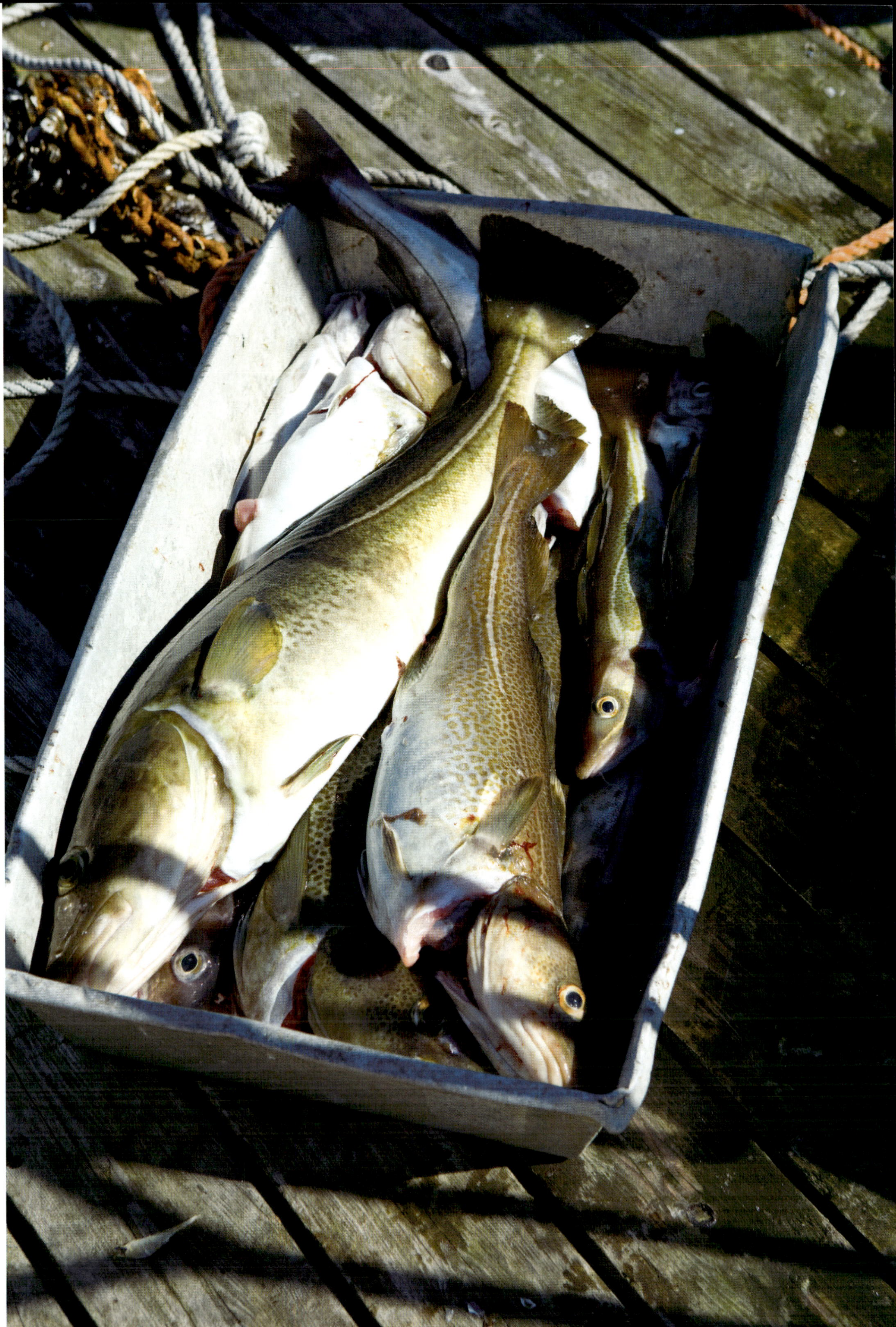

A FAMÍLIA DO BACALHAU

BACALHAU - O TESOURO DO MAR DA NORUEGA

Das águas frias e cristalinas da Noruega chega-nos o melhor bacalhau, preparado com toda a sabedoria ancestral. É lá que encontramos o "fiel amigo" da gastronomia portuguesa, sendo a espécie mais vendida em todo o mundo.

O bacalhau marca presença desde as grandes zonas do mar de Barents, já próximo do polo Norte, onde desova e cresce, até as ilhas Lofoten, para onde migra, encontrando-se aí os maiores cardumes de bacalhau do mundo.

As águas frias dos mares nórdicos fazem com que as características nutritivas, textura e propriedades culinárias se mantenham.

Gadus morhua, *ling*, *saithe*, são estas as espécies do melhor bacalhau que destacamos, tendo em conta as suas características únicas e sabor inconfundível.

BACALHAU (*Gadus morhua*)

O *bacalhau da Noruega* (*Gadus morhua*) é capturado e preparado de modo tradicional, segundo a sabedoria ancestral de pescadores, que sabem que o modo de tratar este peixe determina o aspecto que este terá para o consumidor. E o resultado é sempre o melhor, garantia de qualidade do mar da Noruega. Sendo uma das espécies economicamente mais importantes da Noruega, é também um dos produtos mais exportados.

Com origem no país dos fiordes, o bacalhau, cujo *habitat* são as águas do oceano Atlântico Norte, em especial o mar da Noruega e o mar de Barents, é, predominantemente, um peixe de águas frias, mas que aparece em maior abundância em águas cuja temperatura é inferior a -10 °C.

Esse bacalhau chega a Portugal inteiro, salgado e verde e inteiro, salgado e seco. É nessa altura que as indústrias de transformação portuguesas e norueguesas supervisionam e controlam o tratamento do bacalhau, com o objetivo de garantir e manter um nível ótimo de qualidade.

Rico em proteínas e vitamina D, este peixe saudável, bem seco e curado, com cor de palha, já é um verdadeiro clássico à mesa dos portugueses, sendo preparado das mais variadas formas.

Normalmente, este é o bacalhau maior, mais largo e com postas mais altas. Tem coloração palha e uniforme quando salgado e seco. Depois de cozido, forma lascas bem definidas.

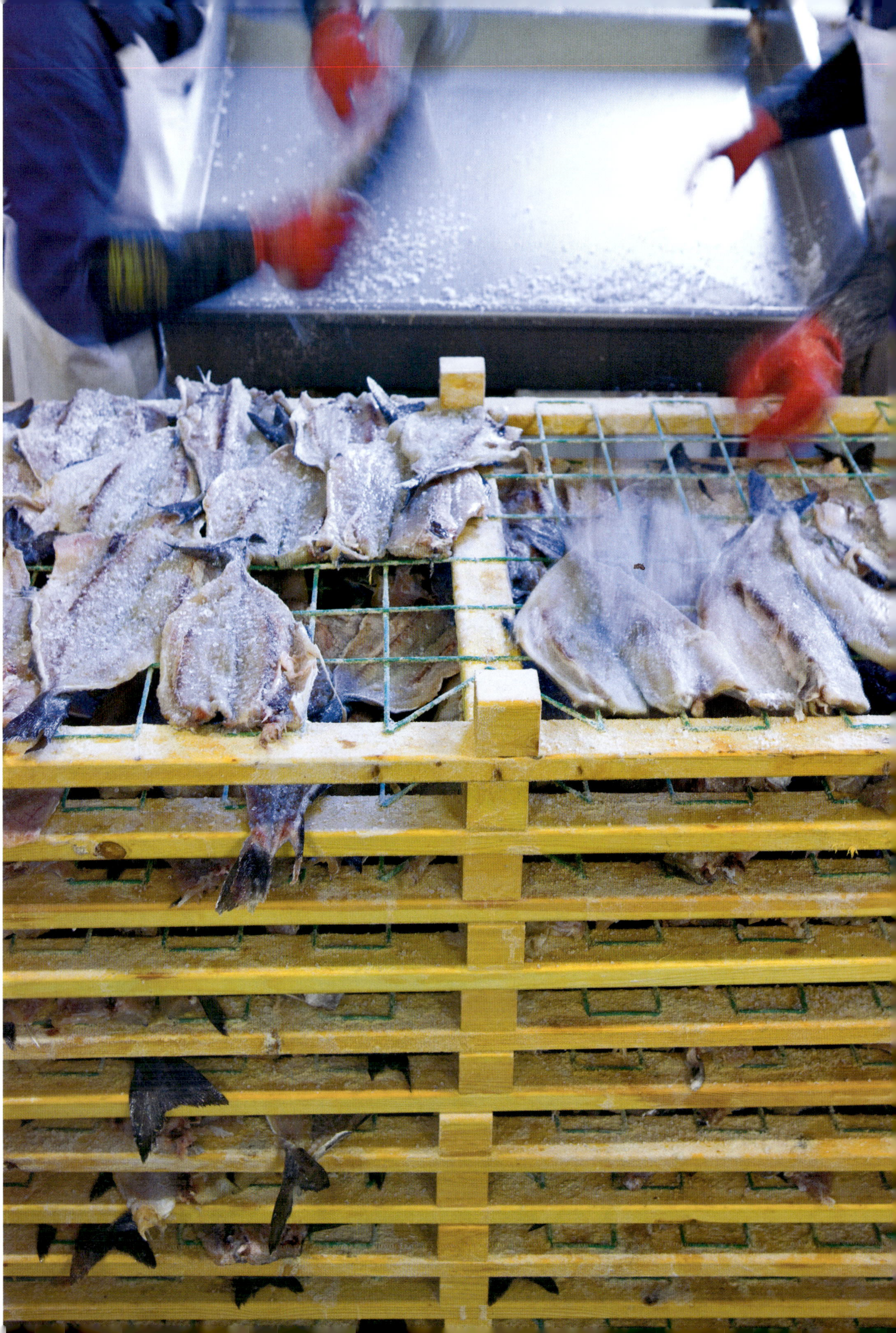

LING OU MARUCA (*Molva molva*)

Bastante semelhante ao cruzamento entre o bacalhau e a enguia, este peixe de corpo comprido e estreito, mantém as características dos *gadídeos*.

Vivendo a uma profundidade entre 60 m e 100 m, o *ling* encontra-se na costa norueguesa entre Stad e Vesteralen, migrando para a região norte das ilhas Britânicas onde desovam, depois de atingirem o período de maturidade sexual.

De carne branca, firme e saborosa, o *ling* é rico em proteínas e selênio, apresentando uma coloração palha uniforme e um sabor semelhante ao do bacalhau, podendo ser preparado da mesma forma.

ZARBO (*Brosmius brosme*)

Vivendo em águas profundas, o Zarbo é da família *Gadidae* e tem como *habitat* o Oceano Atlântico Norte, mais precisamente o Mar do Norte, nas costas da Inglaterra e da Escócia.

Com coloração palha e rabo arredondado e pequeno, é o peixe de menor dimensão das espécies que compõem a família do bacalhau.

De ótimo sabor e carne firme, o Zarbo não lasca com facilidade depois de cozido.

SAITHE OU ESCAMUDO (*Pollachius virens*)

Pollachius virens é o seu nome científico. Pescado durante todo o ano, é chamado de "escamudo" em Portugal, por causa do seu aspecto exterior, com escamas mais pronunciadas e escuras que as do bacalhau.

Essa espécie atinge cerca de 120 cm de comprimento e pode ser encontrada desde a superfície do mar até 300 m de profundidade.

Vivendo nas mesmas águas que o bacalhau, o *saithe* vive nas áreas onde nasce e cresce, não se deslocando propositadamente para desovar. Levados pelas correntes para o norte, chega a encontrar-se *saithes* jovens na zona de Finnmark.

O *saithe* é uma espécie comercialmente importante na Noruega, sendo pescado desde as ilhas Lofoten até o mar do Norte. Apresenta-se para consumo da mesma forma que o bacalhau: fresco, seco ou salgado seco.

Depois de cozido, o seu sabor é intenso e a cor da carne um pouco mais escura que a do bacalhau, mas tal como este, é rico em vitamina B12, selênio, potássio e sódio.

Muito semelhante em aspecto ao *Gadus morhua*, o bacalhau *Gadus macrocephalus*, ou bacalhau do Pacífico, é no entanto mais fibroso e apresenta um paladar diferente. Depois de cozido, essa espécie de bacalhau não lasca adequadamente.

Por ter características diferentes, é um peixe um pouco mais barato que o bacalhau habitual.

Uma das formas de diferenciar o *Gadus macrocephalus* do *Gadus morhua* é pela observação do rabo e das barbatanas. Se tiverem uma espécie de bordado branco nas extremidades, então é bacalhau do Pacífico. Além disso, este último é bem mais claro, quase branco, sendo por isso diferente do *Gadus morhua*, que apresenta uma cor palha.

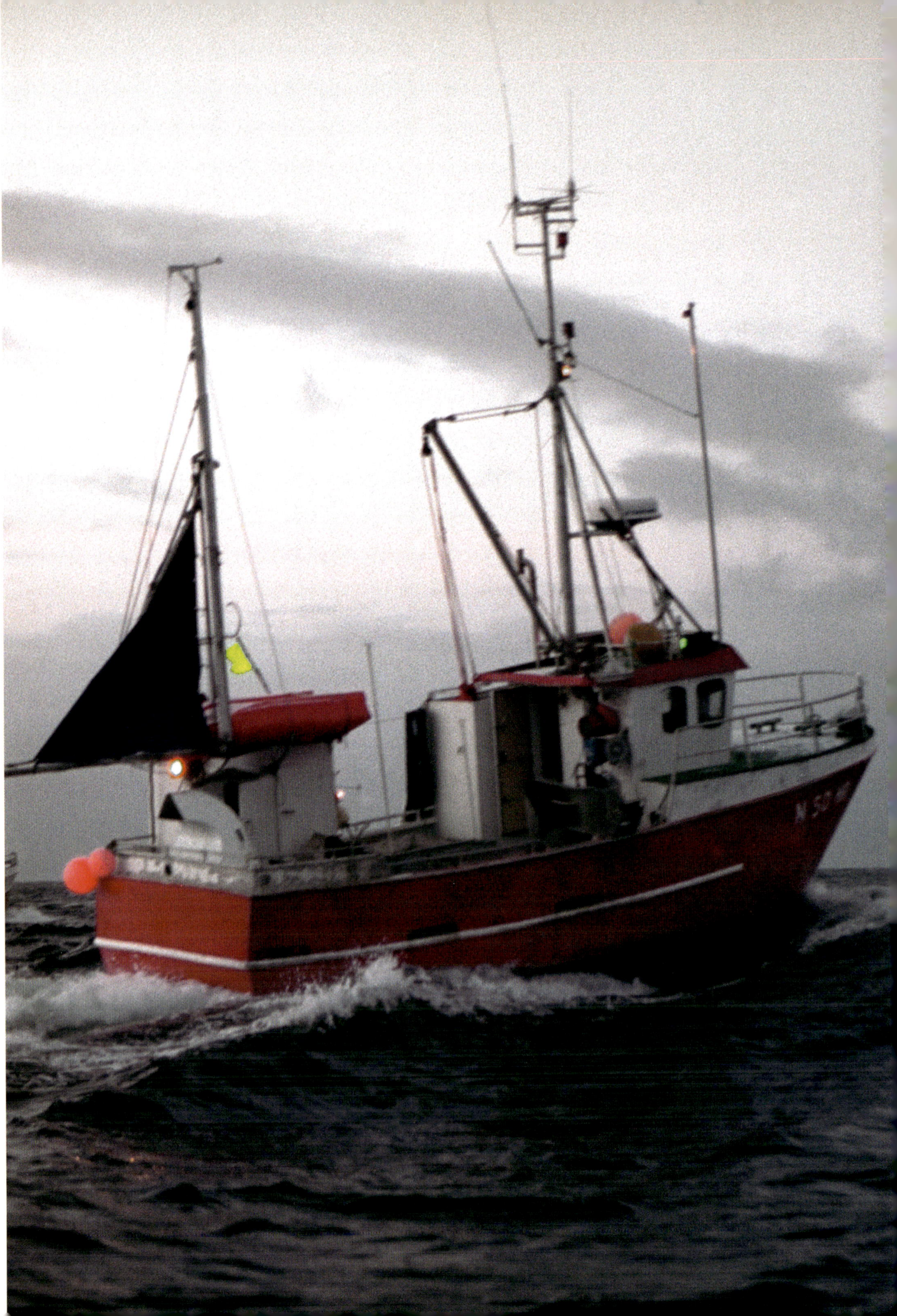

A PESCA DO FIEL AMIGO NOS DIAS DE HOJE

A PESCA SUSTENTÁVEL NA NORUEGA

Habitat ideal, onde as várias espécies nascem e crescem saudáveis, a Noruega criou todos os pré-requisitos necessários para garantir uma pesca sustentável e ecológica. Um conjunto de leis e disposições que regulamentam minuciosamente cada elo da indústria pesqueira, desde o pescador até os compradores, passando pelas autoridades e organizações industriais. São fixadas cotas de pesca anuais em conjunto com organizações internacionais e o seu cumprimento é controlado constantemente, tanto no mar como na terra.

Sendo um alimento de alta qualidade, saboroso e saudável, a procura por peixe e marisco vem crescendo em todo o mundo. Isto ao mesmo tempo que estudos indicam que alguns estoques de peixe estão superexplorados e o peixe começa a ser escasso. Isso constitui uma fonte de preocupação para muitos consumidores, dos quais muitos demonstram a intenção de deixar de consumir peixe, de modo a não serem cúmplices da sobrepesca. Mas isso não é necessário, se o peixe consumido resultar de uma pesca sustentável.

O peixe é um recurso renovável. Desde que na pesca apenas seja recolhida uma quantidade de peixe que permita que o potencial reprodutivo dos estoques permaneça acima de determinado nível, um estoque sempre reproduzirá peixe suficiente, de modo a permitir que os nossos netos e bisnetos contem com os mesmos recursos pesqueiros que nós.

De modo a garantir a sustentabilidade dos recursos, a pesca na Noruega é regulamentada por leis e disposições apropriadas, sendo os estoques de peixe geridos de forma científica.

As escavações arqueológicas demonstraram que os habitantes das regiões costeiras da Noruega já consumiam peixe e focas, marisco e crustáceos há mais de 10 mil anos. O mar era tão rico que muitos outros também podiam beneficiar-se dele, e há mil anos a costa norueguesa já fornecia peixe a compradores da Europa e outros países. Nessa época, exportava-se principalmente bacalhau seco e salgado – mercadorias duráveis que sobreviviam a um longo transporte sem arrefecer.

Para as pessoas que viviam nas remotas regiões costeiras da Noruega, a pesca, o processamento de peixe e o comércio de peixe eram muitas vezes a única forma de ganhar a vida. Por essa razão, mesmo nessa época havia a preocupação de que os ricos recursos do mar pudessem algum dia esgotar. Essas preocupações passaram temporariamente quando a modernização e o progresso técnico tornaram a pesca cada vez mais eficiente e cada vez mais produtiva. Independentemente da quantidade que se pescasse, parecia que os recursos não acabariam nunca.

Como em todo o mundo, as pessoas na Noruega acreditavam que a riqueza do mar era inesgotável. Mas, como sabemos hoje, isso foi um erro. Depressa os estoques começaram a diminuir, bem como as capturas, e os primeiros sinais de sobrepesca tornaram-se evidentes.

A partir de 1960 tornou-se clara a necessidade de regulamentar e restringir a indústria pesqueira: por um lado, para proteger os estoques de peixe e os ecossistemas marinhos de forma efetiva; e, por outro, para garantir uma perspectiva econômica duradoura às comunidades costeiras, que ainda hoje dependem fortemente do peixe.

Estes dois objetivos constituem a base da gestão norueguesa dos recursos marinhos, que hoje em dia abrange até o menor elo da indústria pesqueira. Um sistema complexo de leis e regulamentos, cotas pesqueiras e sistemas de licenças garantem que os estoques de peixe e de outrosrecursos marinhos vivos sejam utilizados de uma maneira sustentável e ecológica e que não sejam superexplorados.

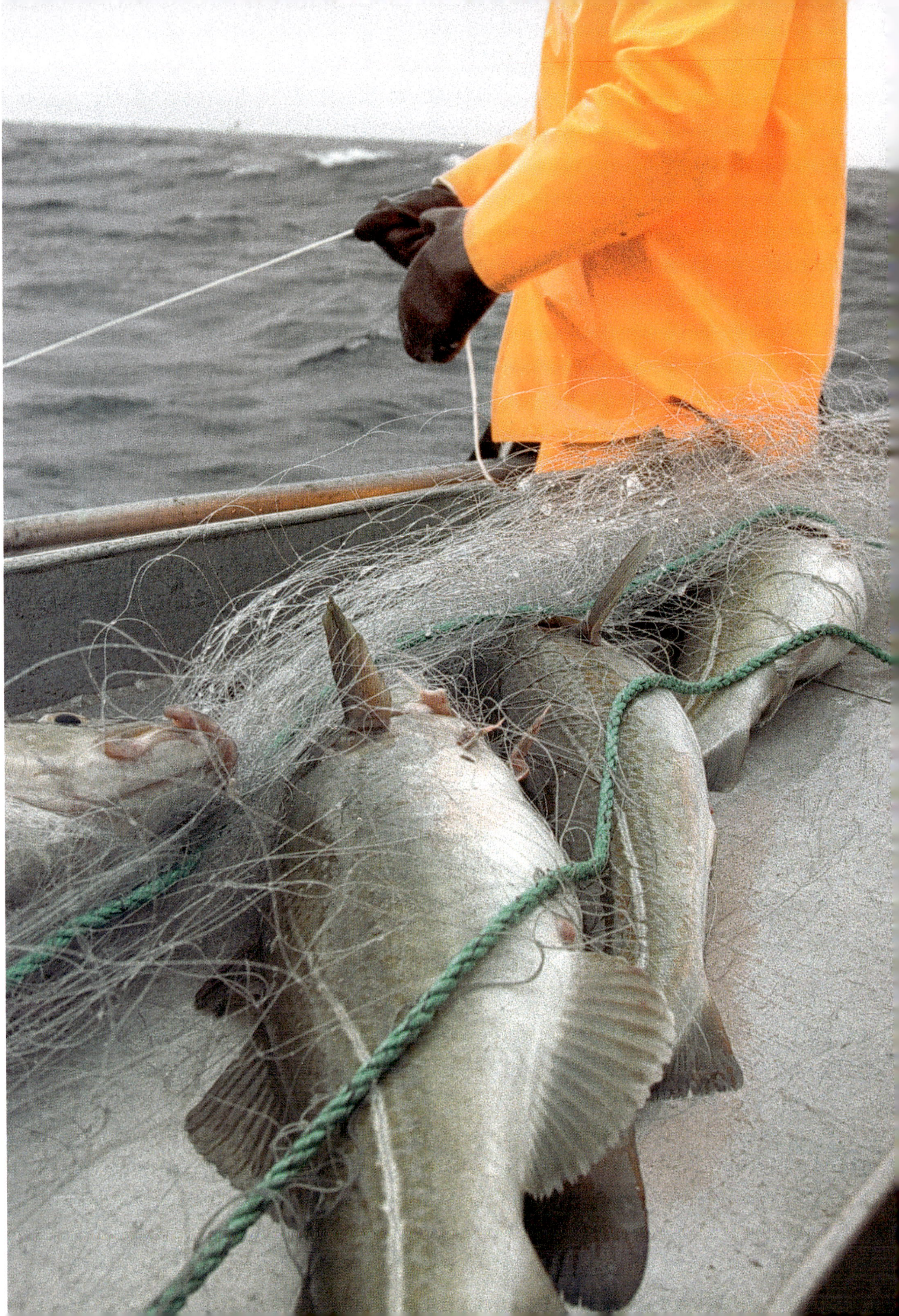

A INDÚSTRIA DA AQUICULTURA

A conservação dos recursos e o desenvolvimento de uma pesca sustentada e produtiva e de uma indústria de aquicultura são dois dos principais objetivos da política de pesca norueguesa.

A indústria pesqueira norueguesa opera inteiramente sem subvenções. A pesca sempre foi um importante fator demográfico ao longo da história da Noruega. A zona costeira norueguesa e as áreas marítimas são altamente produtivas e contêm bons bancos de peixes.

Desde o século XII, o peixe seco tem sido sempre um importante produto de exportação e, em tempos mais recentes, a pesca, o processamento do peixe e as exportações pesqueiras têm sido as principais indústrias em grande parte da zona costeira norueguesa.

Ao longo dos últimos anos, a indústria pesqueira norueguesa foi-se desenvolvendo de uma atividade de pesca sem controle a uma indústria amplamente regulamentada e sujeita a cotas e a licenças.

A revolução tecnológica do período pós-guerra teve como resultado uma eficiente frota pesqueira, que requer uma estrita regulamentação a fim de prevenir a pesca excessiva e o esgotamento de recursos. Simultaneamente, verifica-se a necessidade de medidas que tenham como objetivo a adaptação da capacidade das frotas pesqueiras aos recursos marítimos.

A Noruega assinou acordos pesqueiros com a União Europeia, Rússia, ilhas Faroé, Islândia e Groenlândia.

As negociações anuais são levadas a cabo para decidir conjuntamente as cotas relativas aos diferentes produtos do mar e para estabelecer regras aplicáveis às operações da pesca. Esses acordos estipulam, também, qual a proporção das cotas específicas que cada nação pode pescar individualmente nas zonas das outras nações ao redor.

PRÁTICAS DE PESCA RESPONSÁVEIS

A pesca na Noruega não está orientada para a obtenção de benefícios rápidos, mas sim para um rendimento a longo prazo, por meio de práticas de pesca responsáveis:

- Contribuir para a garantia do fornecimento global e nacional de alimentos numa base sustentável;
- Permitir às pessoas que vivem em comunidades pesqueiras realizar trabalho remunerado independente e, assim, ajudar a reduzir a pobreza no mundo.
- Contribuir para refrear o êxodo da população das zonas rurais para as cidades;
- Criar uma base para o comércio nacional e internacional.

Um pré-requisito para a implementação dessas exigentes tarefas sociais e econômicas é que a pesca e a aquicultura continuem a ser geridas de forma responsável, implicando, por um lado, evitar a sobrepesca e, por outro, a aplicação de uma inspeção marinha cuidadosamente planejada.

O PAPEL DAS AUTORIDADES E DOS OPERADORES DE MERCADO

Palco de um *habitat* ideal, caracterizado por condições únicas, em que as várias espécies de peixes nascem e crescem de forma saudável, a Noruega, desenvolveu e implementou alguns pré-requisitos de forma a garantir uma pesca sustentável e ecológica.

Um conjunto de leis e disposições que regulam de forma minuciosa e confiável cada elo da indústria pesqueira, abrangendo figuras como o pescador, o comprador, passando pelas autoridades e organizações industriais.

Só através da colaboração e da cooperação das autoridades norueguesas e dos demais mediadores, é possível proteger as várias espécies marinhas que habitam a zona ártica, o berço do peixe que alimenta a Europa. Um esforço contínuo, conseguido através da fixação de cotas anuais em cooperação com organizações internacionais e do seu controle constante, tanto no mar como em terra, de forma a manter uma pesca sustentável, preservando as características únicas das várias espécies.

Além disto, o Ministério da Pesca e dos Assuntos Costeiros norueguês, propôs um sistema bancário de cotas, de modo a que a frota costeira possa pescar no outono e passar as cotas restantes para o ano seguinte, com o objetivo de estimular a pesca no outono.

A Lei do Peixe Cru norueguesa contribui igualmente para controlar as cotas suspendendo a pesca quando se está capturando peixe em excesso durante a pesca da primavera ao largo da costa de Finnmark.

A Guarda Costeira norueguesa patrulha as águas da Noruega e inspeciona os navios dos vários países que se encontram na zona norueguesa. Apesar de as águas norueguesas serem bastante vastas e difíceis de supervisionar, de vez em quando a Direção-Geral da Pesca e a Guarda Costeira norueguesas detêm alguns navios que pescam ilegalmente.

O Conselho Internacional de Exploração do Mar (Ciem), uma das organizações internacionais de pesca mais antigas e importantes, tem como principal missão aconselhar os governos e as autoridades em matéria de pesca e fazer recomendações de cotas para a gestão dos estoques de peixe no Atlântico Norte e nas águas que se encontrem dentro dos limites estabelecidos. Essas recomendações baseiam-se em estimativas de estoques cientificamente comprovadas, estando envolvidos até 1.600 inspetores marinhos de 19 países-membros. Assim, todos os inspetores envolvidos medem e pesam o peixe imediatamente após a sua captura ou na hora do desembarque, verificando os volumes de capturas adicionais em navios de produção, embarcando eles próprios em navios de inspeção pesqueira para determinar o número de espécimes jovens de um estoque. Depois disso, os resultados de cada um dos grupos de trabalho do Ciem são finalmente verificados e rigorosamente examinados pelo Comitê Consultivo de Gestão da Pesca (CCGP). Só então se decide que recomendações oficiais do Ciem serão apresentadas para a gestão do estoque, sendo estas imparciais e apolíticas.

Realizando aconselhamento em matéria de estoques de peixe e marisco, o Comitê Consultivo de Gestão da Pesca (CCGP) é órgão consultivo científico oficial de comissões como a Comissão de Pesca do Atlântico Nordeste (NEAFC), a da Organização para a Conservação do Salmão do Atlântico Norte (Nasco) ou a Comissão da União Europeia (CE).

O Conselho Internacional de Exploração do Mar (Ciem) aposta numa estratégia de pesca, orientada para uma ampla preservação da capacidade reprodutiva do estoque de peixe, garantindo assim benefícios resultantes das capturas a longo prazo.

A Organização das Nações Unidas para a Alimentação e a Agricultura (FAO) conta com um departamento de pesca cujas principais tarefas procuram facilitar e assegurar o desenvolvimento e a utilização sustentável da pesca e da aquicultura mundial a longo prazo.

ACORDOS COM OUTROS PAÍSES PARTICIPANTES

Depois das recomendações feitas pelo Ciem acerca das cotas, iniciam-se as negociações entre a Noruega e os outros países que participam da pesca em questão. Aqui é estabelecido o Total Admissível de Capturas (TAC) relativamente ao estoque de peixe para o ano seguinte, determinando-se também como será dividida a cota entre os vários países. Os parceiros mais importantes da Noruega são a Rússia e a União Europeia, embora também se realizem acordos com a Islândia, as ilhas Faroé e a Groenlândia.

COTAS DE PESCA E GESTÃO DE ESTOQUES

Do ponto de vista financeiro, o bacalhau do mar de Barents – bacalhau norueguês do nordeste do Ártico, ou bacalhau ártico norueguês – constitui um dos estoques de peixe mais importantes da Noruega.
Gerir os estoques do mar de Barents de forma sustentada é uma responsabilidade conjunta da Noruega e da Rússia. A cota é fixada em conformidade com um plano de longo prazo, estabelecido pela Comissão de Pesca Russo-Norueguesa e de acordo com a estratégia de gestão da Comissão

de Pesca, que visa garantir a sustentabilidade dos estoques de bacalhau e uma captura de peixe moderada e regular de ano para ano. Só assim se torna possível garantir a exploração sustentável e previsível dos recursos pesqueiros, permitindo que as cotas não variem mais de 10% de um ano para o outro.

Os estoques de bacalhau ártico norueguês encontram-se bem preservados. Segundo o organismo de gestão dos recursos, é esperado também um aumento de biomassa da população reprodutora ao longo do ano.

Estabelecida em 21 mil toneladas no ano anterior, a cota para o bacalhau costeiro foi determinada com base em capturas limitadas de bacalhau costeiro e uma mistura inevitável de bacalhau costeiro e de bacalhau ártico norueguês, sendo feitos os ajustes necessários, de forma a reduzir as capturas de bacalhau costeiro.

Desde 1978 que os estoques de bacalhau do mar do Norte e de Skagerak são partilhados com a União Europeia, época em que se definiram cotas anuais.

No decorrer dos últimos anos, a Noruega exportou por ano, cerca de 2 milhões de toneladas de peixe e de produtos pesqueiros para mais de 150 países. Grande parte deste total, cerca de 1,5 milhão de toneladas, resulta da pesca e o restante da aquicultura.

DISTRIBUIÇÃO DAS COTAS PESQUEIRAS

Depois de finalizadas as negociações internacionais, inicia-se o processo de divisão das cotas pesqueiras na própria Noruega. Assim, as autoridades governamentais responsáveis e os representantes da indústria pesqueira reúnem-se no Conselho Consultivo sobre Regulamentação da Pesca, elaborando recomendações específicas para o Ministério da Pesca.

Representando os interesses dos elementos que constituem toda a indústria pesqueira norueguesa e de outros agentes, o conselho procura apoiar e aconselhar o ministério em questões relacionadas com as regulamentações e ao longo da distribuição das cotas pesqueiras entre os navios. É com base nessas recomendações que o Ministério da Pesca decide como serão divididas as cotas pesqueiras entre os navios e quais as regulamentações especiais, necessárias à pesca.

No decorrer da divisão das cotas pesqueiras norueguesas, aspectos como os diferentes tipos de navios são levados em conta. Por exemplo, se a embarcação em questão é um barco pequeno que opera na costa ou se é um navio de arrasto. Poderão ser atribuídas a um determinado navio várias cotas para diferentes espécies de peixe. No caso de algumas espécies de peixe, a cota não é dividida entre os navios. Neste último caso, cada navio poderá capturar a quantidade de peixe que desejar, desde que dentro dos limites da cota. No entanto, assim que a cota total de pesca previamente estabelecida for atingida, a pesca é imediatamente suspensa.

MEDIDAS E INSTRUMENTOS DE REGULAMENTAÇÃO

Apenas os navios que têm uma licença válida e uma cota pesqueira dispõem de autorização para pescar. Determinada embarcação poderá deter várias licenças e cotas, o que aumenta os seus direitos de pesca na mesma proporção.

Existe uma série de leis e regulamentos que especificam até o mínimo detalhe quem pode pescar, como e quando. Especificações que incluem, por exemplo, indicações exatas acerca do local e horários de pesca, suspensões regionais permanentes ou temporárias e requisitos técnicos sobre as artes da pesca, tais como a malhagem ou utilização de janelas de saída para que os peixes menores possam sair da rede.

A pesca de fundo apenas é permitida a alguns navios, na região situada entre 6 e 12 milhas náuticas da costa. Já os arrastões particularmente grandes só têm autorização para pescar fora do limite de 12 milhas náuticas.

Todas as regiões marinhas norueguesas em que existem recifes de corais de águas frias estão totalmente fechadas para a pesca. Além disso, existe proibição de devolução de peixe, não sendo por isso permitido lançar de volta ao mar, nenhum peixe da captura que seja indesejado ou de tamanho inferior ao regulamentar. Os pescadores devem por

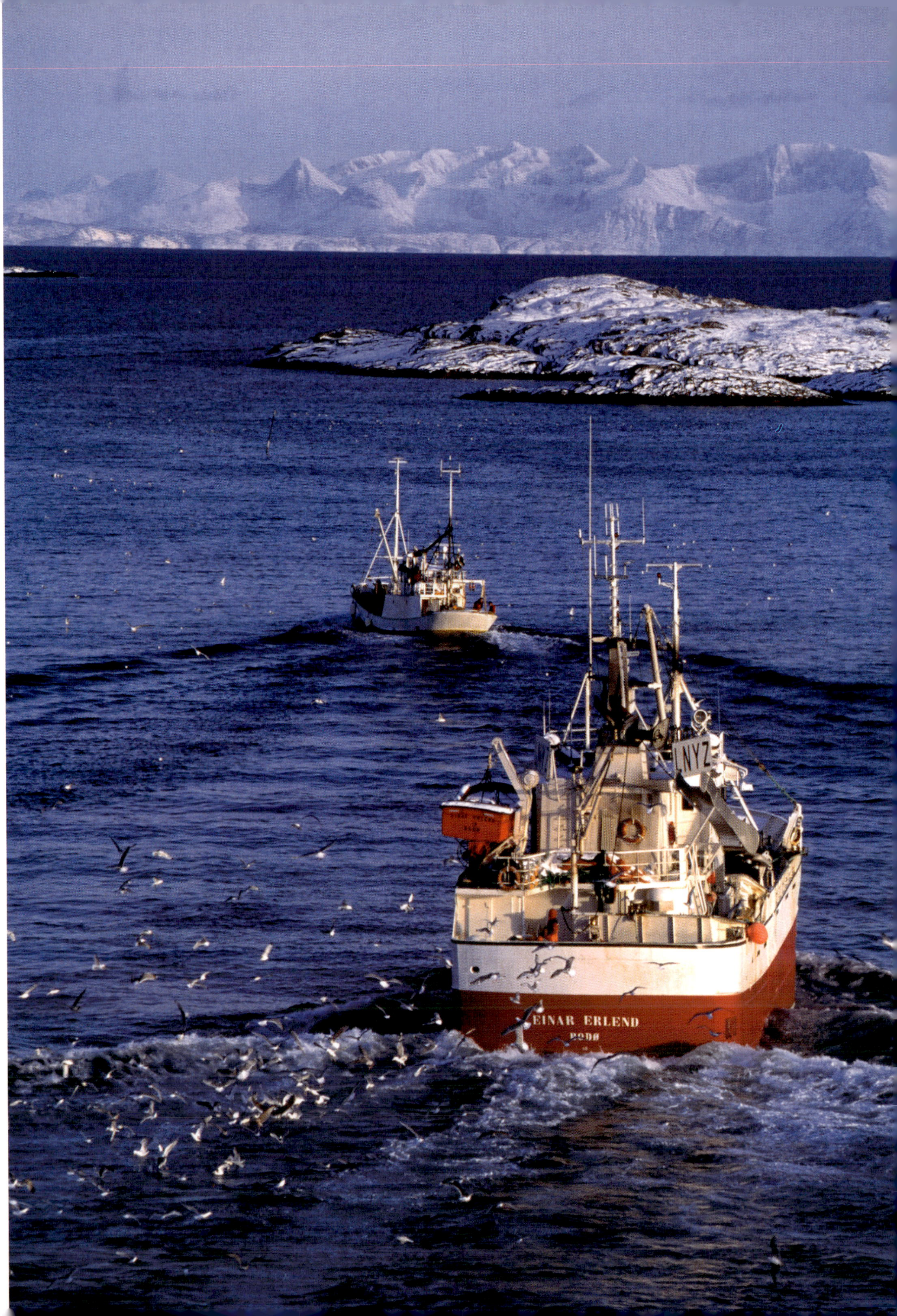
LNYZ
EINAR ERLEND
BODØ

isso desembarcar tudo o que capturarem. Se em alguma zona for capturada uma grande quantidade de peixes ou espécimes de peixe jovens, a Direção-Geral da Pesca poderá suspender a pesca de imediato nessa região. Estas medidas poderão ser estendidas e complementadas por normas adicionais, caso sejam consideradas necessárias para a proteção de estoques e a manutenção de uma pesca sustentável.

MEDIDAS BEM-SUCEDIDAS

Devido à sobrepesca por parte de barcos noruegueses e estrangeiros e a um baixo restabelecimento do estoque, o governo norueguês suspendeu a pesca de bacalhau do nordeste do Atlântico a 19 de abril de 1989, implementando um plano de recuperação, em cooperação com a antiga União Soviética, de forma a recuperar o estoque rapidamente. Plano de recuperação baseado na abordagem prevencionista, a Rússia e a Noruega definiram um quadro que garante um rendimento maximizado a longo prazo, um alto grau de estabilidade no total admissível de capturas de ano para ano, e a total utilização da mais atualizada informação disponível relativa ao desenvolvimento do estoque.

CUMPRIMENTO DAS COTAS

O peixe desembarcado na Noruega vai para recipientes homologados, que verificam se as capturas entregues se encontram dentro da cota de um determinado navio. Caso isto não se verifique, o peixe é apreendido e o navio não recebe o respectivo pagamento, podendo estar ainda sujeito a outras multas e sanções. Na Noruega, todo o peixe capturado está incluído, não sendo aplicado por isso o sistema da União Europeia, em que o peixe morto que exceda as cotas é devolvido ao mar.

Dado que todo o peixe capturado é contado e comparado com as cotas, o sistema norueguês de cálculo das cotas, fornece uma visão mais precisa da quantidade de peixe capturado.

AQUICULTURA

A aquicultura na Noruega teve início no princípio dos anos 1960. Um novo ramo da indústria pesqueira, que permitiu aos seus pioneiros a criação de várias espécies de peixes sem estar condicionados às estações do ano, defendendo-os da flutuação sazonal dos preços dos pescados. Os lucros eram convidativos e os seus produtos, bastante procurados.

Funcionando como suplemento da tradicional indústria da pesca, o surgimento da aquicultura proporcionou várias oportunidades de emprego aos noruegueses. Apesar disto, alguns fracassos foram inevitáveis: falta de rações, peixes em excesso nos viveiros, a distribuição errada dos mesmos, etc.

O caminho para uma aquicultura de sucesso dava agora os primeiros passos e, apesar dos muitos obstáculos, os aquicultores nunca desanimaram, seguindo sempre o principal conceito da aquicultura, tendo aperfeiçoado o sistema de criação e viveiros.

Ainda numa fase embrionária, os aquicultores desenvolveram uma cultura de ajuda mútua, trocando informações entre si. Os conhecimentos marítimos aliados à experiência da criação animal e a convicção de que havia mercado para o salmão e a truta norueguesa foram a sua principal motivação.

Através de um esforço coletivo e ética, e com o objetivo comum de se tornar mais evoluída e competente, a indústria da aquicultura nunca parou de se desenvolver e de inovar.

A criação de peixe passou a ser uma indústria vital. A Noruega é atualmente um dos maiores produtores mundiais de bacalhau fresco, produzindo também várias outras espécies em menor escala, dado que os recursos naturais são limitados.

No entanto, a aquicultura atual permite a produção de peixe e marisco nas quantidades desejadas. Dessa forma, a oferta ajusta-se à procura. Por esse motivo é consumido cada vez mais peixe de viveiro, em de vez de peixe de captura.

40

PREPARAR O BACALHAU

O bacalhau fresco tal como é pescado não é um peixe bonito. De forma roliça e pele pintalgada, o bacalhau em nada é parecido com aquele peixe seco e espalmado que normalmente vemos na banca da peixaria e levamos para casa.

Até chegar a esta forma achatada a que desde sempre nos habituamos, o bacalhau da Noruega é preparado durante semanas e seco ao sol em câmaras de ar seco, especialmente construídas para manter a temperatura e condições ideais para uma secagem perfeita. Só assim se torna possível preservar todas as características do bacalhau.

O processo de preparação e transformação do bacalhau, desde que é capturado até chegar ao ponto de venda, é um processo demorado, de modo a garantir um produto genuíno.

Logo após a captura, ainda nos barcos de pesca, o bacalhau é limpo com água corrente do mar, retirada a cabeça, escalado e mergulhado em tanques cheios de sal. Já nas fábricas de transformação é colocado em paletas, disposto em camadas e levado para as câmaras de secagem. É durante esse longo processo de preparação que esse peixe ganha a chamada "cor palha", característica única que tão bem identifica o verdadeiro bacalhau da Noruega.

Um processo de preparação do fiel amigo de que os portugueses se dizem autores, iniciado no século XV, na Grande Aventura dos Descobrimentos, quando os navegadores sentiam necessidade de obter alimentos não perecíveis no decorrer das suas grandes viagens marítimas. O sal funcionava como camada protetora do bacalhau, garantindo a sua não deterioração e mantendo todas as suas qualidades nutritivas.

Um processo hoje em grande parte mecanizado, desde o corte da espinha do peixe, até a separação por categorias, terminando nas câmaras de vento que substituem o sol. Em Portugal ainda é possível encontrar alguns lugares onde a secagem do bacalhau é feita ao sol. O bacalhau é recebido ainda verde, o chamado bacalhau salgado verde, e só depois é seco de forma natural.

Descubra as fases de preparação do "fiel amigo" da gastronomia portuguesa, que apesar de não ser pescado nas águas de Portugal, sempre fez parte da alimentação dos portugueses.

O PROCESSO DE TRANSFORMAÇÃO DO BACALHAU

Fase 1
Num trabalho completamente manual, o bacalhau depois de pescado é lavado em tanques de água com sal (água do mar).

Fase 2
Após ser-lhe retirada a pele, o peixe passa por uma máquina de corte, em que lhe retiram parte do rabo, barbatanas e cabeça. É ainda escalado (aberto ao meio).

Fase 3
Inicia-se então o processo de salga que dura cerca de quatro semanas, colocando-se agora o peixe em tanques cobertos com quilos de sal. Dessas semanas, duas são passadas em salmoura.

Fase 4
Após o processo de salga, o bacalhau é colocado em câmaras de ar com termostato, para que seja feita a secagem.

Fase 5
Segue agora para o controle de qualidade, em que é pesado, classificado, embalado e transportado em *freezers* horizontais a temperaturas em torno dos 2 °C e 4 °C.

Um processo de preparação/transformação perfeitamente natural, sem a utilização de conservantes ou outros produtos químicos, que permite manter todo o sabor e características únicas do bacalhau recém-pescado, não necessitando de grandes cuidados de conservação, devendo apenas ser guardado em lugar seco e arejado.

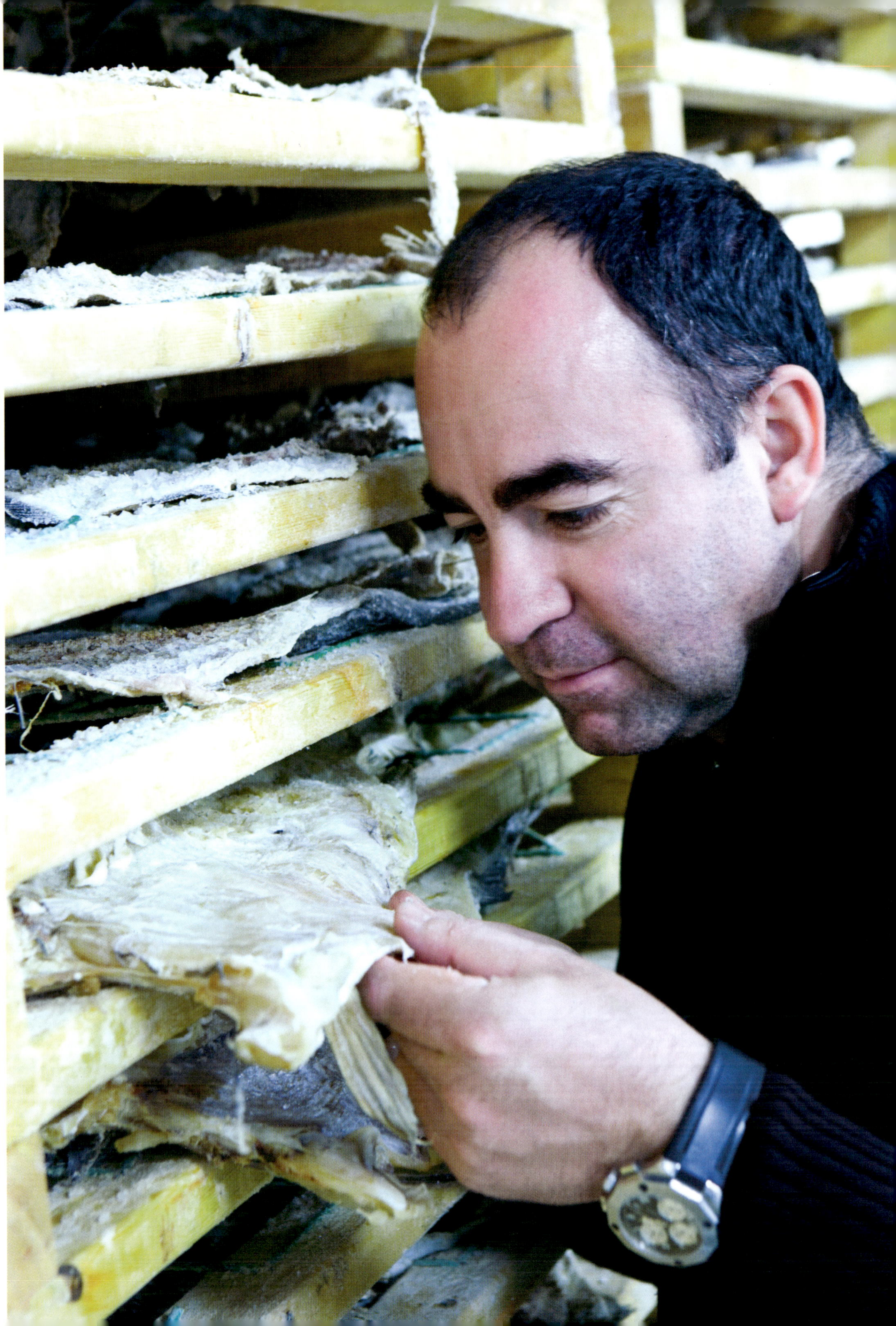

CATEGORIAS E CLASSIFICAÇÃO

SEGREDOS NA ESCOLHA DO MELHOR BACALHAU

O bacalhau encontra-se à venda em vários tipos de cura. Se os portugueses praticamente o consomem salgado seco, a variedade mais curada, os outros países, incluindo Noruega, Itália e França, além de o consumirem fresco, também o preparam verde, ou seja, salgado, mas não seco.

Antes de pensar em preparar uma das muitas receitas que lhe sugerimos ao longo deste livro e que fazem parte da gastronomia portuguesa, certifique-se de que está comprando o verdadeiro bacalhau da Noruega. Reconhecendo as suas características únicas e confirmando também na etiqueta de preço que se trata do *Gadus morhua*.

Sabemos de antemão que essa não é uma tarefa fácil, e que à primeira vista todos os bacalhaus expostos na banca da nossa loja habitual nos parecem iguais. Por isso sugerimos que peça ajuda ao funcionário da seção de peixaria onde você habitualmente compra o seu bacalhau. Ele vai ajudá-lo a identificar as características únicas do verdadeiro bacalhau da Noruega.

Na hora da compra, observe:
- Cor palha, nunca branca demais;
- Bem seco e curado;
- Rabo quase reto e de cor uniforme;
- Limpo, bem tratado e sem manchas escuras;
- A sua pele solta-se com facilidade.

Dê preferência ainda ao bacalhau inteiro, evitando o pré-embalado; desta forma poderá verificar a qualidade do bacalhau e evitar a eventualidade de comprar, na mesma embalagem, postas de diferentes tipos.

Bem cortado, escovado e salgado segundo métodos ancestrais, o bacalhau da Noruega seco e salgado encontra-se comercialmente dividido em duas categorias: *1ª e 2ª categorias*.

Todo o peixe pertencente à 1ª categoria, que apresenta determinado tipo de lesões, não poderá ser comercializado como tal, passando então a ser vendido como bacalhau de 2ª categoria.

Isto porque um bacalhau de 1ª categoria implica o peixe esteja bem escovado e cortado, e que tenha sido salgado e seco de acordo com o método correto, devendo por isso apresentar uma cor palha.

O bacalhau de *1ª categoria* é então classificado de acordo com o peso:

> **Especial** – com peso superior a 3 kg
> **Graúdo** – com peso igual ou inferior a 3 kg e superior a 2 kg
> **Crescido** – com peso igual ou inferior a 2 kg e superior a 1 kg
> **Corrente** – com peso igual ou inferior a 1 kg
> **Miúdo** – com peso igual ou inferior a 0,5 kg

A classificação de *2ª categoria* é normalmente utilizada quando o bacalhau apresenta imperfeições na pele ou não se encontra inteiro. Este poderá apresentar algumas lesões e defeitos, aceitando-se que a sua carne exiba algum tipo de corte, ou que o bacalhau se encontre rachado ou amputado pela rede. Fatores como estes não são indicativos de falta de qualidade, apenas de pouco cuidado no manuseio. Este gênero de bacalhau é relativamente mais barato que o de 1ª categoria.

O bacalhau de 2ª categoria é designado como "sortido" e dividido em escalões de acordo com o peso:

> **Sortido superior a 3 kg**
> **Sortido de 2 kg a 3 kg**
> **Sortido de 1 kg a 2 kg**
> **Sortido de 0,5 kg a 1 kg**
> **Sortido inferior a 0,5 kg**

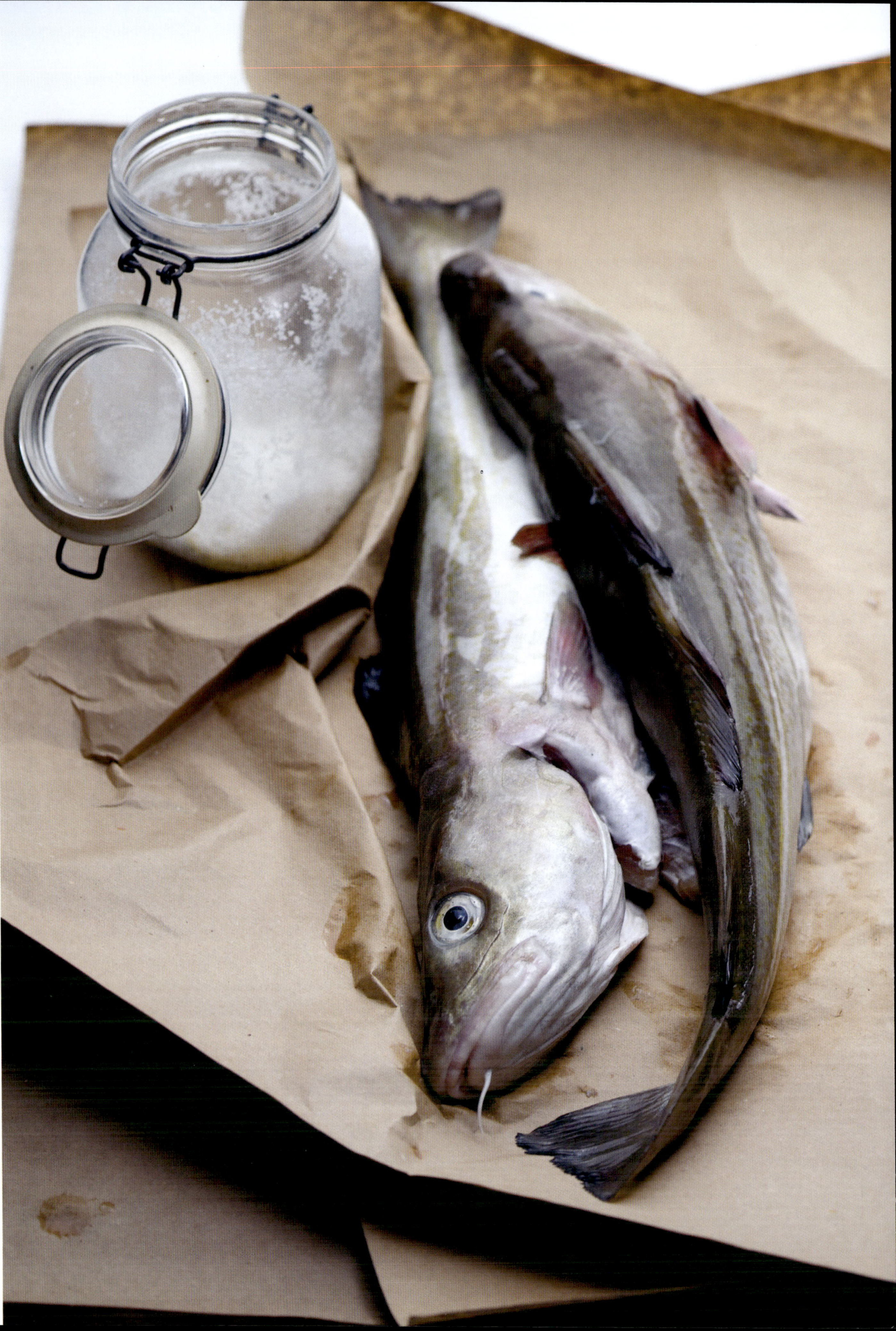

BACALHAU FRESCO E BACALHAU SALGADO SECO

O bacalhau da Noruega também é fresco

Pela qualidade e agradável sabor, o bacalhau fresco da Noruega é cada vez mais apreciado e utilizado na preparação dos mais variados pratos, podendo ser encontrado, no mercado, inteiro, em postas ou em filés.

Por se desenvolver num *habitat* ideal, nas fazendas de aquicultura, o bacalhau fresco da Noruega é capturado todo o ano, garantindo todas as condições para o seu desenvolvimento. Assim, e porque logo após a sua captura o bacalhau fresco é transportado para os locais de expedição, pode-se encontrá-lo todos os dias verdadeiramente fresco.

Skrei
Na Noruega, os bacalhaus (*Gadus morhua*) que emigram para desovar do mar de Barents a lugares tão característicos da costa, como o arquipélago Lofoten, recebem o nome de *Skrei*.

O *Skrei* está ligado à história da Noruega, simbolizando uma fonte de riqueza e vida que condicionava a atividade e a sobrevivência dos povos costeiros, tendo chegado a servir, inclusive, como unidade de tributo ao rei Oystein| Magnusson.

Entre os meses de janeiro e março, conforme o ano, os bacalhaus chegam para desovar nas costas da Noruega, onde são capturados no momento em que a sua carne branca e firme está mais saborosa e delicada ao paladar.

Bacalhau fresco de características únicas, que permite elaborar variados e requintados pratos, logo após a sua captura o *Skrei* é limpo e guardado em cubas com água do mar corrente, garantindo uma melhor conservação e qualidade.

Presença habitual na cozinha mediterrânea, na preparação de saborosas e suculentas receitas, esse peixe destaca-se pela sua qualidade superior, sendo na maioria das vezes combinado com ingredientes como o azeite, o tomate, o alho ou o pimentão.

Salgado verde
Este bacalhau contém um teor de sal igual ou superior a 16% e entre 51% e 58% de umidade. O bacalhau é apenas salgado, e não seco. O sal acelera assim a desidratação do peixe, sem o secar completamente.

Um peixe normalmente salgado e úmido, tendo por isso um sabor um pouco diferente. É em países como a Itália e a Grécia que este peixe é mais consumido, embora já se encontre em algumas lojas portuguesas.

Semisseco
Bacalhau com teor de sal igual ou superior a 16% e entre 47% e 51% de umidade.

O bacalhau é salgado e seco por um período inferior a três meses, ficando ainda com alguma umidade.

Salgado seco
Bacalhau com teor de sal igual ou superior a 16% e umidade inferior ou igual a 47%. Para ser assim considerado, o bacalhau, além de ser salgado, tem de passar por um processo de cura de pelo menos três meses, feita em túneis de secagem próprios, a uma temperatura controlada. Este é o tipo de bacalhau mais consumido pelos portugueses.

O bacalhau de *cura amarela*, uma cura tradicionalmente portuguesa feita apenas por especialistas, conta com uma grande popularidade entre os consumidores portugueses. Apresentando uma coloração amarelada característica, um teor de sal entre os 12% e os 16% (ligeiramente mais reduzido que o habitual) e um teor de umidade igual ou inferior a 45%, esta é uma cura obtida através de uma cura de sol prolongada.

Os chamados bacalhaus de cura amarela são normalmente de grande porte e as suas postas, bastante suculentas. Dada a sua dimensão, o seu processo de preparação/transformação é mais demorado, sendo também um pouco mais caro. Quando inteiro, mesmo depois de seco, um bacalhau de cura amarela pode ter cerca de 5 kg ou mais.

Depois de preparado, conta com um sabor mais intenso de peixe, dado que o teor de sal reduzido o curou de outra maneira.

Gozando também de alguma reputação entre os portugueses, que consomem bacalhau desde o século XIV, o bacalhau *asa branca*, outro bacalhau de excelente qualidade, é assim conhecido porque se retira a pele escura que cobre o interior da barriga (o peritônio), tornando as lascas bem visíveis.

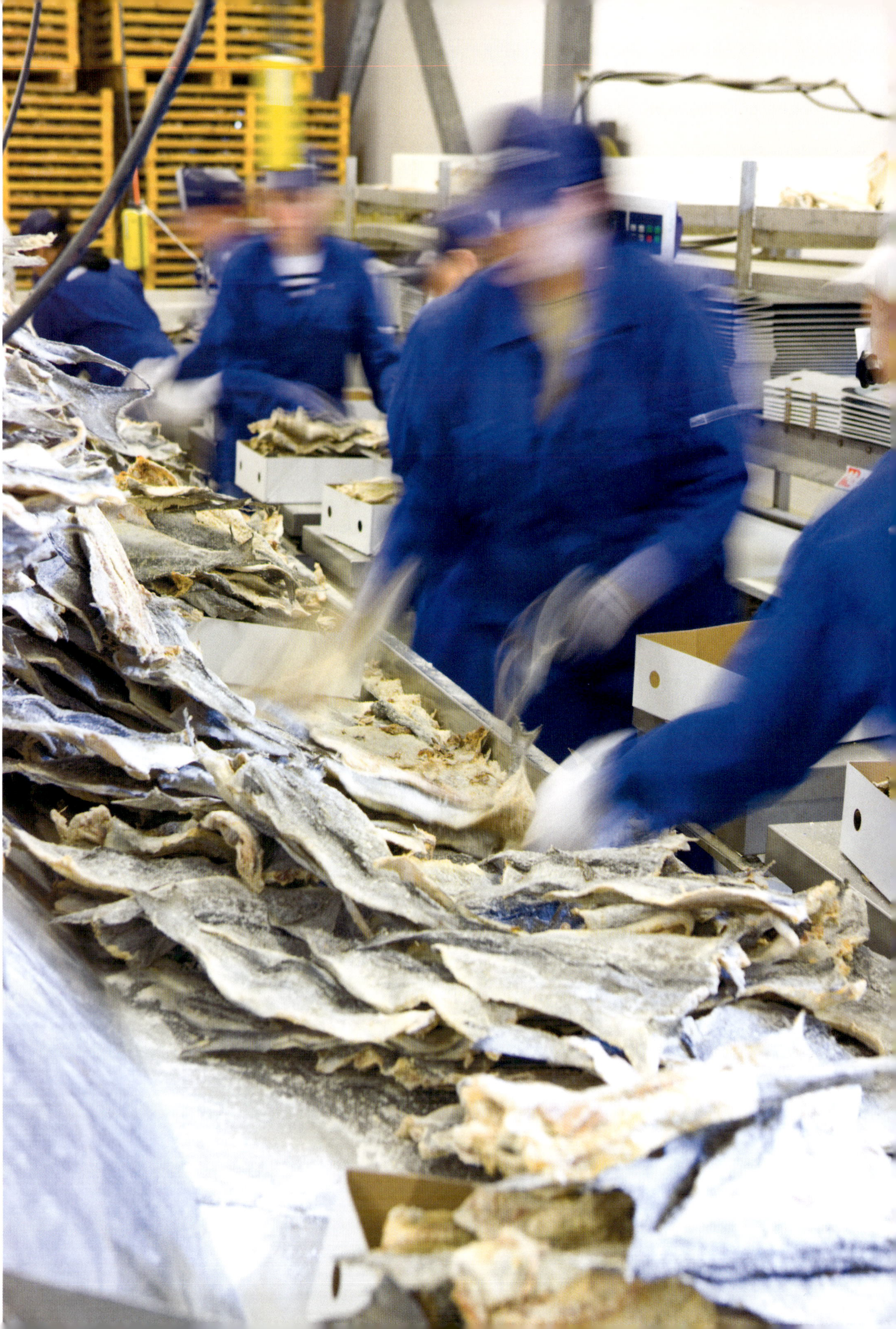

Mas será este melhor que o chamado "asa preta"? Em outros tempos, a designação "asa branca" servia para distinguir o bacalhau importado (sem peritônio) do que era pescado pelos portugueses. Nessa época a fama de ser melhor surgiu da ideia de que o que era importado era bom.

Apesar disto, o bacalhau asa branca não pode ser considerado melhor que os demais, isto porque para se retirar o peritoneu, há que umedecer ligeiramente o bacalhau, voltar a salgá-lo e secá-lo, repetindo-se por isso todo o processo de salga e secagem do bacalhau, o que irá encarecer o produto.

Embora continue a ser bastante usada na compra e venda de bacalhau, essa não é uma classificação prevista na lei, tendo sido criada quando do monopólio da comissão reguladora do comércio do bacalhau.

Na Noruega, o bacalhau originário da pequena ilha de Røst, a oeste do arquipélago Lofoten, na Noruega, tem o nome de *Tørrfisk*.

O *Tørrfisk* (*Gadus morhua*) é um peixe com uma tradição de mais de mil anos, preparado através de um processo de secagem natural, beneficiando-se de condições únicas (correntes secas, sol e chuva) que só o norte da Noruega oferece.

Seco ao ar livre durante os meses de janeiro a maio, seguindo técnicas artesanais que passaram de geração em geração, este bacalhau não salgado, de carne branca e delicada com um aspecto diferente do habitual, conta com um sabor e textura tão especiais, que permanecem mesmo depois da demolha.

Com uma história tão antiga como a da própria Noruega, a origem do *Tørrfisk* leva-nos aos tempos dos *vikings*, que se alimentavam deste peixe nas suas longas incursões marítimas, por ser um peixe com elevado tempo de conservação e alto teor proteico. Além disso, este povo usava-o também como moeda de troca para obter outros alimentos de primeira necessidade.

48

CORTES DE BACALHAU

O bacalhau da Noruega é por si só garantia de qualidade. Sendo versátil e fácil de preparar, este peixe é utilizado nas mais variadas receitas, com a vantagem de se poderem aproveitar todas as partes, mesmo as mais finas, que são igualmente saborosas.

Com uma carne clara e saborosa, o bacalhau poderá ser encontrado inteiro, sob forma de filés ou em postas. A sua espinha dorsal é dura, por isso é aconselhável que o peixe seja cortado no local de compra, obtendo o formato que você deseja para preparar as suas receitas.

É possível encontrar o bacalhau da Noruega nos vários supermercados e lojas tradicionais, onde este produto continua a ser uma tradição com centenas de anos.

Conheça os diferentes cortes de bacalhau e descubra como poderá tirar maior proveito deste peixe de características únicas, que pode ser utilizado na preparação de petiscos, entradas, sopas ou em pratos principais.

Bacalhaus pequenos
Um corte ideal para bacalhaus de pequenas dimensões, em que é possível um maior aproveitamento do peixe.

Bacalhaus grandes
Habitualmente designado por "corte tradicional do Porto", resulta perfeitamente em bacalhaus grandes, uma vez que o lombo é mais bem aproveitado.

COMO APROVEITAR

O bacalhau da Noruega é utilizado na preparação dos mais variados pratos. Alta, média ou fina (rabo, abas ou aparas), qual a posta que melhor se adapta a cada receita?

Posta alta
Perfeita para grelhar ou assar, é muito fácil de preparar.
(Exemplos de receitas: bacalhau à Zé do Pipo, bacalhau com Broa, bacalhau à Lagareiro.)

Posta média
Para preparar inteira, em partes ou em filés.
(Exemplos de receitas: bacalhau de cebolada, caldeirada de bacalhau, filés de bacalhau.)

Posta fina (abas, aparas e rabo)
Abas, aparas e rabo, nos pratos em que o bacalhau deve ser desfiado, são igualmente saborosos e ideais para a preparação de receitas mais simples.
(Exemplos de receitas: pataniscas de bacalhau, bacalhau com creme de leite, salada de bacalhau, lasanha de bacalhau.)

OUTRAS FORMAS DE BACALHAU

É aos antigos pescadores de bacalhau nos mares da Terra Nova e Groenlândia que devemos grande parte das receitas preparadas com os derivados do bacalhau, ou subprodutos. Falamos das *migas*, *bucho* (a barbatana existente na barbela do peixe), *línguas*, *ovas*, *bochechas* e *caras*.

Se nos dias de hoje a frota bacalhoeira parte para o mar abastecida de todas as espécies de alimentos, houve tempos em que se transportava uma quantidade mínima de alimentos nas embarcações de pesca, o que implicava fazer uma alimentação derivada do peixe que se pescava, aproveitando todas as partes do bacalhau que pudessem ter menos valor comercial.

Do bacalhau depois de escalado e salgado, sobravam as línguas, as caras, as espinhas e o bucho. Dessa prática de aproveitamento do bacalhau, surgiram receitas como o arroz de línguas, as caras de bacalhau fritas e outros pratos que ainda hoje fazem parte da gastronomia portuguesa.

As línguas, as caras e o bucho eram salgados à parte dos lombos, sendo um dos poucos pitéus dos pescadores durante a pesca.

Atualmente estas outras formas de saborear bacalhau podem ser encontradas nos grandes supermercados, nas mercearias tradicionais ou em casas especializadas na venda de bacalhau.

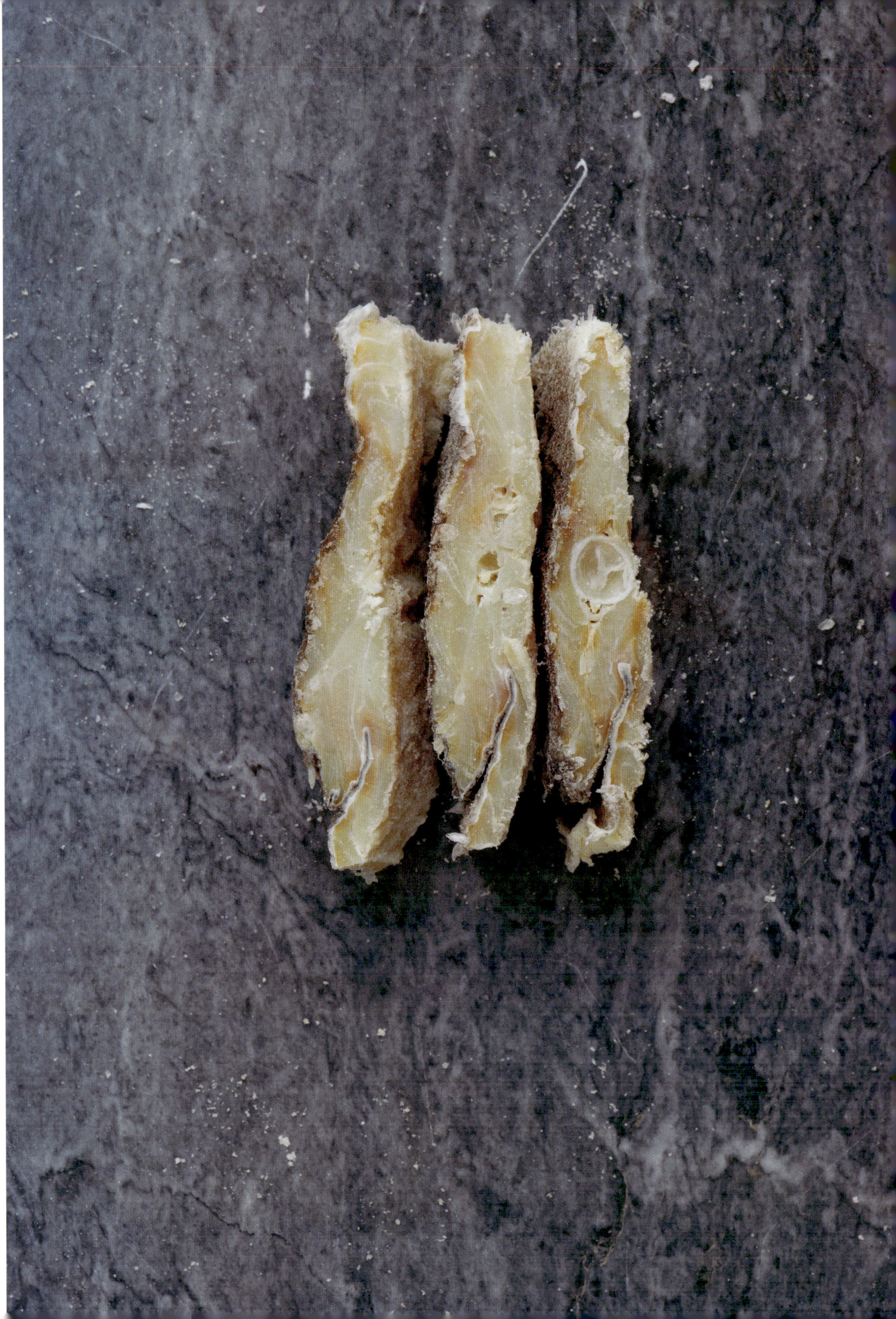

A IMPORTÂNCIA DE UMA BOA DEMOLHA

O bacalhau salgado e seco é o mais apreciado pelos portugueses. Antes de prepará-lo numa das muitas receitas que fazem parte da gastronomia portuguesa e que correm o mundo, torna-se necessário demolhá-lo, retirando-lhe grande parte do sal.

Servindo não apenas como forma de retirar o excesso de sal do bacalhau, o processo de demolha permite que o bacalhau da Noruega volte a ganhar volume, preparando-se assim um número maior de refeições, com a vantagem de se poder aproveitar todas as partes do peixe no preparo das mais variadas receitas, como vimos anteriormente.

É durante este processo que o peixe salgado e seco retoma o nível de água que perdeu durante a secagem. De acordo com o processo de secagem, o bacalhau perdeu cerca de metade do seu peso, voltando por isso a ganhar peso e volume ao ser demolhado.

Com a demolha, as fibras musculares do bacalhau ficam agora mais soltas, permitindo que o bacalhau lasque adequadamente depois de cozinhado.

Uma das principais regras para uma boa demolha é que ela seja feita em água fria, sendo que o ideal é utilizar água abaixo dos 8 °C.

As receitas sugeridas ao longo deste livro partem deste pressuposto, de o bacalhau ter sido previamente demolhado.

Eis a nossa sugestão para uma boa demolha:

- Peça na sua loja habitual para cortarem o bacalhau de acordo com a sua necessidade;

- Passe o bacalhau em água corrente para retirar o excesso de sal e coloque-o num recipiente com água fria, com a pele voltada para cima (se ela ficasse para baixo, impediria o sal de ficar no fundo da água, dada a sua impermeabilidade);

- Conforme a dimensão do peixe e o modo de prepará-lo, a demolha pode durar entre 24 h e 48 h.

COMO CONSERVAR TODO O SABOR DO BACALHAU DA NORUEGA

Guardar ainda seco

O local ideal para guardar o bacalhau seco e salgado é a parte menos fria do refrigerador, na gaveta dos legumes. Coloque-o dentro de um saco plástico com uma rodela de limão-siciliano, para atenuar o seu forte odor. Assim o bacalhau conserva-se por um período de três meses.

O bacalhau salgado e seco não deve ser congelado antes de demolhado, nem mantido a altas temperaturas, que lhe conferem um tom avermelhado e alteram o sabor original.

Demolhado e sempre à mão

Para quem é um verdadeiro apreciador de bacalhau, o ideal é ter este ingrediente sempre à mão, quando chega a hora de decidir que prato preparar, seja para receber a família ou cozinhar para os amigos.

Depois de demolhado, o bacalhau está pronto para ser preparado ou poderá ser guardado no congelador. Enxugue-o com um pano limpo para retirar o excesso de água e guarde-o num saco apropriado para congelar, colocando-o no *freezer*, onde poderá permanecer por um período máximo de três meses.

Assim, é mais fácil preparar pratos de bacalhau da Noruega sempre que tiver vontade. Para descongelar, basta colocá-lo no refrigerador ou à temperatura ambiente.

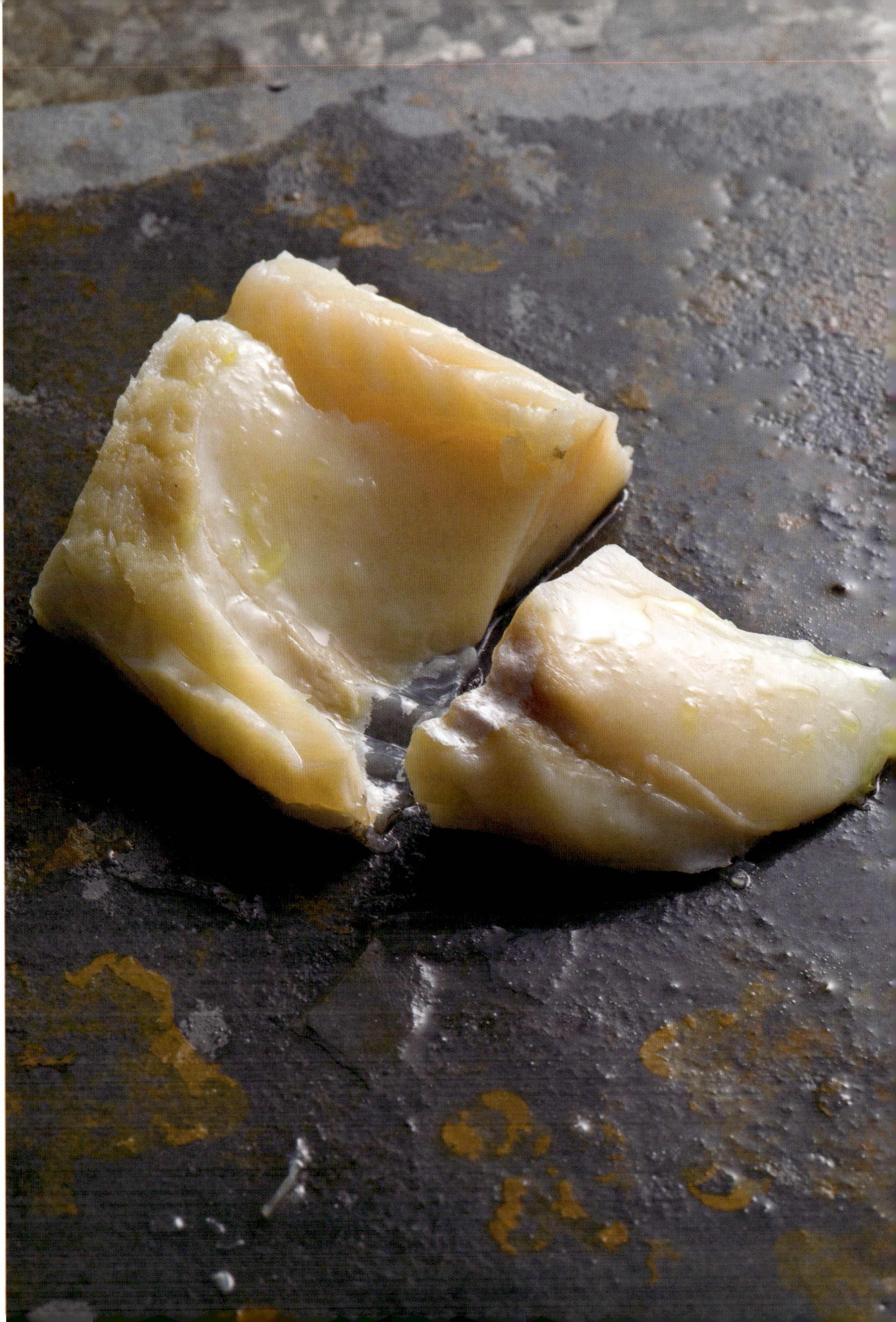

SEGREDOS NA CONFECÇÃO DO BACALHAU

Numa visão muito prática de cozinheiro, o bacalhau é curado com sal, o que lhe provoca um primeiro cozimento. Pode parecer estranho, mas o sal cozinha a frio os ingredientes.

Após a cura do sal, vem a secagem. Podemos concluir, de novo, que o bacalhau, uma vez mais, sofre um cozimento.

O processo natural, em seguida, é hidratá-lo. Normalmente isso é feito com água, quando o demolhamos. Depois de demolhado, vem o cozimento tradicional, que pode ser na grelha, no forno, na panela; também podemos fritá-lo e hoje, com as novas tecnologias, existem vários processos para cozinhá-lo – o cozimento a vácuo é um deles.

Os ingredientes têm, na sua base geral, água, gordura e fibra, cuja porcentagem difere de ingrediente para ingrediente.

Quando preparamos o bacalhau, seja de que forma for, há dois princípios básicos que devemos respeitar: *cozinhar com pele e espinhas e o tempo de cozimento correto*. Sempre que tiramos a pele e a espinha do bacalhau, retiramos seu sabor e textura. Ainda assim, podemos utilizá-lo em receitas que dispensam a pele e a espinha, desde que as mantenhamos durante o cozimento. Quando o cozinhamos em demasia, retiramos aquilo que tanto trabalho nos deu na demolha e que tanta falta faz: a água. Só assim é que obtemos o cozimento perfeito e umas lascas que são um mimo!

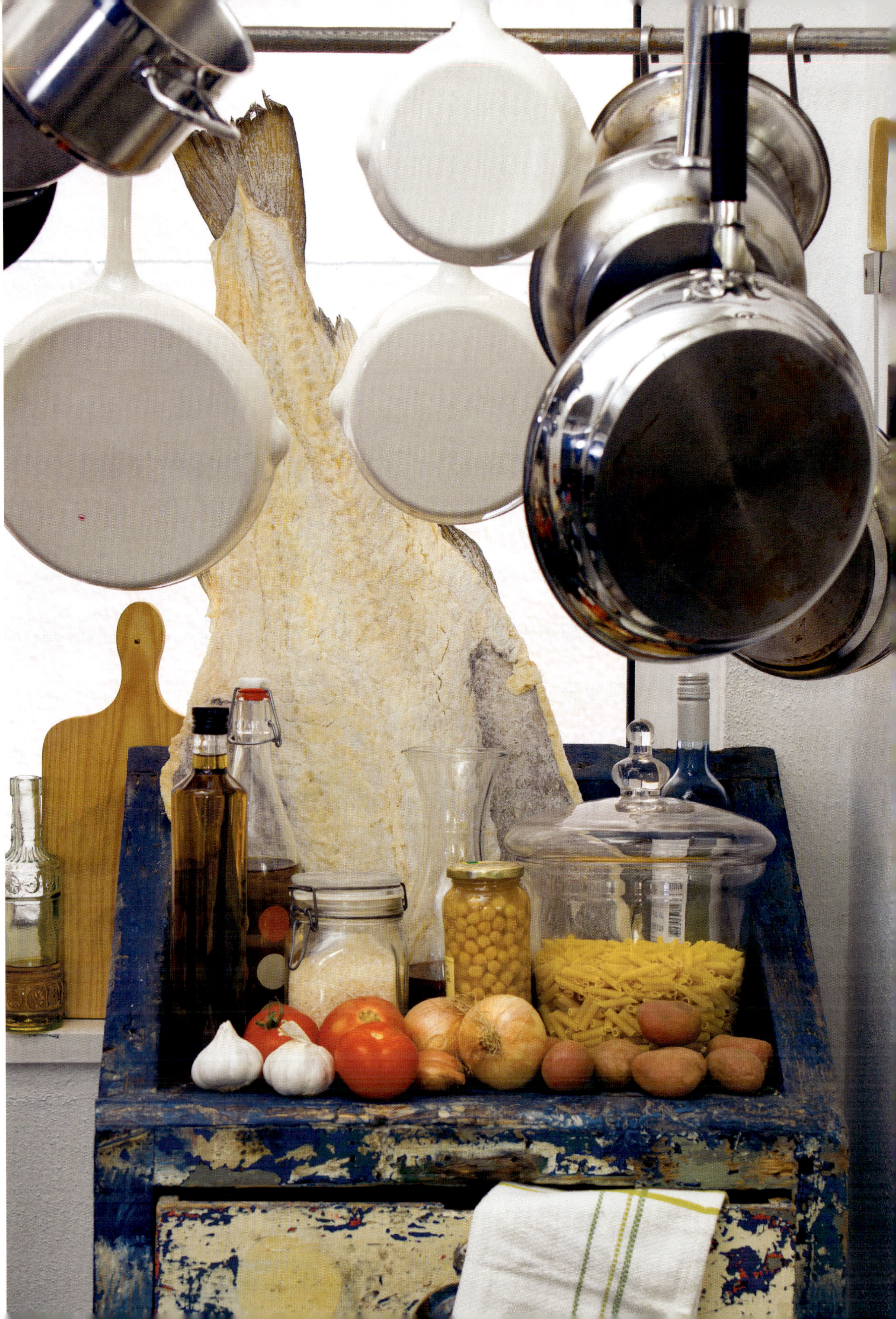

O QUE NÃO PODE FALTAR NAS MINHAS RECEITAS DE BACALHAU

Conhecido pela forma como busca modernizar pratos mais tradicionais da cozinha portuguesa, Vítor Sobral procura dar um toque de imaginação no preparo de saborosas receitas de bacalhau da Noruega.

Com os melhores ingredientes da gastronomia portuguesa, é possível brincar com a criatividade, sentidos e emoções, numa viagem de texturas genuínas de inspiração única.

Eis uma lista dos principais ingredientes que não podem faltar no preparo das receitas de bacalhau do *chef* Vítor Sobral:

Bacalhau da Noruega
Azeite extravirgem
Alho
Cebola
Batatas
Grão-de-bico
Feijão seco
Arroz
Massas variadas
Vinagre de vinho tinto
Vinagre de vinho branco
Flor de sal
Tomate fresco
Vinhos de mesa
Azeitonas
Pimentão fresco
Ervas aromáticas
Especiarias várias
Mostarda de Dijon
Sal marinho

TRUQUES, DICAS E OUTROS CONSELHOS

Antes de arregaçar as mangas para experimentar uma das muitas receitas que este livro lhe propõe, descubra alguns conceitos básicos da cozinha, indispensáveis à boa preparação de qualquer receita de bacalhau.

OUTRAS PARTES DO BACALHAU
1. Boinas (bexiga mictória)
2. Bucho
3. Caras (cabeça de bacalhau aberta ao meio)
4. Línguas

CORTES DE BACALHAU
5. Aba da cabeça
6. Aba da barriga
7. Posta da cabeça
8. Desfiado seco
9. Lombo
10. Posta alta
11. Posta fina
12. Rabo

1.

2.

3.

4.

5.

6.

7.

8.

9.

10.

11.

12.

ALHO
1. Alho com casca ou em camisa
2. Alho em metades
3. Alho fatiado

CEBOLA
4. Cebola em juliana
5. Cebola em meia-lua

ABOBRINHA
6. Abobrinha em cubos
7. Casca de abobrinha
8. Abobrinha em juliana
9. Abobrinha picada

LIMÃO
10. Limão-siciliano inteiro sem casca
11. Limão-siciliano depois de retirados os gomos
12. Limão-siciliano em gomos
13. Limão-siciliano picado

PIMENTÃO
14. Pimentão descascado
15. ¼ de pimentão descascado
16. Pimentão em juliana descascado
17. Pimentão em cubos descascado

TOMATE
18. Tomate sem pele
19. ¼ de tomate sem pele
20. Tomate em gomos descascado
21. Tomate em cubos sem pele e sem sementes

6.
7.
8.
9.
10.
11.
12.
13.
14.
15.
16.
17.
18.
19.
20.
21.

ERVAS AROMÁTICAS

1. Cebolinha
2. Poejo
3. Hortelã
4. Cidrão
5. Salsa
6. Capim-limão
7. Cerefólio
8. Manjericão
9. Sálvia
10. Tomilho
11. Hortelã-da-ribeira
12. Coentro

Salsa escaldada

Salsa escaldada e esfriada em água e gelo

61

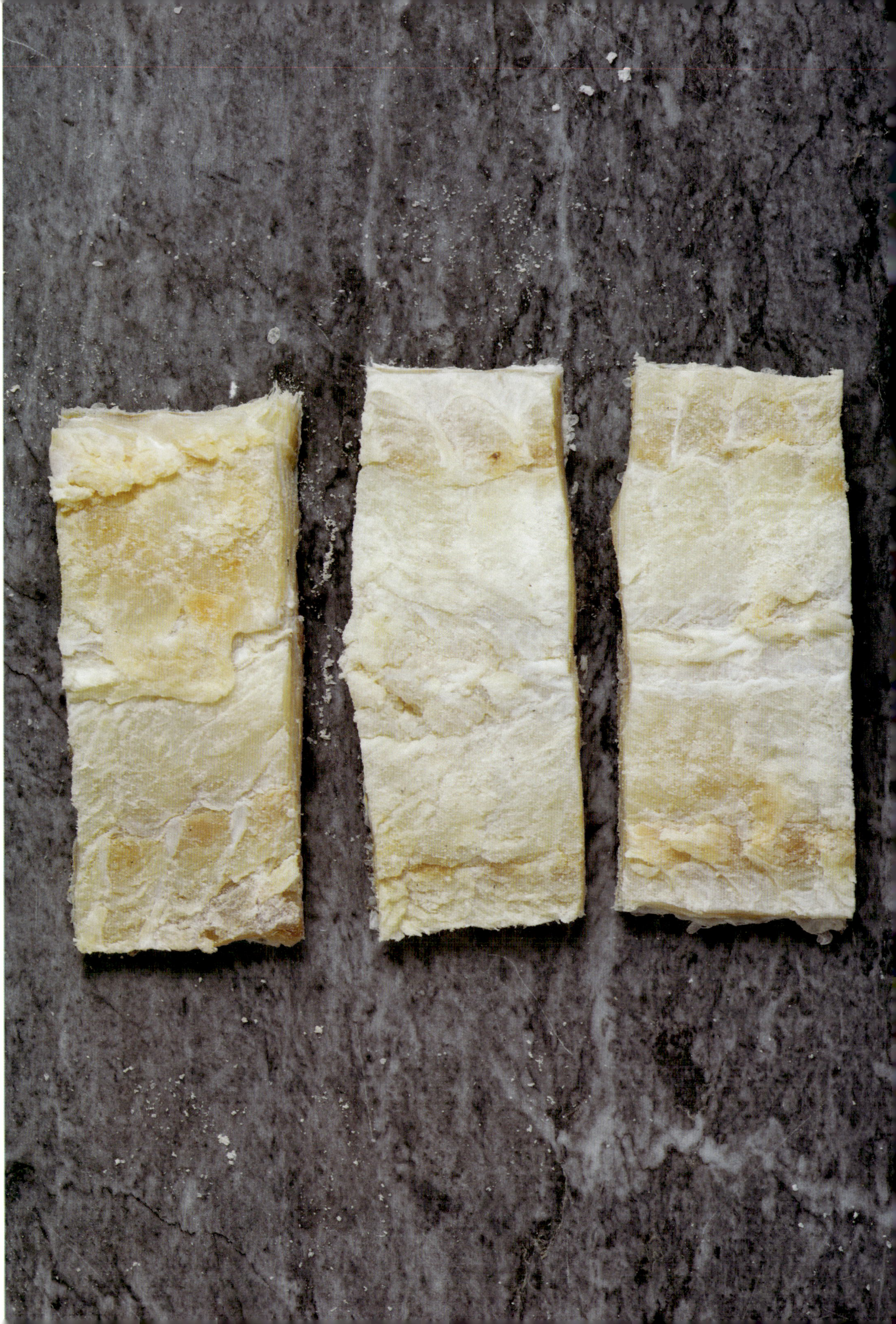

MESA PARA DEZ

Receitas deliciosas e para todos os gostos, preparadas com bacalhau da Noruega previamente demolhado (veja os conselhos para uma boa demolha na p. 51), numa combinação de ingredientes pensada para dez pessoas. São as nossas propostas ao longo dos próximos capítulos.

Receitas-base, sopas, petiscos, de família e do autor. Sente-se à mesa com a melhor companhia e descubra os sabores de verdadeiras iguarias preparadas com o melhor bacalhau.

QUEM COZINHA PARA DEZ, COZINHA PARA TRÊS

Caso pretenda preparar uma das muitas sugestões que lhe oferecemos ao longo deste livro para um número menor de pessoas, basta levar em conta as proporções indicadas em cada receita.

RECEITAS-BASE

O princípio de qualquer receita deve ser um bom princípio. Sentir o sabor de um caldo caseiro ou de uma tomatada preparada com os tomates mais frescos. Quando se trata de preparar uma receita-base, o sabor e a qualidade dos ingredientes frescos não têm comparação.

RECEITAS-BASE

CALDO DE BACALHAU I

INGREDIENTES

300 g de bacalhau da Noruega (peles e espinhas de bacalhau cozido)
2 l de água
200 ml de vinho branco
50 ml de azeite extravirgem
2 dentes de alho
1 cebola
1 folha de louro
Salsa a gosto
Pimenta-do-reino em grãos a gosto

MODO DE PREPARO

Prepare um fundo em azeite com alho e cebola. Junte o bacalhau, deixe suar por instantes e refresque com vinho branco. Adicione o louro, a salsa, a pimenta-do-reino em grãos e a água. Deixe ferver em fogo brando durante 25 min. Passe pelo *chinois* e reserve.

CALDO DE BACALHAU II

INGREDIENTES

300 g de bacalhau da Noruega (espinhas, rabos e barbatanas junto à cabeça)
2 l de água
200 ml de vinho branco
50 ml de azeite extravirgem
2 dentes de alho
1 cebola
1 alho-poró
1 folha de louro
Salsa a gosto
Tomilho a gosto
Pimenta-do-reino em grãos a gosto

MODO DE PREPARO

Prepare um fundo em azeite com o alho, a cebola e o alho-poró. Junte o bacalhau, deixe suar por instantes e refresque com vinho branco. Adicione depois o louro, a salsa, o tomilho, a pimenta-do--reino em grãos e a água quente. Deixe ferver em fogo brando durante 15 min, passe o caldo pelo *chinois* e reserve.

AZEITE DE SALSA

INGREDIENTES

150 g de salsa em rama
200 ml de azeite extravirgem
200 ml de água

MODO DE PREPARO

Escolha as folhas mais tenras da salsa, escalde-as em água e resfrie-as de imediato em água e gelo. Em seguida, emulsione-as no liquidificador com azeite, até obter uma textura homogênea.

Nota: nunca se deve temperar um azeite de ervas aromáticas verdes, porque o sal anula a cor. Outro cuidado que você deverá ter é certificar-se de que a salsa tem a água suficiente, caso contrário talhará quando misturada com o azeite. O princípio dos azeites aromatizados, seja de legumes, frutas, ervas aromáticas ou especiarias, é sempre o mesmo.

AZEITE DE COENTRO

INGREDIENTES

150 g de coentro em rama
200 ml de azeite extravirgem
200 ml de água

MODO DE PREPARO

Escalde as folhas de coentro em água e esfrie-as de imediato em água e gelo. Emulsione-as no liquidificador com o azeite até obter uma textura homogênea.

AZEITE DE MANJERICÃO

INGREDIENTES

150 g de manjericão fresco
200 ml de azeite extravirgem
200 ml de água

MODO DE PREPARO

Depois de escaldadas, resfrie as folhas de manjericão em água e gelo. Coloque-as no liquidificador com o azeite e emulsione até obter uma textura homogênea.

AZEITE DE ESPINAFRE

INGREDIENTES

150 g de espinafre
200 ml de azeite extravirgem
200 ml de água

MODO DE PREPARO

Escalde as folhas de espinafre em água e resfrie-as imediatamente em água e gelo. Em seguida, emulsione-as no liquidificador com o azeite até obter uma textura homogênea.

AZEITE DE AZEITONAS

INGREDIENTES

150 g de azeitonas verdes descaroçadas
250 ㎖ de azeite extravirgem
200 ㎖ de água

MODO DE PREPARO

Ferva as azeitonas na água durante 3 min a 4 min. Emulsione no liquidificador as azeitonas com o azeite.

CONFIT DE LÍNGUAS DE BACALHAU

INGREDIENTES

1 kg de línguas de bacalhau da Noruega
150 ㎖ de azeite extravirgem
150 ㎖ de vinho branco
50 ㎖ de vinagre de vinho branco
12 dentes de alho fatiados
3 colheres (sopa) de coentro em juliana
Sal marinho a gosto
Pimenta-do-reino moída na hora a gosto

MODO DE PREPARO

Numa assadeira coloque o alho, 100 ㎖ de azeite, o vinho, e leve para assar em forno preaquecido a 150 °C, coberta com papel-alumínio durante 1 h. Junte as línguas previamente demolhadas ao preparado e leve novamente ao forno durante aproximadamente 45 min. Coloque o preparado ao fogo numa caçarola com o azeite restante, molhe com o vinagre, retifique os temperos e perfume com coentro.

LÍNGUAS

BACALHAU LASCADO

INGREDIENTES

2 kg de bacalhau da Noruega (posta alta)
5 alhos com casca, cortados ao meio
1 colher (chá) de pimenta-da-jamaica
150 ml de azeite extravirgem

MODO DE PREPARO

Coloque o bacalhau previamente demolhado numa assadeira com todos os ingredientes. Leve-o ao forno, coberto com papel-alumínio a 150 °C, durante 20 min a 25 min. Retire do forno, lasque e reserve com o líquido resultante.

Nota: poderá reservar as espinhas e a pele para o caldo de bacalhau.

POSTA ALTA

TOMATADA

INGREDIENTES

750 g de cebola em cubos
20 dentes de alho em metades
1,5 kg de tomates sem pele
2 l de suco de tomate
60 g de linguiça seca fina inteira
100 ml de azeite extravirgem
200 ml de vinho branco
1 malagueta
Sal marinho a gosto

MODO DE PREPARO

Prepare um fundo em azeite com a linguiça, a cebola, o alho e a malagueta. Molhe com vinho branco e deixe ferver. Junte os tomates e deixe apurar. Adicione o suco de tomate e deixe apurar. Tempere com sal. Retire a linguiça e emulsione o preparado. Passe pelo *chinois* e leve de novo ao fogo até levantar fervura.

RECEITAS-BASE

CONFIT DE BACALHAU, AZEITONAS VERDES E PIMENTÕES VERMELHOS

LOMBO

INGREDIENTES

2 kg de bacalhau da Noruega (lombos)
300 g de pimentões vermelhos sem pele
200 g de azeitonas verdes sem caroço
10 g de poejo
10 dentes de alho fatiados
1 folha de louro
Azeite extravirgem a gosto

MODO DE PREPARO

Coloque o bacalhau previamente demolhado e os demais ingredientes numa forma e asse em azeite (o suficiente para cobrir todo o bacalhau) no forno preaquecido a 150 °C, durante 30 min. Em seguida, lasque o bacalhau. Coloque o *confit* ainda quente dentro de um vidro esterilizado e feche hermeticamente.

Coloque o vidro numa panela com água, para ferver e, quando entrar em ebulição, deixe no fogo por mais 15 min. Resfrie rapidamente em água, não se esquecendo de que um vidro só aguenta 60 °C de variação. Esta conserva mantém-se durante vários meses na geladeira.

RECEITAS-BASE

CONSERVA DE BACALHAU

INGREDIENTES

2,5 kg de bacalhau da Noruega (postas altas)
300 g de pimentões vermelhos descascados
200 g de azeitonas verdes secas
10 dentes de alho fatiados
2 ou 3 malaguetas
Azeite extravirgem

MODO DE PREPARO

Demolhe previamente o bacalhau. Coloque todos os ingredientes num recipiente fundo com azeite (o suficiente para cobrir todo o bacalhau) e leve ao forno preaquecido a 150 °C, coberto com papel-alumínio, durante 30 min. Depois de cozido, retire a pele e as espinhas do bacalhau e lasque.

Num vidro de boca larga, coloque os ingredientes em camadas e na seguinte ordem: alhos, pimentões, azeitonas e bacalhau. Repita até finalizar e encha o vidro com o azeite resultante do assado. Feche o vidro hermeticamente, coloque-o numa panela com água morna e deixe ferver durante 10 min.

POSTA ALTA

CONSERVA DE BACALHAU GRELHADO

INGREDIENTES

2,5 kg de bacalhau da Noruega (postas altas)
10 dentes de alho fatiados
5 grãos de pimenta-da-jamaica
Azeite extravirgem

MODO DE PREPARO

Grelhe o bacalhau previamente demolhado com a pele para baixo. Mergulhe-o em água fria e grelhe depois do lado oposto. Depois de cozido, retire a pele e as espinhas e lasque.

Coloque os ingredientes num vidro de boca larga, em camadas e na seguinte ordem: alhos, pimenta e bacalhau. Repita até finalizar os ingredientes e encha o vidro com azeite. Feche o vidro hermeticamente, coloque-o numa panela com água morna e deixe ferver durante 10 min.

POSTA ALTA

MOUSSE DE BACALHAU COM RICOTA

INGREDIENTES

1 kg de bacalhau da Noruega (lombos)
½ kg de ricota fresca
150 g de cebola picada
150 g de alho-poró picado
150 ml de vinho do Porto branco seco
100 ml de azeite extravirgem
4 dentes de alho picados
4 colheres (sopa) de cebolinha picada
Sal marinho a gosto
Pimenta-do-reino moída na hora a gosto

MODO DE PREPARO

Doure em azeite o alho, a cebola e o alho-poró. Junte o bacalhau demolhado, tampe e deixe estufar até perder parte da sua água. Molhe com o vinho e deixe cozinhar em fogo brando, tampado. Quando o bacalhau estiver cozido, tempere com sal e pimenta, triture o preparado no processador de alimentos e deixe esfriar.
Depois de frio, incorpore a ricota, a cebolinha picada e reserve sob refrigeração.

LOMBO

MOUSSE DE BACALHAU

INGREDIENTES

1 kg de bacalhau da Noruega (lombos)
200 g de cebola picada
100 g de manteiga sem sal
400 ml de creme de leite fresco
5 dentes de alho picados
2 folhas de gelatina sem sabor
1 folha de louro
4 colheres (sopa) de salsa picada
Noz-moscada a gosto
Sal marinho a gosto
Pimenta-do-reino moída na hora a gosto

MODO DE PREPARO

Doure, em um pouco de manteiga, o alho, a cebola e o louro e junte o bacalhau já demolhado. Adicione metade do creme de leite e deixe cozinhar lentamente. Retire o louro e triture o preparado no processador de alimentos. Incorpore no processador a gelatina deixada previamente de molho. Deixe esfriar e aveLude com o creme de leite restante batido. Aromatize com a salsa picada, retifique o sal, a pimenta-do-reino e a noz-moscada. Coloque sob refrigeração para que solidifique antes de servir.

LOMBO

CALDO DE PEIXE

INGREDIENTES

Cabeça e espinhas de cherne ou garoupa
2 dentes de alho
1 cebola
1 folha de louro
1 alho-poró
200 ml de vinho branco
50 ml de azeite extravirgem
2 l de água quente
Salsa a gosto
Tomilho a gosto
Pimenta-do-reino em grãos a gosto

MODO DE PREPARO

Prepare um fundo em azeite com alho, cebola e alho-poró. Junte a cabeça e as espinhas do peixe e deixe suar por instantes. Refresque com vinho branco. Adicione o louro, a salsa, o tomilho, a pimenta-do-reino em grãos e a água quente. Deixe ferver em fogo brando durante 15 min. Passe o caldo pelo *chinois* e reserve.

CALDO DE CAMARÃO

INGREDIENTES

Cabeças e cascas de camarão a gosto
50 ml de azeite virgem
2 dentes de alho
1 cebola
1 alho-poró
1 folha de louro
2 l de água
Salsa a gosto
Tomilho-limão a gosto
Pimenta-do-reino em grãos a gosto

MODO DE PREPARO

Prepare um fundo em azeite virgem quente com alho, cebola e o alho-poró. Junte as cabeças e as cascas do camarão e deixe suar por instantes. Adicione o louro, a salsa, o tomilho, a pimenta-do-reino e a água. Deixe ferver em fogo brando durante 15 min. Coe o caldo e reserve.

CALDO DE LEGUMES

INGREDIENTES

300 g de tomate maduro
250 g de cebola
150 g de alho-poró
100 g de cenoura
100 g de quiabo
25 g de alho
50 ml de azeite extravirgem
100 ml de vinho branco
2 l de água
Salsa a gosto

MODO DE PREPARO

Corte os legumes em pedaços. Salteie em azeite todos os legumes na seguinte ordem: alho, cebola, alho-poró, cenouras, quiabos e tomates maduros. Molhe com vinho branco. Junte a água ao preparado e deixe cozinhar. Quando os legumes estiverem tenros, aromatize o caldo com salsa. Quando reduzir a dois terços, passe o caldo pelo *chinois*.

CALDO DE CARNE

INGREDIENTES

1 kg de aparas de carne bovina
20 g de alho
100 g de cebola
2 folhas de louro
300 ml de vinho tinto
200 ml de azeite virgem
3 l de água
½ colher (sopa) manteiga

MODO DE PREPARO

Salteie na manteiga as aparas de carne com cebola, alho e louro. Refresque com vinho tinto e adicione a água. Passe pelo *chinois* e deixe reduzir a dois terços.

Nota: Caso queira obter glacê de carne, deixe reduzir a um décimo.

CALDO DE GALINHA

INGREDIENTES

2 kg de asas de galinha
100 g de cebola
80 g de alho-poró
50 g de salsa
12 dentes de alho
20 g de pimenta-do-reino em grãos
2 ℓ de água
50 mℓ de azeite extravirgem

MODO DE PREPARO

Leve ao fogo o azeite e refogue o alho, a cebola e o alho-poró. Junte as asas de galinha e deixe suar. Adicione depois água quente, salsa, pimenta-do-reino em grãos e deixe cozinhar até reduzir a um terço do seu volume. Passe pelo *chinois* e reserve.

CALDO DE VÔNGOLE

INGREDIENTES

Vôngole a gosto
50 mℓ de azeite virgem
2 dentes de alho
1 cebola
1 alho-poró
1 folha de louro
2 ℓ de água
Salsa a gosto
Tomilho-limão a gosto
Pimenta-do-reino em grãos a gosto

MODO DE PREPARO

Prepare um fundo em azeite virgem quente com alho, cebola e o alho-poró. Junte o vôngole e deixe suar por instantes. Adicione o louro, a salsa, o tomilho, a pimenta-do-reino em grãos e a água. Deixe ferver em fogo brando durante 15 min. Coe o caldo e reserve.

MASSA FRESCA DE OVOS

INGREDIENTES

200 g de farinha de trigo
1 ovo
1 colher (chá) de sal marinho

MODO DE PREPARO

Coloque no processador a farinha, adicione o ovo e o sal e bata até obter uma bola. Deixe descansar sob refrigeração durante 30 min, enrolada em filme transparente. Abra a massa com o auxílio de uma máquina ou rolo e corte em pequenos quadrados.

MASSA FRESCA DE ALHO

INGREDIENTES

200 g de farinha de trigo
1 ovo
30 g de alho escaldado
1 colher (chá) de sal marinho

MODO DE PREPARO

Coloque o alho e o ovo no liquidificador até o alho se desfazer por completo. Adicione a farinha e o sal e bata até obter uma bola. Enrole a massa em filme transparente e coloque-a no refrigerador durante 30 min. Abra a massa com o auxílio de uma máquina ou rolo e corte em pequenos quadrados.

CONFIT DE BOINAS DE BACALHAU

INGREDIENTES

1,5 kg de boinas de bacalhau da Noruega
150 ml de azeite extravirgem
150 ml de vinho branco
50 ml de vinagre de vinho branco
12 dentes de alho fatiados
3 colheres (sopa) de coentro em juliana
Sal marinho a gosto
Pimenta-do-reino moída na hora a gosto

MODO DE PREPARO

Numa assadeira coloque o alho, 100 ml de azeite e o vinho, cubra com papel-alumínio e leve para cozinhar em forno preaquecido a 150 °C, durante 1 h. Junte as boinas previamente demolhadas ao preparado e leve novamente ao forno durante aproximadamente 45 min. Coloque o preparado no fogo numa caçarola com o azeite restante, molhe com o vinagre, retifique os temperos e perfume com coentro.

BOINAS

PIRIPÍRI

INGREDIENTES

Suco de 4 limões-sicilianos médios
5 dentes de alho
½ l de vinagre de vinho branco
20 g de gengibre fresco
75 g de açúcar
200 g de pimenta malagueta seca
10 g de páprica
Sal marinho a gosto

MODO DE PREPARO

Coloque todos os ingredientes no processador, com exceção do sal, e bata bem. Para finalizar, acrescente o sal.

PIRIPÍRI (VARIAÇÃO MAIS PICANTE)

INGREDIENTES

150 g de pimenta malagueta fresca
2 dentes de alho
2 colheres (chá) de semente de coentro
½ colher (chá) de cominho moído
3 folhas de hortelã
Azeite extravirgem a gosto
Sal marinho a gosto

MODO DE PREPARO

Coloque todos os ingredientes no processador, com exceção do sal, e bata bem. Passe pelo *chinois*, retifique os temperos com sal. Conserve na geladeira por 6 semanas.

SOPAS

Sopas, caldos, cremes ou canjas.
Com ingredientes tão variados
como as receitas aqui propostas,
é um elemento fundamental para
começar qualquer refeição.

83

SOPAS

SOPA FRIA DE PEPINO E PIMENTÃO VERDE, TARTARE DE BACALHAU E ORÉGANO

POSTA FINA

INGREDIENTES

SOPA
1,3 kg de pepinos descascados sem sementes
200 g de polpa de abacate maduro
300 ml de caldo de bacalhau (p. 67)
50 ml de azeite extravirgem
30 ml de vinagre de vinho branco
3 dentes de alho escaldados
1 pimentão verde descascado em cubos
Sal marinho a gosto

TARTARE
80 g de bacalhau da Noruega (postas finas)
350 g de tomates sem pele em cubos
100 ml de azeite extravirgem
1 colher (sopa) de orégano
Pimenta-de-caiena a gosto

MODO DE PREPARO

SOPA
Tempere o pepino, o alho e o pimentão com sal. Triture no liquidificador com os ingredientes restantes, até obter um creme homogêneo.

TARTARE
Retire a pele e as espinhas do bacalhau previamente demolhado, pique em pequenos cubos e misture com os demais ingredientes.

SOPA DE LÍNGUAS DE BACALHAU, TORTILHA DE CAMARÃO-CARABINEIRO, E AZEITE DE ALHO E COENTRO

LÍNGUAS

INGREDIENTES

SOPA
600 g de línguas de bacalhau da Noruega
200 g de cebola
8 dentes de alho
1 ℓ de caldo de bacalhau (p. 67)
150 mℓ de vinho branco
Azeite extravirgem
Sal marinho a gosto
Pimenta-do-reino moída na hora a gosto

TORTILHA
5 carabineiros
3 ovos
50 g de alho-poró
Azeite extravirgem
Sal marinho a gosto

AZEITE DE ALHO E COENTRO
15 g de coentro
5 dentes de alho
150 mℓ de azeite extravirgem

MODO DE PREPARO

SOPA
Prepare um fundo com azeite, alho e cebola finamente picados e junte as línguas de bacalhau demolhadas. Deixe cozinhar um pouco e refresque com vinho branco. Quando levantar fervura, adicione o caldo de bacalhau preaquecido. Reduza o fogo e deixe cozinhar até que as línguas de bacalhau fiquem tenras. Triture o preparado e passe pelo *chinois*. Tempere com sal e pimenta moída.

TORTILHA
Retire as cascas e o coral dos carabineiros. Corte o miolo em pedaços e tempere com sal. Quebre os ovos um a um e bata delicadamente. Coloque um fio de azeite numa panela baixa e doure o alho-poró e o miolo de carabineiro. Com a ajuda de um aro de inox, junte os ovos ao preparado. Deixe que a tortilha cozinhe lentamente, virando de um lado e de outro.

AZEITE DE COENTRO
Lave o coentro várias vezes, ferva em água e resfrie de imediato em água e gelo. Descasque os alhos e retire o veio. Cozinhe-os da mesma forma que o coentro. Escorra o coentro, junte os alhos e emulsione na centrifugadora com azeite.

Sirva a sopa num prato fundo e coloque a tortilha de carabineiro no centro. Perfume com o azeite de coentro.

CALDO VERDE DE BATATA-DOCE, SALADA DE BACALHAU E HORTELÃ

POSTA FINA

INGREDIENTES

CREME
4 dentes de alho fatiados
250 g de cebola em cubos
600 g de batata-doce em cubos
150 ml de caldo de galinha (p. 78)
50 ml de azeite extravirgem
Sal marinho a gosto
Pimenta-do-reino moída na hora a gosto

GUARNIÇÃO
250 g de bacalhau da Noruega (postas finas)
200 g de couve-manteiga escaldada
2 colheres (sopa) de hortelã em juliana
50 ml de azeite extravirgem
20 ml de vinagre de vinho branco
Pimenta-do-reino moída na hora a gosto

MODO DE PREPARO

Faça um fundo com a cebola em cubos e o alho. Coloque a batata-doce e deixe suar um pouco. Adicione o caldo de galinha e deixe cozinhar. Triture e retifique os temperos.

Junte a couve ao preparado anterior e deixe ferver 1 min.

Retire a pele e as espinhas do bacalhau previamente demolhado e lasque. Tempere com azeite, vinagre, pimenta-do-reino e perfume com hortelã.

CREME DE BACALHAU, CAMARÃO E LÍNGUAS

INGREDIENTES

250 g de bacalhau da Noruega (postas finas)
250 g de línguas de bacalhau da Noruega
22 dentes de alho fatiados
150 g de cebola picada
300 mℓ de azeite
250 g de batata em cubos
1,5 ℓ de caldo do cozimento do bacalhau
Piripíri a gosto
Sal marinho a gosto
Pimenta-do-reino moída na hora a gosto
300 g de camarão 21/30
Coentro a gosto

MODO DE PREPARO

Cozinhe as postas de bacalhau e as línguas em água fervente. Retire a pele e as espinhas das postas, lasque e reserve. Reserve a água do cozimento.

Prepare um fundo com alho e cebola em azeite quente e adicione as batatas e as línguas de bacalhau. Molhe com o caldo do cozimento e deixe cozinhar.
Retifique os temperos e triture a sopa até obter um creme homogêneo. Leve de novo ao fogo, adicione as lascas de bacalhau, o camarão picado e o piripíri. Deixe ferver cerca de 4 min. No momento de servir, aromatize com coentro em folhas e azeite.

POSTA FINA E LÍNGUAS

CALDO DE BACALHAU E COENTRO COM MASSA FRESCA DE ALHO

INGREDIENTES

CALDO
200 g de coentro
1 ℓ de água de cozimento do bacalhau
2 dentes de alho
Azeite extravirgem
Sal marinho a gosto
Pimenta-do-reino moída na hora a gosto

GUARNIÇÃO
1 kg de bacalhau da Noruega (postas finas)
Massa fresca de alho a gosto (p. 79)

MODO DE PREPARO

Cozinhe o bacalhau em água temperada com azeite, sal e pimenta. Lasque o bacalhau, reserve-o e coe a água do cozimento. Esmague o coentro e o alho no pilão e reserve. Leve o caldo ao fogo, junte a massa fresca de alho e, na metade do cozimento da massa, adicione o preparado de coentro e deixe ferver 2 min a 3 min. Adicione depois o bacalhau e retifique os temperos.

Sirva em prato fundo e perfume com azeite extravirgem.

POSTA FINA

CANJA DE BACALHAU COM MANDIOCA E GENGIBRE

RABO

INGREDIENTES

500 g de bacalhau da Noruega (postas da parte do rabo)
300 g de mandioca em cubos pequenos
2 ℓ de água
200 mℓ de vinho branco
100 mℓ de azeite extravirgem
10 ovos
4 colher (sopa) de arroz carolino
1 colher (sopa) de gengibre picado
1 colher (sopa) de salsa picada
Sal marinho a gosto

MODO DE PREPARO

Cozinhe o bacalhau previamente demolhado em água juntamente com o vinho e o azeite. Retire o bacalhau, adicione ao preparado a mandioca, o gengibre e o arroz e deixe cozinhar em fogo brando. Enquanto isso, lasque o bacalhau e junte-o ao preparado. Retifique o tempero, perfume com a salsa e escalfe os ovos à parte.

Sirva a canja com um ovo escalfado em cada prato.

SOPA DE BACALHAU COM BATATAS E POEJO

LOMBO

INGREDIENTES

2 kg de bacalhau da Noruega (lombos)
800 g de pão alentejano em fatias
500 g de tomates sem pele em gomos
400 g de cebola fatiada
350 g de batata em rodelas
100 g de toucinho de porco caipira em cubos
1 ℓ de caldo de bacalhau (p. 67)
1 ℓ de azeite extravirgem
100 mℓ de vinho branco
6 dentes de alho fatiados
1 folha de louro
1 colher (sopa) de poejo em folhas
Sal marinho a gosto
Pimenta-do-reino moída na hora a gosto

MODO DE PREPARO

Corte o bacalhau demolhado em cubos. Doure o toucinho em azeite com a cebola, o alho e o louro. Molhe com o vinho branco e adicione o tomate. Deixe ferver por 10 min e acrescente depois a batata e o caldo. Deixe cozinhar o mais lentamente possível e, quando a batata estiver cozida, acrescente o bacalhau, tempere com sal e pimenta-do-reino e deixe ferver 3 min a 4 min. No momento de servir, adicione o poejo. Sirva em uma terrina sobre o pão alentejano.

SOPAS

SOPA SECA DE BACALHAU COM GRÃO-DE-BICO, VAGEM E HORTELÃ

INGREDIENTES

1,5 kg de bacalhau da Noruega (postas altas)
600 g de pão de trigo fatiado
300 g de grão-de-bico cozido
300 g de vagem escaldada e partida em pedaços
250 g de cebola picada
1,5 l de caldo de bacalhau (p. 67)
150 ml de azeite extravirgem
20 folhas de hortelã
3 dentes de alho picados
Sal marinho a gosto
Pimenta-do-reino moída na hora a gosto

MODO DE PREPARO

Cozinhe as postas de bacalhau demolhadas, retire a pele e as espinhas e lasque.
Aqueça o caldo do bacalhau com a cebola e o alho e deixe ferver até que ambos fiquem cozidos. Tempere com sal e pimenta.
Numa terrina, disponha em várias camadas alternadas o pão, o bacalhau, o grão-de-bico, a vagem e a hortelã. Termine com uma camada de pão.
Regue com o caldo e o azeite e sirva de imediato.

POSTA ALTA

CREME DE LÍNGUAS DE BACALHAU COM CIDRÃO E GENGIBRE, TARTARE DE CAMARÃO E LAVAGANTE COM BAUNILHA

LÍNGUAS

INGREDIENTES

TARTARE
500 g de lavagante limpo
300 g de camarão limpo
½ unidade de sementes de baunilha
2 colheres (sopa) de cebolinha picada
Suco de ½ limão-siciliano
150 ml de azeite extravirgem
Sal marinho a gosto
Pimenta-do-reino moída na hora a gosto

CALDO DE CAMARÃO
Cascas e cabeças de camarão a gosto
150 g de cebola picada
150 g de rama de alho-poró picada
Água

CREME
200 g de línguas de bacalhau da Noruega
5 dentes de alho fatiados
200 g de cebola picada
100 ml de azeite extravirgem
100 ml de vinho branco
20 g de gengibre fresco picado
Cidrão a gosto
Sal marinho a gosto

MODO DE PREPARO

TARTARE
Escalde o lavagante em água fervente durante 1 min. Corte com uma tesoura a casca e pique com a faca em pequenos cubos. Descasque o camarão, reserve as cascas para o caldo e pique o camarão restante da mesma forma que o lavagante. Cinco minutos antes de servir, junte todos os ingredientes e misture bem.

CALDO DE CAMARÃO
Triture as cascas e cabeças de camarão num liquidificador com um pouco de água. Adicione os ingredientes restantes e leve para ferver com 2 l de água. Quando levantar fervura coe com a ajuda de um *chinois*.

CREME
Faça um fundo com cebola e alho, adicione o gengibre e as línguas de bacalhau demolhadas. Molhe com vinho branco, acrescente o caldo de camarão, retifique os temperos e deixe ferver. Triture, leve de novo ao fogo e perfume com cidrão.

No momento de servir, guarneça o creme com o tartare.

SOPA FRIA DE ABÓBORA, SALADA DE BACALHAU DEFUMADO, TORANJA E HORTELÃ-DA-RIBEIRA

INGREDIENTES

SOPA
1,5 kg de abóbora cozida
500 g de tomates sem pele e sem sementes
200 ml de caldo de bacalhau (p. 67)
50 ml de azeite extravirgem
50 ml de vinagre de vinho branco
3 dentes de alho escaldados
Sal marinho a gosto

SALADA
300 g de bacalhau da Noruega defumado e picado
100 ml de azeite extravirgem
4 toranjas vermelhas em gomos
100 ml de suco de toranja
2 dentes de alho picados
2 colheres (sopa) de hortelã-da-ribeira
1 colher (chá) de gengibre picado
1 colher (café) de *curry*
Flor de sal a gosto

MODO DE PREPARO

SOPA
Triture a abóbora, o alho temperado com sal e os demais ingredientes da sopa no liquidificador, até obter uma textura cremosa.

SALADA
Tempere a toranja e o seu suco com o *curry*, o gengibre, o alho e a flor de sal. Reserve durante 30 min. Retire a toranja, misture-a com o bacalhau, a hortelã-da-ribeira e o azeite.

Sirva a sopa e guarneça com a salada e os gomos de toranja.

SOPA FRIA DE PERA, LASCAS DE BACALHAU E *PINOLI* TORRADOS

INGREDIENTES

SOPA
1,5 kg de pera-portuguesa
100 g de cebola em gomos
100 ml de azeite extravirgem
50 ml de vinagre de vinho branco
5 dentes de alho em metades
Sal marinho a gosto
Pimenta-do-reino moída na hora a gosto

GUARNIÇÃO
800 g de bacalhau da Noruega (posta alta)
100 ml de azeite extravirgem
2 colheres (sopa) de *pinoli* torrados e picados
2 colheres (sopa) de cebolinha picada

MODO DE PREPARO

SOPA
Escalde a pera, o alho e a cebola (separadamente) em água com sal. Coloque no liquidificador com o azeite e o vinagre, tempere com sal e pimenta-do-reino e triture até obter um creme homogêneo. Reserve sob refrigeração.

GUARNIÇÃO
Cozinhe o bacalhau demolhado, retire a pele e as espinhas e lasque. Sirva a sopa, guarneça com o bacalhau e o azeite e perfume com os *pinoli* e a cebolinha picada.

POSTA ALTA

CUNHAS DE PÃO COM CALDO DE BACALHAU

INGREDIENTES

1,8 kg de bacalhau da Noruega (lombos)
1 kg de pão alentejano amanhecido e finamente fatiado
80 g de coentro escaldado
2 l de água
200 ml de azeite extravirgem
10 dentes de alho fatiados
3 gemas de ovo
Sal marinho a gosto

MODO DE PREPARO

Perfume o azeite com o alho e leve em forno preaquecido a 150 °C, durante 15 min. Junte os lombos de bacalhau previamente demolhados e asse por 20 min. Lasque e reserve o bacalhau e o molho.
Ferva as espinhas e a pele do bacalhau durante 20 min e retifique os temperos. Emulsione a frio o resultado do assado com as gemas e o coentro.

Coloque o bacalhau no fundo de uma terrina. Sobreponha o molho resultante do assado e o pão, em camadas, e regue com o caldo bem quente.

LOMBO

CREME DE BATATA E MANDIOCA COM DOIS BACALHAUS E MANJERICÃO

INGREDIENTES

500 g de bacalhau da Noruega (posta alta)
500 g de línguas de bacalhau da Noruega
300 g de camarão 21/30 descascado
250 g de batata em cubos
250 g de mandioca em cubos
150 g de cebola picada
2 l de caldo de bacalhau (p. 67)
200 ml de vinho Madeira seco
15 folhas de manjericão
5 dentes de alho fatiados
Malagueta a gosto
Pimenta-do-reino moída na hora a gosto
Sal marinho a gosto
100 ml de azeite extravirgem

MODO DE PREPARO

Cozinhe o bacalhau previamente demolhado, retire a pele e as espinhas e lasque.

Coloque o camarão aberto ao meio para marinar em vinho Madeira temperado com malagueta.

Em azeite, prepare um fundo com alho e cebola e adicione as línguas demolhadas. Deixe cozinhar 2 min a 3 min, acrescente as batatas e a mandioca, molhe com o caldo de bacalhau e deixe cozinhar. Retifique os temperos e triture a sopa no liquidificador até obter um creme homogêneo. Leve de novo ao fogo, adicione as lascas de bacalhau e o camarão. Deixe ferver 2 min a 3 min.

No momento de servir, aromatize com as folhas de manjericão.

POSTA ALTA E LÍNGUAS

SOPAS

SOPA DE TOMATE COM BACALHAU E POEJO

LOMBO

INGREDIENTES

SOPA
1,5 kg de tomate limpo em cubos
300 g de cebola fatiada
1,5 l de caldo de bacalhau (p. 67)
50 ml de vinho branco
50 ml de azeite extravirgem
5 dentes de alho fatiados
1 folha de louro
Sal marinho a gosto
Pimenta-do-reino moída na hora a gosto

GUARNIÇÃO
1 kg de bacalhau da Noruega (lombos)
200 g de cebola fatiada
200 g de tomate em cubos
150 ml de azeite extravirgem
3 dentes de alho fatiados
2 colheres (sopa) de poejo em folhas
Pimenta-do-reino moída na hora a gosto
Sal marinho a gosto

MODO DE PREPARO

SOPA
Doure a cebola, o alho e o louro em azeite. Adicione o vinho branco, o tomate e deixe ferver. Junte o caldo de bacalhau, tempere com sal e pimenta-do-reino moída e deixe cozinhar até apurar.

GUARNIÇÃO
Demolhe previamente os lombos de bacalhau e parta-os ao meio. Numa caçarola core os lombos de bacalhau em 150 ml de azeite até ficarem dourados. Junte a cebola e o alho, deixe dourar e reserve. Retire a pele e as espinhas do bacalhau e lasque-o. Misture as lascas com o preparado, o tomate em cubos e o poejo em folhas. Por fim, retifique os temperos.

SOPA DE BACALHAU COM ERVAS AROMÁTICAS

INGREDIENTES

3 caras de bacalhau da Noruega
300 g de tomate fresco sem pele e em gomos
200 g de cebola picada
100 g de pimentão vermelho em cubos
200 ml de vinho branco
100 ml de azeite extravirgem
5 dentes de alho picados
1 folha de louro
Pimenta-do-reino em grãos a gosto
Água
Sal marinho a gosto
Piripíri a gosto

GUARNIÇÃO

800 g de bacalhau da Noruega (postas altas)
300 g de cebola em cubos
200 g de tomate fresco em cubos
100 g de pimentão vermelho descascado em cubos
4 dentes de alho fatiados
1 maço de salsa
1 maço de hortelã
1 maço de coentro

MODO DE PREPARO

Cozinhe as caras de bacalhau demolhadas em água, louro, pimenta-do-reino em grãos, vinho branco, galhos de salsa e uma colher de sopa de azeite. Depois de cozidas, reserve a água e escolha o peixe.

Aqueça no restante do azeite a cebola, o alho, os pimentões e o tomate. Por fim, refresque com a água do cozimento. Deixe ferver, retifique os temperos, triture o preparado e passe, se necessário, pelo *chinois*.

Leve de novo ao fogo, junte a guarnição e o bacalhau demolhado e lascado.

Perfume com as ervas e sirva em prato fundo.

CARAS E POSTA ALTA

CREME DE COENTRO, FAVAS E *MOUSSE* DE BACALHAU

INGREDIENTES

CREME
500 g de favas sem pele
500 g de batata em cubos
250 g de cebola picada
200 g de coentro escaldado
150 g de alho-poró picado
2 l de caldo de galinha (p. 78)
5 dentes de alho fatiados
Sal marinho a gosto
Azeite extravirgem

GUARNIÇÃO
300 g de *mousse* de bacalhau (p. 75)
1 colher (sopa) de cebolinha picada
1 colher (chá) de sementes de papoula
Azeite extravirgem

MODO DE PREPARO

Prepare um fundo em azeite com alho, cebola e alho-poró. Junte a batata, misture tudo, molhe com o caldo e deixe cozinhar. Emulsione o preparado e deixe esfriar.

Misture o coentro e as favas com o creme de batata e emulsione de novo, até atingir uma textura homogênea e bem verde. Leve ao fogo só no momento de servir e retifique os temperos.

Sirva o creme em prato fundo, coloque as *quenelles* sobre o creme, perfume com cebolinha picada, azeite e as sementes de papoula.

SOPA FRIA DE TOMATE COM SALADA DE BACALHAU CRU E POEJO

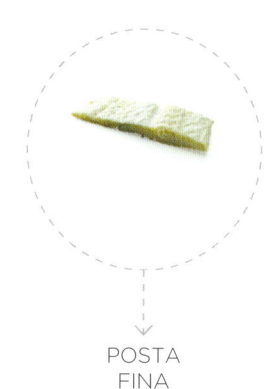

POSTA FINA

INGREDIENTES

SOPA
2,2 kg de tomate italiano sem pele e sem sementes
250 g de cebola escaldada
6 dentes de alho escaldados
15 g de sal marinho
2 g de pimenta-do-reino moída na hora
150 ml de vinagre de vinho tinto
150 ml de caldo de bacalhau (p. 67)
100 ml de azeite extravirgem

GUARNIÇÃO
1 kg de bacalhau da Noruega (posta fina)
200 g de pimentão assado em cubos
150 g de cebola picada
150 ml de azeite extravirgem
30 ml de vinagre de vinho tinto
3 colheres (sopa) de poejo em folha
Flor de sal a gosto
Pimenta-do-reino moída na hora a gosto

MODO DE PREPARO

SOPA
Coloque todos os ingredientes da sopa no liquidificador, tempere, triture e reserve sob refrigeração.

GUARNIÇÃO
Retire a peles e as espinhas do bacalhau previamente demolhado, pique bem e reserve. Tempere a cebola e os pimentões com sal, azeite e vinagre e deixe descansar por 30 min. Adicione o poejo e o bacalhau e misture bem.

Sirva a sopa fria e guarneça com salada.

CREME DE CAMARÃO COM SALADA DE QUIABO, BACALHAU E COENTRO

POSTA ALTA

INGREDIENTES

CREME
500 g de miolo de camarão médio
500 g de batata em cubos
250 g de cebola picada
200 g de tomate sem pele e em gomos
150 g de cenoura em rodelas
1,8 l de caldo de bacalhau (p. 67)
100 ml de azeite extravirgem
5 dentes de alho fatiados
Malagueta a gosto
Sal marinho a gosto

GUARNIÇÃO
300 g de bacalhau da Noruega (posta alta)
300 g de quiabos escaldados e em rodelas
3 colheres (sopa) de coentro

100 ml de azeite extravirgem
Flor de sal a gosto

MODO DE PREPARO

CREME
Em azeite, prepare um fundo com alho e cebola. Adicione as batatas, o tomate e a cenoura, molhe com o caldo e deixe cozinhar. Quando a batata estiver cozida, adicione o camarão previamente temperado com sal e malagueta. Retifique os temperos e triture a sopa no liquidificador até obter um creme homogêneo.
Leve de novo ao fogo, deixe ferver durante 2 min a 3 min.

GUARNIÇÃO
Cozinhe o bacalhau previamente demolhado, retire a pele e as espinhas e lasque.

Guarneça o creme com o bacalhau e os ingredientes restantes.

No momento de servir, perfume com um fio de azeite e a flor de sal.

SOPAS

SOPA DE MANDIOCA COM BACALHAU E PIMENTÕES DE DUAS CORES

POSTA ALTA

INGREDIENTES

2 postas altas de bacalhau da Noruega
1 kg de mandioca
300 g de batata em cubos
200 g de cebola picada
300 ml de vinho branco
200 ml de azeite extravirgem
10 ml de vinagre de vinho tinto
5 dentes de alho picados
2 pimentões verdes
2 pimentões vermelhos
1 maço de manjericão
Pimenta-do-reino moída na hora a gosto
Sal marinho a gosto

MODO DE PREPARO

Leve o bacalhau demolhado para cozinhar em água e vinho branco. Quando estiver bem cozido, lasque-o e reserve, assim como a água do cozimento. Doure o alho e a cebola em 100 ml de azeite. Adicione a mandioca e a batata, refresque com o caldo resultante do cozimento do bacalhau e deixe ferver. Triture o preparado. Leve de novo ao fogo e retifique os temperos.
Asse os pimentões no forno, retire a pele e as sementes. Corte os pimentões em tiras, tempere com o azeite restante, sal, pimenta-do-reino e vinagre e reserve.

CREME DE ABOBRINHA COM SALADA DE BACALHAU E CARANGUEJOLA

POSTA ALTA

INGREDIENTES

CREME
450 g batata em cubos
400 g de miolo de abobrinha
250 g de cebola picada
1,8 l de caldo de bacalhau (p. 67)
200 ml de vinho branco
100 ml de azeite extravirgem
5 dentes de alho fatiados
½ colher (café) de açafrão em estames
Sal marinho a gosto
Pimenta-do-reino moída na hora a gosto

SALADA
300 g de bacalhau da Noruega (posta alta)
300 g de caranguejola desfiada
200 g de aspargos brancos frescos, escaldados em juliana
100 ml de azeite extravirgem
50 ml de vinagre de arroz
3 colher (sopa) de cebolinha picada
Flor de sal a gosto

MODO DE PREPARO

CREME
Prepare um fundo em azeite com alho e cebola. Adicione as batatas e o miolo de abobrinha e molhe com o caldo e o vinho branco. Deixe cozinhar. Retifique os temperos e triture a sopa no liquidificador juntamente com o açafrão até obter um creme homogêneo. Leve de novo ao fogo e deixe ferver 2 min a 3 min.

SALADA
Cozinhe o bacalhau anteriormente demolhado, retire a pele e as espinhas e lasque. Misture todos os ingredientes, com exceção da flor de sal.

No momento de servir a sopa, guarneça com a salada e perfume com a flor de sal.

CALDO DE GRÃO-DE-BICO, BACALHAU FRESCO E ERVAS AROMÁTICAS

INGREDIENTES

300 g de tomate em gomos
300 g de grão-de-bico demolhado
150 g de cebola picada
150 g de macarrão corneto mini
150 g de alho-poró fatiado
2 l de caldo de bacalhau (p. 67)
200 ml de vinho branco
50 ml de azeite extravirgem
4 dentes de alho fatiados
1 folha de louro
Sal marinho a gosto
Pimenta-do-reino moída na hora a gosto

GUARNIÇÃO

1 kg de bacalhau fresco da Noruega (*tranches*)
30 ml de azeite extravirgem
10 folhas de hortelã em juliana
2 colheres (sopa) de poejo em folhas
Sal marinho a gosto
Pimenta-do-reino moída na hora a gosto

MODO DE PREPARO

Cozinhe o grão-de-bico no caldo de bacalhau. Adicione os ingredientes restantes e, na metade de seu cozimento, junte o macarrão. Cozinhe por 5 min, apague o fogo, tampe e deixe descansar 10 min.

Tempere o bacalhau previamente demolhado e core-o num pouco de azeite.

Sirva num prato fundo, guarneça com o caldo e perfume com as ervas frescas.

SOPAS

CREME DE ESPINAFRE, *MOUSSE* DE BACALHAU E CHIPS DE BATATA-DOCE

POSTA ALTA

INGREDIENTES

CREME
800 g de espinafre
400 g de batata em cubos
250 g de cebola picada
150 g de alho-poró picado
8 dentes de alho fatiados
2 ℓ de caldo de galinha (p. 78)
Sal marinho a gosto
Azeite extravirgem

MOUSSE
500 g de bacalhau da Noruega (posta alta)
350 g de ricota fresca
100 g de cebola picada
80 g de alho-poró picado
4 dentes de alho picados
5 g de salsa picada
100 mℓ de vinho branco
50 mℓ de azeite extravirgem
Sal marinho a gosto
Noz-moscada a gosto

CHIPS
200 g de batata-doce em rodelas finas
1 colher (chá) de açúcar de confeiteiro
Sal marinho a gosto

MODO DE PREPARO

CREME
Prepare um fundo em azeite com alho, cebola e alho-poró. Junte a batata, misture tudo, molhe com o caldo e deixe cozinhar. No momento de servir, triture no liquidificador o preparado com o espinafre, leve de novo ao fogo e retifique os temperos.

MOUSSE
Desfie o bacalhau já demolhado a cru e reserve. Prepare um fundo em azeite com alho, cebola e alho-poró. Junte o bacalhau, deixe estufar, molhe com vinho branco e deixe ferver. Tempere com sal e noz-moscada, triture e deixe esfriar. Depois de frio incorpore a ricota fresca e a salsa picada.

CHIPS
Coloque a batata em rodelas finas numa forma antiaderente (ou forrada com papel vegetal). Polvilhe com açúcar de confeiteiro e sal e leve ao forno durante 1h30, a 100 °C.

SOPA FRIA DE MELÃO-CANTALUPO, PÊSSEGO, BACALHAU E POEJO

POSTA ALTA

INGREDIENTES

SOPA
100 g de cebola escaldada
4 dentes de alho escaldado
500 g de melão-cantalupo limpo
300 g de pêssego descascado
100 ml de azeite extravirgem
50 ml de vinagre de vinho branco
Gelo picado a gosto
Flor de sal a gosto
Pimenta-do-reino moída na hora

GUARNIÇÃO
300 g de bacalhau da Noruega (posta alta)
50 ml de azeite, limão-siciliano e malagueta
5 g de gengibre picado
50 ml de suco de limão-siciliano
Flor de sal a gosto
Pimenta-do-reino moída na hora a gosto
Poejo em folhas a gosto

MODO DE PREPARO

SOPA
Coloque todos os ingredientes no liquidificador e emulsione de forma a obter um creme homogêneo. Tempere com sal marinho e pimenta moída.

GUARNIÇÃO
Cozinhe o bacalhau demolhado, retire a pele e as espinhas e lasque.
Misture todos os ingredientes, com exceção da flor de sal e da pimenta.

Sirva a sopa em prato fundo e guarneça com o bacalhau. Aromatize com folhas de poejo, flor de sal e pimenta.

SALADA DE BACALHAU, LARANJA E COENTRO COM CREME DE CENOURA FRIO

POSTA ALTA

INGREDIENTES

1 kg de bacalhau da Noruega (posta alta)
150 ml de azeite extravirgem
5 laranjas em gomos
3 dentes de alho picados
3 colheres (sopa) de coentro em folhas
Malagueta picada a gosto
Flor de sal a gosto
Pimenta-do-reino moída na hora a gosto
100 ml de suco de laranja

CREME
1 kg de cenoura cozida
200 g de tomate sem pele
300 ml de caldo de bacalhau (p. 67)
100 ml de azeite extravirgem
30 ml de vinagre de vinho branco
3 dentes de alho escaldados
Flor de sal a gosto

MODO DE PREPARO

Tempere a laranja e o seu suco com a malagueta, o alho, a flor de sal e o azeite. Misture o bacalhau previamente demolhado, cozido e lascado, e perfume com coentro e pimenta-do-reino.

CREME
Triture todos os ingredientes no liquidificador até obter uma textura homogênea.

Sirva a salada de bacalhau em prato fundo e guarneça com o creme.

CANJA DE BACALHAU COM MACARRÃO RISONE E MANJERICÃO

INGREDIENTES

CALDO
500 g de caras de bacalhau da Noruega
150 g de cebola em gomos
200 ㎖ de vinho branco
50 ㎖ de azeite extravirgem
4 dentes de alho fatiados
1 folha de louro
Água
Sal marinho a gosto
Pimenta-do-reino moída na hora a gosto

GUARNIÇÃO
800 g de bacalhau fresco da Noruega (lombos)
150 g de tomate sem pele
150 g de cebola fatiada
100 g de macarrão risone
50 g de alho-poró em cubos
10 folhas de manjericão
3 dentes de alho fatiados
2 colheres (sopa) de salsa em folhas
Coentro em grãos a gosto
Sal marinho a gosto
Pimenta-do-reino moída na hora a gosto
Azeite extravirgem

MODO DE PREPARO

CALDO
Coloque para cozinhar as caras de bacalhau previamente demolhadas e cortadas em pedaços com os ingredientes restantes. Depois de levantar fervura, deixe ferver durante 5 min, coe o caldo e reserve.

GUARNIÇÃO
Corte o bacalhau em pequenas *tranches*, tempere com sal, doure em azeite e reserve.

Ferva o caldo com a cebola, o alho e alho-poró. Junte o macarrão, o tomate e o coentro em grãos. Deixe levantar fervura e retifique os temperos. Quando o macarrão estiver no ponto, perfume com as ervas.

Sirva a canja em porções individuais e guarneça com o bacalhau.

CARAS E LOMBOS

CREME DE SALSÃO, *MOUSSE* DE BACALHAU E AZEITE DE AZEITONAS

INGREDIENTES

CREME
1,2 kg de bulbo de salsão (aipo) em cubos
500 g de batata em cubos
300 g de cebola em cubos
300 g de alho-poró em cubos
100 g de toucinho da barriga
2 l de caldo de bacalhau (p. 67)
100 ml de azeite extravirgem
5 dentes de alho fatiados
Pimenta-do-reino moída na hora a gosto
Sal marinho a gosto

GUARNIÇÃO
300 g de *mousse* de bacalhau (p. 75)
100 ml de azeite de azeitonas (p. 70)
½ maço de cebolinha em hastes

MODO DE PREPARO

Prepare um fundo com azeite e o toucinho previamente picado, cebola, alho e alho-poró. Adicione a batata e o salsão. Tampe e deixe estufar por instantes. Molhe com o caldo e deixe cozinhar.
Quando a batata estiver cozida, triture o preparado no liquidificador e passe pelo *chinois*. Leve de novo ao fogo e retifique os temperos.

Sirva o creme em prato fundo, guarneça com uma *quenelle* de *mousse* de bacalhau e aromatize com azeite de azeitonas e cebolinha em hastes.

SOPAS

SOPA DE FEIJÃO, ABÓBORA E BACALHAU

POSTA ALTA

INGREDIENTES

600 g de bacalhau da Noruega (posta alta)
700 g de abóbora em cubos
500 g de feijão-manteiga cozido
250 g de tomate sem pele, em cubos
150 g de cebola em cubos
1,8 ℓ de caldo de bacalhau (p. 67)
100 mℓ de azeite extravirgem
10 fatias de pão alentejano
5 dentes de alho fatiados
3 colheres (sopa) de poejo em folhas
10 ovos escalfados
Sal marinho a gosto
Pimenta-do-reino moída na hora a gosto

MODO DE PREPARO

Cozinhe as postas de bacalhau em água fervente, retire a pele e as espinhas, lasque e reserve.
Coloque o caldo de bacalhau no fogo e quando levantar fervura junte a abóbora, o alho e a cebola. Quando a abóbora estiver quase cozida, adicione o feijão e o tomate. Tempere com sal e pimenta-do-reino e deixe apurar. Disponha as fatias de pão numa assadeira e leve para tostar no forno.
Coloque a fatia de pão tostado no fundo do prato, o bacalhau e o poejo. Despeje a sopa e guarneça com o ovo escalfado. Perfume com um fio de azeite.

SOPA DE TOMATE COM CEBOLADA DE BACALHAU

LOMBOS

INGREDIENTES

SOPA
800 g de tomate limpo em cubos
300 g de cebola fatiada
1 ℓ de caldo de bacalhau (p. 67)
200 ㎖ de vinho branco
200 ㎖ de suco de tomate
50 ㎖ de azeite extravirgem
5 dentes de alho fatiados
1 folha de louro
Sal marinho a gosto
Pimenta-do-reino moída na hora a gosto

CEBOLADA
5 lombos de bacalhau da Noruega (sem espinhas)
200 g de cebola fatiada
6 dentes de alho fatiados
1 folha de louro
Coentro em folhas a gosto
Poejo em folhas a gosto
Sal marinho a gosto
Pimenta-do-reino moída na hora a gosto
Azeite extravirgem

MODO DE PREPARO

SOPA
Faça um refogado em azeite com a cebola, o alho e o louro. Adicione o vinho branco e o suco de tomate e deixe ferver. Junte depois o tomate, o caldo e deixe apurar. Quando o tomate estiver cozido, retifique os temperos.

CEBOLADA
Numa caçarola, core os lombos de bacalhau anteriormente demolhados em azeite, até ficarem dourados. Junte o alho, a cebola e tampe. Deixe cozinhar uns minutos, perfume com as ervas e retifique os temperos.

Sirva a sopa guarnecida com a cebolada.

CREME DE ERVILHAS, SALADA DE BACALHAU E COENTRO

POSTA ALTA

INGREDIENTES

CREME
450 g de ervilhas congeladas
450 g de batata em cubos
200 g de cebola em cubos
140 g de alho-poró em cubos
1,8 l de caldo de bacalhau (p. 67)
50 ml de azeite extravirgem
4 dentes de alho fatiados
Sal marinho a gosto
Pimenta-do-reino moída na hora a gosto

GUARNIÇÃO
1 kg de bacalhau da Noruega (posta alta)
30 ml de azeite extravirgem
3 colheres (sopa) de coentro em folhas

MODO DE PREPARO

CREME
Doure em azeite o alho, a cebola e o alho-poró. Junte a batata, tampe, deixe suar, molhe com o caldo e deixe cozinhar. Tempere com sal e pimenta-do-reino e deixe levantar fervura. Retire do fogo, triture no liquidificador e deixe esfriar. Junte as ervilhas, triture novamente e passe por um *chinois*. No momento de servir, leve de novo ao fogo, deixe levantar fervura e retifique os temperos.

Cozinhe o bacalhau previamente demolhado, retire a pele e as espinhas e lasque.

Sirva a sopa individualmente, guarneça com o bacalhau e perfume com um fio de azeite e o coentro.

SOPA DE ABÓBORA COM TOMATE, SALADA DE BUCHO DE BACALHAU, VÔNGOLE E COENTRO

BUCHO

INGREDIENTES

SALADA
600 g de bucho de bacalhau da Noruega
1 kg de vôngole
100 ml de azeite extravirgem
3 dentes de alho fatiados
3 colheres (sopa) de coentro picado

SOPA
1,2 kg de abóbora em cubos
250 g de tomate sem pele em gomos
200 g de miolo de abobrinha
200 g de cebola em cubos
150 g de alho-poró em cubos
50 g de linguiça portuguesa
1,5 l de caldo de bacalhau (p. 67)
50 ml de azeite extravirgem
4 dentes de alho picados
1 colher (chá) de gengibre picado
Caldo de abrir o vôngole
Sal marinho a gosto
Pimenta-do-reino moída na hora a gosto

MODO DE PREPARO

SALADA
Cozinhe o bucho e corte em juliana. Abra os vôngoles em azeite. Retire-lhes o miolo e reserve o caldo para a sopa. Aqueça o bucho cozido num fio de azeite. Fora do fogo, acrescente o vôngole e perfume com coentro. Retifique depois os temperos.

SOPA
Doure em azeite o alho, a cebola e o gengibre. Junte o alho-poró, o tomate, a abobrinha, a abóbora e o chouriço inteiro. Deixe cozinhar 5 min a 6 min. Junte o caldo, deixe cozinhar e retire o chouriço cozido. Triture o preparado no liquidificador e passe pelo *chinois*. Leve de novo ao fogo até levantar fervura, junte o caldo dos vôngoles e retifique os temperos. No momento de servir a sopa, guarneça com a salada.

CREME DE FAVAS, *CONFIT* DE LÍNGUAS DE BACALHAU, TORRESMO E CAVIAR

LÍNGUAS

INGREDIENTES

LÍNGUAS
500 g de bacalhau da Noruega (línguas)
6 dentes de alho fatiados
200 ml de azeite extravirgem
5 bagas de pimenta-do-reino em grãos
3 cravo-da-índia

CREME
850 g de favas congeladas sem pele
200 g de batata em cubos
200 g de cebola em cubos
200 g de alho-poró em cubos
1,8 l de caldo de bacalhau (p. 67)
50 ml de azeite extravirgem
5 dentes de alho fatiados
2 colheres (sopa) de poejo em folha
Noz-moscada a gosto
Pimenta-do-reino moída na hora a gosto
Sal marinho a gosto
50 g de toucinho
Flor de sal a gosto
80 g de caviar de salmão

MODO DE PREPARO

LÍNGUAS
Coloque as línguas previamente demolhadas em uma forma com todos os ingredientes restantes. Leve ao forno previamente aquecido a 150 °C, em recipiente tapado com papel-alumínio, durante 45 min.

CREME
Doure em azeite o alho, a cebola e o alho-poró. Junte a batata, tampe e deixe suar. Molhe com caldo de bacalhau e deixe cozinhar. Triture o preparado no liquidificador, passe por um *chinois* (se necessário, junte mais um pouco de caldo) e leve de novo ao fogo. Tempere com sal e pimenta-do-reino e deixe levantar fervura. Retire do fogo e deixe esfriar. Junte as favas, triture e passe por um *chinois*. Leve de novo ao fogo, deixe levantar fervura e perfume com a noz-moscada.
Lamine e leve ao forno o toucinho a 100 °C, durante aproximadamente 1h20. Retire do forno e perfume com a flor de sal.

Sirva o creme em porções individuais, guarneça com as línguas, sobreponha o toucinho e perfume com o poejo e o caviar.

SOPAS

CREME DE GRÃO-DE-BICO COM BACALHAU, ESPINAFRE E SALSA

POSTA ALTA

INGREDIENTES

1 kg de bacalhau da Noruega (posta alta)
1 kg de grão-de-bico cozido
500 g de espinafre em folhas
250 g de cebola picada
1,5 ℓ de caldo de bacalhau (p. 67)
10 gemas de ovo
150 mℓ de azeite extravirgem
50 mℓ de vinho branco
3 cravos-da-índia
3 dentes de alho picados
3 colheres (sopa) de salsa em folhas
1 folha de louro
Pimenta-do-reino moída na hora a gosto
Sal marinho a gosto

MODO DE PREPARO

Cozinhe o bacalhau demolhado, retire a pele e as espinhas e lasque.

Doure em azeite a cebola, o alho, o cravo-da-índia e o louro. Junte o grão-de-bico e molhe com o vinho branco e o caldo. Tempere e deixe cozinhar. Retire o louro. Triture o preparado no liquidificador e leve de novo ao fogo. Retifique os temperos, adicione o espinafre, a salsa e o bacalhau. Guarneça com as gemas de ovo e alguns grãos-de-bico cozidos descascados. Sirva de imediato.

CREME DE LÍNGUAS DE BACALHAU E TORTILHA DE LAGOSTA

LÍNGUAS

INGREDIENTES

CREME
600 g de línguas de bacalhau da Noruega
300 g de miolo de abobrinha picado
250 g de cebola picada
1,5 ℓ de caldo de bacalhau (p. 67)
50 mℓ de vinho branco
100 mℓ de azeite extravirgem
50 mℓ de suco de limão-siciliano
5 dentes de alho fatiados
2 colheres (sopa) de salsa picada
Pimenta-do-reino moída na hora a gosto
Sal marinho a gosto

TORTILHA
200 g de batata ralada
150 g de alho-poró picado
300 g de lagosta fresca picada
3 dentes de alho picados
3 ovos
3 colheres (sopa) de cebolinha picada
Pimenta-do-reino moída na hora a gosto
Sal marinho a gosto

MODO DE PREPARO

CREME
Para fazer o creme, doure em azeite o alho a cebola e a abobrinha. Junte as línguas de bacalhau previamente demolhadas e picadas, deixe cozinhar e refresque com o vinho. Quando levantar fervura, adicione o caldo aquecido, reduza o fogo e deixe cozinhar em fogo brando até que as línguas cozinhem. Triture o preparado no liquidificador, passe pelo *chinois*, tempere com sal e pimenta-do-reino e leve de novo ao fogo.

TORTILHA
Bata os ovos, tempere com sal e pimenta-do-reino e misture. Mexa bem e adicione os ingredientes restantes. Aqueça uma assadeira (de preferência antiaderente), despeje o preparado e leve ao forno para assar. Deixe esfriar e corte em quadrados.

No momento de servir, perfume o creme com o suco de limão-siciliano, a salsa e acompanhe com quadrados de tortilha.

CANJA E *MOUSSE* DE BACALHAU E POEJO

RABO

INGREDIENTES

CALDO
400 g de bacalhau da Noruega (rabo)
2 ℓ de água
100 mℓ de azeite extravirgem
5 dentes de alho fatiados
1 folha de louro
1 ramo de poejo em folhas
Sal marinho a gosto
Pimenta-do-reino em grãos a gosto

MOUSSE
200 g de batata cozida
200 mℓ de creme de leite fresco
3 ovos cozidos
Salsa picada a gosto
Sal marinho a gosto
Pimenta-do-reino moída na hora a gosto
Bacalhau resultante do preparado anterior

GUARNIÇÃO
10 fatias de broa de milho portuguesa
Poejo fresco a gosto

MODO DE PREPARO

CALDO
Cozinhe o bacalhau previamente demolhado em água aromatizada com o alho, o louro, a pimenta-do-reino e o azeite, sem que este ferva. Escorra o bacalhau, lasque-o e reserve. Coe o caldo, leve de novo ao fogo com um ramo de poejos e retifique os temperos.

MOUSSE
Coloque a batata cozida, os ovos e o bacalhau na batedeira e amasse. Bata o creme de leite e incorpore no preparado. Tempere com sal e pimenta-do-reino e perfume com salsa. Conserve sob refrigeração durante 2 h.
Corte finas fatias de broa de milho portuguesa e torre-as em forno preaquecido a 100 °C, durante 45 min.

Sirva o caldo em prato fundo, sobreponha a torrada com um pouco de *mousse* e aromatize com poejo fresco.

SOPA DE LÍNGUAS DE BACALHAU, CAMARÃO, ESPUMA DE CORAL E COENTRO

LÍNGUAS

INGREDIENTES

SOPA
600 g de línguas de bacalhau da Noruega
200 g de cebola picada
200 g de alho-poró picado
1,5 ℓ de caldo de bacalhau (p. 67)
100 mℓ de vinho branco
100 mℓ de azeite extravirgem
3 dentes de alho picados
Sal marinho a gosto
Pimenta-do-reino moída na hora a gosto

GUARNIÇÃO
1,2 kg de camarão 21/30
50 mℓ de azeite extravirgem
Sal marinho a gosto
Pimenta-do-reino moída na hora a gosto

ESPUMA DE CORAL
80 g de cebola
50 g de coral de camarão
100 mℓ de creme de leite fresco
50 mℓ de vinho branco
2 dentes de alho picados
Azeite extravirgem a gosto
Pimenta-do-reino moída na hora a gosto
Sal marinho a gosto
2 colheres (sopa) de coentro picado

MODO DE PREPARO

SOPA
Doure o alho, a cebola e o alho-poró em azeite e junte depois as línguas previamente demolhadas e picadas. Deixe cozinhar um pouco e refresque com vinho branco. Quando levantar fervura, adicione o caldo aquecido. Reduza o fogo e deixe cozinhar até as línguas de bacalhau ficarem tenras. Triture o preparado no liquidificador e passe pelo *chinois*. Tempere com sal e pimenta-do-reino e leve de novo ao fogo.

GUARNIÇÃO
Descasque o camarão, reserve as cabeças e tempere com sal e pimenta. Salteie em azeite.

ESPUMA DE CORAL
Doure em azeite o alho e a cebola, refresque com vinho, deixe que reduza e adicione o coral extraído das cabeças dos camarões. Triture o preparado no liquidificador e passe pelo *chinois*. Deixe esfriar por completo, tempere com sal e pimenta-do-reino e ligue com o creme de leite levemente batido. Leve ao refrigerador.

Sirva a sopa, guarneça com o camarão, a espuma de coral e perfume com o coentro.

CREME DE GRÃO-DE-BICO E BATATA-DOCE, SALADA MORNA DE DOBRADINHA DE BACALHAU, OVAS DE SALMÃO E HORTELÃ

BUCHO

INGREDIENTES

CREME
800 g de grão-de-bico cozido
400 g de batata-doce em cubos
300 g de cebola picada
1,8 ℓ de caldo de bacalhau (p. 67)
100 mℓ de azeite extravirgem
200 mℓ de vinho branco
200 mℓ de vinagre de vinho
5 dentes de alho fatiados
3 cabeças de cravo-da-índia
Sal marinho a gosto
Pimenta-do-reino moída na hora a gosto

SALADA
600 g de bacalhau da Noruega (bucho)
100 mℓ de azeite extravirgem
20 mℓ de vinagre de vinho branco
2 colheres (sopa) de ovas de salmão
2 colheres (sopa) de hortelã em juliana

MODO DE PREPARO

CREME
Prepare um fundo em azeite com cebola e alho, junte a batata-doce e o grão-de-bico. Molhe com o vinho branco, adicione os cravos-da-índia e o caldo. Deixe cozinhar. Triture o preparado no liquidificador e passe por um *chinois*. Leve o preparado novamente ao fogo, retifique os temperos e assim que levantar fervura, retire do fogo.

SALADA
Cozinhe o bucho de bacalhau e corte em juliana.

Misture todos os ingredientes da salada no momento de servir e guarneça a sopa.

SOPAS

OVOS COM BACALHAU E CREME FRIO DE ASPARGOS

DESFIADO

INGREDIENTES

OVOS
200 g de bacalhau da Noruega (desfiado)
6 ovos
150 g de cebola picada
4 dentes de alho picado
50 ml de azeite extravirgem
1 folha de louro
Pimenta-do-reino moída na hora a gosto

CREME
300 g de aspargos verdes escaldados
3 dentes de alho escaldados
150 ml da água de escaldar os aspargos
100 ml de azeite extravirgem
1 colher (chá) de vinagre de vinho tinto
Salsa escaldada a gosto
Sal marinho a gosto

MODO DE PREPARO

OVOS
Lave o bacalhau várias vezes, escorra bem e reserve. Doure a cebola, o alho e o louro em fogo brando. Adicione o bacalhau e deixe cozinhar um pouco. Misture o preparado com os ovos batidos, tendo o cuidado de não deixar cozinhar demais. Tempere com pimenta-do-reino.

CREME
Triture todos os ingredientes no liquidificador até obter uma textura homogênea.

CREME DE MARMELO E COUVE-FLOR, SALADA DE BACALHAU, ERVILHAS E LARANJA

POSTA ALTA

INGREDIENTES

SOPA
1,2 kg de marmelo em cubos
800 g de couve-flor
250 g de cebola picada
8 dentes de alho fatiados
1,5 l de caldo de bacalhau (p. 67)
50 ml de azeite extravirgem
Pimenta-do-reino branca moída na hora a gosto
Sal marinho a gosto

SALADA
800 g de bacalhau da Noruega (posta alta)
300 g de ervilhas frescas escaldadas
2 colheres (sopa) de cebolinha picada
½ vagem de baunilha
Suco de 2 laranjas
Raspas de 1 laranja
Azeite extravirgem

MODO DE PREPARO

SOPA
Doure o alho e a cebola em azeite, junte o marmelo e a couve-flor e deixe estufar. Molhe com o caldo e deixe levantar fervura. Triture o preparado no liquidificador, tempere com sal e pimenta-do-reino e leve de novo ao fogo.

SALADA
Cozinhe o bacalhau demolhado, retire a pele e as espinhas e lasque. Raspe uma laranja e reserve. Leve o suco das laranjas ao fogo, até reduzir à metade do volume. Deixe esfriar e junte as raspas da laranja. Misture o bacalhau com as ervilhas e a baunilha previamente picada.

Sirva a sopa em porções individuais e guarneça com o bacalhau e as ervilhas. Perfume com a redução, um fio de azeite e a cebolinha.

SOPA DE BACALHAU COM OVO ESCALFADO

POSTA ALTA

INGREDIENTES

SOPA
1 kg de bacalhau da Noruega (posta alta)
1 kg de batata em cubos
200 g de cebola picada
1,5 l de caldo de bacalhau (p. 67)
100 ml de azeite extravirgem
3 dentes de alho picados
1 folha de louro
Sal marinho a gosto
Pimenta-do-reino moída na hora a gosto

GUARNIÇÃO
200 g de espinafre em juliana
20 torradas de pão de trigo
10 ovos
2 colheres (sopa) de salsa em juliana
Vinagre de vinho branco
Flor de sal a gosto
Pimenta-do-reino moída na hora a gosto

MODO DE PREPARO

SOPA
Cozinhe o bacalhau anteriormente demolhado, retire a pele e as espinhas e lasque.
Doure em azeite o alho, a cebola, a batata e molhe com o caldo. Assim que levantar fervura, junte o louro e tempere. Quando a batata estiver cozida, adicione o bacalhau e retifique os temperos.

GUARNIÇÃO
Escalfe os ovos em água temperada com um fio de vinagre.
Sirva a sopa em uma taça, guarneça com as torradas, o espinafre e o ovo escalfado, temperado com pimenta-do-reino e flor de sal.
Aromatize a sopa com a salsa.

SOPA DE COGUMELOS *CHANTERELLE* COM AÇAFROA, SALADA DE BUCHO DE BACALHAU E CAVIAR

BUCHO

INGREDIENTES

SOPA
1 kg de cogumelos *chanterelle*
350 g de cebola picada
200 g de miolo de abobrinha
1,5 l de caldo de bacalhau (p. 67)
50 ml de azeite extravirgem
5 dentes de alho fatiados
½ colher (café) de açafroa dos Açores
Sal marinho a gosto
Pimenta-do-reino branca moída na hora a gosto

BUCHO
600 g de bacalhau da Noruega (bucho)
50 g de caviar de arenque
100 ml de suco de limão-siciliano
100 ml de azeite extravirgem
2 colheres (sopa) de cebolinha picada
1 pau de canela
Capim-limão a gosto
Malagueta a gosto

MODO DE PREPARO

SOPA
Em azeite, doure o alho e a cebola, junte os cogumelos, a abobrinha e deixe estufar. Molhe com o caldo e deixe cozinhar tampado em fogo brando. Triture o preparado no liquidificador com a açafroa, leve de novo ao fogo e tempere com sal e pimenta-do-reino.

BUCHO
Cozinhe o bucho e corte em juliana. Salteie o bucho em azeite com a canela, o capim-limão e a malagueta. Refresque com o suco de limão-siciliano e reserve.

Sirva a sopa, guarneça com o bucho e o caviar e perfume com cebolinha.

CREME DE MANDIOCA, COCO, CAVIAR MARINADO E LASCAS DE BACALHAU

POSTA ALTA

INGREDIENTES

CREME
1,5 kg de mandioca
250 g de cebola em cubos
100 g de alho-poró em cubos
1,6 l de caldo de bacalhau
 (p. 67)
200 ml de leite de coco
50 ml de azeite extravirgem
5 dentes de alho fatiados
Sal marinho a gosto

GUARNIÇÃO
1 posta alta de bacalhau da Noruega
60 g de caviar
1 colher (sopa) de suco de limão
1 colher (sopa) de cebolinha picada
1 colher (chá) de gengibre picado

MODO DE PREPARO

CREME
Doure em azeite o alho, cebola e o alho-poró. Junte a mandioca, molhe com o caldo, tampe e deixe cozinhar. Triture o preparado, leve ao fogo até levantar fervura, junte o leite de coco e tempere com sal.

GUARNIÇÃO
Tempere o caviar com limão, gengibre e cebolinha e deixe descansar 20 min.

Cozinhe a posta de bacalhau anteriormente demolhada e retire a pele e as espinhas. Lasque de forma a obter dez lascas.

Sirva a sopa em porções individuais, disponha o caviar sobre as lascas de bacalhau e guarneça a sopa.

SOPAS

CANJA DE BACALHAU À MARINHA GRANDE

INGREDIENTES

3 postas finas de bacalhau da Noruega
300 g de bacalhau da Noruega (rabo)
1 kg de vôngole depurado (sem areia)
100 ml de azeite extravirgem
10 folhas de hortelã
2 colheres (sopa) de arroz carolino
Água
Sal marinho a gosto

MODO DE PREPARO

Cozinhe em água com o azeite, a posta e os rabos do bacalhau demolhado. Retire a posta de bacalhau, introduza o arroz no caldo fervente e deixe cozinhar. Desfie o bacalhau e, quando o arroz estiver cozido, retire os rabos de bacalhau e reserve. Retifique os temperos e adicione o vôngole e a hortelã. Quando o vôngole abrir, sirva a sopa.

POSTA FINA E RABO

MINHA SOPA DE BACALHAU

POSTA ALTA

INGREDIENTES

CALDO
220 g de pimentão vermelho descascado em cubos
200 g de cebola picada
3 dentes de alho picados
300 g de tomate fresco sem pele e em gomos
2 folhas de louro
3 colheres (sopa) de salsa em folhas
5 folhas de hortelã
3 galhinhos de tomilho
50 ml de azeite extravirgem
200 ml de vinho branco
1,8 l de caldo de bacalhau (p. 67)
Pimenta em grãos a gosto
Piripíri a gosto
Sal marinho a gosto

GUARNIÇÃO
800 g de bacalhau da Noruega (posta alta)
300 g de cebola em cubos
3 dentes de alho fatiados
200 g de tomate fresco sem pele e em cubos
5 colheres (sopa) de coentro em folhas
50 ml de azeite extravirgem
Flor de sal a gosto

MODO DE PREPARO

CALDO
Doure em azeite a cebola, o alho, o pimentão e o tomate. Junte a salsa, a hortelã, o tomilho e o louro. Deixe cozinhar e molhe com o vinho branco e o caldo. Tempere com o piripíri, a pimenta, e o sal e deixe ferver 15 min a 20 min. Retire o louro e os galhinhos de tomilho, triture o preparado e passe pelo *chinois*. Leve de novo ao fogo e retifique os temperos.

GUARNIÇÃO
Cozinhe o bacalhau previamente demolhado, retire a pele e as espinhas e lasque.
Salteie o alho e a cebola em azeite, adicione o tomate e tempere com flor de sal. Junte as lascas, e deixe cozinhar um pouco o tomate.

Adicione a guarnição com o caldo, juntamente com as ervas aromáticas restantes.

Sirva a sopa em porções individuais e perfume com um fio de azeite.

SOPA DE CASTANHAS-PORTUGUESAS COM LIMÃO-SICILIANO, SALADA DE LÍNGUAS DE BACALHAU E MANJERICÃO

LÍNGUAS

INGREDIENTES

1,5 kg de castanha-portuguesa sem pele
300 g de cebola em cubos
200 g de alho-poró
2 l de caldo de bacalhau (p. 67)
50 ml de azeite extravirgem
4 cravos-da-índia
Raspas da casca de 1 limão-siciliano
Sal marinho a gosto
Pimenta em grãos a gosto

SALADA
600 g de *confit* de línguas bacalhau da Noruega (p. 70)
200 g de *confit* de marmelo em cubos
100 ml de azeite extravirgem
10 folhas de manjericão em juliana

GELEIA DE PIMENTA
500 ml de espumante
100 ml de mel
1 malagueta verde
1 malagueta vermelha
Erva-doce moída a gosto

MODO DE PREPARO

Doure em azeite o cravo-da-índia, a cebola, o alho-poró e as castanhas. Misture tudo muito bem, acrescente o caldo e deixe ferver. Triture o preparado no liquidificador, leve de novo ao fogo e retifique os temperos. No momento de servir, perfume com as raspas frescas de limão.

SALADA
Misture todos os ingredientes da salada e perfume com o manjericão.

GELEIA DE PIMENTA
À parte, coloque a erva-doce numa frigideira *sauté*, junte o mel e deixe caramelizar. Refresque com espumante, deixe reduzir até a consistência de xarope. Perfume com as malaguetas frescas e reserve por meia hora antes de servir.
Sirva a sopa em porções individuais, guarneça com a salada e salpique com a geleia.

SOPA FRIA DE ESPINAFRE E COENTRO COM AMÊNDOAS TORRADAS E BACALHAU

INGREDIENTES

100 g de ricota fresca
150 g de coentro escaldado
500 g de espinafre escaldado
60 g de alho picado
800 g de pão em cubos
50 mℓ de azeite extravirgem
250 mℓ de água
4 g de sal marinho
2 g de pimenta-do-reino moída na hora
40 g de talos do coentro
100 g de cebola

GUARNIÇÃO
300 g de bacalhau da Noruega demolhado e picado (posta alta)
150 g de amêndoas torradas picadas

MODO DE PREPARO

Escalde o coentro em 250 mℓ de água. Faça um fundo em azeite com a cebola, o alho e os talos do coentro. Refresque com a água de escaldar o coentro, adicione o pão e deixe ferver. Retifique os temperos. Deixe esfriar, junte os ingredientes restantes e triture. Leve ao refrigerador.

No momento de servir, guarneça com o bacalhau e as amêndoas.

POSTA ALTA

SOPA DE GRÃO-DE-BICO COM BACALHAU, ESPINAFRE E OVOS ESCALFADOS

INGREDIENTES

800 g de bacalhau da Noruega (posta alta)
1 kg de grão-de-bico cozido
500 g de espinafre em folha
10 ovos
300 g de cebola picada
5 dentes de alho picado
100 mℓ de azeite extravirgem
200 mℓ de vinho branco
1 folha de louro
3 colheres (sopa) de salsa picada
Pimenta-do-reino moída na hora a gosto
Sal marinho a gosto

MODO DE PREPARO

Leve o bacalhau já demolhado para cozinhar em água, vinho branco e louro. Quando o bacalhau estiver bem cozido, lasque e reserve, assim como a água do seu cozimento.
Doure o alho e a cebola em azeite, adicione 2/3 do grão-de-bico e refresque com o caldo resultante do cozimento do bacalhau. Deixe ferver e triture o preparado. Leve o preparado novamente ao fogo, retifique os temperos e adicione o grão-de-bico restante e o espinafre em folhas. Quando levantar fervura, retire do fogo e perfume com um fio de azeite e salsa.

Sirva a sopa e guarneça com as lascas de bacalhau e os ovos escalfados. Perfume com salsa picada.

POSTA ALTA

CREME DE COENTRO E ASPARGOS, *MOUSSE* DE BACALHAU E AZEITE DE AZEITONAS PRETAS

POSTA FINA

INGREDIENTES

MOUSSE
500 g de bacalhau da Noruega (posta fina)
350 g de ricota fresca
100 g de cebola picada
80 g de alho-poró picado
4 dentes de alho picados
100 ml de vinho branco
50 ml de azeite
1 colher (sopa) de cebolinha picada
Azeite de azeitonas pretas a gosto (p. 70)
Pimenta-do-reino moída na hora a gosto
Sal marinho a gosto

CREME
200 g de batata em cubos
200 g de aspargos verdes
125 g de cebola picada
100 g de coentro
80 g de alho-poró picado
4 dentes de alho fatiados
1,5 l de caldo de galinha (p. 78)
Cebolinha picada a gosto
Azeite extravirgem
Sal marinho a gosto
Pimenta-do-reino moída na hora a gosto

MODO DE PREPARO

MOUSSE
Desfie o bacalhau demolhado a cru e reserve. Prepare um fundo em azeite com alho, cebola e alho-poró. Junte o bacalhau, molhe com vinho branco e deixe cozinhar. Tempere com sal e pimenta-do-reino moída, triture o preparado no processador de alimentos e deixe esfriar. Depois de frio, incorpore a ricota e a cebolinha picada.

CREME
Prepare um fundo em azeite com alho, cebola e alho-poró. Junte a batata, molhe com o caldo e deixe cozinhar. Quando a batata estiver cozida, adicione os aspargos e deixe cozinhar 2 min a 3 min. Por fim, retifique os temperos, junte o coentro e triture a sopa no liquidificador.

Sirva o creme em prato fundo, coloque uma *quenelle* de *mousse* no centro e perfume com cebolinha picada.

SALADAS & PETISCOS

Bons petiscos. Saborear, comer e provar. Um excelente pretexto para juntar familiares e amigos e partilhar deliciosas iguarias.

SALADAS & PETISCOS

BACALHAU ALBARDADO

POSTA ALTA

INGREDIENTES

2 kg de bacalhau da Noruega (posta alta)
1,2 kg de farinha de trigo
20 g de fermento biológico fresco
Azeite extravirgem
Água de demolhar o bacalhau
Sal marinho a gosto
Pimenta-do-reino moída na hora a gosto

MODO DE PREPARO

Ao demolhar o bacalhau reserve um pouco da água da demolha final. Retire a pele e as espinhas do bacalhau e lasque.

Dissolva o fermento num pouco da água de demolhar o bacalhau e junte a farinha pouco a pouco, batendo-a de modo a obter uma massa homogênea, mas líquida. Retifique os temperos com sal e pimenta-do-reino. Coloque a massa para fermentar num local morno, num recipiente coberto com um pano. Assim que ficar com bolhas, está pronta para ser utilizada.

Aqueça bem o azeite. Frite colheres de massa, colocando uma ou duas lascas de bacalhau em cada colher. Escorra bem em papel absorvente.

SALADAS & PETISCOS

LÂMINAS DE BACALHAU, AZEITE DE ESPINAFRE, REDUÇÃO DE VINAGRE, MAÇÃ E BOLINHOS DE MANDIOCA E *BACON*

INGREDIENTES

BACALHAU
1 kg de bacalhau da Noruega (postas altas)
Pimenta-do-reino moída na hora a gosto
Sal marinho a gosto
100 ml de azeite de espinafre (p. 69)

REDUÇÃO
5 dentes de alho fatiados
400 ml de vinho branco
150 ml de azeite extravirgem
50 ml de vinagre de vinho branco

BOLINHOS
200 g de línguas de bacalhau da Noruega
400 g de mandioca descascada
50 g de *bacon* picado
50 ml de azeite extravirgem
6 dentes de alho em metades
Óleo de amendoim ou canola
Água
Sal marinho a gosto

GUARNIÇÃO
250 g de espinafre vermelho
150 g de maçã verde (Granny Smith) em cubos
50 ml de azeite de espinafre (p. 69)
Salsa em folhas

MODO DE PREPARO

BACALHAU
Congele o bacalhau previamente demolhado em filme transparente e retire as espinhas. Fatie, disponha em prato raso e tempere com os ingredientes restantes. Reserve.

REDUÇÃO
Prepare um fundo com 50 ml de azeite e alho. Molhe com vinho e deixe levantar fervura. Junte o vinagre, deixe reduzir e emulsione o preparado com o azeite restante.

BOLINHOS
Cozinhe a mandioca em água temperada com sal. Escorra, passe pelo espremedor de batatas e reserve. Coloque as línguas de bacalhau demolhadas numa assadeira com o alho e o azeite, recubra-as e leve para assar em forno preaquecido a 150 °C durante 45 min. Escorra bem e pique as línguas e o alho. Seque o *bacon* no forno, escorra, deixe esfriar e triture. Misture todos os ingredientes, dê-lhes a forma de bolinhos e frite em óleo.

GUARNIÇÃO
Escalde a maçã em água fervente, esfrie de imediato em água e gelo, escorra bem, disponha sobre um papel absorvente e reserve.

Sobreponha os ingredientes da guarnição às lâminas de bacalhau, tempere com o azeite de espinafre e a redução e acompanhe com os bolinhos. Decore com folhas de salsa.

POSTA ALTA E LÍNGUAS

SALADA DE BACALHAU COM TEMPERO DE MEIA-DESFEITA

POSTA ALTA

INGREDIENTES

1,5 kg de bacalhau da Noruega (lascas)
150 g de abobrinha em cubos
150 g de tomate sem pele em cubos
80 g de azeitona preta seca
200 ml de azeite extravirgem
3 ovos cozidos picados
3 colheres (sopa) de salsa em juliana
Brotos de agrião a gosto
Pimenta-do-reino moída na hora a gosto

REDUÇÃO
300 g de pera em cubos
150 ml de vinho tinto
100 ml de vinagre de vinho tinto
3 dentes de alho fatiados
Sal marinho a gosto

MODO DE PREPARO

REDUÇÃO
Reduza o vinho juntamente com a pera e o alho, em fogo brando e com a panela tampada. Quando a pera estiver cozida, junte o vinagre. Tempere com sal e deixe ferver 2 min a 3 min. Triture o preparado no liquidificador e reserve.

Coloque as lascas de bacalhau numa travessa larga. Tempere com o azeite e a redução, sobreponha a abobrinha, as azeitonas pretas picadas, o ovo e o tomate, a salsa e os brotos. Tempere com pimenta.

SALADA DE BACALHAU E PAIO DE PORCO CAIPIRA COM BATATA BOLINHA

POSTA ALTA

INGREDIENTES

BACALHAU
900 g de bacalhau da Noruega (posta alta)
300 g de paio de porco caipira fatiado

VINAGRETE
200 ml de azeite extravirgem
50 ml de vinagre de vinho tinto
20 g de mostarda de Dijon
150 g de cebolas novas picadas
Cebolinha picada a gosto
Pimenta-do-reino moída na hora a gosto
Flor de sal a gosto

GUARNIÇÃO
800 g de batata bolinha
100 ml de azeite extravirgem
2 folhas de louro
Sal marinho a gosto
Pimenta-do-reino em grãos a gosto

MODO DE PREPARO

BACALHAU
Cozinhe o bacalhau previamente demolhado, retire a pele e as espinhas e lasque.

VINAGRETE
Prepare um molho vinagrete com azeite, vinagre e mostarda. Guarneça com cebolas e aromatize com cebolinha. Tempere com sal e pimenta-do-reino.

GUARNIÇÃO
Lave as batatas e cozinhe-as com casca em água aromatizada com um fio de azeite, louro, pimenta-do-reino e sal. Depois de cozidas, retire a casca das batatas e corte em rodelas.

Misture as batatas com o bacalhau e o paio e tempere com o vinagrete.

BACALHAU FRITO COM GENGIBRE E *CURRY*

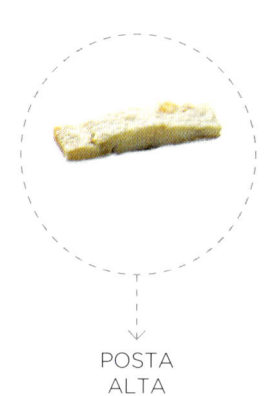

INGREDIENTES

5 postas altas de bacalhau da Noruega
300 g de cebola fatiada
6 dentes de alho fatiados
200 ml de vinho branco seco
Azeite extravirgem
1 folha de louro
1 colher (sopa) de gengibre picado
1 colher (chá) de *curry*
Sal marinho a gosto
Pimenta-do-reino moída na hora a gosto

MODO DE PREPARO

Corte as postas de bacalhau previamente demolhadas em tiras com cerca de 2 cm de espessura. Enxugue em papel-toalha e frite em azeite. À parte, doure a cebola em 100 ml de azeite, com o alho, o louro e o gengibre. Quando a cebola estiver dourada, regue com o vinho branco e tempere com o *curry*, sal e pimenta-do-reino. Sobreponha a cebolada ao bacalhau.

POSTA ALTA

SALADAS & PETISCOS

BACALHAU CRU DESFIADO

INGREDIENTES

2 postas e meia de bacalhau da Noruega (aba da barriga)
200 g de cebola picada
3 dentes de alho picados
50 mℓ vinagre de vinho branco
150 mℓ de azeite extravirgem
Pimenta-do-reino moída na hora a gosto
Água

MODO DE PREPARO

Tire a pele e as espinhas do bacalhau, ainda seco. Faça tiras bastante finas. Coloque o bacalhau numa tigela com água fria, agite e esprema. Repita esta operação mais duas vezes, renovando a água. Coloque o bacalhau numa saladeira e regue-o com azeite e vinagre. Polvilhe com a cebola e o alho e tempere com pimenta-do-reino.

Nota: pode perfumar o bacalhau com salsa picada.

ABA DA BARRIGA

SALADA FRIA DE BACALHAU, TOMATE E AZEITE DE SALSA

INGREDIENTES

SALADA
800 g de bacalhau da Noruega defumado
100 g de cebola roxa picada
100 ㎖ de azeite extravirgem
30 ㎖ de vinagre de vinho tinto
30 tomates-cereja em metades
2 colheres (sopa) de poejo em folha
Pimenta-do-reino moída na hora a gosto

REDUÇÃO
300 ㎖ de vinagre de vinho branco
300 ㎖ de vinho moscatel
15 g de açúcar

GUARNIÇÃO
300 g de rúcula
10 torradas de pão de trigo
100 ㎖ de azeite de salsa (p. 68)

MODO DE PREPARO

SALADA
Pique grosseiramente o bacalhau e marine com a cebola em azeite e vinagre durante 30 min. Adicione os tomates-cereja. Perfume com poejo e aromatize com pimenta-do-reino moída.

REDUÇÃO
Coloque todos os ingredientes da redução no fogo, de forma a obter uma textura de xarope.

Disponha a salada de bacalhau num extremo do prato com a ajuda de um aro de inox. Ao lado, coloque a rúcula, guarneça com as torradas e perfume com azeite de salsa e a redução.

LÍNGUAS DE BACALHAU AO FORNO COM VAGEM SALTEADA COM GRÃO-DE-BICO E CENOURAS

LÍNGUAS

INGREDIENTES

2 kg de línguas de bacalhau da Noruega
1 kg de cebola
50 g de linguiça seca fina em rodelas
150 ml de azeite extravirgem
5 dentes de alho fatiados
2 folhas de louro

GUARNIÇÃO
800 g de vagem escaldada
400 g de grão-de-bico cozido
300 g de cenoura em rodelas finas
100 ml de azeite extravirgem
50 ml de suco de limão-siciliano
3 dentes de alho fatiados
1 colher (chá) de tomilho-limão
Noz-moscada a gosto
Sal marinho a gosto
Pimenta-do-reino moída na hora a gosto

MODO DE PREPARO

Forre uma assadeira com cebola, alho, louro, línguas de bacalhau demolhadas, azeite e linguiça. Leve ao forno preaquecido a 150 °C, coberta com papel-alumínio, durante 45 min.
Retire as línguas e triture o resultado do assado no liquidificador até obter um creme homogêneo e reserve.

GUARNIÇÃO
Core as cenouras em azeite, adicione o alho e o grão-de-bico e misture bem. Tempere com o suco de limão-siciliano, o tomilho, a noz-moscada, sal e pimenta. No momento de servir, adicione a vagem.

Numa travessa, disponha o molho, sobreponha as línguas e guarneça com os legumes. Leve ao forno para aquecer antes de servir.

SALSADA DE BACALHAU

INGREDIENTES

1,5 kg de bacalhau da Noruega (posta alta)
1,2 kg de batata bolinha cozida
150 g de salsa picada
200 ml de azeite extravirgem
50 ml de vinagre de vinho branco
3 dentes de alho picados
Pimenta-do-reino moída na hora a gosto

MODO DE PREPARO

Doure as batatas esmagadas em azeite, junte os alhos, deixe cozinhar 2 min a 3 min. Adicione o bacalhau demolhado e lascado.
Junte a salsa, misture tudo muito bem e, antes de servir, tempere com o vinagre e a pimenta-do-reino. Leve ao forno para aquecer.

POSTA ALTA

CARPACCIO DE BACALHAU COM LIMÃO-SICILIANO, HORTELÃ, *ALICHE* E MALAGUETA

INGREDIENTES

1 kg de bacalhau da Noruega (lombos)
80 g de *pinoli*
20 g de *aliche* picados
15 g de hortelã em juliana
150 ml de azeite extravirgem
100 ml de suco de limão-siciliano
2 limões-sicilianos em gomos
Malagueta em pó a gosto
Flor de sal a gosto

MODO DE PREPARO

Congele o bacalhau previamente demolhado, envolto em filme transparente e retire as espinhas. Lamine o bacalhau e disponha-o em círculos sobrepostos num prato. Tempere com suco de limão-siciliano, azeite, *pinoli*, hortelã, *aliche* e o limão-siciliano em gomos. Coloque agora a malagueta em pó e a flor de sal.

LOMBO

SALADA FRIA DE BACALHAU, TOMATE, AZEITONAS E COENTRO

POSTA ALTA

INGREDIENTES

SALADA
800 g de bacalhau da Noruega (posta alta)
100 g de cebola roxa picada
2 colheres (sopa) de tomate seco picado
150 ml de azeite extravirgem
30 ml de vinagre de vinho tinto
3 colheres (sopa) de coentro picado
Pimenta-do-reino moída na hora a gosto

REDUÇÃO
300 ml de vinagre de vinho tinto
300 ml de vinho tinto
30 g de açúcar

GUARNIÇÃO
300 g de alfaces variadas
100 ml de azeite de azeitonas (p. 70)
20 torradas de pão de milho
Cebolinha em hastes a gosto

MODO DE PREPARO

SALADA
Demolhe o bacalhau, retire a pele e as espinhas e lasque. Coloque o bacalhau, o tomate e a cebola para marinar em azeite e vinagre durante 30 min. Perfume com coentro em folhas e aromatize com pimenta-do-reino moída.

REDUÇÃO
Coloque todos os ingredientes da redução para aquecer, de forma a obter uma textura de xarope.

GUARNIÇÃO
Disponha a salada de bacalhau num extremo do prato com a ajuda de um aro de inox. Ao lado, um buquê de alfaces e as torradas. Perfume com o azeite de azeitonas, a redução de vinagre e a cebolinha em hastes.

SALADAS & PETISCOS

BOLINHOS DE BACALHAU E AZEITONA, PEPINO E AZEITE PICANTE

POSTA FINA

INGREDIENTES

BOLINHOS
800 g de bacalhau da Noruega (posta fina)
400 g de batata cozida
100 g de cebola picada
4 gemas
Pimenta-do-reino moída na hora a gosto
Sal marinho a gosto
Salsa picada a gosto
150 g de azeitona preta picada
Azeite extravirgem

AZEITE PICANTE
5 g de malaguetas secas
150 ml de azeite extravirgem

GUARNIÇÃO
2 pepinos frescos

MODO DE PREPARO

BOLINHOS
Cozinhe o bacalhau previamente demolhado, retire a pele e as espinhas e desfie esfregando-o num pano. Passe a batata pelo espremedor. Misture todos os ingredientes com exceção das azeitonas. No momento de fazer as *quenelles* do preparado, coloque um pouco das azeitonas no seu interior e mergulhe em azeite quente para fritar.

AZEITE PICANTE
Triture o azeite com a malagueta no liquidificador.

GUARNIÇÃO
Corte os pepinos em pedaços grandes. Retire a casca e corte, paralelamente às sementes, camadas finas de pepino.

BACALHAU FRITO COM AÇAFRÃO E SALSA

INGREDIENTES

10 postas altas de bacalhau da Noruega
300 g de cebola fatiada
6 dentes de alho fatiados
100 ml de vinho branco
30 ml de vinagre de vinho branco
Azeite extravirgem
1 folha de louro
1 colher (chá) de açafrão
2 colheres (sopa) de salsa
Sal marinho a gosto
Pimenta-do-reino moída na hora a gosto

MODO DE PREPARO

Corte o bacalhau previamente demolhado em tiras com a espessura de 2 cm. Enxugue em papel-toalha e frite em azeite. À parte, doure a cebola em 100 ml de azeite, com o alho e o louro. Quando a cebola estiver dourada, regue com o vinho branco e tempere com o açafrão. Deixe ferver 5 min a 6 min e junte o vinagre e a salsa. Disponha o bacalhau e sobreponha a cebolada.

POSTA ALTA

SALADINHA DE BACALHAU GRELHADO COM PIMENTÃO PIQUILLO

INGREDIENTES

1,2 kg de bacalhau da Noruega grelhado (lascas)
500 g de pão de centeio
200 ml de azeite extravirgem
5 dentes de alho picado
200 g de cebola picada
250 g de tomates sem pele em cubos
200 g de pimentão *piquillo* em juliana
Pimenta-do-reino moída na hora a gosto
Vinagre de vinho tinto
2 colheres (sopa) de coentro em folhas
Sal marinho

MODO DE PREPARO

Misture o bacalhau com o alho, a cebola, o tomate e os pimentões *piquillo*. Tempere o preparado com azeite, vinagre, pimenta-do-reino e sal. Aromatize com coentro.

Acompanhe com torradas de pão de centeio.

POSTA ALTA

SALADA DE BACALHAU GRELHADO, POEJO E AMÊNDOAS

POSTA ALTA

INGREDIENTES

1,2 kg de bacalhau da Noruega grelhado (posta alta)
5 dentes de alho picado
150 g de cebola picada
1 colher (sopa) de poejo em folhas
30 g de amêndoa torrada fatiada
100 mℓ de azeite extravirgem
50 mℓ de vinagre de vinho tinto
Flor de sal a gosto
Pimenta-do-reino moída na hora a gosto

MODO DE PREPARO

Grelhe o bacalhau demolhado com a pele voltada para cima. Retire a pele e as espinhas e lasque.
Marine a cebola, o alho e o poejo em azeite e vinagre durante 30 min. Misture delicadamente com o bacalhau. Retifique temperos e, no momento de servir, adicione a amêndoa.

OVAS DE SARDINHA COM *CONFIT* DE LÍNGUAS DE BACALHAU, TOMATE-CEREJA E PÃO ALENTEJANO

LÍNGUAS

INGREDIENTES

800 g *confit* de línguas de bacalhau da Noruega (p. 70)
100 g de ovas de sardinha
20 tomates-cereja em metades
3 dentes de alho picado
10 g de gengibre picado
50 mℓ de suco de limão-siciliano
150 mℓ de azeite extravirgem
Pão alentejano em cubos a gosto
2 colheres (sopa) de salsa picada
Sal marinho a gosto
Pimenta-do-reino moída na hora a gosto

MODO DE PREPARO

Coloque o tomate numa assadeira, tempere com alho picado, azeite, sal e pimenta. Leve para assar em forno preaquecido a 180 °C, durante cerca de 15 min. Retire o tomate e misture delicadamente com as línguas de bacalhau picadas. Reserve. Escorra o resultado do assado para uma tigela, junte o gengibre, o suco de limão-siciliano, a salsa picada e tempere as ovas com este preparado.
Disponha o tomate com o bacalhau sobre os cubos de pão e sobreponha as ovas temperadas.

SALADA DE BACALHAU COM PIMENTÕES ASSADOS

POSTA ALTA

INGREDIENTES

1 kg de bacalhau da Noruega (posta alta)
8 dentes de alho fatiados
50 ml de azeite extravirgem
Pimenta-do-reino moída na hora a gosto

GUARNIÇÃO
200 g de pimentões assados em cubos
150 g de cebola picada
100 ml de azeite extravirgem
30 ml de vinagre de vinho tinto
Poejo a gosto
Flor de sal a gosto
Pimenta-do-reino moída na hora a gosto

MODO DE PREPARO

Disponha o bacalhau demolhado numa assadeira, perfume com azeite, pimenta e guarneça com alho fatiado. Leve para assar em forno preaquecido a 150 °C, durante 20 min a 25 min. Retire a pele e as espinhas do bacalhau, lasque e reserve juntamente com o azeite do assado.

GUARNIÇÃO
Coloque a cebola e os pimentões para marinar numa mistura de azeite e vinagre durante 30 min.

Coloque o bacalhau numa taça, junte a marinada de cebola e pimentões, retifique os temperos e aromatize com poejo.

BOLINHOS DE BACALHAU COM AZEITONAS PRETAS E GENGIBRE

POSTA FINA

INGREDIENTES

800 g de bacalhau da Noruega (posta fina)
400 g de batata cozida
150 g de cebola picada
4 gemas
3 dentes de alho picados
1 colher (sopa) de gengibre picado
4 colheres (sopa) de salsa picada
2 colheres (sopa) de azeitona preta picada
Sal marinho a gosto
Azeite extravirgem

MODO DE PREPARO

Cozinhe o bacalhau já demolhado, retire a pele e as espinhas e desfie o bacalhau esfregando-o num pano. Passe a batata pelo espremedor. Coloque a azeitona para secar no forno preaquecido a 100 °C durante 30 min. Misture delicadamente todos os ingredientes. Com a ajuda de duas colheres de sopa, faça as *quenelles*, dando-lhes uma forma de bolinho e mergulhe em azeite quente para fritar. Depois de fritos, deixe descansar em papel absorvente.

Pode misturar à massa do bolinho vários ingredientes: camarão, caviar, frutos secos, ervas aromáticas, especiarias e muitos outros. Existe um cuidado que você nunca poderá esquecer: todos os produtos que têm muita umidade terão de ser secados, para que o bolinho não arrebente na hora de fritar.

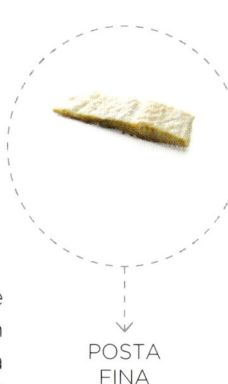

CARPACCIO DE BACALHAU, CONFIT DE TOMATE, CHOURIÇO E CROUTONS DE PÃO COM EMULSÃO DE LÍNGUAS

INGREDIENTES

REDUÇÃO DE VINAGRE
200 g de maçã em cubos
300 ml de vinho tinto
200 ml de vinagre de vinho tinto
200 g de alho fatiado
Sal marinho a gosto

GUARNIÇÃO
1 kg de bacalhau da Noruega (posta alta)
150 g de abobrinha em cubos
150 g de confit de tomate em cubos
150 g de croutons de pão
100 g de chouriço seco em cubos
Azeite extravirgem
Pimenta-do-reino moída na hora a gosto

EMULSÃO
200 g de línguas de bacalhau da Noruega
70 g de cebola picada
2 dentes de alho fatiados
200 ml de água de cozimento do bacalhau
150 ml de azeite extravirgem
100 ml de vinho branco
Pimenta-do-reino moída na hora a gosto
Sal marinho a gosto

MODO DE PREPARO

REDUÇÃO DE VINAGRE
Reduza o vinho tinto com as maçãs e o alho. Quando estiverem cozidas, adicione o vinagre e o sal e deixe ferver por 2 a 3 min. Tempere com sal e leve ao liquidificador.

GUARNIÇÃO
Demolhe o bacalhau. Envolva-o em filme transparente e congele. Corte o bacalhau muito fino e disponha num prato. Tempere com pimenta, azeite e 50 ml da redução de vinagre. Sobreponha o tomate, a abobrinha, o chouriço e os croutons de pão.

EMULSÃO
Leve as línguas demolhadas para assar numa forma forrada com cebola, alho e vinho branco, durante 30 min, a 150 °C. Depois de assadas, leve tudo ao liquidificador com a água de cozimento do bacalhau e o azeite, até obter uma textura homogênea. Retifique os temperos.

Sirva o carpaccio perfumado com a emulsão de línguas.

POSTA ALTA E LÍNGUAS

SALADAS & PETISCOS

PATANISCAS DE BACALHAU

POSTA FINA

INGREDIENTES

2 postas e meia de bacalhau da Noruega
500 g de farinha de trigo
150 g de cebola picada
3 ovos
50 ml de azeite extravirgem
Leite
Limão-siciliano
Salsa picada a gosto
Sal marinho a gosto
Pimenta-do-reino moída na hora a gosto
Óleo de amendoim ou canola para fritar
Água

MODO DE PREPARO

Tire a pele e as espinhas do bacalhau demolhado e lasque-o. Coloque as lascas para marinar durante 2 h em um pouco de leite e limão-siciliano. À parte, prepare um polme fresco com a farinha, os ovos inteiros, o sal, a pimenta, a salsa, a cebola, o azeite e a água necessária. Despeje as lascas no polme e frite em óleo bem quente colheradas do preparado. Depois de fritas e bem escorridas sobre papel absorvente, polvilhe as pataniscas com sal.

BACALHAU FRITO, CREME DE MAÇÃ E MARACUJÁ

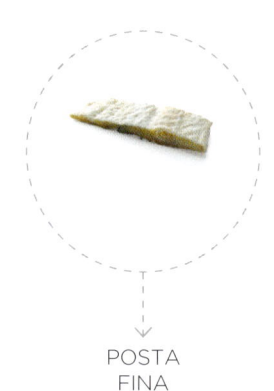

POSTA FINA

INGREDIENTES

BACALHAU
1,5 kg de bacalhau da Noruega (posta fina)
200 g de farinha de trigo
50 g de salsa
30 g de hortelã
2 ovos
200 ml de caldo de bacalhau (p. 67)
Sal marinho a gosto
Pimenta-do-reino moída na hora a gosto

CREME
100 g de tomate sem pele
400 g de maçã verde em cubos
80 g de toucinho de porco caipira
3 dentes de alho fatiados
180 g de cebola picada
100 ml de suco de maracujá fresco
50 ml de azeite extravirgem
50 ml de vinho branco
1 folha de louro
Sal marinho a gosto
Pimenta-do-reino moída na hora a gosto

MODO DE PREPARO

BACALHAU
Escalde as ervas separadamente e esfrie de imediato em água e gelo. Escorra bem e emulsione com o caldo de bacalhau. Bata os ovos com a farinha, junte a emulsão de ervas e tempere com sal e pimenta. Passe os cubos de bacalhau pelo preparado e frite em azeite quente.

CREME
Prepare um fundo em azeite com toucinho e louro. Adicione o alho e a cebola. Molhe com vinho branco e junte o tomate e a maçã. Deixe apurar e acrescente o suco de maracujá. Deixe ferver novamente por mais 4 min ou 5 min. Emulsione o preparado e tempere com sal e pimenta-do-reino.

BACALHAU MARINADO COM OURIÇOS-DO-MAR E AZEITE DE RÚCULA

DESFIADO

INGREDIENTES

BACALHAU
1 kg de bacalhau da Noruega (desfiado)
200 g de cebola nova picada
4 dentes de alho picado
3 colheres (sopa) de salsa picada
Vinagre de vinho a gosto
Azeite extravirgem
Pimenta-do-reino moída na hora a gosto

AZEITE DE RÚCULA
200 g de rúcula escaldada
200 mℓ de azeite extravirgem

GUARNIÇÃO
80 g de ouriços-do-mar em conserva
Torradas de pão de trigo a gosto

MODO DE PREPARO

BACALHAU
Demolhe previamente o bacalhau. Marine a cebola e o alho em vinagre e azeite durante 30 min. Misture delicadamente o bacalhau na marinada, retifique os temperos e perfume com a salsa picada.

AZEITE DE RÚCULA
Emulsione os ingredientes no liquidificador.

GUARNIÇÃO
Sirva o bacalhau sobre as torradas, guarneça com os ouriços-do-mar e tempere com o azeite de rúcula.

SALADAS & PETISCOS

TARTARE DE BACALHAU SECO COM GENGIBRE, HORTELÃ, COENTRO E AZEITE

LOMBO

INGREDIENTES

800 g de bacalhau da Noruega (lombos)
10 g de gengibre picado
150 g de mini alho-poró em juliana
150 g de abobrinha em cubos
50 ml de azeite extravirgem
50 ml de suco de limão-siciliano
30 g de coentro em folhas
15 g de hortelã em juliana
Sal marinho a gosto
Pimenta-do-reino moída na hora a gosto
Malagueta a gosto

MODO DE PREPARO

Depois de demolhado, retire a pele e as espinhas de bacalhau e pique-o em cubos. Marine a juliana de alho-poró e o gengibre com o azeite e o suco de limão-siciliano. Misture os ingredientes restantes no momento de servir e retifique os temperos.

Coloque o preparado no centro do prato e perfume com um fio de azeite com limão-siciliano e malagueta.

PATANISCAS DE *TØRRFISK* COM TOMATE SECO

INGREDIENTES

1 kg de *Tørrfisk* da Noruega
120 g de farinha de trigo
100 g de tomate seco picado
150 g de cebola picada
4 ovos
100 ml de cerveja
100 ml de água de cozimento do bacalhau
Salsa picada a gosto
Sal marinho a gosto
Pimenta-do-reino moída na hora a gosto
Azeite extravirgem para fritar

MODO DE PREPARO

Escalde o *Tørrfisk* e lasque. Reserve a água do cozimento. Misture a farinha com a cerveja e a água de cozimento do *Tørrfisk*. Bata os ovos e junte ao preparado. Adicione a cebola, o *Tørrfisk* e o tomate. Perfume com salsa picada. Tempere com sal e pimenta-do-reino. Misture tudo muito bem e frite pequenas porções do preparado em azeite bem quente.

LASCAS DE BACALHAU AO FORNO, COENTRO, CEBOLINHA E TORRADAS DE PÃO DE TRIGO

INGREDIENTES

1 kg de bacalhau da Noruega (lombos)
600 g de torradas de pão de trigo
400 g de cebola nova em gomos
100 mℓ de azeite extravirgem
50 mℓ de vinho branco
6 dentes de alho fatiados
2 folhas de louro
2 colheres (sopa) de coentro em folhas
1 colher (sopa) de cebolinha picada
Raspa de laranja e de limão-siciliano
Pimenta-do-reino moída na hora a gosto
Sal marinho a gosto

MODO DE PREPARO

Congele o lombo de bacalhau demolhado, livre de pele e espinhas, fatie-o e envolva em papel-manteiga.

Para a cebolada, doure o alho em azeite juntamente com a cebola, o louro e as raspas de laranja e de limão-siciliano. Molhe com o vinho branco e deixe que o vinho evapore.

Coloque as torradas de pão no fundo de uma assadeira, sobreponha a cebolada e tempere com azeite e pimenta-do-reino. Leve ao forno preaquecido a 180 °C por 10 min a 15 min.

Retire a assadeira, junte as folhas de coentro, a cebolinha picada e sobreponha as lascas. Leve ao forno preaquecido a 180 °C durante 3 min a 4 min e sirva de imediato.

LOMBO

CARPACCIO DE BACALHAU COM LIMÃO, CAVIAR DE SALMÃO E AZEITE DE COENTRO

INGREDIENTES

1 kg de bacalhau da Noruega (lombos)
80 g de amêndoa torrada picada
60 g de caviar de salmão
200 mℓ de azeite de coentro (p. 68)
100 mℓ de suco de limão-taiti
3 limões-taiti em gomos
1 colher (café) de gengibre picado
Coentro em juliana a gosto

MODO DE PREPARO

Congele o bacalhau demolhado, envolto em filme transparente e retire as espinhas.

Lamine o bacalhau, disponha-o em círculos sobrepostos e tempere com o suco de limão, o azeite de coentro, o limão em gomos, o gengibre picado, as amêndoas torradas, o coentro e por fim, o caviar.

LOMBO

SALADAS & PETISCOS

SALADA DE BACALHAU CRU COM FAVAS

DESFIADO

INGREDIENTES

1 kg de bacalhau da Noruega (desfiado)
400 g de favas peladas escaldadas
350 g de tomates sem pele em cubos
200 g de cebola roxa picada
200 ml de azeite extravirgem
50 ml de vinagre de vinho tinto
10 folhas de hortelã em juliana
3 dentes de alho picados
Pimenta-do-reino moída na hora a gosto
Flor de sal a gosto

MODO DE PREPARO

Passe o bacalhau desfiado várias vezes na água e reserve. Tempere a cebola, o alho e a hortelã com flor de sal e marine em azeite e vinagre durante 30 min. Junte o bacalhau, misture bem e deixe descansar mais 15 min. Adicione o tomate e as favas, misture cuidadosamente e retifique os temperos. Perfume com a pimenta-do-reino no momento de servir.

SALADAS & PETISCOS

SALADA DE UVAS, *FÍSALIS*, AMÊNDOAS TORRADAS, QUEIJO DA ILHA, AGRIÕES E BACALHAU EM LASCAS

INGREDIENTES

600 g de bacalhau da Noruega (posta alta)
300 g de queijo da Ilha
200 g de uvas pretas sem sementes
200 g de *físalis* em metades
200 g de agriões
80 g de amêndoas torradas
100 ml de azeite extravirgem
30 ml de vinagre balsâmico branco
1 colher (sopa) de cebolinha picada
Flor de sal a gosto
Pimenta-do-reino moída na hora a gosto

MODO DE PREPARO

Depois de demolhado, retire a pele e as espinhas do bacalhau e lasque. Misture as uvas, as *físalis*, as amêndoas e os agriões. Tempere com azeite, vinagre balsâmico e flor de sal. Junte lascas de queijo da Ilha, perfume com cebolinha e pimenta-do-reino e sobreponha as lascas de bacalhau.

POSTA ALTA

MOUSSE DE BACALHAU PARA CANAPÉS

INGREDIENTES

1 kg de bacalhau da Noruega (posta alta)
18 dentes de alho picados
150 g de cebola picada
100 g de alho-poró picado
80 g de manteiga
1 folha de louro
5 g de sal marinho
2 g de pimenta-do-reino moída na hora
200 ml de creme de leite fresco batido em chantilly
100 ml de creme de leite fresco
3 folhas de gelatina sem sabor

MODO DE PREPARO

Depois de demolhado, retire a pele e as espinhas do bacalhau e lasque grosseiramente. Refogue na manteiga, o alho, a cebola picada, o alho-poró e uma folha de louro. Junte o bacalhau, um pouco de creme de leite fresco e deixe cozinhar. Quando o bacalhau estiver cozido, triture o preparado e adicione a gelatina previamente dissolvida.

Quando o preparado estiver frio, avelude com creme de leite batido em *chantilly*. Tempere com sal e pimenta-do-reino.

POSTA ALTA

CARPACCIO DE BACALHAU FRESCO COM EMULSÃO DE ERVAS

INGREDIENTES

1 kg de bacalhau da Noruega fresco (lombo)

EMULSÃO
150 ml de azeite extravirgem
50 ml de suco de limão-siciliano
1 colher (café) de mostarda
3 colheres (sopa) de coentro em folhas
3 colheres (sopa) de salsa em folhas
3 folhas de hortelã
1 colheres (sopa) de alho picado
1 colheres (sopa) de endro picado
Sal marinho a gosto
Pimenta-do-reino moída na hora a gosto

GUARNIÇÃO
150 g de pão alentejano em cubos torrados
80 g de *pinoli* torrados

MODO DE PREPARO

Congele o bacalhau previamente demolhado envolto em filme transparente e retire-lhe a pele e as espinhas.

EMULSÃO
Para a emulsão, leve todos os ingredientes ao liquidificador até obter uma mistura homogênea.

GUARNIÇÃO
Lamine o bacalhau, disponha as fatias num prato, perfume com a emulsão e guarneça com o pão e os *pinoli*.

BACALHAU FRITO COM CEBOLADA DE TOMATE

INGREDIENTES

10 postas altas de bacalhau da Noruega
300 g de cebola fatiada
500 g de tomate sem pele cortado em meia-lua
6 dentes de alho fatiados
200 ml de vinho branco seco
Azeite extravirgem
1 folha de louro
1 colher (sopa) de poejo em folhas
Malagueta seca a gosto
Sal marinho a gosto
Pimenta-do-reino moída na hora a gosto

MODO DE PREPARO

Corte o bacalhau previamente demolhado em tiras com a espessura de 2 cm. Enxugue-as em papel-toalha e frite em azeite. À parte, doure a cebola em 50 ml de azeite, com o alho e o louro. Tampe e deixe cozinhar em fogo brando. Quando a cebola estiver dourada, regue com o vinho branco e tempere com a malagueta. Doure o tomate com o restante do azeite. Tempere de sal e pimenta e deixe ferver durante 30 min em fogo brando. Adicione ao preparado anterior, misture bem e perfume com o poejo. Disponha o bacalhau e sobreponha a cebolada.

POSTA ALTA

BACALHAU FRITO COM CREME DE MARMELO

INGREDIENTES

BACALHAU
10 postas altas de bacalhau da Noruega
Suco de 1 limão-siciliano
1 folha de louro
Salsa a gosto
Pimenta-do-reino em grãos a gosto
Sal marinho a gosto
Óleo de amendoim ou canola
Salsa em folhas a gosto

POLME
200 g de farinha de trigo
150 mℓ de cerveja
Flor de sal a gosto

CREME
450 g de marmelo em cubos
2 dentes de alho fatiados
100 g de cebola picada
100 mℓ de vinho branco
100 mℓ de azeite extravirgem
Sal marinho a gosto
Anis-estrelado a gosto

MODO DE PREPARO

BACALHAU
Retire as espinhas do meio da posta e corte-as em quatro retângulos. Tempere com todos os ingredientes, com exceção do óleo.

POLME
Misture todos os ingredientes e coloque o preparado no *freezer* 10 min antes de usar. Passe as tiras de bacalhau pelo polme e frite em óleo bem quente.

CREME
Prepare um fundo em azeite com alho e cebola. Junte o marmelo, molhe com vinho branco e deixe ferver. Emulsione o preparado e retifique os temperos.

POSTA ALTA

SALADAS & PETISCOS

CARPACCIO DE BACALHAU E LEGUMES ASSADOS

INGREDIENTES

1 kg de bacalhau da Noruega (posta alta)
Flor de sal a gosto

GUARNIÇÃO
350 g de aspargos brancos escaldados
200 g de cebola nova cortadas em quartos
100 ml de azeite extravirgem
60 ml de vinagre de arroz
20 tomates-cereja
Poejo em folhas a gosto
Salsa em folhas a gosto
Cebolinha em hastes a gosto
Chicória a gosto
Sal marinho a gosto
Pimenta-do-reino moída na hora a gosto

MODO DE PREPARO

Demolhe o bacalhau e congele-o envolto em filme transparente. Retire as espinhas. Leve para assar as cebolas, o tomate em metades e os aspargos brancos fatiados com 50 ml de azeite, temperados com sal e pimenta, durante 1 h, a 100 °C. Deixe esfriar e misture com o restante dos ingredientes da guarnição.

Lamine o bacalhau, disponha em círculos sobrepostos num prato, tempere com flor de sal e sobreponha os legumes e a salada.

POSTA ALTA

OVOS MEXIDOS COM BACALHAU E TORRADAS DE PÃO DE TRIGO

POSTA ALTA

INGREDIENTES

1 kg de bacalhau da Noruega (posta alta)
300 g de pão de trigo
100 ml de azeite extravirgem
10 ovos
2 colheres (sopa) de cebolinha picada
1 colher (sopa) de tomate seco picado
Sal marinho a gosto
Pimenta-do-reino moída na hora a gosto

MODO DE PREPARO

Coloque o pão no *freezer* para que fique duro e corte-o em fatias finas. Leve para torrar no forno preaquecido a 100 °C, durante 45 min. Despeje os ovos num recipiente de inox, tempere com sal, pimenta, tomate seco e cebolinha, e cozinhe em banho-maria. Mexa com a ajuda de um batedor, até que os ovos comecem a ficar com uma textura espessa. Por fim, junte o bacalhau demolhado e lascado. Misture tudo com cuidado. Sirva quente sobre o pão torrado e perfume com o azeite.

SALADINHA DE DOIS BACALHAUS COM MAÇÃ, LIMÃO-SICILIANO E CUBOS DE PÃO DE TRIGO

POSTA ALTA

INGREDIENTES

600 g de bacalhau da Noruega (posta alta)
100 g de bacalhau da Noruega defumado (cubos)
300 g de maçã verde (Granny Smith) em cubos
50 ml de suco de limão-siciliano
150 ml de azeite extravirgem
Malagueta seca picada a gosto
Cravo-da-índia moído a gosto
Poejo em folhas a gosto
Flor de sal a gosto
Cubos de pão de trigo a gosto

MODO DE PREPARO

Demolhe o bacalhau e corte-o em cubos. Misture cuidadosamente todos os ingredientes, com exceção dos cubos de pão.

Disponha a saladinha em taças individuais, perfume com um fio de azeite e guarneça com os cubos de pão.

SANDUÍCHES DE BACALHAU DEFUMADO E COENTRO

INGREDIENTES

500 g de bacalhau da Noruega defumado (fatias)
1 kg de pão alentejano
200 g de tomate italiano fatiado
10 g de coentro em folhas
100 g de alface em folhas

MODO DE PREPARO

Corte o pão em fatias. Numa fatia coloque a folha de alface, o bacalhau e o tomate. Perfume com coentro e sobreponha outra fatia de pão.

BOLA DE LÍNGUAS DE BACALHAU COM CHOURIÇO E TOMATE SECO

LÍNGUAS

INGREDIENTES

350 g de *confit* de línguas de bacalhau da Noruega (p. 70)
375 g de farinha de milho (farelo)
125 g de farinha de trigo (T60)
100 g de linguiça portuguesa picada
100 g de cebola picada
35 g de sal marinho
25 g de fermento biológico fresco
20 g de açúcar
3 dentes de alho picados
10 g de tomate seco picado
2 g de pimenta-do-reino em grãos
700 ml de água
200 ml de azeite extravirgem

MODO DE PREPARO

Misture as duas farinhas, o sal e o açúcar e junte, pouco a pouco, a água morna. Dissolva o fermento fresco em um pouco de água morna e incorpore no preparado.

À parte, misture as línguas de bacalhau previamente demolhado com a cebola, o chouriço e o alho e tempere com pimenta-do-reino, tomate seco e azeite. Misture o preparado anterior na massa, cubra com um pano e deixe fermentar durante 1 h.

Leve para assar em forno preaquecido a 160 °C, durante 40 min a 45 min.

CARPACCIO DE BACALHAU COM GELEIA DE SALSA E CHIPS DE MAÇÃ

INGREDIENTES

1 kg de bacalhau da Noruega (posta alta)
150 g de abobrinha em cubos
150 g de confit de tomate em cubos
Azeite extravirgem
Pimenta-do-reino moída na hora a gosto

GELEIA
20 línguas de bacalhau da Noruega
25 g de salsa escaldada
100 ml de azeite extravirgem
4 alhos em metades

CHIPS DE MAÇÃ
3 maçãs cortadas em fatias finas

POLME
75 g de farinha de trigo
100 ml de caldo de bacalhau (p. 67)
1 ovo inteiro
Sal marinho a gosto
Pimenta-do-reino moída na hora a gosto

MODO DE PREPARO

Congele o bacalhau demolhado envolto em filme transparente e retire a pele e as espinhas.

GELEIA
Coloque as línguas demolhadas para assar com o azeite e o alho no forno preaquecido a 120 °C, durante 20 min. Retire 200 ml do molho resultante, deixe-o esfriar e emulsione com a salsa.

CHIPS DE MAÇÃ
Leve a maçã ao forno a 100 °C, entre 1 h e 1h30, em assadeira antiaderente.

POLME
Bata o ovo e junte os ingredientes restantes. Passe as línguas pelo polme e frite em óleo de amendoim ou canola bem quente.

Lamine o bacalhau, disponha num prato e tempere com pimenta-do-reino e azeite. Antes de servir, sobreponha o tomate, as abobrinhas, os chips de maçã e as línguas.

LÍNGUAS E POSTA ALTA

BOLINHOS DE BACALHAU COM SALADA DE FEIJÃO-FRADINHO

POSTA FINA

INGREDIENTES

BOLINHOS
800 g de bacalhau da Noruega (posta fina)
400 g de batatas cozidas com casca
100 g de cebola picada
4 dentes de alho picados
1 maço de salsa picada
4 gemas
Sal marinho a gosto
Pimenta-do-reino moída na hora a gosto
Óleo de amendoim ou canola

SALADA
500 g de feijão-fradinho deixado previamente de molho
50 g de cebola picada
100 g de tomate em cubos
Salsa picada a gosto
Cebolinha a gosto
Azeite extra virgem a gosto
Vinagre de vinho a gosto
Pimenta-do-reino moída na hora a gosto
Sal marinho a gosto

MODO DE PREPARO

BOLINHOS
Cozinhe o bacalhau previamente demolhado. Retire a pele e as espinhas e lasque. Enrole o bacalhau num pano e bata até se desfiar. Retire a casca das batatas e passe-as pelo espremedor. Numa tigela, misture muito bem a batata, o bacalhau, a cebola picada, o alho picado, a salsa e as gemas. Retifique os temperos e, utilizando duas colheres de sopa, molde os bolinhos. Frite em óleo bem quente.

SALADA
Cozinhe o feijão-fradinho em água temperada com sal. Depois de cozido, escorra e reserve. Numa tigela, tempere o feijão ainda quente com todos os ingredientes da salada. Sirva frio.

Sirva colocando num prato raso um pouco de salada de feijão com os bolinhos de bacalhau em volta. Decore com pontas de cebolinha.

SALADAS & PETISCOS

SANDUÍCHES DE BACALHAU DEFUMADO, TOMATE E CEBOLA

INGREDIENTES

380 g de bacalhau da Noruega defumado (fatiado)
150 g de cebola picada
150 g de tomate em pétalas
2 dentes de alho picados
10 g de poejo em folhas
150 ml de azeite extravirgem
50 ml de vinagre de vinho tinto
1 kg de pão alentejano
Maionese e mostarda a gosto

MODO DE PREPARO

Marine a cebola, o alho e o poejo em azeite e vinagre, durante 20 min. Corte o pão em fatias. Coloque o bacalhau fatiado, o tomate e a marinada numa fatia de pão. Sobreponha outra fatia de pão e perfume com um fio de azeite.

Nota: coloque a maionese e a mostarda a gosto.

TORTINHAS DE BACALHAU E CREME DE LEITE

POSTA ALTA

INGREDIENTES

600 g de bacalhau da Noruega (lascas)
400 g de massa folhada descongelada
200 g de cebola em meias-luas
250 ml de creme de leite fresco
100 ml de azeite extravirgem
3 dentes de alho picados
2 ovos
3 colheres (sopa) de coentro picado
Noz-moscada a gosto
Farinha
Pimenta-do-reino moída na hora a gosto
Sal marinho a gosto

MODO DE PREPARO

Depois de demolhado, retire a pele e as espinhas do bacalhau e lasque. Doure em azeite a cebola e o alho. Adicione 100 ml de creme de leite e tempere com sal, pimenta-do-reino e noz-moscada. Deixe reduzir, esfrie o preparado e misture com o bacalhau e o coentro. Bata no liquidificador os ovos e o resto do creme de leite. Abra bem a massa folhada, enrole-a em forma de charuto e corte rodelas com a espessura de 1 cm. Abra cada rodela numa forma de empadinha com a ponta dos dedos, até que a forminha esteja completamente forrada pela massa.

Recheie com o preparado do bacalhau e coloque os ovos e o creme de leite batido sobre o preparado. Leve ao forno preaquecido a 230 °C, até ficarem folhadas.

SALADAS & PETISCOS

SALADA MORNA DE LÍNGUAS DE BACALHAU

INGREDIENTES

LÍNGUAS
2 kg de línguas de bacalhau da Noruega
300 g de cebola em cubos
100 ㎖ de azeite extravirgem
5 dentes de alho fatiados
Pimenta-do-reino moída na hora a gosto

GUARNIÇÃO
800 g de batata bolinha
300 g de favas sem pele
100 g de cebola nova picada
50 ㎖ de azeite extravirgem
2 colheres (sopa) de salsa picada
Pimenta-do-reino em grãos a gosto
Flor de sal a gosto

VINAGRETE
200 ㎖ de azeite extravirgem
50 ㎖ de vinagre de vinho tinto
1 colher (chá) de mostarda de Dijon
Sal marinho a gosto
Pimenta-do-reino moída na hora a gosto

MODO DE PREPARO

LÍNGUAS
Numa assadeira disponha a cebola e o alho, sobreponha as línguas demolhadas e adicione o azeite e a pimenta. Leve para assar em forno preaquecido a 150 °C, durante 45 min, coberta com papel-alumínio. Retire as línguas e emulsione o resultado do assado no liquidificador, de forma a obter um creme homogêneo. Misture depois as línguas no creme e reserve.

GUARNIÇÃO
Cozinhe as batatas em água aromatizada com um fio de azeite, cebola e grãos de pimenta, temperada com sal. Retire a casca das batatas e corte-as em rodelas.

VINAGRETE
Emulsione todos os ingredientes no liquidificador.

Misture as batatas e as favas no vinagrete, sobreponha as línguas e perfume com salsa.

LÍNGUAS

MOUSSE DE BACALHAU, SALADA DE RÚCULA E TOMATE SECO

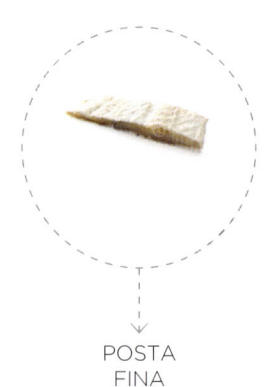

POSTA FINA

INGREDIENTES

MOUSSE
1 kg de bacalhau da Noruega (posta fina)
½ kg de ricota fresca
150 g de alho-poró picado
150 g de cebola picada
150 ml de vinho do Porto branco seco
100 ml de azeite extravirgem
4 dentes de alho picados
4 colheres (sopa) de cebolinha picada
Sal marinho a gosto
Pimenta-do-reino moída na hora a gosto

GUARNIÇÃO
600 g de rúcula
300 g de pão de trigo
50 ml de azeite extravirgem
½ maço de cebolinha em hastes
Flor de sal a gosto

REDUÇÃO
40 g de açúcar
300 ml de vinagre de vinho branco

MODO DE PREPARO

MOUSSE
Demolhe previamente o bacalhau. Doure em azeite o alho, a cebola e o alho-poró. Junte o bacalhau cortado em cubos e deixe estufar até perder parte da sua água. Molhe com vinho e deixe cozinhar sem ferver em fogo brando, tampado. Quando o bacalhau estiver cozido, tempere com sal e pimenta. Triture o preparado no processador de alimentos e deixe esfriar. Depois de frio, incorpore a ricota e a cebolinha picada.

GUARNIÇÃO
Corte o pão em fatias finas e leve ao forno a 100 °C para torrar, durante 45 min.

REDUÇÃO
Coloque o vinagre no fogo com o açúcar e deixe reduzir de forma a obter uma textura de xarope.

Sirva dispondo um pouco de rúcula no centro do prato e três *quenelles* de *mousse* em redor. Coloque as torradas e salpique com azeite, cebolinha e flor de sal.

CARPACCIO E BOLINHOS DE BACALHAU E EMULSÃO DE SALSA

INGREDIENTES

CARPACCIO
1 kg de bacalhau da Noruega (lombos)
100 ml de azeite extravirgem
100 ml de azeite de salsa (p. 68)
2 ovos cozidos picados
2 colheres (sopa) de tomate seco picado
Pimenta-do-reino moída na hora a gosto

REDUÇÃO
100 g de maçã em cubos
25 g de alho fatiado
400 ml de vinho tinto
150 ml de azeite extravirgem
50 ml de vinagre de vinho tinto

BOLINHOS
800 g de bacalhau da Noruega (posta fina)
400 g de batata cozida
100 g de cebola picada
60 g de ovas de salmão
4 gemas de ovo
Azeite extravirgem
Salsa picada a gosto
Sal marinho a gosto
Pimenta-do-reino moída na hora a gosto

EMULSÃO
180 g de miolo de abobrinha
100 g de salsa
350 ml de azeite extravirgem
5 grãos de pimenta-da-jamaica moídos

MODO DE PREPARO

CARPACCIO
Retire as espinhas do bacalhau anteriormente demolhado e congele-o envolto em filme transparente.

REDUÇÃO
Doure o alho e a maçã com 50 ml de azeite, molhe com o vinho tinto e deixe levantar fervura. Junte o vinagre, deixe reduzir e emulsione o preparado no liquidificador com o azeite restante.

BOLINHOS
Cozinhe o bacalhau previamente demolhado, retire a pele e as espinhas e desfie.
Misture todos os ingredientes, exceto as ovas de salmão. Faça pequenos bolinhos do preparado, recheie com as ovas de salmão e frite em azeite.

EMULSÃO
Escalde a salsa e a abobrinha separadamente, esfrie-as em água e gelo, escorra bem e emulsione no liquidificador com os ingredientes restantes.

Corte o *carpaccio* de bacalhau cobrindo o fundo do prato. Tempere com o azeite e com a redução. Guarneça com o ovo picado, o tomate seco e a pimenta-da-jamaica. Acompanhe com os bolinhos e o azeite de salsa.

LOMBO E POSTA FINA

SALADAS & PETISCOS

BOLINHOS DE BACALHAU DELICIOSOS

POSTA ALTA

INGREDIENTES

250 g de bacalhau da Noruega (posta fina)
200 g de batata
50 g de cebola picada
20 g de salsa picada
100 ml de vinho do Porto
50 ml de azeite extravirgem
4 ovos
Óleo de amendoim ou canola para fritar
Noz-moscada a gosto
Pimenta-do-reino moída na hora a gosto
Sal marinho a gosto

MODO DE PREPARO

Cozinhe as batatas, descasque-as e reduza-as a purê. Cozinhe depois o bacalhau demolhado, escorra-o, retire a pele e as espinhas e esfregue-o num pano limpo e grosso, até ficar completamente desfiado.

Numa tigela, junte o purê de batata, o bacalhau, a cebola, a salsa, o vinho do Porto, o azeite e tempere com sal, pimenta-do-reino e noz-moscada. Incorpore os ovos inteiros, um a um, ligando a massa até ela apresentar uma consistência ideal (a quantidade de ovos depende muito do tamanho destes e da qualidade da batata).

Molde os bolinhos com a ajuda de duas colheres de sopa e frite-os em óleo abundante e bem quente.

SALADAS & PETISCOS

CARPACCIO DE BACALHAU COM TEMPERO DE MEIA-DESFEITA

INGREDIENTES

1 kg de bacalhau da Noruega (posta alta)
150 g de abobrinha em cubos
150 g de confit de tomate em cubos
80 g de azeitonas pretas secas
3 ovos cozidos picados
Pimenta-do-reino moída na hora a gosto
Azeite extravirgem
Redução de vinagre
100 g de pera em cubos
22 dentes de alho fatiados
150 ml de vinho tinto
100 ml de vinagre de vinho tinto
Sal marinho a gosto
2 colheres (sopa) de salsa em juliana

MODO DE PREPARO

Demolhe o bacalhau e congele-o envolto num filme transparente. Reduza o vinho tinto com as peras e o alho. Quando a pera estiver cozida, adicione o vinagre e o sal, deixe ferver 2 min a 3 min. Leve ao liquidificador e retifique os temperos.
Lamine depois o bacalhau, disponha-o num prato e tempere com pimenta moída, azeite e a redução de vinagre.

Sobreponha o tomate, as abobrinhas, as azeitonas secas, os ovos cozidos e a salsa em juliana.

POSTA ALTA

SALADA DE BACALHAU, GRÃO-DE-BICO, PIMENTÕES VERMELHOS, AZEITONAS E COENTRO

INGREDIENTES

1 kg de bacalhau da Noruega (posta alta)
600 g de grão-de-bico cozido
300 g de alfaces variadas
200 g de pimentão vermelho sem pele em cubos
150 g de cebola picada
150 g de manga verde em cubos
80 g de azeitona verde sem caroço
150 ml de azeite extravirgem
50 ml de vinagre de vinho branco
3 colheres (sopa) de coentro em folhas
Pimenta-do-reino moída na hora a gosto
Sal marinho a gosto

MODO DE PREPARO

Demolhe o bacalhau, retire a pele e as espinhas e lasque. Tempere a cebola e os pimentões com sal, pimenta, azeite e vinagre. Deixe descansar 30 min. Misture o coentro, a manga, as azeitonas, o grão-de-bico e, por fim, o bacalhau. Misture as alfaces no momento de servir.

POSTA ALTA

SALADA DE BACALHAU COM GRÃO-DE-BICO E CREME DE MAÇÃ

POSTA ALTA

INGREDIENTES

SALADA
1 kg de bacalhau da Noruega (posta alta)
600 g de grão-de-bico cozido
200 g de cebola picada
100 ml de azeite extravirgem
30 ml de vinagre de vinho branco
6 ovos pequenos cozidos
2 colheres (sopa) de salsa picada
½ colher (café) de páprica
Sal marinho a gosto
Pimenta-do-reino moída na hora a gosto

CREME
500 g de maçãs inteiras
150 ml de azeite extravirgem
50 ml de vinagre de maçã
Flor de sal a gosto

MODO DE PREPARO

SALADA
Depois de demolhado, retire a pele e as espinhas do bacalhau e lasque.

Marine a cebola em sal, azeite e vinagre durante 30 min. Misture depois o grão, o bacalhau, a salsa, a páprica e os ovos cozidos. Retifique os temperos

CREME
Asse as maçãs no forno previamente aquecido a 150 °C durante 40 min. Retire a pele e as sementes, coloque no liquidificador e junte o azeite e o vinagre. Emulsione e tempere com flor de sal.

Sirva a salada acompanhada com o creme à parte.

TORTINHAS DE BACALHAU

INGREDIENTES

500 g de bacalhau da Noruega (posta fina)
12 tortinhas prontas
1 tomate pouco maduro
50 ml de azeite extravirgem
2 dentes de alho
2 colheres (sopa) de vinagre
1 raminho de salsa picada
Sal marinho a gosto
Pimenta-do-reino moída na hora a gosto
100 g de cebola
Vinagre de vinho branco a gosto

MODO DE PREPARO

Cozinhe o bacalhau demolhado, deixe esfriar e desfie. Descasque a cebola, o alho e pique juntamente com o tomate. Adicione o azeite, o vinagre de vinho branco e o vinagre. Misture o preparado ao bacalhau e tempere com sal e pimenta. Recheie as tortinhas, polvilhe com a salsa picada e sirva.

POSTA FINA

SALADA DE BACALHAU DEFUMADO E SALGADO COM MAÇÃ, LIMÃO-SICILIANO E CUBOS DE PÃO DE TRIGO

INGREDIENTES

800 g de bacalhau da Noruega (posta alta)
200 g de bacalhau da Noruega defumado (cubos)
300 g de maçã verde (Granny Smith) em cubos
300 g de cubos de pão de trigo
200 ml de azeite extravirgem
100 ml de suco de limão-siciliano
2 colheres (sopa) de poejo em folhas
Malagueta seca picada a gosto
Cravo-da-índia moído a gosto
Flor de sal a gosto

MODO DE PREPARO

Demolhe o bacalhau, retire a pele e as espinhas e lasque. Misture cuidadosamente todos os ingredientes, com exceção dos cubos de pão. Disponha a saladinha em taças individuais, perfume com um fio de azeite e guarneça com os cubos de pão.

POSTA ALTA

BACALHAU MARINADO COM FAVAS E ERVILHAS

INGREDIENTES

1 kg de bacalhau da Noruega (desfiado)
400 g de favas escaldadas sem pele
400 g de ervilhas escaldadas
300 g de espinafre em folhas
1 colher (sopa) de hortelã-da-ribeira
5 folhas de cidrão
100 ml de suco de limão-siciliano
150 ml de azeite extravirgem
Malagueta em pó a gosto

MODO DE PREPARO

Lave o bacalhau até que ele perca o excesso de sal. Marine com todos os ingredientes, exceto o espinafre, e deixe descansar 1 h. Corte o espinafre em juliana fina e, no momento de servir, sobreponha ao preparado.

DESFIADO

BOLA DE BACALHAU COM TOUCINHO E ORÉGANO

INGREDIENTES

350 g de bacalhau da Noruega (desfiado)
375 g de farinha de milho (farelo)
125 g de farinha de trigo (T60)
100 g de cebola picada
60 g de toucinho de porco caipira em cubos
25 g de fermento biológico fresco
20 g de açúcar
3 dentes de alho picados
2 g de pimenta-do-reino moída na hora
700 ml de água
100 ml de azeite extravirgem
1 colher (chá) de orégano
35 g de sal marinho

MODO DE PREPARO

Passe o bacalhau várias vezes por água e reserve. Misture as duas farinhas, o sal e o açúcar e junte, pouco a pouco, a água morna. Dissolva o fermento fresco em um pouco de água morna e incorpore no preparado.

À parte, misture o bacalhau desfiado com a cebola e o alho e tempere com pimenta-do-reino, orégano, azeite e toucinho.

Misture o preparado anterior na massa, cubra com um pano e deixe fermentar durante 1 h.

Leve para assar em forno preaquecido a 160 °C, durante 40 min a 45 min.

DESFIADO

SALADAS & PETISCOS

LÍNGUAS DE BACALHAU FRITAS

INGREDIENTES

LÍNGUAS
40 línguas de bacalhau da Noruega
8 ovos
Farinha a gosto
Óleo de amendoim ou canola para fritar

MOLHO
150 ml de azeite extravirgem
1 ovo cozido
1 cebola pequena picada
6 colheres (sopa) de vinagre
2 colheres (sopa) de salsa picada
Sal marinho a gosto
Pimenta-do-reino moída na hora a gosto

MODO DE PREPARO

LÍNGUAS
Cozinhe as línguas previamente demolhadas em água. Escorra-as, passe-as na farinha e, em seguida, nos ovos batidos. Frite em óleo bem quente e coloque-as sobre papel absorvente.

MOLHO
Misture a cebola com o azeite e o vinagre. Deixe descansar 10 min, adicione os ingredientes restantes e sirva.

LÍNGUAS

MOUSSE DE BACALHAU E CAÇÃO

SALADAS & PETISCOS

DESFIADO

INGREDIENTES

600 g de bacalhau da Noruega (desfiado)
400 g de cação limpo em cubos
350 g de ricota fresca
200 g de cebola picada
100 g de alho-poró em cubos
100 g de toucinho de porco caipira em cubos
100 ml de vinho branco
100 ml de suco de limão-siciliano
50 ml de azeite extravirgem
4 dentes de alho fatiados
4 colheres (sopa) de coentro picado
Cebolinha picada a gosto
Sal marinho a gosto
Pimenta-do-reino moída na hora a gosto

MODO DE PREPARO

Lave o bacalhau até que ele perca o excesso de sal. Doure em azeite o toucinho, o alho, a cebola e o alho-poró. Junte o bacalhau e o cação e deixe cozinhar até liberar o excesso de água. Molhe com vinho branco e deixe cozinhar tampado, em fogo brando, sem deixar ferver. Tempere com sal, pimenta-do-reino e suco de limão-siciliano, deixe ferver 2 min a 3 min e deixe esfriar. Quando o preparado estiver frio, adicione a ricota fresca e o coentro e triture no processador de alimentos até obter uma pasta homogênea. Perfume com cebolinha picada.

Caso queira, pode adicionar malagueta em pó e acompanhar a mousse com torradas de pão de trigo.

TARTARE DE BACALHAU FRESCO, PÊSSEGO, MARACUJÁ E HORTELÃ-DA-RIBEIRA

INGREDIENTES

1 kg de bacalhau da Noruega fresco (lombos)
250 g de pêssego meio maduro em cubos
100 ml de suco de limão-siciliano
100 ml de azeite extravirgem
Polpa de 3 maracujás frescos
Brotos de alface
2 colheres (sopa) de hortelã-da-ribeira
Noz-moscada a gosto
Pimenta-da-jamaica a gosto
Flor de sal a gosto

MODO DE PREPARO

Pique o bacalhau com a ajuda de uma faca bem afiada, tempere com a flor de sal, a noz-moscada e a pimenta. Deixe descansar 12 min.

Misture a polpa de maracujá sem sementes, o suco de limão-siciliano e o azeite, e deixe descansar mais 5 min.

Por fim, adicione a hortelã e o pêssego. Retifique os temperos e sirva o tartare em taças individuais com brotos de alface.

BOLINHOS DE BACALHAU E CAMARÃO

INGREDIENTES

400 g de bacalhau da Noruega (posta fina)
250 g de batata cozida
100 g de cebola picada
150 g de camarão salteado picado
4 gemas
50 ml de azeite extravirgem
Salsa picada a gosto
Pimenta-do-reino moída na hora a gosto
Sal marinho a gosto

MODO DE PREPARO

Demolhe o bacalhau, retire a pele e as espinhas e desfie esfregando-o num pano. Passe a batata pelo espremedor. Misture todos os ingredientes, molde os bolinhos e frite em óleo de amendoim ou canola bem quente.

POSTA FINA

CARPACCIO DE BACALHAU, CEBOLA MARINADA E COENTRO EM JULIANA

INGREDIENTES

1 kg de bacalhau da Noruega (lombo)

GUARNIÇÃO
100 g de cebola nova fatiada
30 g de pimentão vermelho em cubos
150 ml de azeite extravirgem
50 ml de vinagre de vinho tinto
2 dentes de alho picados
Coentro em folhas a gosto
Cravo-da-índia em pó a gosto
Flor de sal a gosto
Pimenta-do-reino moída na hora a gosto

MODO DE PREPARO

Congele o bacalhau demolhado envolto em filme transparente e retire as espinhas. Trinta minutos antes de servir, marine todos os ingredientes com exceção do coentro.
Lamine o bacalhau, disponha-o num prato, sobreponha o preparado e perfume com as folhas de coentro.

LOMBO

SALADAS & PETISCOS

SALADA DE BACALHAU COM FEIJÃO VERMELHO

INGREDIENTES

1 kg de bacalhau da Noruega (posta alta)
600 g de feijão vermelho cozido
1 colher (sopa) de tomate seco

GUARNIÇÃO
150 g de cebola picada
150 ml de azeite extravirgem
50 ml de vinagre de vinho tinto
2 dentes de alho picados
2 colheres (sopa) de coentro picado
1 colher (chá) de gengibre picado
Flor de sal a gosto
Pimenta-do-reino moída na hora a gosto

MODO DE PREPARO

Retire a pele e as espinhas do bacalhau previamente demolhado e lasque. Tempere com flor de sal a cebola, o alho, o gengibre e o coentro, e coloque para marinar em azeite e vinagre durante 30 min.
No momento de servir, misture o bacalhau, o feijão e o tomate seco no preparado. Retifique os temperos e acompanhe com uma salada verde.

POSTA ALTA

TOMATES GRATINADOS RECHEADOS COM BACALHAU

INGREDIENTES

1 kg de bacalhau da Noruega (posta alta)
250 g de *champignons* picados
200 g de queijo da ilha ralado
100 g de cebola roxa picada
100 g de abobrinha picada
150 ml de azeite extravirgem
50 ml de vinagre de vinho branco
20 tomates grandes e maduros
1 colher (chá) de páprica
1 colher (chá) de tomilho-limão
Flor de sal a gosto

MODO DE PREPARO

Lasque o bacalhau anteriormente demolhado e retire a pele e as espinhas.
Escalde os tomates e esfrie com água e gelo. Tire a pele dos tomates e, com a ajuda de uma colher, retire o interior. Reserve. Tempere a cebola roxa com sal e vinagre e deixe descansar durante 30 min. Core os cogumelos em azeite e deixe cozinhar até que liberem toda a água. Tempere com flor de sal e junte à cebola. Adicione o tomilho-limão ao preparado, assim como a abobrinha e o bacalhau. Misture tudo muito bem e recheie os tomates. Coloque o queijo sobre o recheio e, por fim, a páprica. Leve para gratinar e acompanhe com uma salada de rúcula.

POSTA ALTA

SALADAS & PETISCOS

SALADA CÉSAR COM BACALHAU

POSTA ALTA

INGREDIENTES

800 g de bacalhau da Noruega (posta alta)
200 g de alface-romana
Água

MOLHO
50 g de filés de *aliche* picados
50 g de queijo da ilha ralado
20 ml de suco de limão-siciliano
50 ml de azeite extravirgem
1 ovo
1 dente de alho picado
Pimenta-do-reino moída na hora a gosto

200 g de *croutons*
Cebolinha picada a gosto

MODO DE PREPARO

Cozinhe o bacalhau em água a fervente. Retire a pele e as espinhas, lasque e reserve.

MOLHO
Numa saladeira, junte todos os ingredientes e misture bem.

Sirva em pratos rasos, colocando as alfaces e sobrepondo as lascas de bacalhau. Tempere com o molho.

Coloque os *croutons* de pão e perfume com a cebolinha picada.

BOLINHOS DE ABÓBORA E BACALHAU COM MOLHO DE TOMATE E MAÇÃ

DESFIADO

INGREDIENTES

BOLINHOS
500 g de bacalhau da Noruega (desfiado)
600 g de arroz carolino
400 g de queijo da serra da Estrela
150 g de abóbora em cubos pequenos
80 g de cebola picada
200 ml de vinho branco seco
30 ml de azeite extravirgem
3 ovos
3 dentes de alho picados
2 colheres (sopa) de coentro picado
Caldo de bacalhau a gosto (p. 67)
Farinha de arroz
Óleo de amendoim ou canola
Sal marinho a gosto

MOLHO
500 g de maçã verde descascada
200 g de tomate sem pele em gomos
50 g de açúcar
50 ml de vinho branco
50 ml de azeite extravirgem
6 bagas de pimenta de Sichuan
3 dentes de alho picados
1 anis-estrelado
Sal marinho a gosto
Pimenta-do-reino moída na hora a gosto

MODO DE PREPARO

BOLINHOS
Passe o bacalhau várias vezes por água e reserve. Prepare um fundo em azeite com alho e cebola. Junte o arroz, molhe com o vinho, deixe ferver e acrescente depois o caldo de bacalhau. Tempere com sal e deixe cozinhar. Quando o arroz estiver quase cozido, junte a abóbora e deixe apurar. Incorpore depois o queijo da serra e retire do fogo. Deixe esfriar.
Quando o preparado estiver frio, perfume com o coentro e junte ao bacalhau. Molde bolinhos com o auxílio de duas colheres de sopa, passe cada um no ovo batido e na farinha e mergulhe em óleo quente, para fritar.

MOLHO
Para o molho, aqueça o alho em azeite. Adicione o açúcar, deixe que ele se funda e junte a maçã e o tomate. Leve para ferver lentamente e vá refrescando com o vinho branco. Adicione a pimenta, deixe cozinhar até obter uma textura homogênea e retifique os temperos.

Sirva os bolinhos guarnecidos com o molho.

BOLINHOS DE BACALHAU E ARROZ COM QUEIJO *CAMEMBERT*

POSTA ALTA

INGREDIENTES

BOLINHOS
300 g de bacalhau da Noruega (posta alta)
600 g de arroz carolino
400 g de queijo *camembert*
150 g de cebola picada
80 g de tomate seco picado
4 dentes de alho picados
200 ml de vinho branco seco
30 ml de azeite extravirgem
3 ovos
2 colheres (sopa) de salsa em folhas
Caldo de bacalhau (p. 67)
Sal marinho a gosto
Farinha de milho a gosto
Óleo de amendoim ou canola

MOLHO
300 g de agrião
400 ml de iogurte
Sal marinho a gosto
Pimenta-do-reino moída na hora a gosto

MODO DE PREPARO

BOLINHOS
Demolhe o bacalhau, retire a pele e as espinhas, lasque e reserve. Prepare um fundo em azeite com alho e cebola. Junte o arroz, molhe com vinho, deixe ferver e acrescente depois o caldo de bacalhau. Tempere com sal e deixe cozinhar. Quando o arroz estiver quase cozido, junte o tomate e deixe apurar. Incorpore o queijo *camembert* e retire do fogo. Deixe esfriar.

Quando o preparado estiver frio, perfume com salsa picada e molde bolinhos com a ajuda de duas colheres de sopa, recheando cada um com uma lasca de bacalhau. Passe cada bolinho no ovo batido e na farinha de milho e mergulhe em óleo quente, para fritar.

MOLHO
Escalde os agriões em água fervente. Esfrie-os de imediato em água e gelo, escorra-os bem e emulsione no liquidificador com o iogurte. Tempere com sal e pimenta-do-reino.

Sirva os bolinhos em prato raso, guarneça com o molho e perfume com folhas de salsa.

LASCAS DE BACALHAU ASSADO COM PÃO DE TRIGO

INGREDIENTES

1 kg de bacalhau da Noruega (posta alta)
100 ml de azeite extravirgem
Pimenta-do-reino moída na hora a gosto

GUARNIÇÃO
1 kg de pão de trigo
100 ml de azeite extravirgem
3 dentes de alho
Flor de sal a gosto
Salada verde a gosto
Poejo a gosto

MODO DE PREPARO

Salpique o bacalhau demolhado com azeite, perfume com pimenta-do-reino moída na hora e coloque para assar em fogo forte. Retire do forno, retire a pele e as espinhas, lasque e reserve.

Corte o pão em fatias finas e reserve. Emulsione o alho com o azeite no liquidificador e pincele o pão com este preparado. Leve o pão para torrar em forno bem quente e salpique com flor de sal.

Disponha as lascas de bacalhau sobre o pão torrado e aromatize com azeite.
Sirva com uma salada verde perfumada com poejos.

POSTA ALTA

FILHOSES DE BACALHAU COM COENTRO

INGREDIENTES

1 kg de bacalhau da Noruega (desfiado)
4 dentes de alho picados
200 g de farinha de trigo
2 ovos
2 colheres (sopa) de coentro picado
1 colheres (sopa) de fermento em pó
200 ml de leite
2 colheres (sopa) de farinha de mandioca
150 ml de azeite extravirgem
Óleo de amendoim

MODO DE PREPARO

Lave o bacalhau até que ele perca o excesso de sal. Num recipiente fundo, coloque o bacalhau, o alho, a farinha de trigo, os ovos, a farinha de mandioca, o coentro, o fermento, o leite e o azeite. Amasse tudo muito bem até obter uma massa homogênea. Deixe descansar 1 h. Com a ajuda de uma colher de sorvete retire porções de massa que sejam sempre iguais e frite em óleo quente, tomando o cuidado de não fritar muitas filhoses ao mesmo tempo. Retire com a escumadeira e coloque sobre papel absorvente de cozinha. Servir as filhoses quentes ou mornas.

DESFIADO

SALADA DE BACALHAU CRU DESFIADO COM LIMÃO-SICILIANO E MALAGUETA

INGREDIENTES

3 postas de bacalhau da Noruega (posta fina)
100 g de cebola picada
150 ml de azeite extravirgem
80 ml de suco de limão-siciliano
10 folhas de hortelã
4 dentes de alho picados
½ colher (café) de malagueta em pó
Pimenta-do-reino moída na hora a gosto
Sal marinho a gosto
Torradas de pão de trigo a gosto

MODO DE PREPARO

Tire a pele e as espinhas do bacalhau, a seco, e desfie finamente. Demolhe o bacalhau em água. Repita e renove a água até que perca o sal em excesso. Tempere com o azeite, o suco de limão-siciliano, a malagueta, o sal e a pimenta, a cebola, o alho e a hortelã em juliana. Deixe descansar 20 min. Misture o bacalhau e acompanhe com torradas caseiras de pão de trigo.

POSTA FINA

TOMATES FRESCOS COM BACALHAU

INGREDIENTES

1 kg de bacalhau da Noruega (desfiado)
10 tomates grandes, maduros
2 claras em neve
500 g de espinafre
100 ml de creme de leite light
100 ml de azeite extravirgem
3 colheres (chá) de mostarda de Dijon
Sal marinho a gosto
Páprica a gosto

MODO DE PREPARO

Lave o bacalhau até que ele perca o excesso de sal. Corte os tomates horizontalmente, a três quartos de altura. Esvazie a parte maior com auxílio de uma colher, separe as sementes e reserve o tomate restante.
Salteie o bacalhau em um pouco de azeite, junte o tomate e deixe a água evaporar. Adicione o espinafre. Faça uma liga com o creme de leite, a mostarda, sal a gosto e misture cuidadosamente com as claras e o bacalhau. Recheie os tomates e polvilhe com um pouco de páprica. Leve ao forno durante 15 min a 20 min, a 180 °C.

DESFIADO

SALADAS & PETISCOS

CARPACCIO DE BACALHAU, SALADA DE GRÃO-DE-BICO, SALSA FRESCA E BROA DE MILHO PORTUGUESA

POSTA ALTA

INGREDIENTES

1 kg de bacalhau da Noruega (posta alta)

GUARNIÇÃO
150 g de grão-de-bico descascado
80 g de cebola roxa picada
5 ovos cozidos picados
Páprica a gosto
Salsa picada a gosto
Broa de milho portuguesa
Azeite extravirgem
Vinagre de vinho tinto
Pimenta-do-reino moída na hora a gosto

MODO DE PREPARO

Congele o bacalhau previamente demolhado envolto em filme transparente. Retire as espinhas e a pele. Lamine o bacalhau e disponha-o num prato.

Macere a cebola, o vinagre e a páprica durante 15 min. Adicione o azeite, a salsa picada e o grão-de-bico. Misture tudo. Disponha sobre o *carpaccio* a broa moída e salteada em azeite, e perfume com pimenta-do-reino.

MOUSSE DE BACALHAU COM RICOTA FRESCA E AZEITE DE AZEITONAS

POSTA FINA

INGREDIENTES

MOUSSE
500 g de bacalhau da Noruega (posta fina)
50 mℓ de azeite extravirgem
4 dentes de alho picados
80 g de alho-poró picado
100 g de cebola picada
100 mℓ de vinho branco
350 g de ricota fresca
5 g de cebolinha picada
Sal marinho a gosto
Pimenta-do-reino moída na hora a gosto

AZEITE DE AZEITONAS
250 mℓ de azeite extravirgem
120 g de azeitonas pretas sem caroço
Pimenta-do-reino moída na hora a gosto
Flor de sal a gosto

MODO DE PREPARO

MOUSSE
Desfie o bacalhau demolhado a cru e reserve. Prepare um fundo em azeite com alho, cebola e alho-poró. Junte o bacalhau, tampe a panela e deixe cozinhar. Molhe com vinho branco e deixe ferver. Tempere com sal e pimenta moída na hora, triture o preparado e deixe esfriar. Depois de frio, incorpore a ricota e a cebolinha picada.

AZEITE DE AZEITONAS
Emulsione as azeitonas com o azeite no liquidificador.

MOUSSE DE BACALHAU, TORRADAS DE PÃO DE TRIGO E AZEITE DE AZEITONAS PRETAS

POSTA FINA

INGREDIENTES

MOUSSE
850 g de bacalhau da Noruega (posta fina)
5 dentes de alho picados
100 g de cebola picada
1 folha de louro
400 ml de creme de leite fresco
2 folhas de gelatina sem sabor
60 g de manteiga sem sal
Sal marinho a gosto
Pimenta-do-reino moída na hora a gosto
Noz-moscada a gosto
Cebolinha picada a gosto

AZEITE DE AZEITONAS PRETAS
200 ml de azeite extravirgem
150 g de azeitonas secas picadas

GUARNIÇÃO
60 g de alface portuguesa
60 g de rúcula
20 g de cebolinha cortada em hastes
20 torradas de pão de trigo

MODO DE PREPARO

MOUSSE
Limpe o bacalhau previamente demolhado, removendo pele e espinhas, desfie e reserve. Prepare um fundo com um pouco de manteiga sem sal, alho, cebola, folha de louro e junte o bacalhau. Adicione metade do creme de leite fresco e deixe cozinhar lentamente.
Retire a folha de louro e triture o preparado. Demolhe a gelatina e junte ao preparado anterior. Deixe esfriar e avelude com o creme de leite restante, batido. Retifique os temperos com sal, pimenta e noz-moscada. Coloque sob refrigeração para que solidifique.

AZEITE DE AZEITONAS PRETAS
Leve ao liquidificador todos os ingredientes até obter uma textura homogênea.

GUARNIÇÃO
Sirva colocando um buquê de alface e rúcula no centro do prato e três *quenelles* de *mousse* em volta. Disponha as torradas e aromatize com o azeite de azeitonas pretas e a cebolinha picada.

VOL-AU-VENT DE BACALHAU

POSTA FINA

INGREDIENTES

350 g de bacalhau da Noruega (posta fina)
400 g de massa folhada congelada
1 gema de ovo
1 colher (sopa) de água
1 cebola picada
150 ml de creme de leite fresco
1 colher (sopa) de suco de limão-siciliano
1 tira de casca de limão-siciliano picada
Farinha de trigo
Sal marinho a gosto
Pimenta-do-reino moída na hora a gosto
Pepinos tipo *cornichons* (em conserva)
Sementes de papoula a gosto
Endro picado a gosto

MODO DE PREPARO

Descongele a massa folhada. Preaqueça o forno a 200 °C. Coloque a massa sobre uma superfície enfarinhada e apare as extremidades com uma faca. Passe o rolo sobre a massa. Bata a gema com a água e pincele a massa com esta mistura, fazendo pequenos círculos. Dentro destes círculos, faça outro menor, mas sem pressionar muito. Coloque numa assadeira, polvilhada com farinha de trigo e leve ao forno durante 15 min. Cozinhe o bacalhau previamente demolhado, retire a pele e as espinhas e lasque. Junte a cebola picada e misture. À parte, bata o creme de leite bem firme e adicione o preparado de bacalhau, o suco de limão-siciliano e a casca picada. Tempere com sal e pimenta-do-reino e misture bem.

Retire os *vol-au-vent* do forno e, com a ajuda de uma faca, remova a tampinha que se formou durante o cozimento. Depois de frios, recheie-os com o preparado de creme de leite e bacalhau. Polvilhe com as sementes de papoula e o endro.

Disponha os *vol-au-vent* num prato de servir. Guarneça com os pepinos cortados em fatias.

SALADAS & PETISCOS

BACALHAU EM SALADA SILVESTRE

INGREDIENTES

1 kg de bacalhau da Noruega (posta alta)

MOLHO VINAGRETE
100 g de morangos frescos
100 g de framboesas frescas
70 mℓ de azeite extravirgem
50 mℓ de vinagre de framboesas
Sal marinho a gosto
Pimenta-do-reino moída na hora a gosto

GUARNIÇÃO
500 g de morangos
500 g de alfaces variadas
2 colheres (sopa) de cebolinha

MODO DE PREPARO

Depois de demolhado, retire a pele e as espinhas do bacalhau e lasque.

MOLHO VINAGRETE
Emulsione todos os ingredientes no liquidificador. Corte os morangos em fatias finas e reserve.

GUARNIÇÃO
Disponha a emulsão no prato, sobreponha as alfaces, o morango e, por fim, as lascas de bacalhau. Perfume com cebolinha picada.

POSTA ALTA

RECEITAS DE FAMÍLIA

Receitas para as mães, filhos, avós, tias e primos. Reescritas e selecionadas com todo o carinho, que nos fazem viajar pelos sabores da nossa infância.

205

RECEITAS DE FAMÍLIA

BACALHAU COM TODOS

POSTA ALTA

INGREDIENTES

10 postas altas de bacalhau da Noruega
600 g de couve-portuguesa
400 g de batata
250 g de cenoura
200 g de grão-de-bico cozido
130 g de cebola picada
4 dentes de alho picados
600 ml de azeite extravirgem
100 ml de vinagre de vinho branco
Sal marinho a gosto
Pimenta-do-reino moída na hora a gosto

MODO DE PREPARO

Cozinhe os legumes em água temperada com sal, guardando a couve para o fim. Quando estiverem cozidos, adicione o bacalhau já demolhado e as couves e deixe ferver por 2 min ou 3 min. Retifique os temperos. Retire e reserve.

Sirva o bacalhau acompanhado dos legumes, temperado com o alho, a cebola, o azeite e o vinagre.

BACALHAU COM CREME DE ESPINAFRE

LOMBO

INGREDIENTES

2 kg de bacalhau da Noruega (lombos)
1 kg de batata frita em cubos
500 g de espinafre em folhas
200 g de cebola picada
150 g de queijo da ilha ralado
70 g de farinha de trigo
150 ml de azeite extravirgem
500 ml de leite
200 ml de creme de leite fresco
5 dentes de alho picados
2 colheres (sopa) de salsa picada
Sal marinho a gosto
Pimenta-do-reino moída na hora a gosto
Noz-moscada a gosto
Cravo-da-índia a gosto

MODO DE PREPARO

Escalde o bacalhau previamente demolhado em leite e reserve. Escorra, retire a pele e as espinhas e lasque. Coe o leite e reserve. Faça um refogado com 100 ml de azeite, a cebola e o alho picado. Junte a farinha e deixe cozinhar durante 10 min. Adicione depois o leite reservado e o creme de leite e deixe cozinhar até engrossar. Tempere com sal, pimenta-do-reino, noz-moscada e cravo-da-índia.

Salteie o espinafre com o azeite restante, tempere com sal e adicione a salsa. Coloque, num refratário, um fio de azeite, o espinafre, o bacalhau, a batata, o molho e, por fim, o queijo ralado. Leve ao forno para gratinar.

BACALHAU COM BATATA BOLINHA E COMPOTA DE LIMÃO-SICILIANO

POSTA ALTA

INGREDIENTES

10 postas altas de bacalhau da Noruega
100 ml de azeite extravirgem

GUARNIÇÃO
1,5 kg de batata bolinha descascada
100 g de cebola fatiada
300 ml de vinho branco
100 ml de azeite extravirgem
3 dentes de alho fatiados
1 colher (sopa) de tomilho-limão
Sal marinho a gosto
Pimenta-do-reino moída na hora a gosto

COMPOTA
180 g de limão-siciliano em gomos
180 g de cebola picada
120 g de suco de limão-siciliano
80 g de açúcar mascavo
100 ml de azeite extravirgem
4 dentes de alho picados
1 colher (chá) de gengibre picado
Malagueta a gosto
Sal marinho a gosto

MODO DE PREPARO

Coloque o bacalhau anteriormente demolhado numa assadeira, temperado com o azeite previamente aquecido. Leve ao forno a 150 °C, coberto com papel-alumínio, durante 20 min a 25 min.

GUARNIÇÃO
Doure a cebola e o alho em azeite, adicione as batatas e tempere com sal, pimenta-do-reino e tomilho. Molhe com vinho branco, cubra com papel-alumínio e leve ao forno preaquecido a 150 °C durante cerca de 50 min.

COMPOTA
Derreta o açúcar com um fio de azeite, junte o alho, a cebola e o suco de limão. Deixe ferver, adicione o limão-siciliano em gomos e deixe ferver novamente. Emulsione no liquidificador a metade do preparado com o azeite restante e com o gengibre, tempere com sal e malagueta e incorpore no preparado. Sirva o bacalhau com as batatinhas e acompanhe com a compota.

AÇORDA DE BACALHAU COM POEJO

INGREDIENTES

1,5 kg de bacalhau da Noruega (posta alta)
1,5 kg de pão alentejano finamente fatiado
300 g de aspargos verdes escaldados em pedaços
1 ℓ de caldo de bacalhau (p. 67)
200 mℓ de azeite extravirgem
5 dentes de alho picados
5 ovos
5 colheres (sopa) de poejo
Vinagre de vinho branco
Sal marinho a gosto
Pimenta-do-reino moída na hora a gosto

MODO DE PREPARO

Depois de demolhado, retire a pele e as espinhas do bacalhau e lasque.
Numa sopeira, coloque a metade do pão, sobreponha a metade do poejo e despeje 300 mℓ do caldo de bacalhau quente. Tampe e deixe descansar 10 min. Sobreponha o bacalhau, os ovos batidos, o poejo restante e os aspargos. Adicione mais 300 mℓ do caldo aquecido e tampe. À parte, doure o alho em azeite sem deixar ferver, perfume com o vinagre e retifique os temperos. No momento de servir, despeje sobre o preparado da sopeira. Sirva em prato fundo, com bastante caldo.

POSTA ALTA

BACALHAU À ASSIS

INGREDIENTES

10 postas finas de bacalhau da Noruega
1,2 kg de batata cortada em palha
350 g de cenoura cortada em palha
250 g de cebola em rodelas
200 g de presunto em cubos pequenos
150 mℓ de azeite extravirgem
8 ovos
3 dentes de alho fatiados
1 pimentão marrom picado
3 colheres (sopa) de salsa
Óleo de amendoim ou canola
Sal marinho a gosto
Pimenta-do-reino moída na hora a gosto

MODO DE PREPARO

Frite a batata e a cenoura em óleo e reserve. Desfie o bacalhau previamente demolhado e limpo de pele e espinhas. Doure a cebola e o alho em azeite, com o pimentão e o presunto. Junte o bacalhau e deixe dourar. Na metade do cozimento, adicione as batatas e as cenouras fritas e misture tudo. Finalmente junte os ovos batidos e a salsa picada. Misture tudo sem deixar que os ovos cozinhem demais.

POSTA FINA

BACALHAU RECHEADO DA TIA NARCISA

INGREDIENTES

10 postas altas de bacalhau da Noruega
10 fatias de presunto de porco preto
20 tomates sem pele, em metades
1 pimentão vermelho em cubos
200 g de cebola em rodelas
5 dentes de alho fatiados
10 folhas de manjericão
100 ml de azeite extravirgem
Óleo de amendoim
200 ml de maionese
Farinha de trigo
Pimenta-do-reino moída na hora a gosto
Sal marinho a gosto

MODO DE PREPARO

Abra ao meio as postas de bacalhau demolhadas e recheie com uma fatia de presunto. Feche com a ajuda de um fio de cozinha. Passe na farinha e frite em óleo bem quente. Reserve sobre papel absorvente. Doure a cebola, o alho e o pimentão em azeite. Tempere com sal e pimenta-do-reino e adicione o manjericão. Coloque o tomate e a cebolada numa assadeira, sobreponha as postas de bacalhau e cubra com a maionese. Leve ao forno para gratinar.

POSTA ALTA

BACALHAU À MARIA DO PORTO

INGREDIENTES

10 postas altas de bacalhau da Noruega
200 g de cebola fatiada
150 g de tomate sem pele em cubos
150 g de pimentão verde sem pele em cubos
200 ml de azeite extravirgem
5 ovos cozidos
5 dentes de alho picados
3 colheres (sopa) de azeitonas pretas picadas
3 colheres (sopa) de salsa picada
Vinagre de vinho tinto
Sal marinho a gosto
Pimenta-do-reino moída na hora a gosto

MODO DE PREPARO

Grelhe as postas de bacalhau previamente demolhadas com a pele virada para baixo (do lado oposto, grelhe ligeiramente) e pique os ovos.
Depois de grelhado, coloque o bacalhau numa travessa, regue com o azeite e o vinagre, salpique com o ovo e os alhos picados, o tomate e o pimentão. Perfume com a salsa e as azeitonas e retifique os temperos. Por fim, coloque a cebola sobre as postas de bacalhau. Leve ao forno preaquecido a 180 °C, durante 5 min.

Acompanhe com batatas cozidas com casca.

POSTA ALTA

BACALHAU À POUSADA DE OLIVEIRA

POSTA ALTA

INGREDIENTES

1,5 kg de bacalhau da Noruega (posta alta)
1,5 kg de batatas com casca
250 g de cebola fatiada
150 mℓ de azeite extravirgem
5 dentes de alho fatiados
3 colheres (sopa) de salsa picada
Sal marinho a gosto
Pimenta-do-reino moída na hora a gosto

MOLHO
400 mℓ de leite
4 gemas de ovo
4 colheres (sopa) de farinha de trigo
3 colheres (sopa) de manteiga
Sal marinho a gosto
Pimenta-do-reino moída na hora a gosto

MODO DE PREPARO

Demolhe o bacalhau, retire a pele e as espinhas e lasque.
Cozinhe as batatas com casca em água e sal e, depois de cozidas, corte-as em cubos. Doure a cebola e o alho em azeite, adicione as batatas e deixe-as dourar. Junte depois as lascas de bacalhau, tempere com sal e pimenta-do-reino e, por fim, misture com a salsa.

MOLHO
Leve a manteiga ao fogo, adicione a farinha, misture e despeje, pouco a pouco, o leite. Deixe ferver, tempere com sal e pimenta-do-reino e, quando o molho atingir uma textura cremosa, junte as gemas, tendo cuidado para não talhar.

Leve o preparado ao forno antes de servir.

PUDIM DE BACALHAU DA MINHA AVÓ

POSTA FINA

INGREDIENTES

1,5 kg de bacalhau da Noruega (posta fina)
1 kg de miolo de pão de forma
200 g de cebola picada
100 g de toucinho de porco caipira em cubos
0,5 l de leite
100 ml de azeite extravirgem
8 ovos
5 dentes de alho picados
3 folhas de sálvia
1 folha de louro
Manteiga
Farinha de rosca
Sal marinho a gosto
Pimenta-do-reino moída na hora a gosto
Noz-moscada a gosto

MODO DE PREPARO

Doure em azeite o alho, a cebola, o louro e o toucinho. Adicione o bacalhau demolhado limpo de pele e espinhas e cortado em cubos. Tempere com sal, pimenta-do-reino e noz-moscada. Deixe cozinhar destampado.

Junte o pão embebido em leite, misture tudo muito bem e deixe cozinhar. Adicione as gemas e a sálvia quando o preparado estiver morno. Misture as claras previamente batidas em neve e misture bem até obter um preparado homogêneo.

Despeje numa forma com furo no meio, previamente untada com a manteiga e polvilhada com farinha de rosca. Leve ao forno, preaquecido, a 180 °C, durante 25 min a 30 min.

Deixe descansar 15 min e sirva com legumes cozidos.

RECEITAS DE FAMÍLIA

ROUPA-VELHA DE BACALHAU

POSTA ALTA

INGREDIENTES

Postas altas de bacalhau da Noruega a gosto
Couve cozida
Batata cozida
Alho picado a gosto
Azeite extravirgem
Sal marinho a gosto
Pimenta-do-reino moída na hora a gosto

MODO DE PREPARO

Cozinhe o bacalhau demolhado e retire a pele e as espinhas. Corte em pedacinhos a couve, o bacalhau e as batatas que sobraram da consoada (ver p. 26).

Pique alguns dentes de alho e doure-os em azeite. Junte depois as couves, o bacalhau e as batatas. Retifique os temperos, mexa e deixe no fogo o tempo necessário para aquecer bem.

BACALHAU À MODA DE VIANA

INGREDIENTES

10 postas altas de bacalhau da Noruega
20 folhas de repolho crespo
1,5 kg de batata cozida
300 g de cebola em rodelas
150 ml de azeite extravirgem
4 dentes de alho fatiados
1 colher (sopa) de vinagre de vinho branco
2 colheres (sopa) de salsa
Sal marinho a gosto
Pimenta-do-reino moída na hora a gosto

MODO DE PREPARO

Enrole, uma a uma, as postas de bacalhau demolhadas nas folhas do repolho crespo. Amarre-as com barbante e coloque-as numa assadeira. Leve ao forno preaquecido a 150 °C, até o repolho secar completamente.
Retire o repolho seco e coloque o bacalhau numa travessa juntamente com as batatas cozidas. Aqueça a cebola e o alho em azeite, em fogo brando. Quando dourarem, junte o vinagre, o sal, a pimenta-do-reino e a salsa. Despeje a mistura sobre o bacalhau e as batatas. Leve ao forno a 180 °C durante 5 min.

Sirva acompanhado com broa.

POSTA ALTA

PENNE SALTEADO COM LASCAS DE BACALHAU E AZEITONAS

INGREDIENTES

1,5 kg de bacalhau da Noruega (posta alta)
500 g de macarrão *penne* (massa seca)
500 g de espinafre em folhas
200 g de cebola em cubos
100 g de queijo parmesão ralado
50 ml de azeite extravirgem
3 dentes de alho fatiados
3 colheres (sopa) de salsa picada
2 colheres (sopa) de azeitona preta picada
Vinagre balsâmico
Pimenta-do-reino moída na hora a gosto
Sal marinho a gosto

MODO DE PREPARO

Depois de demolhado, retire a pele e as espinhas do bacalhau e lasque. Cozinhe o macarrão em água abundante com sal. Depois de cozido, escorra, salpique com um fio de azeite e reserve. Coloque o azeite numa frigideira funda e salteie a cebola e o alho fatiado juntamente com o espinafre e o macarrão. Quando o espinafre dourar, adicione o bacalhau e as azeitonas. Retifique os temperos e, por fim, adicione a salsa e o parmesão.

Sirva em prato de sopa perfumado com vinagre balsâmico.

POSTA ALTA

BACALHAU À MODA DA ERVEDOSA

INGREDIENTES

10 postas finas de bacalhau da Noruega
350 g de cebola picada
200 ml de azeite extravirgem
2 couves-tronchudas ou repolhos crespos (tamanho médio)
6 ovos
1 colher (sopa) de farinha de trigo
5 dentes de alho picados
Malagueta a gosto
Sal marinho a gosto
Pimenta-do-reino moída na hora a gosto

MODO DE PREPARO

Cozinhe a couve cortada em metades em água e sal. Na metade do cozimento, adicione as postas de bacalhau e, quando levantar fervura, deixe ferver 2 min a 3 min e retire do fogo. Lasque o bacalhau, retirando a pele e as espinhas. Corte a couve em tiras e reserve juntamente com as lascas do bacalhau. Em azeite, doure o alho e a cebola, junte a malagueta a gosto, o bacalhau e a couve. Retifique os temperos e deixe cozinhar 2 min a 3 min. Bata os ovos com a farinha e adicione ao preparado. Deixe cozinhar lentamente até que os ovos talhem.
Sirva acompanhado de batatas fritas em rodelas.

POSTA FINA

BACALHAU CROCANTE COM AZEITONAS E TOMATE SECO

INGREDIENTES

1,5 kg de bacalhau da Noruega (desfiado)
1 kg de cebola fatiada
800 g de batata-palha
100 g de azeitona seca preta picada
50 g de tomate seco picado
6 dentes de alho fatiados
10 ovos
2 folhas de louro
1 colher (sopa) de tomilho-limão em folhas
Salsa picada a gosto
Azeite extravirgem
Sal marinho a gosto
Pimenta-do-reino moída na hora a gosto

MODO DE PREPARO

Lave o bacalhau até que ele perca o excesso de sal. Prepare um fundo com azeite e alho, cebola, louro, sal e pimenta-do-reino. Junte o bacalhau desfiado e deixe cozinhar uns minutos. Bata os ovos com a azeitona seca, o tomate seco e o tomilho-limão. Misture tudo e junte depois a batata-palha. Aromatize com salsa picada e sirva.

DESFIADO

BACALHAU COM MANDIOCA-PALHA

DESFIADO

INGREDIENTES

1 kg de bacalhau da Noruega (desfiado)
500 g de mandioca cortada em palha
500 g de cebolas fatiadas
150 mℓ de azeite extravirgem
100 mℓ de azeite de salsa
12 ovos
6 dentes de alho picados
1 maço de salsa picada
Sal marinho a gosto
Pimenta-do-reino moída na hora a gosto

MODO DE PREPARO

Lave o bacalhau várias vezes até retirar o excesso de sal. Coloque-o sobre um pano e esprema-o para retirar o excesso de água. Adicione à cebola e ao alho que, nesse meio-tempo, douram em azeite. Deixe cozinhar e retifique os temperos. Bata bem os ovos, adicione a salsa picada e misture no preparado, sem deixar que cozinhem muito. Tendo fatiado a mandioca em rodelas finas que depois são cortadas em tiras estreitas (chamadas palha), frite-as em gordura quente e coloque sobre papel absorvente, para que percam o excesso de gordura e fiquem crocantes.

Coloque o preparado no centro do prato, a mandioca-palha por cima, e perfume o prato com azeite de salsa.

BACALHAU AO FORNO COM PURÊ DE MAÇÃ E MANDIOCA

POSTA ALTA

INGREDIENTES

2 kg de bacalhau da Noruega (posta alta)
300 g de cebola em cubos
100 g de couve-flor picada
8 dentes de alho fatiados
20 g de sal marinho
100 mℓ de vinho branco seco
100 mℓ de azeite extravirgem
5 bagas de pimenta-do-reino em grãos
½ colher (café) de cominho

PURÊ DE MAÇÃ
1,5 kg de maçã reineta em cubos
500 g de mandioca em cubos pequenos
300 g de cebola em cubos
100 g de rúcula em folhas
200 mℓ de vinho branco
100 mℓ de caldo de galinha (p. 78)
50 mℓ de azeite extravirgem
3 dentes de alho fatiados
Noz-moscada a gosto
Sal marinho a gosto
Pimenta-do-reino em grãos a gosto

MODO DE PREPARO

Numa assadeira coloque o azeite, a cebola, o alho, o vinho branco, a couve-flor, o cominho e o bacalhau demolhado. Tempere com pimenta-do-reino. Cubra com papel-alumínio e leve ao forno a 150 °C, durante 20 min a 25 min. Retire o bacalhau e triture no liquidificador o resultado do assado. Reserve.

PURÊ DE MAÇÃ
Doure a cebola e o alho em azeite, adicione a mandioca e molhe com vinho branco e caldo de galinha. Quando a mandioca estiver cozida, junte a maçã e deixe estufar. Quando a maçã estiver cozida, triture todo o preparado e tempere. Junte a rúcula e finalize com um fio de azeite.

Coloque o bacalhau no centro do prato, junte o purê de maçã e coloque o molho em volta.

BACALHAU FRESCO COM LEGUMES VERDES SALTEADOS

INGREDIENTES

2 kg de bacalhau fresco da Noruega (lombos)
400 g de abobrinha em rodelas finas
400 g de ervilhas tortas escaldadas
400 g de favas escaldadas
200 g de cebola em rodelas finas
150 ml de azeite extravirgem
50 ml de suco de limão-siciliano
10 folhas de hortelã
Sal marinho a gosto
Pimenta-do-reino moída na hora a gosto
3 dentes de alho fatiados

MODO DE PREPARO

Coloque os lombos de bacalhau demolhados para marinar com o limão-siciliano, 100 ml de azeite, o sal, a pimenta-do-reino, o alho e a cebola, durante 2 h. Coloque numa assadeira coberta com papel-alumínio, e leve ao forno preaquecido a 150 °C, durante 12 min.

Salteie os legumes com o azeite restante, pela ordem de cozimento: ervilhas, favas e abobrinhas. Deixe cozinhar e perfume com hortelã.

BACALHAU FRITO COM CEBOLADA DE PÁPRICA

INGREDIENTES

10 postas finas de bacalhau da Noruega
300 g de cebola fatiada
6 dentes de alho fatiados
200 ml de vinho branco seco
Azeite extravirgem
1 folha de louro
1 colher (sopa) de páprica
Malagueta seca a gosto
Sal marinho a gosto
Pimenta-do-reino moída na hora a gosto

MODO DE PREPARO

Corte o bacalhau demolhado em tiras com a espessura de 2 cm. Enxugue em papel-toalha e frite em azeite. À parte, doure a cebola em 100 ml de azeite, com o alho e o louro. Quando a cebola estiver dourada, regue com o vinho branco e tempere com a malagueta e a páprica. Retifique os temperos.

Sirva colocando o bacalhau sobre a cebolada. Acompanhe com arroz com brotos de nabo.

POSTA FINA

BACALHAU ALBARDADO COM *BACON*

INGREDIENTES

1,5 kg de bacalhau da Noruega (posta alta)
1,3 kg de batatas cozidas em rodelas
400 g de ovos cozidos em rodelas
300 g de chalotas picadas
250 g de tomate em cubos
150 ml de azeite extravirgem
30 ml de vinagre de vinho branco
5 fatias de *bacon*
5 dentes de alho fatiados
1 colher (chá) de orégano
1 colher (café) de pimenta-da-jamaica
Sal marinho a gosto

MODO DE PREPARO

Coloque as postas de bacalhau previamente demolhado numa assadeira e sobreponha o ovo, o *bacon*, as batatas, as chalotas, o tomate, a pimenta-da-jamaica e o alho. Tempere com sal, perfume com azeite e leve ao forno previamente aquecido a 180 °C durante 20 min. No momento de servir, tempere com orégano e vinagre.

POSTA ALTA

BACALHAU COM AZEITE DE ALHO E AÇAFRÃO

INGREDIENTES

10 postas altas de bacalhau da Noruega
1,5 kg de batata bolinha
1 kg de sal marinho
200 ml de azeite extravirgem
100 ml de vinagre de vinho tinto
10 dentes de alho fatiados
5 estiletes de açafrão
2 colheres (sopa) de folhas de salsa

MODO DE PREPARO

Enxugue as postas de bacalhau demolhadas com um pano e leve para grelhar com a pele para baixo, para que percam o excesso de água. Termine o cozimento no forno. Lave bem as batatas, coloque-as numa assadeira funda, cubra com sal e leve ao forno. Aqueça o azeite com o alho fatiado e o açafrão, sem deixar ferver. Retire o sal das batatas e esmague-as ligeiramente.

Sirva o bacalhau com as batatas, perfumado com azeite aromatizado, vinagre e folhas de salsa.

POSTA ALTA

RECEITAS DE FAMÍLIA

AÇORDA DE BACALHAU COM TOMATE

POSTA ALTA

INGREDIENTES

10 postas altas de bacalhau da Noruega
1,2 kg de pão alentejano em fatias finas
300 g de tomate *concassé*
200 g de cebola em rodelas finas
200 ml de azeite extravirgem
8 ovos
Sal marinho a gosto
Pimenta-do-reino moída na hora a gosto

MODO DE PREPARO

Refogue a cebola numa panela com um fio de azeite e sobreponha o bacalhau já demolhado. Quando a cebola estiver dourada, retire do fogo e lasque o bacalhau, retirando a pele e as espinhas. Adicione o bacalhau à cebola e leve de novo ao fogo. Adicione um pouco de água e o tomate esmagado com um garfo e deixe cozinhar.

Junte o pão e um pouco de água. Bata os ovos com sal, junte à açorda e misture bem. Retifique temperos. Sirva imediatamente.

BACALHAU ASSADO E MIGAS DE BROA DE MILHO PORTUGUESA

POSTA ALTA

INGREDIENTES

BACALHAU
10 postas altas de bacalhau da Noruega
100 ml de azeite extravirgem
5 dentes de alho picados
1 colher (chá) de alecrim em estames
1 colher (café) de pimenta de Sichuan

MIGAS
800 g de broa de milho portuguesa
800 g de brotos de couve ou de nabo
200 g de cebola picada
80 g de *pinoli*
150 ml de azeite extravirgem
5 dentes de alho picados
Água de cozimento dos brotos
Sal marinho a gosto
Pimenta-do-reino moída na hora a gosto
2 colheres (sopa) de salsa em juliana
Vinagre de vinho tinto

MODO DE PREPARO

BACALHAU
Demolhe o bacalhau e leve para assar com os ingredientes restantes em forno preaquecido a 150 °C, coberto com papel-alumínio, durante 20 min a 25 min.

MIGAS
Corte a broa de milho portuguesa e esmigalhe-a para obter um tipo de farinha grosseira. Escolha os brotos e cozinhe em água temperada com sal, reservando a água do cozimento. Torre os *pinoli* para que fiquem crocantes. Prepare um fundo com azeite, alho e cebola e junte, pouco a pouco, a broa esfarelada. Regue com um pouco de água do cozimento (o necessário para que as migas fiquem soltas) e tempere com sal e pimenta. Salteie os brotos em azeite e alho, junte às migas e, por fim, adicione os *pinoli* torrados. Acompanhe as migas com o bacalhau regado com o molho do assado.

Tempere com vinagre e salsa.

MIGAS DE BACALHAU GRATINADAS COM ESPINAFRE E *PINOLI*

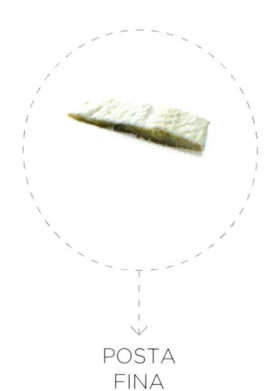

POSTA FINA

INGREDIENTES

BACALHAU
2 kg de bacalhau da Noruega (posta fina)
250 g de cebola picada
100 ml de azeite extravirgem
5 dentes de alho picados
1 colher (chá) de gengibre picado
Pimenta-do-reino moída na hora a gosto
2 gemas de ovo

MIGAS
1 kg de espinafre em folhas
800 g de broa de milho portuguesa picada
100 g de *pinoli* torrados
1,2 l de caldo de bacalhau (p. 67)
100 ml de azeite extravirgem
100 ml de vinho branco
30 ml de vinagre de vinho branco
15 folhas de hortelã em juliana
Sal marinho a gosto
Pimenta-do-reino moída na hora a gosto

MODO DE PREPARO

BACALHAU
Coloque a cebola, o alho e o gengibre numa assadeira. Sobreponha o bacalhau demolhado e tempere com o azeite e a pimenta. Leve para assar em forno preaquecido a 150 °C, coberto com papel-alumínio, durante cerca de 25 min. Lasque o bacalhau, retire a pele e as espinhas, pique a pele e reserve. Reserve também a cebola e o alho e passe pelo *chinois* o líquido resultante do assado.

MIGAS
Em azeite, doure a cebola e o alho do preparado, juntamente com a pele do bacalhau. Molhe com o vinho, adicione a broa e junte, pouco a pouco, o líquido do assado e o caldo. Tempere com sal e pimenta, misture com a hortelã, o *pinoli* e o espinafre. Mexa tudo muito bem, até obter uma textura homogênea. Retifique os temperos e perfume com vinagre.

Numa assadeira, coloque a metade das migas, uma camada de bacalhau e finalize com outra camada de migas. Pincele com gemas de ovo e leve ao forno para gratinar.

BACALHAU AO FORNO COM PÃO DE CENTEIO

INGREDIENTES

1,5 kg de bacalhau da Noruega (posta alta)
200 g de cebola em cubos
6 dentes de alho fatiados
150 ml de azeite extravirgem
200 ml de caldo de bacalhau (p. 67)
1 kg de pão de centeio esfarelado
350 g de espinafre escaldado
200 g de abobrinha fatiada
200 ml de vinho branco
2 colheres (sopa) de coentro picados
Sal marinho a gosto
Pimenta-do-reino moída na hora a gosto

MODO DE PREPARO

Coloque numa assadeira a cebola, o alho e o vinho branco, com 50 ml de azeite e o caldo de bacalhau. Tempere e leve ao forno preaquecido a 150 °C, durante 35 min. Triture o preparado e reserve. Em outra assadeira coloque as abobrinhas, o bacalhau demolhado, limpo de pele e espinhas e lascado, o espinafre previamente temperado e o coentro. Retifique os temperos. Adicione, por fim, o molho resultante do preparado anterior, o pão de centeio e leve ao forno para gratinar.

POSTA ALTA

BACALHAU SÃO MARTINHO

INGREDIENTES

10 postas altas de bacalhau da Noruega
1 kg de miolo de castanha-portuguesa congelada
200 ml de aguardente ou cachaça
150 ml de azeite extravirgem
30 ml de vinagre de vinho branco
10 dentes de alho picados
1 cebola inteira
½ colher (café) de erva-doce em grãos
Sal marinho a gosto
Pimenta-do-reino moída na hora a gosto

MODO DE PREPARO

Coloque a aguardente numa assadeira de barro e asse ligeiramente as postas de bacalhau demolhadas, previamente esfregadas com alho. Reserve. Cozinhe as castanhas com a cebola inteira, a erva-doce, 50 ml de azeite, água e sal (a castanha tem de ficar mal-cozida). Numa forma, coloque a castanha cozida, sobreponha o bacalhau e leve ao forno, previamente aquecido a 180 °C, durante 12 min a 15 min. Retifique os temperos. Quando retirar do forno, tempere com o azeite restante, vinagre e sirva.

POSTA ALTA

BACALHAU COM MACARRÃO RISONE, TOMATE E MANJERICÃO

INGREDIENTES

1,2 kg de bacalhau da Noruega (desfiado)
800 g de tomates maduros limpos em cubos
500 g de macarrão risone
200 g de cebola bem picada
200 ml de vinho branco
150 ml de azeite extravirgem
15 folhas de manjericão
4 dentes de alho picados
Caldo de bacalhau a gosto (p. 67)
Malagueta a gosto
Sal marinho a gosto

MODO DE PREPARO

Desfie o bacalhau ainda seco. Passe por várias águas até perder o sal. Refogue a cebola no azeite, acrescente o alho, a malagueta, o tomate e refresque com o vinho branco. Deixe cozinhar lentamente, acrescente o bacalhau, o macarrão e o caldo. Cozinhe aproximadamente por 15 min até que o molho engrosse e as migas de bacalhau fiquem cozidas. Retifique os temperos. No momento de servir, perfume com o manjericão.

DESFIADO

ARROZ DE BACALHAU COM MARISCOS E POEJO

INGREDIENTES

1 kg de bacalhau da Noruega (posta alta)
1 kg de vôngole
1 kg de mexilhão
500 g de arroz carolino
150 g de alho-poró picado
350 g de tomate sem pele em cubos
200 ml de vinho branco
50 ml de azeite extravirgem
3 dentes de alho picados
2 folhas de louro
3 colheres (sopa) de poejo em folha
Caldo de cozimento do bacalhau
Sal marinho a gosto
Pimenta-do-reino moída na hora a gosto

MODO DE PREPARO

Cozinhe o bacalhau previamente demolhado, limpe-o e lasque. Reserve o caldo do cozimento. Abra os mariscos separadamente em panela tampada. Coe os respectivos caldos, retire o miolo das cascas e reserve.
Em azeite prepare um fundo com alho e alho-poró. Junte o arroz, molhe com vinho branco e deixe ferver. Junte o louro e o tomate e molhe com o caldo de bacalhau. Quando o arroz estiver quase cozido, junte o bacalhau, o miolo dos mariscos e os caldos. Retifique os temperos e, no momento de servir, adicione o poejo.

POSTA ALTA

TORTILHA DE BACALHAU COM AZEITE DE ESPINAFRE E MALAGUETA

POSTA ALTA

INGREDIENTES

1 kg de *confit* bacalhau da Noruega (p. 73)

CEBOLADA
200 g de cebola em rodelas bem finas
1 folha de louro
100 ml de azeite extravirgem
Flor de sal a gosto

BATATAS
700 g de batata fatiada
400 g de maçã fatiada
Azeite extravirgem
12 ovos
Salsa em juliana a gosto
Sal marinho a gosto
Pimenta-do-reino moída na hora a gosto
Noz-moscada a gosto

AZEITE DE ESPINAFRE
100 g de espinafre escaldado e bem escorrido
100 ml de azeite extravirgem
Malaguetas verdes a gosto

MODO DE PREPARO

BACALHAU
Lasque o bacalhau.

CEBOLADA
Aqueça ligeiramente o azeite e junte a cebola e o louro. Deixe que a cebola fique levemente dourada. Retire do fogo e perfume com flor de sal.

BATATAS
Frite as batatas em azeite bem quente.

Bata os ovos, tempere com sal e pimenta-do-reino e junte a salsa.

Coloque numa frigideira funda, em fogo brando, um fio de azeite, as batatas, a maçã, o bacalhau, e a cebolada. Regue com os ovos. Leve ao forno até ficar com a consistência de uma tortilha.

AZEITE DE ESPINAFRE
Coloque todos os ingredientes no liquidificador e emulsione até obter uma textura homogênea.

Acompanhe a tortilha com uma salada de tomate.

BACALHAU À ENCONTRUS

INGREDIENTES

2 kg de bacalhau da Noruega (posta alta)
400 g de broa
100 g de farinha de rosca
0,5 l de leite

FRITURA
50 g de alho com casca
50 ml de azeite
2 folhas de louro
6 ovos
Farinha de trigo

CEBOLADA
350 g de cebola em meias-luas
200 g de pimentão verde descascado
200 g de pimentão vermelho descascado
100 ml de vinho branco
100 ml de azeite extravirgem
50 ml de vinagre de vinho branco
5 dentes de alho fatiados
Páprica a gosto
Sal marinho a gosto
Pimenta-do-reino moída na hora a gosto

GUARNIÇÃO
1 kg de batatinhas assadas
600 g de brotos de couve ou de nabo escaldados
50 ml de azeite extravirgem
2 colheres (sopa) de salsa picada
Sal marinho a gosto

MODO DE PREPARO

Mergulhe o bacalhau demolhado em leite morno, de forma que fique embebido. Torre a broa, triture-a e junte à farinha de rosca. Escorra o bacalhau e coloque-o em papel-toalha.

FRITURA
Passe o preparado anterior na farinha de trigo, no ovo batido e, por fim, na mistura de broa e farinha de rosca. Toste o bacalhau de ambos os lados em azeite com as folhas de louro e o alho com casca. Em seguida, coloque-o no forno preaquecido a 150 °C durante 15 min a 18 min.

CEBOLADA
Refogue o alho e a cebola em azeite e refresque com um pouco de vinho branco. Junte depois os pimentões assados e cortados em juliana, tempere com sal, pimenta-do-reino e páprica e deixe cozinhar até que todo o líquido evapore. Termine com um fio de vinagre de vinho branco.

GUARNIÇÃO
Salteie os brotos em azeite juntamente com as batatas cortadas ao meio. Perfume com salsa e tempere com sal. Acompanhe o bacalhau com a cebolada e com a guarnição.

POSTA ALTA

RECEITAS DE FAMÍLIA

BACALHAU COM CREME AO FORNO

POSTA ALTA

INGREDIENTES

BECHAMEL
200 g de farinha de trigo
2 l de leite
100 ml de azeite extravirgem
1 cebola picada
4 dentes de alho fatiados

BACALHAU
6 *confits* altas de bacalhau da Noruega confitado (p. 73)
6 cebolas em gomos
8 batatas grandes
Óleo de amendoim ou canola para fritar

MODO DE PREPARO

BECHAMEL
Comece fazendo o molho bechamel. Refogue em azeite a cebola picada e o alho fatiado, adicione a farinha e deixe cozinhar em fogo brando. Despeje depois o leite previamente fervido, aos poucos, e deixe engrossar até ficar com textura de creme. Reserve.

BACALHAU
Salteie a cebola em gomos até ficar translúcida e reserve.
Frite em óleo quente as batatas cortadas em quadrados.
Numa tigela, misture a cebola, as batatas fritas, o *confit* de bacalhau lascado, e o bechamel. Misture com cuidado para não desfazer o bacalhau. Leve para gratinar e sirva.

BACALHAU À MARIA DE LOURDES MODESTO

POSTA ALTA

INGREDIENTES

10 postas altas de bacalhau da Noruega
20 dentes de alho cortados em metades
10 tomates secos em azeite picados
2 folhas de louro
100 ㎖ de vinho do Porto branco seco
50 ㎖ de vinagre de vinho branco
Pimenta de Sichuan a gosto
Azeite extravirgem a gosto
800 g de batata cozida com casca

FAROFA DE AZEITONA

200 g de pão alentejano seco
30 g de coentro escaldado
10 g de azeitona verde seca
0,5 ℓ de azeite extravirgem

MODO DE PREPARO

Num refratário, coloque o alho, as folhas de louro e cubra com as postas de bacalhau previamente demolhadas. Tempere com o vinagre, o vinho, a pimenta de Sichuan e deixe descansar por 1 h.
Em seguida, adicione o restante dos ingredientes, despeje o azeite até cobrir a metade das postas e leve ao forno preaquecido a 150 °C, durante cerca de 25 min, coberto com papel-alumínio. Escorra o bacalhau, retire a pele e as espinhas e lasque. Misture com o tomate e reserve.
Leve o restante do preparado novamente ao forno, coberto com papel-alumínio, por 25 min. Adicione, depois, azeite ao preparado até obter cerca de 150 ㎖ de marinada. Leve ao liquidificador até obter uma emulsão.

FAROFA DE AZEITONA
Passe o pão e as azeitonas pelo processador de alimentos e junte o azeite e o coentro.

Numa assadeira coloque a emulsão, sobreponha o bacalhau lascado, o tomate e a farofa de azeitona. Coloque em volta as batatas esmurradas e leve ao forno para gratinar.

CATAPLANA DE BACALHAU

POSTA ALTA

INGREDIENTES

1,5 kg de bacalhau da Noruega (posta alta)
800 g de batata-doce fatiada
300 g de tomate sem pele em cubos
100 g de pimentão verde sem pele em cubos
100 g de pimentão vermelho sem pele em cubos
100 ml de azeite extravirgem
100 ml de vinho branco
3 dentes de alho fatiados
2 cravos-da-índia
2 cebolas médias
3 colheres (sopa) de poejo
Sal marinho a gosto
Pimenta-do-reino moída na hora a gosto
Piripíri a gosto (p. 81)

MODO DE PREPARO

Corte o bacalhau demolhado em cubos. Coloque na cataplana a metade do azeite, o alho, a cebola, o tomate, a batata, os pimentões e o bacalhau. Tempere com sal, pimenta-do-reino, piripíri, cravo-da-índia e regue com o azeite restante e com o vinho branco. Feche a cataplana e, depois de levantar fervura, deixe cozinhar em fogo brando, durante 20 min a 25 min, agitando de vez em quando.

Sirva perfumada com o poejo.

TAGLIATELLI FRESCO COM BACALHAU, RÚCULA E PIMENTÕES

INGREDIENTES

1,5 kg de bacalhau da Noruega (desfiado)
800 g de *tagliatelli* fresco
300 g de rúcula
150 g de pimentão vermelho sem pele em cubos
120 g de cebola em cubos
150 ml de azeite extravirgem
1 colher (sopa) de cebolinha em hastes
1 colher (sopa) de tomilho-limão
Sal marinho a gosto
Pimenta-do-reino moída na hora a gosto

MODO DE PREPARO

Passe o bacalhau na água até que ele perca o excesso de sal.
Cozinhe o macarrão em água temperada com sal, escorra bem e perfume com azeite. Salteie os pimentões com a cebola em azeite. Coloque o bacalhau e junte o macarrão. Tempere com sal e pimenta-do-reino. Misture depois a rúcula. Perfume com tomilho-limão, cebolinha e sirva em prato fundo.

DESFIADO

BACALHAU ASSADO À MANEIRA DE VILA REAL

INGREDIENTES

2 kg de bacalhau da Noruega (posta alta)
1,2 kg de batatinhas assadas
600 g de brotos de couve ou de nabo cozidos salteados
300 g de cebolas fatiadas
100 g de azeitonas
200 ml de azeite extravirgem
30 ml de vinagre de vinho branco
5 ovos cozidos em rodelas
5 dentes de alho fatiados
Sal marinho a gosto
Pimenta-do-reino moída na hora a gosto

MODO DE PREPARO

Grelhe o bacalhau previamente demolhado com a pele virada para baixo, lasque-o e junte o azeite previamente aquecido com o alho. Deixe no fogo cerca de 3 min.
Esborrache as batatas, tempere com sal e pimenta-do-reino e disponha-as numa assadeira. Coloque o bacalhau no centro da assadeira, com a metade do azeite, cubra com os ovos, o azeite restante e com os brotos salteados. Termine com a cebola em rodelas e as azeitonas. No momento de servir perfume com vinagre.

POSTA ALTA

BACALHAU COM TORRADAS DE PÃO DE TRIGO, MANJERICÃO, TOMATE E CEBOLA

POSTA ALTA

INGREDIENTES

2 kg de bacalhau da Noruega (posta alta)
250 g de cebola em rodelas
250 g de tomate sem pele picado
200 ml de vinho xerez seco
200 ml de azeite extravirgem
50 ml de vinagre de vinho branco
20 folhas de manjericão
10 fatias de pão alentejano
5 dentes de alho fatiados
Sal marinho a gosto
Pimenta-do-reino moída na hora a gosto

MODO DE PREPARO

Torre as fatias de pão alentejano no forno. Enxugue bem as postas do bacalhau demolhadas e doure-as numa frigideira, com a pele virada para baixo e com um fio de azeite. Reserve. Coloque, numa assadeira, o pão torrado, o bacalhau (com a pele virada para cima), o alho, a cebola, o manjericão, o tomate, 100 ml de azeite, o vinho e o vinagre, sal e pimenta. Leve ao forno previamente aquecido a 150 °C durante 25 min. Retire do forno, perfume com azeite. Sirva acompanhado de uma salada verde.

BACALHAU COM ERVAS AROMÁTICAS

POSTA ALTA

INGREDIENTES

2 kg de bacalhau da Noruega (posta alta)
400 g de tomate sem pele em metades
200 g de cebola em cubos
200 g de pimentão vermelho sem pele e picado
200 ml de vinho branco
200 ml de azeite extravirgem
50 ml de vinagre de vinho branco
5 dentes de alho fatiados
2 colheres (sopa) de azeitonas verdes picadas
1 colher (sopa) de salsa picada
1 colher (sopa) de tomilho-limão
1 colher (café) de orégano
Pimenta-do-reino moída na hora a gosto

MODO DE PREPARO

Enxugue bem as postas de bacalhau previamente demolhadas e doure-as numa frigideira, com a pele virada para baixo e com um fio de azeite. Reserve. Numa assadeira, coloque o alho, a cebola, o tomate e o pimentão com o restante do azeite, o vinho e o vinagre. Leve ao forno previamente aquecido a 150 °C, coberta com papel-alumínio durante 40 min. Retire o papel-alumínio, junte o bacalhau ao preparado e volte a colocar no forno mais 18 min. Retire do forno, perfume com as azeitonas, a salsa, o tomilho, o orégano e a pimenta-do-reino. Volte a levar a assadeira ao forno durante 2 min.

Sirva acompanhado de purê de batata.

BACALHAU EM LASCAS COM COGUMELOS E BATATAS CROCANTES

POSTA ALTA

INGREDIENTES

1,5 kg de bacalhau da Noruega (posta alta)
1 kg de *champignons* cortados em quatro
1 kg de batata crua ralada
200 g de cebola picada
100 g de toucinho de porco caipira em cubos
150 ml de azeite extravirgem
100 ml de vinho da Madeira seco
50 ml de suco de limão-siciliano
5 ovos
5 dentes de alho fatiados
3 colheres (sopa) de salsa picada
1 colher (chá) de alecrim em estames
Sal marinho a gosto
Pimenta-do-reino moída na hora a gosto

MODO DE PREPARO

Retire a pele e as espinhas do bacalhau demolhado e lasque.

Doure os cogumelos num fio de azeite. Quando perderem toda a água, adicione o alho, o toucinho, a cebola e deixe dourar. Perfume com o vinho e o suco de limão-siciliano, tempere com sal, pimenta, alecrim e deixe cozinhar 2 min a 3 min. Coloque o preparado num refratário, sobreponha o bacalhau, a batata previamente misturada com os ovos batidos e a salsa, temperada com sal e pimenta. Leve ao forno preaquecido a 180 °C por 10 min, coberto com papel-alumínio. Retire depois o papel-alumínio e deixe no forno até as batatas dourarem. Sirva de imediato com uma salada de agrião.

RECEITAS DE FAMÍLIA

EMPADÃO DE BACALHAU COM ERVILHAS E PALMITOS

POSTA ALTA

INGREDIENTES

1,5 kg de bacalhau da Noruega (posta alta)
800 g de purê de batata
300 g de tomate sem pele em cubos
250 g de palmito em conserva picado
200 g de ervilhas
200 g de queijo parmesão ralado
200 g de cebola picada
100 g de ovos cozidos em metades
200 ml de creme de leite batido
100 ml de azeite extravirgem
50 ml de suco de limão-siciliano
4 dentes de alho picados
2 colheres (sopa) de azeitona preta picada
2 colheres (sopa) de salsa picada
1 colher (sopa) de cebolinha picada
Sal marinho a gosto
Pimenta-do-reino moída na hora a gosto

MODO DE PREPARO

Demolhe o bacalhau, limpe-o e lasque.
Doure em azeite a cebola e o alho. Adicione as ervilhas e o palmito e deixe cozinhar 4 min a 5 min. Junte o tomate e as azeitonas, tempere com sal e pimenta-do-reino e refresque com o suco de limão-siciliano. Perfume com a salsa e a cebolinha.
Misture o creme de leite com o purê e coloque a metade do preparado numa forma. Sobreponha o ovo, o bacalhau e termine com o restante do purê. Salpique com o queijo e leve ao forno preaquecido a 180 °C para gratinar.

Quando estiver dourado sirva com uma salada verde.

RECEITAS DE FAMÍLIA

BACALHAU COM TODOS E BECHAMEL DE ESPECIARIAS

POSTA ALTA

INGREDIENTES

1,5 kg de bacalhau da Noruega (posta alta)
175 g de cebola picada
6 dentes de alho picados
750 g de couve-portuguesa
250 g cenouras em palitos
250 g de nabo em palitos
75 g de farinha de trigo
125 ml de azeite extravirgem
250 g de queijo da ilha ralado
125 ml de leite
Sal marinho a gosto
Pimenta-do-reino moída na hora a gosto
Noz-moscada a gosto
Cravo-da-índia a gosto

MODO DE PREPARO

Escalde o bacalhau já demolhado em leite. Escorra e lasque. Coe o leite e reserve.
Refogue em azeite a cebola picada, o alho picado e as especiarias. Junte a farinha e deixe cozinhar durante 10 min. Adicione o leite e deixe cozinhar até engrossar. Tempere com sal e pimenta-do-reino. Escalde os legumes separadamente.
Coloque, num refratário, um fio de azeite, os legumes, o bacalhau, o molho e, por fim, o queijo ralado. Leve ao forno para gratinar.

QUICHE DE BACALHAU

DESFIADO

INGREDIENTES

MASSA
600 g de farinha de trigo
300 g de manteiga sem sal
2 ovos inteiros
Sal marinho a gosto
Água

RECHEIO
1 kg de bacalhau da Noruega (desfiado)
200 g de queijo da ilha em cubos
100 g de *bacon* corado em cubos
100 g de salsão (aipo) verde em cubos
600 ml de creme de leite fresco
200 ml de leite
6 ovos
6 gemas
2 colheres (sopa) de salsa picada
Noz-moscada a gosto
Sal marinho a gosto
Pimenta-do-reino moída na hora a gosto

MODO DE PREPARO

MASSA
Numa batedeira, coloque todos os ingredientes e junte, pouco a pouco, a água necessária. Deixe descansar a massa durante 1 h e, com a ajuda de um rolo, abra a massa e forre duas formas de torta com fundo falso. Leve ao forno preaquecido a 200 °C por 2 min, retire e reserve.

RECHEIO
Passe o bacalhau na água para retirar o excesso de sal. Coloque no fundo da forma o bacalhau, o *bacon*, o salsão e o queijo. Misture o leite com o creme de leite, os ovos e as gemas, tempere com sal, pimenta-do-reino, noz-moscada e salsa, despeje sobre o preparado. Leve ao forno preaquecido a 150 °C, até ficar com um tom dourado.
Acompanhe com uma salada verde.

BACALHAU FRESCO DOURADO COM MOLHO DE MANGA E ARROZ THAI

INGREDIENTES

BACALHAU
10 lombos de bacalhau da Noruega fresco
200 mℓ de leite de coco
Suco de 1 limão-siciliano
125 g de gergelim
3 colheres (sopa) de azeite extravirgem
Sal marinho a gosto
Pimenta-do-reino moída na hora a gosto

MOLHO DE MANGA
150 g de cebola roxa em cubos
400 g de manga em *à brunoise*
200 mℓ de leite de coco
100 mℓ de vinho branco
100 mℓ de azeite extravirgem
3 dentes de alho fatiados
1 pimentão vermelho picado
3 bagas de pimenta-da-jamaica
Malagueta fresca a gosto
Sal marinho a gosto

ARROZ THAI
650 g de arroz *thai*
2 ovos
2 dentes de alho fatiados
20 mℓ de azeite extravirgem
Molho de soja (*shoyu*)
Sal marinho a gosto

MODO DE PREPARO

BACALHAU
Tempere os lombos de bacalhau fresco com sal e pimenta-do-reino e misture-os numa marinada de suco de limão-siciliano. Em seguida, salteie-os em azeite e junte o leite de coco. Retire o bacalhau do fogo e passe-o nas sementes de gergelim, voltando a dourá-lo em azeite.

MOLHO DE MANGA
Faça suar as cebolas e o alho em azeite. Junte os pimentões, o vinho branco e o leite de coco. Depois de apurar e ganhar uma consistência grossa, adicione as mangas, as malaguetas frescas e retifique os temperos.

ARROZ THAI
Cozinhe o arroz no vapor. Num *wok*, coloque os ovos, mexa-os e reserve. Doure o alho em azeite, aromatize com molho de soja, junte o arroz e deixe cozinhar por 2 min. Adicione os ovos mexidos e retifique os temperos.

Sirva o lombo de bacalhau no centro do prato, perfumado com o molho de manga. Sirva o arroz à parte.

RECEITAS DE FAMÍLIA

BACALHAU COM TOMATE E PIMENTÕES À ALENTEJANA

INGREDIENTES

1,5 kg de bacalhau da Noruega (posta alta)
1,5 kg de batatas com casca
350 g de tomates sem pele e sem sementes, em metades
100 g de azeitonas de piso descaroçadas
200 ml de azeite extravirgem
10 fatias de toucinho
5 dentes de alho fatiados
3 pimentões verdes sem pele em juliana
Sal marinho a gosto
Pimenta-do-reino moída na hora a gosto

MODO DE PREPARO

Cozinhe as batatas em água e sal, descasque e corte em rodelas.
Retire a pele e as espinhas do bacalhau demolhado e lasque. Numa assadeira de barro, coloque as batatas, sobreponha o bacalhau, o tomate, os pimentões, o alho e o toucinho. Tempere com sal, pimenta-do-reino e azeite e leve ao forno para gratinar. No momento de servir, guarneça com as azeitonas.

POSTA ALTA

BACALHAU À CAPITOLINA

INGREDIENTES

10 postas altas de bacalhau da Noruega
200 g de cebola fatiada
5 ovos cozidos picados
3 dentes de alho picados
200 ml de azeite extravirgem
2 colheres (sopa) de azeitonas picadas
2 colheres (sopa) de salsa picada
Vinagre de vinho tinto
Pimenta-do-reino moída na hora a gosto

MODO DE PREPARO

Passe as postas de bacalhau previamente demolhadas por azeite até ficarem douradas. Coloque o bacalhau no centro de uma travessa, regue com azeite e perfume com a salsa e as azeitonas. Salpique o preparado com o ovo e o alho picados, e coloque a cebola sobre as postas de bacalhau. Tempere com vinagre de vinho tinto e pimenta moída, e leve ao forno preaquecido a 200 °C por 5 min.

POSTA ALTA

BACALHAU À MODA DO FRAGATEIRO

INGREDIENTES

2 kg de bacalhau da Noruega (lombos)
1,5 kg de batatas em rodelas grossas
250 g de cebola cortada em rodelas grossas
500 g de tomate sem pele em rodelas
100 g de toucinho
100 ml de azeite extravirgem
100 ml de vinho branco
1 colher (chá) de páprica doce
5 dentes de alho fatiados
Salsa em folhas a gosto
Sal marinho a gosto
Pimenta-do-reino moída na hora a gosto

MODO DE PREPARO

Coloque numa panela em fogo brando, o toucinho, a cebola, a batata, o alho, o tomate e a páprica. Regue com o azeite e o vinho branco. Quando levantar fervura, adicione o bacalhau demolhado e cortado em cubos, a salsa e retifique os temperos.
Leve o bacalhau ao forno preaquecido a 150 °C durante 25 min, coberto com papel-alumínio.

LOMBOS

BACALHAU À TERREIRO

INGREDIENTES

2 kg de bacalhau da Noruega (posta alta)
1 kg de batatas cozidas inteiras e com casca
200 g de cebola fatiada
50 g de tomate seco
1 l de leite
200 ml de azeite extravirgem
10 ovos cozidos em rodelas
6 dentes de alho picados
2 folhas de louro
1 colher (sopa) de gengibre picado
1 colher (sopa) de folhas de tomilho-limão
Sal marinho a gosto
Pimenta-do-reino moída na hora a gosto

MODO DE PREPARO

Cozinhe as postas de bacalhau demolhadas em leite. Lasque e reserve.

Retire a casca das batatas e corte-as em rodelas. Proceda de igual forma com o ovo. Aqueça a cebola em azeite juntamente com o alho, o gengibre, o tomilho e o louro. Tempere com sal e pimenta.
Com a ajuda de um aro, monte em camadas alternadas a batata, a cebolada, o bacalhau, o ovo e o tomate seco. Leve ao forno para aquecer com um fio de azeite.

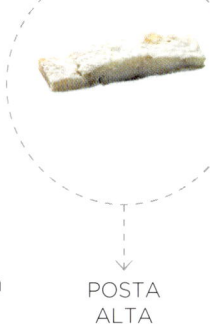

POSTA ALTA

AÇORDA DE BOINAS DE BACALHAU COM AMÊIJOAS E VÔNGOLE

BOINAS

INGREDIENTES

1,5 kg de pão alentejano triturado
500 g de tomate sem pele em gomos
250 g de cebola picada
200 ml de vinho branco
180 ml de caldo de bacalhau (p. 67)
100 ml de azeite extravirgem
5 dentes de alho fatiados
Caldo de vôngole a gosto (p. 78)
Sal marinho a gosto
Pimenta-do-reino moída na hora a gosto

GUARNIÇÃO

1 kg de *confit* de boinas de bacalhau da Noruega (p. 80)
1 kg de amêijoas frescas
1 kg de vôngole fresco
150 ml de azeite extravirgem
5 gemas de ovo
4 dentes de alho em metades
4 colheres (sopa) de coentro picado
3 colheres (sopa) de rama de cebola nova picada

MODO DE PREPARO

Doure em azeite o alho e a cebola, adicione o tomate e deixe cozinhar 6 min a 7 min. Molhe com o vinho branco e adicione o pão. Pouco a pouco, e mexendo sempre, junte o caldo de bacalhau e o caldo de vôngole até obter uma textura espessa e homogênea. Tempere com sal e pimenta-do-reino.

GUARNIÇÃO

Abra separadamente a amêijoa e o vôngole em 50 ml de azeite, a metade do alho e da rama de cebola. Retire o miolo e reserve. Adicione ao preparado as boinas, as gemas de ovo e o coentro. Misture muito bem. Por fim, junte o miolo da amêijoa e do vôngole e 50 ml de azeite. Misture tudo antes de servir.

BACALHAU COZIDO EM AZEITE NO FORNO COM AÇORDA DE ESPINAFRE

POSTA ALTA

INGREDIENTES

BACALHAU
2 kg de bacalhau da Noruega (posta alta)
300 g de pimentões vermelhos descascados
200 g de azeitonas verdes descaroçadas
3 colheres (sopa) de poejo
150 ml de azeite extravirgem
10 dentes de alho fatiados
1 folha de louro

AÇORDA
800 g de pão alentejano esfarelado
300 g de espinafre em folhas
150 g de cebola picada
50 ml de azeite extravirgem
2 colheres (sopa) de coentro picado
Sal marinho a gosto
Pimenta-do-reino moída na hora a gosto
Caldo de bacalhau a gosto (p. 67)
4 dentes de alho fatiados

MODO DE PREPARO

BACALHAU
Coloque o bacalhau anteriormente demolhado, as azeitonas, os pimentões, o alho, o louro e o poejo numa assadeira. Cozinhe o bacalhau em azeite em forno preaquecido a 150 °C durante 20 min a 25 min, coberto com papel-alumínio. No final, retire a pele e as espinhas do bacalhau e lasque. Reserve o líquido que restou do cozimento.

AÇORDA
Doure a cebola e o alho em azeite, junte o pão e o caldo de bacalhau pouco a pouco, até obter textura de açorda. Por fim, perfume com o coentro e o espinafre. Retifique os temperos. Ao servir, aqueça o bacalhau em recipiente coberto com o líquido do cozimento e sobreponha a açorda.

RECEITAS DE FAMÍLIA

ARROZ DE BACALHAU, FEIJÃO E COENTRO

LOMBO

INGREDIENTES

1,5 kg de bacalhau da Noruega (lombos)
500 g de arroz carolino
300 g de feijão vermelho cozido
150 g de pimentão vermelho sem pele em cubos
200 g de tomates sem pele em cubos
200 g de cebola picada
6 dentes de alho picados
1 folha de louro
100 ml de vinho branco
1,8 l de caldo de legumes (p. 77)
100 ml de azeite extravirgem
Sal marinho a gosto
Coentro picado a gosto

MODO DE PREPARO

Prepare um fundo em azeite com alho, cebola, louro, pimentões e tomate. Junte o bacalhau demolhado e cortado em cubos, molhe com o vinho branco e deixe ferver 1 min ou 2 min. Adicione o caldo de legumes, o arroz e o feijão e deixe cozinhar em fogo brando. No final, retifique os temperos e, antes de servir, perfume com coentro.

TORTELINNI DE ESPINAFRE COM BACALHAU, AZEITONAS E SALSA

POSTA FINA

INGREDIENTES

800 g de bacalhau da Noruega (posta fina)
800 g de tortelinni de espinafre cozidos
200 g de cebola picada
3 dentes de alho picados
50 g de azeitonas pretas picadas
2 colheres (sopa) de salsa picada
100 ml de azeite extravirgem
150 g de queijo da ilha ralado
Sal marinho a gosto
Pimenta-do-reino moída na hora a gosto

MOLHO BECHAMEL
50 ml de azeite extravirgem
60 g de farinha de trigo
1 l de leite
3 cravos-da-índia
4 dentes de alho picados
100 g de cebola picada
Sal marinho a gosto
Pimenta-do-reino moída na hora a gosto
Noz-moscada a gosto

MODO DE PREPARO

Cozinhe o bacalhau demolhado, retire a pele e as espinhas e lasque. Salteie a cebola e o alho em azeite. Junte o bacalhau, os tortelinni já cozidos, as azeitonas e a salsa. Retifique os temperos.

MOLHO BECHAMEL
Prepare o bechamel da forma tradicional. Coloque o leite no fogo com uma cebola cravejada de cravos-da-índia e deixe levantar fervura. Leve ao fogo o azeite para saltear o alho e a cebola, ligue com a farinha, adicione o leite e deixe cozinhar durante cerca de 10 min. Tempere com sal, pimenta-do-reino e noz-moscada. Aromatize o molho com um pouco de queijo.

Cubra o bacalhau com o molho bechamel e o queijo e leve para gratinar.

BACALHAU AO FORNO COM TORANJA, TANGERINA E ESPECIARIAS

LOMBO

INGREDIENTES

BACALHAU
2 kg de bacalhau da Noruega (lombos)
5 dentes de alho fatiados
Azeite extravirgem a gosto
5 unidades de cardamomo
5 cabeças de cravo-da-índia
1 toranja em gomos
3 tangerinas em gomos
Tomilho-limão a gosto

GUARNIÇÃO
600 g de *champignons* drenados
100 g de tomate seco picado
300 g de tomate sem pele em cubos
600 g de espinafre em folhas
200 g de abobrinha
3 dentes de alho fatiados
Cebolinha picada a gosto
Azeite extravirgem a gosto
2 colheres (sopa) de salsa picada
Sal marinho a gosto
Pimenta-do-reino moída na hora a gosto

MODO DE PREPARO

BACALHAU
Demolhe o bacalhau e coloque-o num refratário com todos os ingredientes. Cubra com papel-alumínio e leve ao forno durante 1 h, a 100 °C.

GUARNIÇÃO
Numa frigideira aqueça o azeite e sele os cogumelos. Em seguida, junte os legumes por ordem de cozimento (tomate, abobrinhas, tomate-seco, alho e espinafre), tempere e salteie. No fim, perfume com cebolinha e salsa.

Sirva colocando os legumes no centro do prato, sobrepondo o bacalhau e regando com azeite do cozimento.

CEBOLADA DE BACALHAU

INGREDIENTES

2 kg de bacalhau da Noruega (posta fina)
1,5 kg de batatas com casca
600 g de cebola em meias-luas
300 g de tomate em metades, sem pele e sem sementes
100 ml de vinho branco
30 ml de vinagre
5 dentes de alho fatiados
3 colheres (sopa) de salsa picada
Azeite extravirgem
Farinha de trigo
Malagueta a gosto
Sal marinho a gosto
Pimenta-do-reino moída na hora a gosto

MODO DE PREPARO

Demolhe previamente o bacalhau. Cozinhe as batatas em água e sal, retire a casca, corte-as em rodelas e coloque-as numa travessa. Corte o bacalhau em tiras, passe na farinha, frite em azeite e sobreponha às batatas.

Doure a cebola e o alho em azeite, deixe cozinhar em fogo brando, adicione o tomate, tempere com sal, pimenta-do-reino e malagueta e molhe com o vinho branco. Tampe e deixe ferver 10 min a 12 min e retifique os temperos. Adicione a salsa e o vinagre.

Sobreponha a cebolada ao bacalhau e aqueça no forno antes de servir.

POSTA FINA

BACALHAU COM BROA DE MILHO PORTUGUESA E BROTOS

POSTA ALTA

INGREDIENTES

2 kg de bacalhau da Noruega (posta alta)
1 kg de broa de milho portuguesa esfarelada
800 g de brotos de couve ou de nabo escaldados
200 g de cebola fatiada
150 g de cebola picada
150 ml de azeite extravirgem
30 ml de vinagre de vinho tinto
6 dentes de alho fatiados
3 dentes de alho picados
4 gemas de ovo
2 colheres (sopa) de salsa picada
Água de escaldar os brotos
Sal marinho a gosto
Pimenta-do-reino moída na hora a gosto

MODO DE PREPARO

Asse o bacalhau depois de demolhado sobre uma camada de cebola e alho fatiados e 100 ml de azeite em forno preaquecido a 150 °C, coberto com papel-alumínio, durante 25 min. Depois de assado, retire a pele e as espinhas e reserve as lascas. Triture o fundo resultante do assado do bacalhau com o vinagre. Faça um refogado com o azeite restante, o alho e cebola picados. Adicione a broa, molhando-a pouco a pouco com a água de escaldar os brotos, até que os pedaços se soltem. Retifique os temperos. Termine ligando tudo com as gemas de ovo e a salsa. Numa travessa, coloque em camadas, os brotos, o bacalhau, o molho do assado e os pedaços de pão. Leve ao forno para gratinar.

BACALHAU À CONGREGADO

ABA DA BARRIGA

INGREDIENTES

2 kg de bacalhau da Noruega (aba da barriga)
1,5 kg de batatas em rodelas finas
250 g de cebola em rodelas
200 ml de azeite extravirgem
30 ml de vinagre de vinho branco
5 dentes de alho fatiados
5 cravos-da-índia
1 folha de louro
3 colheres (sopa) de salsa picada
Sal marinho a gosto
Pimenta-do-reino moída na hora a gosto

MODO DE PREPARO

Num panela, coloque, por partes, a cebola, o alho, a batata e tempere com sal, pimenta-do-reino e cravo-da-índia. Acrescente o bacalhau previamente demolhado e cortado em quadrados grandes. Repita este processo três vezes. Adicione o azeite e o louro e leve para cozinhar com a panela tampada em fogo muito brando. Quando levantar fervura, deixe ferver 10 min a 12 min, agitando a panela para não queimar durante o cozimento. No momento de servir, adicione a salsa e o vinagre.

ALMÔNDEGAS DE BACALHAU COM PURÊ DE BATATA-DOCE

POSTA FINA

INGREDIENTES

ALMÔNDEGAS
1,5 kg de bacalhau da Noruega (posta fina)
800 g de pão
300 ml de leite
100 g de queijo da ilha
2 colheres (sopa) salsa picada
50 ml de suco de limão-siciliano
2 gemas
Farinha de rosca
Sal marinho a gosto
Pimenta-do-reino moída a gosto
Azeite extravirgem para fritar

MOLHO
200 g de cebola picada
100 ml de azeite extravirgem
50 ml de suco de limão-siciliano
1 colher (sopa) de amido de milho
6 gemas batidas
Água de cozimento do bacalhau

PURÊ
2 kg de batata descascada
600 g de batata-doce
200 g de cebola picada
6 dentes de alho fatiados
50 g de manteiga
200 ml de leite
200 ml de leite de coco
50 ml de azeite extravirgem
Sal marinho a gosto
Pimenta-do-reino moída na hora a gosto
Noz-moscada ralada a gosto

MODO DE PREPARO

ALMÔNDEGAS
Cozinhe o bacalhau previamente demolhado e reserve a água. Remova a pele e as espinhas e separe-o em lascas. Pique o bacalhau grosseiramente com uma faca.
Umedeça o pão no leite. Escorra e misture com o bacalhau. Adicione o queijo, a salsa, a pimenta-do-reino, o suco de limão-siciliano e duas gemas. Tempere com sal e misture bem. Faça pequenas almôndegas e passe-as por farinha de rosca.

MOLHO
Doure a cebola em azeite, acrescente um pouco de água do cozimento do bacalhau e deixe levantar fervura. Junte o amido de milho e deixe cozinhar com a água restante durante 10 min.
Ligue o molho com as gemas batidas e o suco de limão-siciliano, mexendo muito bem para não talhar.
Junte as almôndegas e deixe descansar.

PURÊ
Faça um fundo com cebola e alho, junte a batata e a batata-doce, água do cozimento, leite e deixe cozinhar. Adicione depois o leite de coco e deixe terminar o cozimento. Passe pelo espremedor, ligue com a manteiga, retifique os temperos e, por fim, perfume com noz-moscada.

Frite as almôndegas em azeite e no momento de servir acompanhe com o purê e o molho.

BACALHAU COM AROMAS MEDITERRÂNICOS

POSTA DA CABEÇA

INGREDIENTES

2 kg de bacalhau da Noruega (posta da cabeça)
400 g de abobrinha em rodelas finas
400 g de berinjela em rodelas
400 g de cebola em meias-luas
500 g de tomate limpo em purê
100 g de pimentão vermelho descascado em tiras
100 g de pimentão verde descascado em tiras
4 dentes de alho fatiados
5 folhas de sálvia
100 ml de azeite extravirgem
Azeite extravirgem para fritar a gosto
Farinha de trigo
Páprica a gosto
Sal marinho a gosto
Pimenta-do-reino moída na hora a gosto

MODO DE PREPARO

Seque o bacalhau depois de demolhado, passe-o na farinha misturada com a páprica e frite em azeite. Em outro recipiente, doure a cebola e o alho em 100 ml de azeite. Junte os pimentões e deixe cozinhar. Adicione depois a abobrinha e a berinjela, tampe e deixe estufar por instantes. Junte o purê de tomate e a sálvia e deixe reduzir o volume do líquido. Retifique os temperos, adicione o bacalhau e deixe cozinhar mais uns instantes. Sirva em seguida.

RECEITAS DE FAMÍLIA

CALDEIRADA DE BACALHAU COM TEMPEROS AROMÁTICOS

POSTA ALTA

INGREDIENTES

2 kg de bacalhau da Noruega (posta alta)
500 g de tomate sem pele em gomos
500 g de pão alentejano
400 g de cebola fatiada
350 g de batata em rodelas
200 g de pimentão vermelho descascado e cortado em juliana
100 g de toucinho de porco caipira em cubos
1 ℓ de caldo de peixe (p. 76)
150 mℓ de azeite extravirgem
100 mℓ de vinho branco
10 folhas de hortelã
6 dentes de alho fatiados
1 folha de louro
Salsa a gosto
Páprica a gosto
Sal marinho a gosto
Pimenta-do-reino moída na hora a gosto

MODO DE PREPARO

Corte o bacalhau demolhado em cubos.
Numa panela, coloque os ingredientes em camadas, pela seguinte ordem: azeite, cebola, alho, tomate, batata, pimentões e toucinho. Repita a operação até que todos os ingredientes se esgotem, e aromatize com louro e páprica.
Regue depois com vinho branco e caldo de peixe e deixe cozinhar o mais lentamente possível.
Adicione o bacalhau, tempere com sal, pimenta-do-reino e ervas e deixe ferver 3 min a 4 min.
Corte o pão em fatias finas e deixe torrar em forno preaquecido a 100 °C durante 15 min.

Sirva em prato fundo, colocando primeiro as fatias de pão e depois a caldeirada.

BACALHAU COZIDO EM AZEITE, EMULSÃO DE ALHO, MIGAS E REDUÇÃO DE VINAGRE DE VINHO TINTO

POSTA ALTA

INGREDIENTES

BACALHAU
10 postas altas de bacalhau da Noruega
40 g de alhos com casca escaldados
10 grãos de pimenta-do-reino
3 folhas de louro
Azeite extravirgem
Alecrim a gosto

EMULSÃO
150 g de salsa
200 ml de água do bacalhau
150 ml do azeite de cozimento do bacalhau
2 ovos cozidos

GUARNIÇÃO
1 kg de broa de milho portuguesa esfarelada
800 g de couve-portuguesa escaldada
150 g de tomate-cereja
20 g de alho fatiado
100 ml de azeite extravirgem
Sal marinho a gosto
Pimenta-do-reino moída na hora a gosto

REDUÇÃO DE VINAGRE
100 g de maçã em cubos
100 g de alho fatiado
150 ml de vinho tinto
100 ml de vinagre de vinho tinto
Sal marinho a gosto

MODO DE PREPARO

BACALHAU
Num refratário coloque o bacalhau previamente demolhado, temperado com sal, e com os ingredientes restantes. Cubra-o com azeite e leve ao forno a 100 °C durante cerca de 1 h. Escorra o bacalhau e reserve o resultado.

EMULSÃO
Descasque o alho resultante do assado. Escalde a salsa em água fervente durante 1 min e, logo em seguida, esfrie-a em água e gelo. Escorra bem e reserve. Leve o alho e a salsa ao liquidificador, juntamente com os ovos cozidos, a água e o azeite do cozimento do bacalhau. Emulsione até obter uma mistura homogênea.

GUARNIÇÃO
Salteie a couve em azeite, junte o alho, a broa esfarelada e, por fim, o tomate. Tempere com sal e pimenta.

REDUÇÃO DE VINAGRE
Reduza o vinho tinto com as maçãs e o alho. Adicione depois o vinagre e o sal e deixe ferver 2 min a 3 min. Retifique o sal e leve ao liquidificador.

Coloque a guarnição no prato, sobreponha o bacalhau e tempere com a emulsão e a redução.

LÍNGUAS DE BACALHAU, OVAS DE SALMÃO, CREME DE ASPARGO E LIMÃO

LÍNGUAS

INGREDIENTES

1,2 kg de línguas de bacalhau demolhadas
400 g de aspargos brancos descascados em rodelas
250 g de cebola picada
6 dentes de alho fatiados
100 ㎖ de azeite extravirgem
50 ㎖ de vinho branco
Pimenta-do-reino em grãos a gosto

GUARNIÇÃO
300 g de farinha de mandioca
50 g de ovas de salmão
3 colheres (sopa) de salsa em folha
50 ㎖ de suco de limão-siciliano
50 ㎖ de azeite extravirgem
Sal marinho a gosto

MODO DE PREPARO

Apare as línguas de bacalhau, leve-as para assar com cebola, alho, aspargos, tempere com pimenta-do-reino, vinho e azeite, tudo tapado, durante 45 min a 150 °C. Retire as línguas e, com o resultado do molho, faça um creme.

GUARNIÇÃO
Torre a farinha com o azeite numa frigideira e reserve. Tempere as ovas com o sal, o limão e a salsa.

Sirva as línguas sobre o creme, guarnecidas com a farinha de mandioca e as ovas de salmão.

BACALHAU COM SABORES DA BAHIA

POSTA FINA

INGREDIENTES

1,8 kg de bacalhau da Noruega (posta fina)
300 g de cebola em rodelas
5 dentes de alho fatiados
250 g de tomate limpo, cortados em quartos
150 g de pimentão vermelho descascado em rodelas
1 kg de mandioca cozida em rodelas
100 ml de azeite extravirgem
100 ml de vinho branco
200 ml de leite de coco
1 colher (sopa) de azeite de dendê
1 colher (sopa) de coentro fresco picado
Sal marinho a gosto
Pimenta-do-reino moída na hora a gosto

MODO DE PREPARO

Demolhe as postas de bacalhau e corte-as ao meio. Numa panela de barro, faça um fundo em azeite com alho e cebola. Sobreponha o pimentão e o tomate. Junte o dendê e o azeite, o leite de coco e o vinho branco. Deixe aquecer no fogão, em fogo brando, até levantar fervura e retifique os temperos. Junte a mandioca e leve ao forno previamente aquecido a 180 °C, durante 15 min. Perfume com coentro no momento de servir.

BACALHAU COM OVO, SALSA E ALETRIA CROCANTE

DESFIADO

INGREDIENTES

1,25 kg de bacalhau da Noruega (desfiado)
625 g de aletria (macarrão cabelo de anjo)
500 g de cebolas fatiadas
50 g de azeitonas picadas
150 ml de azeite extravirgem
12 ovos
8 dentes de alho picados
4 colheres (sopa) de salsa em folha
1 colher (sopa) de salsa picada
Sal marinho a gosto
Pimenta-do-reino moída na hora a gosto
Óleo de amendoim ou canola para fritar

MODO DE PREPARO

Escalde a aletria em água temperada com sal. Escorra e seque bem. Aqueça o óleo e frite a aletria já escaldada e seca. Lave o bacalhau desfiado várias vezes, até retirar o excesso de sal. Coloque-o sobre um pano e esprema para retirar o excesso de água. Faça um refogado com cebola e alho, adicione o bacalhau e deixe cozinhar. Retifique os temperos. Bata os ovos com a salsa picada e misture ao preparado, sem deixar que cozinhe muito. Por fim, adicione o macarrão e misture tudo. Guarneça o preparado com azeitonas picadas, salsa em folhas e sirva.

BACALHAU COM CAMARÃO E AMÊIJOAS

POSTA ALTA

INGREDIENTES

1,5 kg de bacalhau da Noruega (posta alta)
1,5 kg de purê de batata
1 kg de amêijoas
400 g de cebola em rodelas
300 g de camarão 21/30, descascado e picado
150 ml de azeite extravirgem
6 dentes de alho fatiados
4 gemas de ovo
3 colheres (sopa) de salsa em juliana
Suco de 1 limão-siciliano
Sal marinho a gosto
Pimenta-do-reino moída na hora a gosto

MODO DE PREPARO

Doure a cebola e o alho em azeite e tempere com sal e pimenta-do-reino, tendo o cuidado de deixar as rodelas de cebola inteiras. Reserve. Ligue o purê de batata com as gemas, perfume com azeite e reserve. Tempere o camarão com sal e pimenta-do-reino e reserve. Abra as amêijoas no fogo com um pouco de azeite, perfume com a salsa e suco de limão-siciliano. Num refratário coloque o purê de batata, o bacalhau demolhado, a cebolada, e o camarão. Termine com outra camada de purê de batata. Leve para gratinar. Depois de gratinado, sirva as amêijoas com o bacalhau.

BOLA DE BACALHAU

DESFIADO

INGREDIENTES

350 g de bacalhau da Noruega (desfiado)
375 g de farinha de milho (farelo)
125 g de farinha de trigo (T60)
100 g de cebola picada
700 ml de água
3 dentes de alho picados
20 g de açúcar
30 ml de azeite extravirgem
25 g de fermento biológico fresco
1 g de páprica
35 g de sal marinho
2 g de pimenta-do-reino moída na hora

MODO DE PREPARO

Lave o bacalhau até que ele perca o excesso de sal.
Misture as duas farinhas, o sal e o açúcar e junte, pouco a pouco, a água morna. Dissolva o fermento fresco em um pouco de água morna e incorpore no preparado. À parte, misture o bacalhau desfiado com a cebola e o alho e tempere com pimenta-do-reino, páprica e azeite. Misture o preparado anterior à massa, cubra com um pano e deixe fermentar durante 1 h.
Leve para assar em forno preaquecido a 160 °C e, quando estiver com um tom amarronzado, retire do forno.

BACALHAU GRATINADO COM LEGUMES

POSTA ALTA

INGREDIENTES

1,5 kg de bacalhau da Noruega (posta alta)
650 g de cenoura em cubos
650 g de bulbo de salsão (aipo) em cubos
300 g de couve-flor em pedaços
150 g de tomate sem pele em cubos
3 dentes de alho fatiados
200 g de cebola picada
1 ovo cozido picado
2 colheres (sopa) de salsa picada
1 colher (sopa) de azeitonas pretas picadas
100 ml de vinho branco
100 ml de azeite extravirgem
200 g de queijo da ilha ralado
Sal marinho a gosto
Pimenta-do-reino moída na hora a gosto

MODO DE PREPARO

Demolhe o bacalhau, retire a pele e as espinhas e lasque.

Doure a cebola em azeite juntamente com o alho. Adicione a cenoura e o bulbo de salsão. Tampe e deixe cozinhar cerca de 5 min. Junte o tomate, a couve-flor e molhe com o vinho branco. Tampe de novo e deixe cozinhar em fogo brando até que todos os legumes estejam cozidos. Retifique os temperos.

Coloque numa assadeira o bacalhau, os legumes, a salsa, o ovo picado e as azeitonas. Polvilhe com o queijo da ilha e leve ao forno para gratinar.

CATAPLANA DE BACALHAU COM TOMATE E TEMPEROS AROMÁTICOS

POSTA DA CABEÇA

INGREDIENTES

2 kg de bacalhau da Noruega (posta da cabeça)
1,5 kg de batata em rodelas
500 g de tomate sem pele, em gomos
300 g de cebola em cubos
200 g de pimentão vermelho sem pele, em cubos
100 g de toucinho fatiado
200 ml de caldo de bacalhau (p. 67)
100 ml de azeite extravirgem
100 ml de vinho branco
5 dentes de alho fatiados
1 folha de louro
2 colheres (sopa) de hortelã-da-ribeira
1 colher (café) de cominho em grão
Sal marinho a gosto
Pimenta-do-reino moída na hora a gosto

MODO DE PREPARO

Corte o bacalhau demolhado em cubos. Coloque na cataplana, em camadas, os ingredientes pela seguinte ordem: toucinho, cebola, alho, tomate, batata, pimentões e bacalhau. Repita a operação até esgotar os ingredientes, temperando camada a camada. Por fim, aromatize com a hortelã-da-ribeira, o louro, o cominho, o vinho branco, o caldo de bacalhau e o azeite. Retifique os temperos. Deixe cozinhar lentamente por 45 min a 50 min e sirva.

RECEITAS DE FAMÍLIA

MOQUECA DE LÍNGUAS DE BACALHAU E COENTRO

LÍNGUAS

INGREDIENTES

250 g de mandioca em cubos
200 g de tomate sem pele
150 g de cebola em cubos
4 dentes de alho fatiados
600 ml de caldo de bacalhau (p. 67)
300 ml de leite de coco
200 ml de vinho branco
50 ml de azeite extravirgem
30 ml de azeite de dendê
Sal marinho a gosto

FAROFA
500 g de farinha de mandioca
80 g de coentro
100 ml de azeite extravirgem
Sal marinho a gosto

GUARNIÇÃO
200 g de cebola picada
100 g de pimentão vermelho sem pele e picado
100 g de tomate sem pele em cubos
20 g de alho fatiado
Coentro em folhas a gosto
1,5 kg de *confit* de línguas de bacalhau (p. 70)

MODO DE PREPARO

Para a base, prepare um fundo em azeite com alho e cebola. Junte a mandioca, molhe com vinho branco e deixe ferver. Junte depois o tomate, molhe com o caldo de bacalhau e o dendê e deixe cozinhar lentamente. Quando a mandioca estiver cozida, junte o leite de coco, deixe ferver uns segundos, tempere com sal, emulsione o preparado e passe por um *chinois*. Leve de novo ao fogo, deixe levantar fervura e retifique os temperos.

FAROFA
Torre a farinha numa frigideira *sauté* e deixe esfriar. Escalde o coentro, esfrie de imediato em água e gelo, escorra bem, misture-os com o azeite e a farinha de mandioca e tempere com sal.

GUARNIÇÃO
Coloque a base para aquecer com a guarnição (pimentão, tomate, alho e cebola) e, quando levantar fervura, junte o *confit* de línguas de bacalhau.

Perfume com coentro e guarneça com a farofa.

CATAPLANA DE BACALHAU À MESTRE-CERVEJEIRO

INGREDIENTES

10 postas altas de bacalhau da Noruega
300 g de cebola em rodelas
200 ml de cerveja branca
100 ml de azeite extravirgem
20 aspargos brancos descascados
5 peras-portuguesas em metades
5 grãos de pimenta-da-jamaica
3 dentes de alho fatiados
2 cravos-da-índia
1 folha de louro
1 colher (café) de coentro em grãos

MODO DE PREPARO

Core o bacalhau previamente demolhado em azeite, do lado da pele, com a cataplana aberta. Adicione a pera cortada em gomos e os aspargos em metades. Junte depois o restante dos ingredientes, feche a cataplana, deixe ferver e leve depois ao fogo brando por cerca de 25 min. Na metade do cozimento vá agitando a cataplana para que não grude.

Acompanhe a cataplana com purê de batata.

POSTA ALTA

BACALHAU COM PASTA DE AZEITONAS

INGREDIENTES

10 postas altas de bacalhau da Noruega
1 kg de brotos de couve ou de nabo escaldados
250 g de azeitonas descaroçadas
250 ml de azeite extravirgem
10 folhas de manjericão
5 folhas de sálvia
5 filetes de *aliche*
5 dentes de alho inteiros
3 dentes de alho fatiados
Sal marinho a gosto
Pimenta-do-reino moída na hora a gosto

MODO DE PREPARO

Coloque no processador de alimentos 100 ml de azeite, os alhos inteiros, o *aliche* e as azeitonas. Triture tudo até obter uma pasta. Coloque numa assadeira as ervas aromáticas, 100 ml de azeite e as postas de bacalhau demolhadas. Cubra o bacalhau com a pasta e leve ao forno previamente aquecido a 150 °C, coberto com papel-alumínio, de 20 min a 25 min. Salteie os brotos com o azeite restante e o alho fatiado. Retifique os temperos. Acompanhe o bacalhau com os brotos salteados.

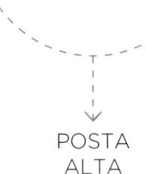

POSTA ALTA

BACALHAU ASSADO NA BRASA COM BATATAS A MURRO

INGREDIENTES

10 postas altas de bacalhau da Noruega
1,5 kg de batata bolinha
300 ml de azeite extravirgem
50 ml de vinagre de vinho tinto
10 dentes de alho fatiados
3 colheres (sopa) de salsa em folhas
1 kg de sal marinho

MODO DE PREPARO

Enxugue as postas de bacalhau demolhadas com um pano e leve-as para grelhar com a pele voltada para baixo. Quando estiverem grelhadas do lado da pele, mergulhe-as em água fria e leve para grelhar do lado oposto. Leve o bacalhau já grelhado ao forno preaquecido a 100 °C com o azeite, durante 10 min. Lave bem as batatas, coloque-as numa assadeira funda, cubra com sal grosso e leve ao forno (as batatas estão cozidas quando um palito perfurá-las com facilidade). Aqueça o alho fatiado com 100 ml de azeite, sem deixar ferver, numa panela tampada.
Tempere o bacalhau no momento de servir com o azeite quente, o vinagre e a salsa.

POSTA ALTA

CARAS DE BACALHAU COM FEIJÃO

INGREDIENTES

10 caras de bacalhau da Noruega
1 kg de feijão-catarino deixado de molho previamente
200 g de cebola picada
200 g de cenoura em cubos
200 g de nabo em cubos
200 g de tomate sem pele em cubos
150 g de alho-poró picado
4 dentes de alho picados
150 ml de azeite extravirgem
1 colher (sopa) de salsa picada
1 colher (chá) de páprica
Piripíri a gosto (p. 81)
Sal marinho a gosto
100 ml de vinho branco

MODO DE PREPARO

Demolhe as caras de bacalhau e corte-as em pedaços grandes.
Cozinhe o feijão em água e sal e, depois de cozido, reserve a água do cozimento.
Doure a cebola, o alho, o alho-poró e a cenoura em azeite. Adicione as caras de bacalhau e deixe dourar tudo muito bem. Molhe com o vinho branco, junte o tomate, o nabo, a páprica e o piripíri. Deixe ferver aproximadamente 10 min. Coloque depois o feijão no preparado, com um pouco da água do cozimento. Retifique os temperos.

Antes de servir, perfume com a salsa picada.

CARAS

AÇORDA ALENTEJANA DE BACALHAU

POSTA ALTA

INGREDIENTES

CALDO
200 g de coentro
1 l de caldo de bacalhau (p. 67)
50 ml de azeite extravirgem
5 dentes de alho
Sal marinho a gosto

GUARNIÇÃO
1,5 kg de bacalhau da Noruega (posta alta)
1,2 kg de pão alentejano finamente fatiado
300 g de figos frescos maduros
2 colheres (sopa) de coentro picado
50 ml de vinagre de vinho branco
10 ovos
Azeite extravirgem a gosto

MODO DE PREPARO

CALDO
Limpe o bacalhau previamente demolhado, retirando a pele e as espinhas, e lasque. Ferva o caldo de bacalhau e tempere com sal e um fio de azeite. Soque o coentro e o alho no pilão até obter uma pasta homogênea e adicione depois ao caldo. Deixe ferver 4 min a 5 min e retifique os temperos.

GUARNIÇÃO
Numa sopeira, coloque, em camadas, o pão e o bacalhau lascado. Junte a metade do caldo e leve novamente ao fogo o caldo restante. Quebre os ovos, deixe-os cozinhar 1 min, e junte-os ao preparado. Perfume com azeite, vinagre de vinho branco e coentro picado e acompanhe com os figos.

BACALHAU COM PRESUNTO E VINHO DO PORTO

POSTA ALTA

INGREDIENTES

10 postas altas de bacalhau da Noruega
1 kg de purê de batata
300 g de cebola em rodelas
150 g tomate sem peles e sem sementes, em cubos
20 g de manteiga
150 ml de vinho branco
150 ml de vinho do Porto Tawny
100 ml de azeite extravirgem
10 fatias finas de presunto
6 dentes de alho picados
1 ovo batido
3 colheres (sopa) de salsa picada
Sal marinho a gosto
Pimenta-do-reino moída na hora a gosto

MODO DE PREPARO

Depois de demolhadas, corte as postas ao meio, recheie com o presunto e coloque-as numa assadeira de barro untada com manteiga. Cubra com a cebola, o alho e o tomate. Regue com o azeite, o vinho do Porto e o vinho branco e leve ao forno previamente aquecido a 150 °C, durante 15 min. Perfume com a salsa, cubra tudo com purê de batata e pincele com ovo batido. Retifique os temperos e leve de novo ao forno para gratinar.

ARROZ DE BACALHAU DA TIA OLGA

POSTA ALTA

INGREDIENTES

500 g de arroz carolino
350 g de cebola em rodelas grossas
1,5 ℓ de caldo de bacalhau (p. 67)
200 mℓ de vinho branco
100 mℓ de azeite extravirgem
150 g de cebola picada
5 dentes de alho picados
1 folha de louro
Farinha de trigo
Óleo de amendoim
Sal marinho a gosto
Pimenta-do-reino moída na hora a gosto

MOLHO

1,5 kg de bacalhau da Noruega (posta alta)
300 g de tomate sem pele em gomos
100 mℓ de caldo de bacalhau
100 mℓ de azeite extravirgem
3 dentes de alho fatiados
2 colheres (sopa) de orégano
Farinha de rosca
Sal marinho a gosto

MODO DE PREPARO

Passe a cebola em rodelas na farinha, frite-a em óleo quente e reserve. Doure a cebola picada, o alho e o louro em azeite, adicione o arroz, misture tudo e molhe com o vinho branco. Junte o caldo de bacalhau e deixe cozinhar em fogo brando.

MOLHO

Demolhe o bacalhau, retire a pele e as espinhas e lasque. Aqueça o azeite, junte o tomate e o alho, tempere com sal e deixe cozinhar 7 min a 8 min. Junte o caldo, tampe, deixe cozinhar lentamente e vá mexendo ao longo do cozimento até o tomate se desfazer. Retifique os temperos e adicione o orégano. Coloque em camadas numa assadeira o bacalhau lascado e o arroz, e repita este processo até terminar. Adicione o molho e, por fim, a farinha de rosca. Leve ao forno para gratinar e acompanhe com a cebola frita.

BACALHAU LASCADO COM PURÊ DE MANDIOCA, BATATA-DOCE E MAÇÃ ASSADA

POSTA ALTA

INGREDIENTES

1,5 kg de bacalhau da Noruega (posta alta)
3 dentes de alho fatiados
100 g de alho-poró em cubos
6 maçãs verdes descascadas e cortadas em fatias
1 colher (café) gengibre picado
50 ml de azeite extravirgem
Sal marinho a gosto

GUARNIÇÃO
500 g de mandioca
1 kg de batata-doce
200 g de espinafre em folhas
Leite
Água
Azeite extravirgem
200 ml de leite de coco
2 colheres (sopa) de coentro picado
Pimenta-do-reino moída na hora a gosto
Sal marinho a gosto

MODO DE PREPARO

Depois de demolhado, retire a pele e as espinhas do bacalhau, lasque e reserve. Numa assadeira coloque a maçã com o restante dos ingredientes. Cubra com papel-alumínio e leve ao forno preaquecido a 150 °C, durante 20 min. Reserve.

GUARNIÇÃO
Cozinhe a mandioca e as batatas separadamente em água e leite temperados com sal. Reduza a purê com a ajuda do espremedor. Leve de novo ao fogo juntamente com o leite de coco e tempere com pimenta-do-reino moída e um fio de azeite. Adicione o espinafre e o coentro.

Coloque a maçã assada numa assadeira, sobreponha o bacalhau, cubra com o purê e leve para gratinar.

RECEITAS DE FAMÍLIA

BACALHAU À ZÉ DO PIPO

LOMBO

INGREDIENTES

10 lombos de bacalhau da Noruega
1,750 kg de purê de batata
200 g de cebola picada
2,5 l de leite
50 ml de azeite extravirgem
Louro a gosto
Maionese
Azeitona preta picada a gosto
Pimenta-do-reino moída na hora a gosto
Sal marinho a gosto

MODO DE PREPARO

Leve o bacalhau demolhado para cozinhar com o leite e reserve o leite do cozimento.
Coloque a cebola numa panela e refogue com o azeite, o louro, o sal, a pimenta-do-reino e um pouco do leite do cozimento do bacalhau (a cebola deve ficar branca e macia, nunca dourada).
Depois de cozido, escorra o bacalhau e coloque-o numa forma de barro. Despeje a cebola sobre as postas de bacalhau e cubra-as completamente com maionese. Disponha em volta o purê de batata e leve para gratinar.

Guarneça com azeitonas pretas.

TORTA DE BACALHAU COM LEGUMES E MOLHO VERDE

DESFIADO

INGREDIENTES

TORTA
600 g de bacalhau da Noruega (desfiado)
300 g de massa folhada
18 cenouras *baby* congeladas
250 g de vagem
12 batata bolinha
1 abobrinha
1 couve-flor pequena
3 talos tenros de brócolis
12 ovos de codorna
1 gema
600 mℓ de água
600 mℓ de leite
Sal marinho a gosto

MOLHO VERDE
2 gemas
2 colheres (sobremesa) de vinagre
2 colheres (chá) de mostarda
2 colheres (café) de sal marinho
200 mℓ de azeite extravirgem
200 mℓ de óleo de girassol
6 colheres (sopa) de ervas verdes picadas (cebolinha, salsa, etc...)

GUARNIÇÃO
10 folhas de manjericão
50 g de *pinoli* torrados

MODO DE PREPARO

TORTA
Passe o bacalhau várias vezes na água, para retirar o excesso de sal. Coloque o bacalhau numa panela e cubra com água e leite, escaldando por 8 min. Retire a panela do fogo e deixe descansar cerca de 15 min. Abra a massa folhada numa assadeira de alumínio previamente forrada com papel-manteiga e faça furos nela com um garfo. Cubra o fundo e os lados da torta com o papel-manteiga. Pincele as bordas da massa com a gema levemente batida. Leve a torta ao forno preaquecido a 235 °C por cerca de 10 min. Retire o papel-manteiga. Escolha a vagem e corte-a em tiras. Separe a couve-flor e o brócolis em cabinhos. Descasque as batatas. Corte a abobrinha em palitos. Cozinhe as minicenouras e, em separado, os legumes restantes. Cozinhe os ovos de codorna cerca de 3 min após a água levantar fervura.

MOLHO VERDE
Faça uma maionese com as gemas, o vinagre, a mostarda, o azeite, o óleo e o sal, como habitualmente. Junte as ervas picadas à maionese e misture bem.

GUARNIÇÃO
Coloque a torta sobre um prato e forre o fundo com um terço do molho verde. Disponha por cima os legumes escorridos, os ovos de codorna em metades e o bacalhau. Guarneça com as folhas de manjericão e o *pinoli*.
Sirva com o restante do molho verde à parte.

BACALHAU ASSADO AO FORNO E SALSA

POSTA ALTA

INGREDIENTES

10 postas altas de bacalhau da Noruega
1,5 kg de batata bolinha
1 kg de sal marinho
200 mℓ de azeite extravirgem
200 mℓ de vinagre de vinho tinto
200 mℓ de azeite de salsa (p. 68)
10 dentes de alho fatiados
3 colheres (sopa) de salsa em folha
Pimenta-do-reino moída na hora a gosto

MODO DE PREPARO

Enxugue as postas de bacalhau previamente demolhadas com um pano e leve-as para grelhar com a pele voltada para baixo, para que percam a água em excesso. Termine de assá-las no forno. Lave bem as batatas, coloque-as numa forma funda, cubra-as de sal e leve ao forno. Cozinhe o alho fatiado com o azeite no forno a 100 °C, durante 1 h. Escalde em água as folhas da salsa, emulsione-as no liquidificador com azeite e tempere com sal e pimenta (se necessário, passe o preparado pelo *chinois*). Retire o sal das batatas e esmague-as ligeiramente.

Coloque as batatas no centro do prato e o bacalhau sobre elas. Tempere a gosto com o azeite, o alho, o azeite de salsa e o vinagre. Termine com folhas de salsa.

BACALHAU COM MIGAS DE PÃO DE MILHO

INGREDIENTES

10 lombos de bacalhau da Noruega
1 kg de broa de milho portuguesa esfarelada
150 ml de azeite extravirgem
6 dentes de alho picados
Sal marinho a gosto
Pimenta-do-reino moída na hora a gosto

MODO DE PREPARO

Asse o bacalhau demolhado no forno a 150 °C com 50 ml de azeite, durante cerca de 20 min, coberto com papel-alumínio. Misture a broa com o alho, 100 ml de azeite, sal e pimenta-do-reino. Retire o azeite do bacalhau e cubra-o com a broa. Leve ao forno preaquecido a 200 °C até a broa ficar dourada.

LOMBO

BACALHAU À MADRE PAULA

INGREDIENTES

2 kg de bacalhau da Noruega (posta alta)
1,5 kg de batatas inteiras com casca
250 g de cebola picada
200 ml de azeite extravirgem
30 ml de vinagre de vinho branco
5 dentes de alho picados
3 colheres (sopa) de salsa picada
1 colher (café) de páprica
Sal marinho a gosto
Pimenta-do-reino moída na hora a gosto

MODO DE PREPARO

Cozinhe as batatas em água e sal. Depois de cozidas, retire a casca, corte-as em rodelas e coloque-as numa travessa. Grelhe o bacalhau demolhado do lado da pele, molhe em água fria e leve depois para grelhar do lado oposto. Retire a pele e as espinhas, lasque o bacalhau e coloque-o sobre as batatas. Numa panela com azeite, cozinhe a cebola e o alho, adicione a páprica, a salsa picada e o vinagre e coloque o preparado sobre o bacalhau. Retifique os temperos. Leve ao forno para aquecer e sirva.

POSTA ALTA

BACALHAU ASSADO COM ASPARGOS E HORTELÃ

INGREDIENTES

10 postas altas de bacalhau da Noruega
500 g de aspargos verdes escaldados, cortados em metades
1 kg de pão de centeio finamente fatiado
200 ml de azeite extravirgem
5 dentes de alho fatiados
10 folhas de hortelã
Sal marinho a gosto
Pimenta-do-reino moída na hora a gosto
30 ml de vinagre de vinho tinto

MODO DE PREPARO

Torre o pão até ficar bem seco e reserve. Leve o bacalhau previamente demolhado ao forno em assadeira funda, com o alho e o azeite, coberto com papel-alumínio, a 150 °C, durante 20 min a 25 min. Retire o molho resultante do assado e retifique os temperos. Num recipiente à parte, misture os aspargos com a hortelã e tempere com o vinagre. Coloque o pão sob o bacalhau, sobreponha os aspargos. Leve novamente ao forno, preaquecido a 200 °C durante 5 min.

POSTA ALTA

BACALHAU COM CARACÓIS

INGREDIENTES

1,5 kg de bacalhau da Noruega (posta alta)
300 g de tomate sem pele
300 g de cebola picada
150 g de pimentão verde, descascado, sem pele e em cubos
150 ml de azeite extravirgem
50 ml de vinho branco
20 caracóis grandes
5 dentes de alho fatiados
1 folha de louro
3 colheres (sopa) de salsa picada
Sal marinho a gosto
Pimenta-do-reino moída na hora a gosto

MODO DE PREPARO

Demolhe o bacalhau, retire a pele e as espinhas e lasque. Cozinhe os caracóis em água, sal e louro. Depois de cozidos, retire-lhes o miolo. Doure a cebola e o alho em azeite, adicione o tomate e deixe cozinhar. Refresque com vinho branco, junte os pimentões e o bacalhau e deixe 2 min a 4 min. Por fim, junte o miolo dos caracóis e a salsa, retifique os temperos e sirva com batatas cozidas.

POSTA ALTA

BACALHAU COZIDO EM AZEITE, MIGAS DE COUVE E CREME DE AZEITONAS

POSTA ALTA

INGREDIENTES

2 kg de bacalhau da Noruega (posta alta)
200 ml de azeite extravirgem
30 minicebolas
20 grãos de pimenta-do-reino
10 alhos inteiros
10 folhas de louro
Sal marinho a gosto

GUARNIÇÃO
1 kg de couve-portuguesa escaldada
400 g de broa de milho portuguesa esfarelada
200 g de tomate sem pele, em cubos
50 ml de azeite extravirgem
10 ovos cozidos
2 dentes de alho picados

CREME
100 g de azeitona de piso descaroçada
30 ml de vinagre de vinho branco
3 colheres (sopa) de salsa em folhas

MODO DE PREPARO

Aqueça o forno a 150 °C. Disponha numa assadeira os alhos, as minicebolas e o azeite e leve ao forno por 15 min. Adicione depois o bacalhau demolhado, o louro e a pimenta-do-reino. Cubra com papel-alumínio e deixe cozer mais 20 min a 25 min. Reserve o bacalhau com o azeite e as minicebolas e retire os alhos para o creme.

GUARNIÇÃO
À parte, salteie a couve com azeite e alho. Adicione o tomate e o ovo picado. No momento de servir, misture a broa e retifique os temperos.

CREME
Escalde a salsa e esfrie-a em gelo. Leve-a ao processador de alimentos com o alho do cozimento do bacalhau, o vinagre e as azeitonas. Triture tudo até obter uma textura homogênea.

Sirva o bacalhau sobre a guarnição com as minicebolas e finalize regando-o com o creme e o azeite do cozimento.

ARROZ DE BUCHO DE BACALHAU COM MARISCOS E HORTELÃ

BUCHO

INGREDIENTES

1 kg de bucho de bacalhau da Noruega (fatiado)
1 kg de vôngole
1 kg de mexilhão
500 g de arroz carolino
150 g de alho-poró picado
350 g de tomates sem pele em cubos
200 ml de vinho branco
50 ml de azeite extravirgem
150 ml de caldo de bacalhau (p. 67)
3 dentes de alho picados
1 folha de louro
20 folhas de hortelã
2 colheres (sopa) de cebolinha picada
Sal marinho a gosto
Pimenta-do-reino moída na hora a gosto

MODO DE PREPARO

Cozinhe o bucho de bacalhau anteriormente demolhado em água e reserve o caldo.

Abra os vôngoles e os mexilhões separadamente em panela tampada. Coe os respectivos caldos, retire o miolo das cascas e reserve.

Em azeite, prepare um fundo com alho e alho-poró. Junte o arroz, molhe com vinho branco e deixe ferver. Junte o louro e o tomate e adicione o caldo de bacalhau. Quando o arroz estiver quase cozido, junte o bucho, os vôngoles e os mexilhões e o caldo do seu cozimento, retificando os temperos.

No momento de servir, adicione a hortelã e a cebolinha picada.

RECEITAS DE FAMÍLIA

MIGAS DE BACALHAU COM POEJO

INGREDIENTES

1,5 kg de bacalhau da Noruega (posta fina)
1,5 kg de pão alentejano finamente fatiado
250 mℓ de azeite extravirgem
500 mℓ de caldo de bacalhau (p. 67)
5 dentes de alho picados
5 ovos
5 colheres (sopa) de poejo
Sal marinho a gosto
Pimenta-do-reino moída na hora a gosto

MODO DE PREPARO

Cozinhe o bacalhau anteriormente demolhado, com o cuidado de não deixá-lo ferver. Escorra-o, retire a pele e as espinhas e desfie. Reserve a água do cozimento do bacalhau.

Numa assadeira, coloque a metade do pão, sobreponha o poejo e despeje o caldo de bacalhau. Cubra e deixe-a descansar 10 min. Adicione depois o bacalhau desfiado e os ovos e misture tudo.

Numa panela, perfume o azeite aquecido com alho. Retire o alho e junte ao preparado do bacalhau. Retifique os temperos. Deixe cozinhar, tendo o cuidado de não deixar as migas secas.

POSTA FINA

BACALHAU À TIO ANTÔNIO

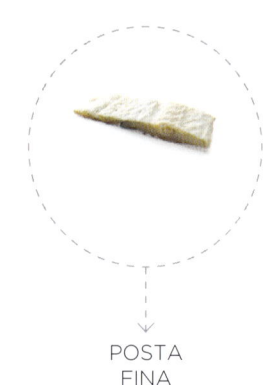

POSTA FINA

INGREDIENTES

2 kg de bacalhau da Noruega (posta fina)
300 g de camarão descascado
500 g de amêijoas
400 g de cebola em rodelas
6 dentes de alho fatiado
150 ml de azeite extravirgem
100 ml de suco de limão-siciliano
1 maço de salsa
Sal marinho a gosto
Pimenta-do-reino moída na hora a gosto

PURÊ DE BATATA

1,2 kg de batata cozida em cubos
150 g de cebola picada
100 g de alho-poró picado
150 g de manteiga
200 ml de leite
Azeite extravirgem
3 cravos-da-índia reduzidos a pó
3 colheres (sopa) de salsa picada
Malagueta seca a gosto
Sal marinho a gosto
2 gemas de ovo batidas
Pimenta-do-reino moída na hora a gosto

MODO DE PREPARO

Demolhe o bacalhau, escalde e retire a pele e as espinhas. Lasque e reserve.
Doure a cebola e o alho em um pouco de azeite, tendo o cuidado de deixar as rodelas de cebola inteiras e reserve.

Descasque o camarão cru, abra-o ao meio e tempere com salsa em juliana e suco de limão-siciliano. Retifique os temperos.

PURÊ DE BATATA

Doure a cebola e o alho em azeite, com as especiarias. Adicione as batatas, misture bem e junte o leite. Reduza a purê com a ajuda de um garfo, adicione a salsa e retifique os temperos.

Ligue o purê com as gemas e a manteiga, perfume com azeite e reserve.

Com a ajuda de um aro, coloque uma camada de purê de batata, uma de lascas de bacalhau, outra de cebolada e, por fim, uma nova de purê de batata misturado com o camarão cru. Leve para gratinar.

Depois de gratinado, coloque as amêijoas em volta do preparado.

BACALHAU ASSADO AO FORNO COM CEBOLADA À GOMES DE SÁ

LOMBO

INGREDIENTES

10 lombos de bacalhau da Noruega
100 ml de azeite extravirgem

CEBOLADA
500 g de cebola em gomos
50 g de dentes de alho fatiados
100 ml de azeite extravirgem
2 folhas de louro

GUARNIÇÃO
1,5 kg de batatas assadas em rodelas
150 g de azeitonas pretas descaroçadas e picadas
8 ovos cozidos picados
2 colheres (sopa) de salsa picada
Azeite extravirgem a gosto
Broa de milho portuguesa torrada a gosto
Vinagre de vinho branco a gosto

MODO DE PREPARO

Depois de demolhado, coloque o bacalhau e o azeite numa assadeira coberta com papel-alumínio e leve ao forno preaquecido a 150 °C, durante 20 min a 25 min.

CEBOLADA
Coloque todos os ingredientes da cebolada numa assadeira coberta com papel-alumínio e leve para cozinhar em forno preaquecido a 150 °C, durante 45 min.

GUARNIÇÃO
Coloque as batatas assadas e cortadas em rodelas no fundo da travessa, sobreponha o ovo, o bacalhau e a cebolada. Perfume com o vinagre, o azeite e polvilhe com a broa de milho portuguesa. Cubra com papel-alumínio, leve ao forno e, por fim, salpique com azeitonas picadas e perfume com salsa.

BACALHAU COM CHUCHU E COCO

POSTA ALTA

INGREDIENTES

1,5 kg de bacalhau da Noruega (posta alta)
500 g de batata em rodelas
300 g de cenoura em rodelas
300 g de tomate sem pele, em cubos
250 g de cebola fatiada
200 g de pimentão vermelho em rodelas
200 ml de caldo de bacalhau (p. 67)
200 ml de leite de coco
200 ml de creme de leite fresco
150 ml de azeite extravirgem
4 dentes de alho fatiados
2 chuchus em rodelas
1 folha de louro
Malagueta a gosto
Sal marinho a gosto
Pimenta-do-reino moída na hora a gosto

MODO DE PREPARO

Numa panela de barro, coloque por partes o azeite, a cebola, o alho, as batatas, os chuchus, o tomate, a cenoura, os pimentões e o louro. Tempere com sal, pimenta-do-reino e malagueta. Repita o processo e leve o preparado ao fogo brando, regado com o caldo de bacalhau. Na metade do cozimento, adicione o leite de coco e, quando os legumes estiverem quase cozidos, junte também o creme de leite e o bacalhau previamente demolhado e lascado.

CHORA DE BACALHAU

INGREDIENTES

CALDO
450 g de tomate sem pele, em gomos
300 g de cebola em cubos
2 l de caldo de bacalhau (p. 67)
100 ml de vinho branco
5 dentes de alho fatiados
2 folhas de louro
100 ml de azeite extravirgem

GUARNIÇÃO
1,2 kg de bacalhau da Noruega (posta alta)
500 g de línguas de bacalhau da Noruega
500 g de macarrão risone
500 g de cebola picada em cubos
3 dentes de alho picados
3 colheres (sopa) de coentro
Sal marinho a gosto
Pimenta-do-reino a gosto

MODO DE PREPARO

CALDO
Faça um refogado em azeite com o alho, a cebola e o louro. Refresque com vinho branco e junte o tomate. Deixe suar, junte depois o caldo de bacalhau e triture no liquidificador.

GUARNIÇÃO
Leve de novo ao fogo e guarneça o preparado com o alho, a cebola e as línguas demolhadas. Deixe cozinhar as línguas e, quando elas estiverem cozidas, adicione o macarrão. Deixe cozinhar. Retifique os temperos e acrescente as lascas de bacalhau demolhado e o coentro.

Sirva na panela.

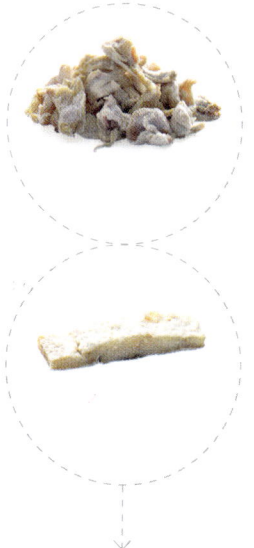

LÍNGUAS E POSTA ALTA

BUCHO DE BACALHAU COM FEIJOCA, MORCELA DA GUARDA E SALSA

BUCHO

INGREDIENTES

BUCHO
1,5 kg de bucho de bacalhau da Noruega em cubos
4 botifarras
1 kg de feijoca cozida
200 g de tomate sem pele
200 g de cebola picada
6 dentes de alho picados
200 ml de vinho branco
50 ml de azeite extravirgem
Sal marinho a gosto
Pimenta-de-caiena a gosto

GUARNIÇÃO
10 rodelas de morcela da guarda
250 g de tomate sem pele, em cubos
50 g de salsa picada
3 dentes de alho inteiros
50 g de amêndoa torrada
100 ml de azeite extravirgem

MODO DE PREPARO

BUCHO
Escalde o bucho de bacalhau previamente demolhado e cortado em cubos, escorra e reserve o caldo e o bucho em separado durante 5 h no refrigerador. Prepare um fundo em azeite com alho e cebola, adicione as salsichas e o bucho, o tomate e molhe com vinho branco. Deixe suar e adicione um pouco da água de cozimento do bucho. Retire as salsichas, corte-as em rodelas e coloque novamente no preparado. Junte a feijoca cozida, tempere com sal, pimenta-de-caiena e deixe ferver em fogo brando por cerca de 40 min.

GUARNIÇÃO
Triture a amêndoa, o alho e a salsa com o azeite no liquidificador. Core a morcela e reserve.

Guarneça o preparado com o tomate e perfume com a emulsão. Decore com a morcela corada.

BACALHAU À MIL DIABOS

POSTA ALTA

INGREDIENTES

BACALHAU
2 kg de bacalhau da Noruega (posta alta)
200 g de cebola em cubos
5 dentes de alho fatiados
100 ml de vinho branco
100 ml de suco de limão-siciliano
100 ml de azeite extravirgem

PURÊ
1,2 kg de batata cozida
150 g de cebola picada
150 g de manteiga
100 g de alho-poró picado
200 ml de leite
3 cravos-da-índia reduzidos a pó
1 colher (café) de canela em pó
3 colheres (sopa) de salsa picada
Noz-moscada ralada a gosto
Malagueta seca a gosto
Sal marinho a gosto
50 ml azeite extravirgem
2 gemas de ovo batidas

MODO DE PREPARO

BACALHAU
Aqueça o forno a 150 °C. Junte numa travessa as postas de bacalhau anteriormente demolhadas e o restante dos ingredientes. Cubra com papel-alumínio e leve ao forno durante 20 min ou 25 min. Lasque e reserve o bacalhau. Emulsione o molho resultante do assado.

PURÊ
Doure a cebola e o alho-poró em azeite, com as especiarias. Adicione as batatas, misture bem e junte o leite. Reduza a purê com a ajuda de um garfo, adicione a salsa, a manteiga e retifique os temperos.

Coloque o molho do assado no fundo de uma assadeira, adicione o bacalhau e o purê. Sobreponha as gemas e leve ao forno no modo *grill* durante 5 min para gratinar.

RECEITAS DE FAMÍLIA

BACALHAU À MINHOTA

INGREDIENTES

10 postas altas de bacalhau da Noruega
1,2 kg de batatas em rodelas grossas
300 g de cebolas em rodelas finas
50 g de azeitonas pretas
150 ml de azeite extravirgem
50 ml de vinagre de vinho branco
3 colheres (sopa) de salsa picada
8 dentes de alho fatiados
Óleo de amendoim
Páprica a gosto
Sal marinho a gosto
Pimenta-do-reino moída na hora a gosto

MODO DE PREPARO

Aqueça o óleo de amendoim. Polvilhe as postas de bacalhau já demolhadas com páprica e frite-as no óleo em fogo brando e de ambos os lados. Frite as batatas e deixe-as escorrer sobre papel absorvente.

Coloque o azeite, a cebola e o alho numa frigideira e, depois de a cebola cozinhar e ficar transparente, tempere com sal e pimenta-do-reino.

Coloque as postas de bacalhau no centro de uma assadeira, disponha as batatas em volta, cubra o bacalhau com a cebolada e as azeitonas e leve ao forno preaquecido a 180 °C, durante 5 min.

No momento de servir, perfume com salsa e regue com um fio de vinagre de vinho branco.

POSTA ALTA

ALCATRA DE BACALHAU À MINHA MANEIRA

INGREDIENTES

8 postas altas de bacalhau da Noruega
800 g de línguas de bacalhau da Noruega
350 g de cebola picada
400 g de tomate fresco em gomos
100 g de toucinho da barriga fresco
100 g de toucinho defumado
125 g de manteiga
200 mℓ de vinho branco
50 mℓ de azeite extravirgem
1 folha de louro
6 dentes de alho picados
1 colher (sopa) de pasta de pimenta vermelha
10 fatias de pão sovado
Caldo de peixe a gosto (p. 76)
Pimenta-do-reino em grãos a gosto
Pimenta-da-jamaica em grãos a gosto
Cravo-da-índia a gosto
Canela em pau a gosto
Sal marinho a gosto
Salsa fresca em ramas a gosto

MODO DE PREPARO

Demolhe o bacalhau e corte em cubos grandes. Doure em azeite e um pouco de manteiga o alho e a cebola em fogo brando. Adicione o tomate, a pasta de pimenta vermelha, a pimenta-do-reino, a pimenta-da-jamaica, o vinho branco e o caldo de peixe. Junte depois as especiarias, o louro e o sal, e deixe apurar. Unte um alguidar de barro com manteiga, junte o bacalhau e as línguas demolhadas e escaldadas, devidamente envolvidas nos toucinhos. Cubra com o preparado anterior e leve ao forno preaquecido a 180 °C, para cozinhar cerca de 25 min. Perfume com salsa e sirva em alguidar e prato de sopa. Acompanhe com pão sovado.

POSTA ALTA E LÍNGUAS

BACALHAU À TRAÍDO

INGREDIENTES

- 2 kg de bacalhau da Noruega (posta fina)
- 200 g de broa de milho portuguesa torrada e triturada
- 100 g de farinha de rosca
- 500 ml de leite
- 6 ovos
- Farinha de trigo
- Óleo de amendoim ou canola
- 1,5 kg de batata bolinha
- 350 g de cebola fatiada
- 200 g de pimentão vermelho descascado, em juliana
- 200 ml de vinho branco
- 150 ml de azeite extravirgem
- 50 ml de vinagre de vinho branco
- 6 dentes de alho fatiados
- 3 colheres (sopa) de salsa picada
- 1 colher (café) de páprica
- Sal marinho a gosto
- Pimenta-do-reino moída na hora a gosto

MODO DE PREPARO

Coloque as postas de bacalhau, previamente demolhadas, em leite durante 3 h. Escorra bem o bacalhau, passe na farinha e no ovo batido, e na mistura de farinha de rosca com o farelo da broa. Frite em óleo e reserve.

Disponha as batatinhas numa assadeira com azeite, alho, cebola e pimentão. Tempere com sal, pimenta-do-reino, páprica e refresque com vinho branco. Cubra com papel-alumínio, leve ao forno preaquecido a 180 °C, durante 45 min. Quando as batatas estiverem assadas, perfume o preparado com salsa picada e vinagre de vinho branco, sobreponha o bacalhau e leve ao forno por mais 10 min.

Sirva de imediato.

POSTA FINA

BACALHAU COM MIGAS DE BATATA E COUVE-FLOR

INGREDIENTES

2 kg de bacalhau da Noruega (lombos)
1 kg de batatas em rodelas finas
750 g de couve-flor em pequenos pedaços
200 g de cebola picada
100 g de alho-poró picado
80 g de queijo de ovelha curado ralado
500 ml de azeite extravirgem
100 ml de vinho branco
4 dentes de alho fatiados
3 colheres (sopa) de salsa picada
Sal marinho a gosto
Pimenta-do-reino moída na hora a gosto

MODO DE PREPARO

Coloque o bacalhau demolhado numa assadeira com 50 ml de azeite e o vinho. Cubra com papel-alumínio e leve para assar no forno a 150 °C, durante 20 min a 25 min. Terminado este tempo, limpe, lasque e reserve a pele do bacalhau. Leve o molho resultante e a pele novamente ao forno, até reduzir à metade do volume. Doure a batata em azeite, adicione o alho-poró, a cebola e o alho. Retifique os temperos, misture e deixe cozinhar em fogo brando. Adicione a couve-flor, mantendo o fogo muito brando, tendo o cuidado de não deixá-la cozinhar demais. Coloque o bacalhau no recipiente com o molho reduzido, adicione as migas de batata (bem amassadas), polvilhe com o queijo e leve ao forno para gratinar. No momento de servir, perfume com salsa picada.

LOMBO

CANELONES GRATINADOS COM BACALHAU DEFUMADO E RICOTA FRESCA

INGREDIENTES

500 g de bacalhau da Noruega defumado
1 kg de espinafre
300 g de ricota fresca
200 g de queijo parmesão
350 ml de creme de leite batido
30 canelones
2 colheres (sopa) de salsa picada
Noz-moscada a gosto
Pimenta-do-reino moída na hora a gosto
Sal marinho a gosto

MODO DE PREPARO

Tempere o creme de leite com sal, pimenta-do-reino, noz-moscada e reserve.
Tempere a ricota com sal, pimenta-do-reino e salsa picada, até formar uma pasta e reserve. Recheie os canelones com o espinafre previamente fervido e resfriado em água e gelo, a pasta de ricota e o bacalhau defumado.
Disponha os canelones em travessa refratária, cubra com o creme de leite temperado e polvilhe com parmesão ralado. Leve ao forno a 160 °C durante aproximadamente 45 min.

BACALHAU COM ALCAPARRAS E *ALICHE*

INGREDIENTES

10 postas altas de bacalhau da Noruega
10 filés de *aliche*
120 g de alcaparras
100 g de farinha de rosca
80 g de azeitonas pretas descaroçadas
200 ml de azeite extravirgem
6 dentes de alho inteiros
3 colheres (sopa) de salsa picada
Pimenta-do-reino moída na hora a gosto

MODO DE PREPARO

Demolhe o bacalhau e coloque-o numa assadeira. No pilão prepare uma pasta com o *aliche*, o alho, as alcaparras, as azeitonas, a pimenta-do-reino e 100 ml de azeite. Misture tudo muito bem até obter a pasta. Cubra o bacalhau com a pasta e perfume com o azeite restante. Leve ao forno previamente aquecido a 150 °C, coberto com papel-alumínio durante 18 min. Retire o papel-alumínio, sobreponha a farinha de rosca e gratine. No momento de servir, perfume com a salsa picada e acompanhe com purê de batata.

POSTA ALTA

BACALHAU À MANEIRA DE CAMINHA

INGREDIENTES

10 postas altas de bacalhau da Noruega
1,5 kg de batatinhas pequenas descascadas
250 g de cebola fatiada
400 ml de leite
200 ml de azeite extravirgem
2 alhos inteiros
2 gemas de ovo
2 colheres (sopa) de manteiga
Sal marinho a gosto
Pimenta-do-reino moída na hora a gosto
Farinha de trigo a gosto

MODO DE PREPARO

Coloque a manteiga e a farinha numa panela, misture bem e adicione o leite, pouco a pouco. Quando estiver bem incorporado tempere com sal e pimenta-do-reino e deixe ferver 7 min a 8 min em fogo brando. No final junte cuidadosamente as gemas para não talharem. Em outra panela, coloque a cebola, o alho, as batatas partidas em metades e o azeite. Quando levantar fervura, junte as postas de bacalhau demolhadas com a pele voltada para cima e adicione o molho. Tampe e deixe cozinhar em fogo brando, até que o molho fique bastante coalhado.

POSTA ALTA

PANELINHA DE BACALHAU

POSTA ALTA

INGREDIENTES

2 kg de bacalhau da Noruega (posta alta)
800 g de brotos de couve ou nabo
1 ml de vinagre balsâmico

PREPARADO DE FEIJÃO
12 dentes de alho
1 folha de louro
200 g de cebola
300 g de cenoura
250 ml de vinho branco
1 kg de feijão cozido
0,5 l da água de cozimento do feijão
5 g de sal marinho
3 g de pimenta-do-reino
50 ml de azeite
20 g de coentro

MODO DE PREPARO

Numa frigideira *sauté* com um pouco de azeite, core as postas de bacalhau previamente demolhadas de ambos os lados. No final desta operação, borrife algumas gotas de vinagre balsâmico sobre as postas. Escalde os brotos.

PREPARADO DE FEIJÃO
Ponha o feijão de molho por 12 h e cozinhe. Reserve cerca de 0,5 l da água do cozimento. Refogue em azeite, o alho, a cebola, o louro e a cenoura. Refresque com vinho branco e deixe refogar. À parte, triture um pouco de feijão na água do seu próprio cozimento, que servirá para engrossar a panelinha de bacalhau. Tempere com sal e pimenta-do-reino.

Coloque o preparado de feijão numa caçarola e ferva. Junte as postas de bacalhau e os brotos. Retifique os temperos e salpique com coentro.

BACALHAU À TURCA

INGREDIENTES

2 kg de bacalhau da Noruega (posta da cabeça)
800 g de abobrinha em rodelas
800 g de berinjela em rodelas
500 g de tomate sem pele em gomos
300 g de cebola em rodelas
300 g de farinha de trigo
200 ml de vinho branco
200 ml de azeite extravirgem
3 dentes de alho fatiados
1 pimentão verde descascado
1 colher (café) de orégano seco
1 colher (café) de cominho em grãos
Sal marinho a gosto
Pimenta-do-reino moída na hora a gosto

MODO DE PREPARO

Corte o bacalhau demolhado em tiras de 3 cm, passe na farinha, frite e reserve.

Coloque a berinjela numa assadeira juntamente com a abobrinha, a cebola em rodelas e o pimentão. Tempere com 100 ml de azeite, o sal e a pimenta-do-reino e leve ao forno preaquecido a 150 °C, durante 40 min.

Com o azeite restante, doure o alho, adicione o tomate e deixe cozinhar. Molhe com vinho branco e tempere com orégano e cominho. Retifique os temperos e adicione ao preparado anterior os legumes e o pimentão assados, envolvendo-os cuidadosamente, para que não se desmanchem. No momento de servir, sobreponha o bacalhau.

POSTA DA CABEÇA

RECEITAS DE FAMÍLIA

MEIA-DESFEITA DE BACALHAU

POSTA FINA

INGREDIENTES

1,5 kg de bacalhau da Noruega (posta fina)
750 g de grão-de-bico
150 g de cebola picada
200 ml de azeite extravirgem
7 ovos cozidos em rodelas
3 dentes de alho picados
1 ramo de salsa picada
Água
Páprica a gosto
Vinagre de vinho branco
Pimenta-do-reino moída na hora a gosto
Sal marinho a gosto

MODO DE PREPARO

Ponha o grão-de-bico de molho durante 6 h. Escorra-o, lave-o e coloque-o numa panela com água fria e com 50 ml de azeite. Leve para cozinhar durante cerca de 2 h (se preferir, cozinhe em 30 min na panela de pressão).
À parte, cozinhe o bacalhau previamente demolhado, limpe-o e lasque.
Numa travessa funda, coloque, em camadas, o bacalhau, o grão-de-bico, a cebola, o alho e a salsa. Regue com o azeite restante e o vinagre, previamente misturados e temperados com pimenta-do-reino. Retifique os temperos. Sobreponha as rodelas de ovo e perfume com páprica no momento de servir.

CONFIT DE BACALHAU COM SALADA DE ESPINAFRE E AMÊNDOA TORRADA E PICADA

POSTA ALTA

INGREDIENTES

10 *confits* de postas altas de bacalhau da Noruega (p. 73)
200 ml de azeite extravirgem
10 dentes de alho com casca (escaldados)
8 bagas de pimenta-da-jamaica
3 cravos-da-índia
1 colher (sopa) de alecrim
1 colher (sopa) de raspas de casca de limão-siciliano

GUARNIÇÃO
700 g de espinafre
70 g de amêndoa torrada picada
50 ml de azeite extravirgem
1 limão-siciliano em gomos
Flor de sal a gosto

MODO DE PREPARO

Numa travessa refratária, coloque o azeite, o alecrim, o alho com casca, a pimenta-da-jamaica, os cravos-da-índia e as raspas da casca de limão-siciliano. Leve a travessa ao forno a 150 °C, durante 20 min a 25 min, coberta com papel-alumínio. Coe o azeite resultante e reserve.

GUARNIÇÃO
Misture o espinafre com os ingredientes restantes, na hora de servir. Coloque a guarnição no fundo do prato, sobreponha o *confit* de postas de bacalhau e, antes de servir, regue com um pouco de azeite do cozimento. Acompanhe com purê de batata.

ROLOS DE BACALHAU COM TRÊS MOLHOS

POSTA FINA

INGREDIENTES

2 kg de bacalhau da Noruega (postas finas)

MOLHO DE ALCAPARRAS
2 ovos cozidos
1 colher (chá) de mostarda de Dijon
200 ml de óleo de amendoim ou canola
1 cebola ralada
1 colher (sopa) de alcaparras
Salsa a gosto
Sal marinho a gosto
Pimenta-do-reino moída na hora a gosto

MOLHO DE *CURRY*
100 ml de maionese
1 colher (chá) de *curry* em pó
2 colheres (sopa) de vinho branco

MOLHO DE MOSTARDA
1 xícara de molho branco
1 colher (chá) de mostarda
3 colheres (sopa) de vinho do Porto

MODO DE PREPARO

Corte as postas de bacalhau previamente demolhado no sentido do comprimento e retire a pele e as espinhas. Enrole, formando rolos. Coloque-os numa panela com água fervente e cozinhe durante 5 min em fogo brando. Retire do fogo e deixe descansar durante 10 min.

MOLHO DE ALCAPARRAS
Passe as gemas cozidas por uma peneira e misture com a mostarda. Adicione o óleo e mexa sem parar até que o molho fique espesso. Junte a cebola, as alcaparras, a salsa e as claras cozidas picadas. Tempere com sal e pimenta-do-reino.

MOLHO DE *CURRY*
Em outra tigela, misture a maionese com o *curry* e o vinho branco.

MOLHO DE MOSTARDA
À parte, misture o molho branco com a mostarda e o vinho do Porto.

Sirva os rolos com brócolis, batatas cozidas e os três molhos.

AÇORDA DE BACALHAU DA MAMÃE

POSTA ALTA

INGREDIENTES

1,5 kg de bacalhau da Noruega cozido (posta alta)
1 kg de pão de trigo duro, esfarelado
300 g de tomate sem pele, em metades
200 g de cebola picada grosseiramente
150 g de pimentões vermelhos descascados, em cubos
6 dentes de alho em metades
200 ml de azeite extravirgem
100 ml de vinho branco
1 anis-estrelado
12 folhas de hortelã
Caldo de bacalhau a gosto (p. 67)
Malagueta (opcional) a gosto
Sal marinho a gosto

MODO DE PREPARO

Cozinhe o bacalhau previamente demolhado em água e reserve o caldo. Numa panela, coloque a cebola, os dentes de alho, o pimentão e salteie em azeite. Junte o tomate e refresque com vinho branco. Deixe cozinhar, adicione o anis-estrelado e retifique os temperos.
Junte o pão e o caldo de cozimento do bacalhau (o necessário para que o pão amoleça). Adicione finalmente o bacalhau lascado e a malagueta. Deixe ferver um pouco e retire do fogo. Retifique os temperos, perfume com a hortelã e um fio de azeite. Tampe e deixe descansar 5 min antes de servir.

BACALHAU, PURÊ DE MANDIOCA E AZEITE DE SALSA

POSTA ALTA

INGREDIENTES

BACALHAU
10 postas de bacalhau da Noruega (posta alta)
5 dentes de alho fatiados
100 g de cebola em cubos
100 g de alho-poró em cubos
10 bagas de pimenta-do-reino verde
1 folha de louro
100 g de maçã verde em cubos
50 g de tomate seco picado
40 g de gengibre picado
150 ml de azeite extravirgem
Sal marinho a gosto

GUARNIÇÃO
500 g de mandioca
1 kg de batata
200 g de folhas de agrião
Leite
Água
Azeite extravirgem a gosto
Pimenta-do-reino moída na hora a gosto
Sal marinho a gosto
100 ml de azeite de salsa (p. 68)

MODO DE PREPARO

BACALHAU
Numa assadeira coloque o azeite e aromatize com os ingredientes restantes. Disponha o bacalhau demolhado no preparado anterior, cubra com papel-alumínio e leve ao forno a 150 °C durante 25 min.

GUARNIÇÃO
Cozinhe a mandioca e as batatas separadamente, em água e leite temperados com sal. Reduza-as a purê, no espremedor. Tempere com pimenta-do-reino e um fio de azeite. Adicione os agriões.

Sirva o bacalhau com o purê e perfume com o azeite de salsa.

BACALHAU COM GRÃO-DE-BICO, GENGIBRE E COMINHO

INGREDIENTES

1,5 kg de bacalhau da Noruega (posta alta)
1,2 kg de grão-de-bico cozido
250 g de cebola picada
150 ml de azeite extravirgem
30 ml de vinagre de vinho tinto
2 colheres (sopa) de cebolinha picada
1 colher (sopa) de gengibre picado
1 colher (café) de páprica
1 colher (chá) de cominho em pó
6 dentes de alho fatiados
10 folhas de hortelã
Couve-portuguesa a gosto
Sal marinho a gosto
Pimenta-do-reino moída na hora a gosto

MODO DE PREPARO

Depois de demolhado, retire a pele e as espinhas do bacalhau e lasque. Doure em 100 ml de azeite a cebola, o alho e o gengibre em fogo brando. Adicione o grão-de-bico, o cominho e a páprica. Deixe cozinhar, retifique os temperos e adicione a hortelã e a cebolinha. Coloque o bacalhau numa travessa refratária, sobreponha o grão-de-bico e leve ao forno a 180 °C para aquecer durante 5 min. No momento de servir, regue com o azeite restante e acompanhe com couve-portuguesa salteada e aromatize com um fio de vinagre

POSTA ALTA

BACALHAU À MANEIRA DE SÃO MIGUEL

INGREDIENTES

2 kg de bacalhau da Noruega (posta alta)
1,5 kg de batatas
300 g de cebolas em juliana
300 g de tomates, em metades, sem pele nem sementes
100 ml de vinho branco
100 ml de azeite extravirgem
5 dentes de alho fatiados
5 cravos-da-índia
1 colher (sopa) de banha
1 colher (sopa) de manteiga
1 colher (café) de cominho
Sal marinho a gosto
Pimenta-do-reino moída na hora a gosto

MODO DE PREPARO

Unte o interior de um panela grande de barro com a manteiga e a banha. Coloque em camadas o alho, a cebola, as batatas, o tomate e o bacalhau previamente demolhado e cortado em quadrados grandes. Junte o sal, a pimenta-do-reino e as especiarias e repita este processo até terminar os ingredientes. Finalize com o azeite e o vinho branco. Tampe e leve ao forno previamente aquecido a 180 °C, durante cerca de 45 min.

POSTA ALTA

BACALHAU ASSADO AO FORNO COM ALHO, AÇAFRÃO E MALAGUETA

INGREDIENTES

10 postas altas de bacalhau da Noruega
1,5 kg de batata bolinha
1 kg de sal marinho
200 ml de azeite extravirgem
100 ml de vinho branco
100 ml de vinagre de vinho tinto
10 dentes de alho fatiados
5 estiletes de açafrão
2 colheres (sopa) de salsa em folhas
1 malagueta

MODO DE PREPARO

Coloque o bacalhau previamente demolhado numa assadeira com o alho, a malagueta e o açafrão. Adicione o vinho branco e o azeite. Cubra com papel-alumínio e leve ao forno preaquecido a 150 °C, durante 20 min a 25 min.
Lave bem as batatas, coloque-as numa assadeira funda, cubra com sal e leve ao forno (as batatas estão cozidas quando um palito perfurá-las com facilidade). Retire o sal das batatas e esmague-as ligeiramente.

Sirva o bacalhau com as batatas, perfume com o caldo resultante do assado, o vinagre e folhas de salsa.

POSTA ALTA

BACALHAU À MODA DO DOURO

INGREDIENTES

10 postas finas de bacalhau da Noruega
350 g de cebola em palitos
200 ml de vinho verde
200 ml de azeite extravirgem
5 dentes de alho inteiros
4 ovos
1 folha de louro
3 colheres (sopa) de farinha de trigo
3 colheres (sopa) de salsa picada
Pimenta-do-reino moída na hora a gosto

MODO DE PREPARO

Corte o bacalhau demolhado em quadrados e bata a farinha com os ovos. Misture o bacalhau no preparado e deixe descansar 5 min. Numa panela, coloque o azeite, deixe aquecer e doure o bacalhau. Adicione a cebola, o alho e o vinho. Tempere com a pimenta-do-reino, tampe a panela e deixe cozinhar em fogo brando. No momento de servir, perfume com a salsa.

POSTA FINA

RECEITAS DE FAMÍLIA

BACALHAU E DOBRADINHA DE BACALHAU, MOLHO DE FEIJÃO VERMELHO E COUVE-PORTUGUESA

INGREDIENTES

1,8 kg de bacalhau da Noruega (lombos)
400 g de bucho de bacalhau da Noruega
Azeite extravirgem
Louro a gosto
Pimenta-do-reino em grãos a gosto

MOLHO DE FEIJÃO
1 kg de feijão vermelho
400 g de cebola picada
350 g de tomate sem pele
100 g de *bacon* picado
5 dentes de alho picados
1,5 ℓ de água do cozimento do bacalhau
200 mℓ de vinho branco
50 mℓ de azeite extravirgem
1 malagueta
20 g de sal marinho
Pimenta-do-reino moída na hora a gosto

GUARNIÇÃO
500 g de couve-portuguesa
300 g de tomate em cubos
400 g de feijão vermelho cozido
5 dentes de alho fatiados
30 mℓ de azeite extravirgem
1 folha de louro
Salsa em juliana a gosto
Hortelã em juliana a gosto
Sal marinho a gosto
Pimenta-do-reino em grãos a gosto

MODO DE PREPARO

Demolhe os lombos de bacalhau e reserve. Cozinhe em fogo brando o bucho de bacalhau previamente demolhado em água temperada com azeite, louro e pimenta-do-reino em grãos. Quando estiver cozido, escorra e reserve o caldo do cozimento. Pique o bucho e reserve em um pouco de caldo.

MOLHO DE FEIJÃO
Prepare um fundo em azeite com *bacon*, alho, cebola e malagueta. Molhe com vinho branco, deixe ferver uns instantes, junte o tomate e o feijão, tampe e deixe cozinhar em fogo brando. Molhe depois com a água do cozimento, deixe ferver e tempere com sal e pimenta. Emulsione o preparado e passe-o por um *chinois*. Leve de novo ao fogo para ferver, tire a espuma formada na superfície durante a fervura e retire do fogo.

GUARNIÇÃO
Leve os lombos de bacalhau para cozinhar em uma assadeira coberta com papel-alumínio, temperado com azeite, em forno preaquecido a 150 °C, durante 12 min.
Corte a couve-portuguesa em juliana fina, escalde em água temperada com sal, esfrie de imediato em água e gelo, e escorra bem.
Salteie em azeite o alho, o tomate e a couve-portuguesa, adicione o louro, a salsa e a hortelã, tempere com sal e pimenta e reserve.
À parte, coloque o molho de feijão para aquecer, guarneça com o feijão e o bucho e deixe apurar.

LOMBO E BUCHO

BACALHAU CORADO, MOLHO DE LÍNGUAS PICADAS E CHOURIÇO

INGREDIENTES

2 kg de bacalhau da Noruega (lombos)
Sal marinho a gosto
Pimenta-do-reino moída na hora a gosto
Azeite extravirgem a gosto

MOLHO
400 g de línguas de bacalhau da Noruega
450 g de tomates sem pele e sem sementes
200 g de azeitonas pretas descaroçadas
200 g de cebola em cubos
150 g de chouriço em rodelas
150 g de pimentão vermelho descascado, em cubos
300 ml de vinho branco
100 ml de azeite extravirgem
3 dentes de alho fatiados
Sal marinho a gosto
Pimenta-do-reino moída na hora a gosto

REDUÇÃO DE VINAGRE
50 g de açúcar
200 ml de vinho verde
100 ml de vinagre de vinho branco

50 ml de azeite de salsa (p. 68)

MODO DE PREPARO

Core os lombos de bacalhau previamente demolhados num fio de azeite quente e leve-os depois ao forno preaquecido a 150 °C, cobertos com papel-alumínio, durante 20 min a 25 min, e temperado com sal e pimenta-do-reino.

MOLHO
Coloque um fio de azeite e o tomate numa caçarola, tampe e deixe cozinhar lentamente. À parte, prepare um fundo em azeite com alho e cebola. Junte as línguas de bacalhau picadas, os pimentões e deixe cozinhar lentamente. Molhe com vinho branco e deixe ferver. Retifique os temperos. Junte o tomate reduzido a purê e leve o preparado para cozinhar em forno preaquecido a 150 °C durante 1 h. No final, guarneça o molho com as azeitonas descaroçadas e o chouriço.

REDUÇÃO DE VINAGRE
Coloque o açúcar e o vinho verde para reduzir em fogo brando, de forma a obter uma textura de xarope. Molhe com o vinagre de vinho branco e deixe levantar fervura.

Disponha o lombo de bacalhau no centro do prato, regue com o molho e aromatize com a redução e o azeite de salsa. Guarneça com batata bolinha cozida com casca.

LOMBO E LÍNGUAS

RISOTO DE BACALHAU E BUCHO COM LEGUMES E COENTRO

INGREDIENTES

500 g de bucho de bacalhau da Noruega
500 g de arroz arbório
200 g de cebola picada
200 g de tomate sem pele, em cubos
1,5 l de água do cozimento do bacalhau
300 ml de vinho branco
100 ml de azeite extravirgem
5 dentes de alho picados
1 folha de louro
Sal marinho a gosto
Pimenta-do-reino moída na hora a gosto

GUARNIÇÃO

1,5 kg de bacalhau da Noruega (posta alta)
200 g de favas sem pele escaldadas
150 g de nabo em cubos escaldado
150 g de cenoura em cubos escaldada
150 g de queijo da ilha ralado
3 colheres (sopa) de coentro em juliana
Pimenta-do-reino moída na hora a gosto

MODO DE PREPARO

Demolhe o bucho de bacalhau. Doure a cebola, o alho e o louro em azeite. Junte o bucho cozido, cortado em cubos, e o tomate; molhe com o vinho branco e deixe ferver. Adicione o arroz, junte pouco a pouco a água do cozimento do bacalhau e vá mexendo. Retifique os temperos.

GUARNIÇÃO

Quando o arroz estiver no ponto, adicione todos os ingredientes da guarnição, com exceção do bacalhau.
Coloque as postas de bacalhau demolhadas numa assadeira, sobreponha o risoto, polvilhe com o queijo e leve para gratinar.
Ao servir, perfume com o coentro em juliana.

POSTA ALTA E BUCHO

BACALHAU COM CEBOLA E RICOTA FRESCA

INGREDIENTES

1,5 kg de bacalhau da Noruega (posta alta)
500 g de cebola fatiada
500 g de tomate sem pele picado
300 g de ricota fresca
300 ml de leite
200 ml de azeite extravirgem
50 ml de suco de limão-siciliano
3 dentes de alho fatiado
3 gemas de ovo
4 colheres (sopa) de salsa
3 colheres (sopa) de amido de milho
Sal marinho a gosto
Pimenta-do-reino moída na hora a gosto

MODO DE PREPARO

Doure a cebola e o alho em azeite, adicione o tomate e tampe. Deixe ferver em fogo brando até que o tomate se desfaça e depois adicione o leite e o amido de milho. Misture bem e deixe cozinhar até obter uma textura espessa. Tempere com sal e pimenta-do-reino e ligue com a ricota desfeita e com as gemas de ovo. Adicione o bacalhau previamente demolhado e o suco de limão-siciliano, coloque o preparado numa travessa refratária e leve ao forno para gratinar. No momento de servir, perfume com salsa picada.

POSTA ALTA

BACALHAU À PADRE ANTÔNIO

INGREDIENTES

2 kg de bacalhau da Noruega (posta alta)
1,5 kg de batatas cozidas
300 g de cebola em rodelas
200 ml de azeite extravirgem
100 ml de suco de limão-siciliano
5 ovos
2 gemas
5 dentes de alho
3 colheres (sopa) de salsa picada
1 colher (chá) de farinha de trigo
Óleo de amendoim ou canola
Sal marinho a gosto
Pimenta-do-reino moída na hora a gosto

MODO DE PREPARO

Demolhe o bacalhau e escalde-o, reservando o caldo. Retire a pele e as espinhas e lasque. Passe as lascas na farinha e nos ovos batidos e frite em óleo.
Doure em azeite as batatas em rodelas, a cebola, o alho e um pouco de salsa. Quando a cebola estiver levemente dourada, acrescente a farinha dissolvida em um pouco de água de escaldar o bacalhau. Deixe cozinhar a farinha, junte o bacalhau e, quando levantar fervura, retire do fogo.
Deixe esfriar um pouco e misture as gemas batidas, a salsa picada restante e o suco de limão-siciliano. Tempere com sal e pimenta-do-reino. Leve de novo ao fogo, mas sem deixar ferver, para que o molho não talhe.

POSTA ALTA

BACALHAU COM GRÃO-DE-BICO, MINICEBOLAS E BROTOS SALTEADOS

INGREDIENTES

10 postas altas de bacalhau da Noruega
800 g de grão-de-bico cozido
600 g de brotos de couve ou de nabo escaldados
200 g de minicebolas novas
200 ml de azeite extravirgem
200 ml de caldo de bacalhau (p. 67)
30 ml de vinagre de vinho branco
6 dentes de alho picados
3 cravos-da-índia
2 colheres (sopa) de salsa picada
Sal marinho a gosto
Pimenta-do-reino moída na hora a gosto

MODO DE PREPARO

Coloque numa panela larga o caldo de bacalhau, as minicebolas, o alho picado e as postas de bacalhau demolhadas com a pele voltada para cima. Tempere com a metade do azeite e os cravos-da-índia. Na metade do cozimento, adicione o grão-de-bico e tempere. Quando o preparado ferver, junte a salsa, o vinagre e parte do azeite restante. Tampe e deixe cozinhar cerca de 5 min. Antes de servir, tempere com o vinagre. Salteie os brotos em azeite, tempere com sal e pimenta-do-reino e acompanhe com o bacalhau.

POSTA ALTA

BACALHAU À MODA DO MINHO

INGREDIENTES

10 lombos de bacalhau da Noruega
1,5 kg de batatas com casca
250 g de cebola fatiada
300 ml de azeite extravirgem
50 ml de vinagre
5 dentes de alho fatiados
1 colher (sopa) de páprica
Sal marinho a gosto
Pimenta-do-reino moída na hora a gosto

MODO DE PREPARO

Cozinhe as batatas em água e sal. Depois de cozidas, retire a casca e corte em rodelas. Na água de cozimento das batatas, escalde o bacalhau previamente demolhado e reserve sob um pano. Numa panela, doure a cebola e o alho em 100 ml de azeite. Junte as batatas cozidas, tempere com sal, pimenta-do-reino e páprica e perfume com o vinagre. Doure o bacalhau com o azeite restante, deixando os lombos bem corados. Coloque o bacalhau numa travessa e sobreponha as batatas. Regue a gosto com o azeite utilizado para corar o bacalhau.

LOMBO

EMPADÃO DE BACALHAU COM ESPECIARIAS

DESFIADO

INGREDIENTES

1,5 kg de bacalhau da Noruega (desfiado)
1,5 kg de batata em cubos pequenos
250 g de cebola picada
250 g de couve-flor picada
150 g de alho-poró picado
50 g de toucinho de porco caipira em cubos
300 ml de caldo de bacalhau (p. 67)
200 ml de azeite extravirgem
100 ml de suco de limão-siciliano
5 dentes de alho picados
4 gemas de ovo
3 cravos-da-índia
1 malagueta seca pequena
3 colheres (sopa) de salsa picada
½ colher (café) de noz-moscada
½ colher (café) de canela em pó
Sal marinho a gosto

MODO DE PREPARO

Lave o bacalhau até que ele perca o excesso de sal. Faça um refogado em azeite com o toucinho, a cebola, o alho, o alho-poró e todas as especiarias. Deixe dourar, junte a couve-flor e a batata e deixe cozinhar 3 min a 4 min. Tempere com sal e adicione o suco de limão-siciliano e o caldo. Tampe e deixe cozinhar em fogo brando. Quando a batata estiver cozida, destampe e deixe evaporar o excesso de líquido. Retifique os temperos e misture tudo até obter uma consistência de purê com as batatas quase se desmanchando. Adicione a salsa e 2 gemas de ovo.

Disponha o preparado e o bacalhau em camadas numa assadeira, alise com uma espátula e pincele com as gemas restantes. Leve ao forno a 180 °C para gratinar.

PATANISCAS DE BACALHAU COM ARROZ DE FEIJÃO E ESPINAFRE

POSTA ALTA

INGREDIENTES

PATANISCAS
1 kg de bacalhau da Noruega (posta alta)
270 g de farinha de trigo
150 g de cebola picada
100 ml de caldo de bacalhau (p. 67)
100 ml de leite
6 ovos
3 colheres (sopa) de salsa
Sal marinho a gosto
Óleo de amendoim ou canola
Pimenta-do-reino moída na hora a gosto

ARROZ
500 g de arroz carolino
500 g de feijão catarino cozido
500 g de espinafre em folhas
200 g de tomate sem pele, em cubos
200 g de cebola picada
100 g de toucinho de porco caipira picado
1,5 l de caldo de bacalhau (p. 67)
200 ml de vinho branco
100 ml de azeite extravirgem
10 folhas de hortelã
3 dentes de alho fatiados
Sal marinho a gosto
Pimenta-do-reino moída na hora a gosto

MODO DE PREPARO

PATANISCAS
Demolhe o bacalhau, retire a pele e as espinhas e lasque. Numa tigela, coloque os ovos, a farinha, um pouco de leite e mexa bem. Adicione um pouco de caldo de bacalhau, a cebola picada e a salsa picada (se necessário, junte mais um pouco de farinha para obter uma massa mais resistente). Por fim, junte as lascas de bacalhau. Deixe descansar e mergulhe em óleo quente, para fritar. Depois de fritas, deixe-as descansar em papel absorvente.

ARROZ
Para o arroz, doure em azeite o toucinho, o alho, a cebola e o tomate. Refresque com o vinho branco, junte metade do feijão e deixe cozinhar. Quando o preparado estiver com pouco líquido, adicione o restante do feijão, o arroz e o caldo de bacalhau. Tempere e deixe cozinhar. Quando o arroz estiver no ponto, retifique os temperos e junte o espinafre e a hortelã.
Antes de servir, deixe descansar 5 min. Acompanhe com as pataniscas.

RECEITAS DE FAMÍLIA

ARROZ DE LÍNGUAS DE BACALHAU E CAMARÃO COM HORTELÃ

LÍNGUAS

INGREDIENTES

ASSADO DE LÍNGUAS
400 g de línguas de bacalhau da Noruega
200 g de cebola em cubos
100 ml de azeite extravirgem
5 dentes de alho fatiados
Sal marinho a gosto
Pimenta-do-reino moída na hora a gosto

ARROZ
1 kg de línguas de bacalhau da Noruega
500 g de arroz carolino
500 g de camarão 36/40 descascado
200 g de cebola picada
150 g de tomate sem pele em cubos
200 ml de vinho verde
150 ml de caldo de bacalhau (p. 67)
100 ml de azeite extravirgem
15 folhas de hortelã
3 dentes de alho picados
Malagueta a gosto
Sal marinho a gosto
Pimenta-do-reino moída na hora a gosto

MODO DE PREPARO

ASSADO DE LÍNGUAS
Para o assado, coloque numa assadeira a cebola, o alho e as línguas demolhadas. Perfume com o azeite, cubra com papel-alumínio e leve ao forno preaquecido a 150 °C, durante 40 min. Triture o molho resultante e reserve.

ARROZ
Doure em azeite o camarão previamente temperado, retire e reserve. Adicione a cebola, o alho e o restante das línguas demolhadas e deixe dourar bem. Junte o arroz, molhe com vinho, cozinhe 2 min a 3 min e acrescente o caldo de bacalhau. Deixe ferver em fogo brando e, quando o arroz estiver em processo de finalização, junte o tomate, a hortelã e a malagueta a gosto. Retifique os temperos. No final, misture o arroz com o assado de línguas e sirva.

BACALHAU DA AVÓ SOPHIA

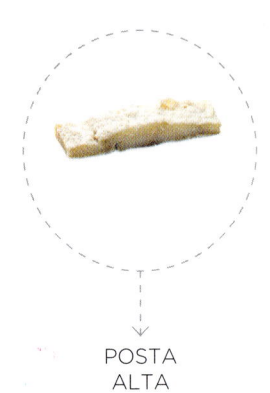

POSTA ALTA

INGREDIENTES

2 kg de bacalhau da Noruega (posta alta)
150 g de pimentões vermelhos sem pele e sem sementes
150 g de tomates pelados sem sementes em cubos
100 ml de azeite extravirgem
100 ml de vinho branco
50 ml de vinagre
5 dentes de alho fatiados
2 colheres (sopa) de azeitonas verdes picadas
1 colher (café) de cominho moído
1 folha de louro
Sal marinho a gosto
Pimenta-do-reino moída na hora a gosto

ALCACHOFRA

20 alcachofras médias cozidas e cortadas em quatro
50 ml de azeite extravirgem
2 colheres (sopa) de salsa picada
Sal marinho a gosto

MODO DE PREPARO

Coloque as postas de bacalhau demolhadas numa assadeira com os pimentões, o tomate, o alho, o azeite, o vinho e o louro. Polvilhe com cominho, cubra com papel-alumínio e leve ao forno a 150 °C, por 20 min a 25 min. Depois de assado, separe o molho resultante e ferva-o com as azeitonas e o vinagre. Retifique os temperos.

ALCACHOFRA

Salteie as alcachofras em azeite e perfume com salsa.

Sirva o bacalhau com as alcachofras e regue com o molho.

BACALHAU DA AVÓ DO BRUNO

POSTA ALTA

INGREDIENTES

1,5 kg de bacalhau da Noruega (posta alta)
300 g de cenoura em juliana
200 g de cebola em juliana
100 g de toucinho de porco caipira em cubos
100 ml de azeite extravirgem
50 ml de suco de limão-siciliano
5 dentes de alho fatiados
1 folha de louro
3 colheres (sopa) de salsa picada
Sal marinho a gosto
Pimenta-do-reino moída na hora a gosto

CREME

1 kg de pão de trigo
300 g de cebola picada
200 g de alho-poró picado
1 l de leite
0,5 l de caldo de bacalhau (p. 67)
100 ml de azeite extravirgem
8 gemas de ovo
3 dentes de alho picados
Noz-moscada a gosto
Sal marinho a gosto
Pimenta-do-reino moída na hora a gosto

MODO DE PREPARO

Demolhe as postas de bacalhau, limpe-as e lasque. Doure em azeite o alho, a cebola, o louro, o toucinho e a cenoura. Quando a cenoura dourar, tempere com sal e pimenta-do-reino, perfume com o suco de limão-siciliano e reserve.

CREME

Doure em azeite a cebola, o alho e o alho-poró. Adicione o pão embebido no leite, mexa e junte, pouco a pouco, o caldo de bacalhau. Triture o preparado no processador de alimentos até obter um creme homogêneo. Leve de novo ao fogo, tempere com noz-moscada, sal e pimenta-do-reino e ligue com as gemas de ovo, sem talhar.

Misture o bacalhau e a salsa com o preparado, coloque numa assadeira e despeje o creme. Leve ao forno para gratinar e acompanhe com brócolis.

BACALHAU À TIA BEATRIZ

INGREDIENTES

2 kg de bacalhau da Noruega (posta fina)
1,5 kg de batatas cozidas com a casca
500 g de espinafre em folhas
150 ml de azeite extravirgem
3 dentes de alho picados
4 ovos cozidos
3 claras de ovo
2 colheres (sopa) de salsa picada
Sal marinho a gosto
1 colher (café) de pimenta-da-jamaica moída

MODO DE PREPARO

Cozinhe o bacalhau demolhado, lasque-o e reserve. Corte os ovos e as batatas com a casca em rodelas. Num recipiente fundo, disponha em camadas alternadas o bacalhau, as batatas, os ovos e o alho. Perfume com pimenta-da-jamaica e regue com azeite cada uma das camadas. Termine com o espinafre e as claras batidas em neve com uma pitada de sal.
Leve ao forno preaquecido a 180 °C, durante 20 min.

POSTA FINA

BACALHAU À BRUXAS DE VALPAÇOS

INGREDIENTES

1,5 kg de bacalhau da Noruega (desfiado)
1,5 kg de batatas em rodelas finas
450 g de cebola às rodelas
150 g de toucinho de porco caipira picado
200 ml de azeite extravirgem
150 ml de vinagre de vinho branco
5 dentes de alho fatiados
1 folha de louro
3 colheres (sopa) de salsa picada
3 colheres (sopa) de farinha de trigo
Sal marinho a gosto
Pimenta-do-reino moída na hora a gosto

MODO DE PREPARO

Lave o bacalhau várias vezes, até perder o excesso de sal.
Numa panela de barro, coloque, em partes, a cebola, o alho, o bacalhau, a farinha, o toucinho e o louro. Repita este procedimento 3 vezes. Tempere com sal, pimenta-do-reino, vinagre e azeite e leve para cozinhar em fogo brando. Depois de levantar fervura, deixe cozinhar cerca de 15 min, agitando a panela para que não queime. No momento de servir, perfume com a salsa picada.

DESFIADO

BACALHAU COM TOMATE, BATATA-DOCE E HORTELÃ

INGREDIENTES

1,5 kg de bacalhau da Noruega (lombo)
800 g de batata-doce em rodelas finas
250 g de tomate limpo, cortado em quartos
250 g de pimentão vermelho descascado
200 g de cebola em rodelas
3 dentes de alho picados
200 ml de caldo de bacalhau (p. 67)
100 ml de vinho branco
50 ml de azeite extravirgem
1 folha de louro
Sal marinho a gosto
Folhas de hortelã a gosto

MODO DE PREPARO

Coloque o azeite numa panela e sobreponha, em camadas, a batata, a cebola e o alho. Tempere com sal, acrescente depois os pimentões e o tomate e volte a temperar. Adicione o vinho e o caldo. Por fim, sobreponha o bacalhau já demolhado, o louro e a hortelã. Leve para cozinhar em fogo brando. Quando o bacalhau lascar, está pronto para servir.

LOMBO

PENNE DE BACALHAU, RICOTA E COENTRO

INGREDIENTES

1,5 kg de bacalhau da Noruega (posta alta)
500 g de macarrão *penne*
300 g de rúcula
200 g de cebola em cubos
200 g de ricota fresca
150 ml de azeite extravirgem
3 dentes de alho fatiados
2 colheres (sopa) de poejo em folhas
1 colher (sopa) coentro picado
Sal marinho a gosto
Pimenta-do-reino moída na hora a gosto

MODO DE PREPARO

Cozinhe o macarrão em água temperada com sal. Escorra bem e salpique com um fio de azeite. Doure em azeite a cebola e o alho. Junte o bacalhau demolhado, limpo e lascado e o macarrão, envolvendo tudo muito bem. Incorpore a rúcula, a ricota, o coentro, o poejo e retifique os temperos.

Sirva o macarrão em prato fundo.

POSTA ALTA

CEBOLADA DE BACALHAU COM AZEITONAS E ORÉGANO

INGREDIENTES

2 kg de bacalhau da Noruega (lombos)
500 g de cebola em rodelas
200 ml de azeite extravirgem
200 ml de vinho branco
50 ml de vinagre de vinho branco
5 dentes de alho fatiados
1 colher (sopa) de tomate seco picado
1 colher (café) de orégano
Sal marinho a gosto
Pimenta-do-reino moída na hora a gosto

GUARNIÇÃO
800 g de purê de batata
500 g de espinafre em folhas
2 colheres (sopa) de azeitonas pretas picadas

MODO DE PREPARO

Coloque o azeite para aquecer numa panela larga. Core as postas de bacalhau previamente demolhadas do lado da pele, refresque com vinho branco e vire-as. Adicione os ingredientes restantes, tampe e deixe cozinhar lentamente, sem ferver. Na metade do cozimento agite a panela.

GUARNIÇÃO
Aqueça o purê, junte as azeitonas picadas e o espinafre e misture tudo muito bem.

Sirva o bacalhau na panela, para que ele não se desmanche, e acompanhe com o purê.

LOMBO

AÇORDA DE BACALHAU COM BROTOS SALTEADOS

INGREDIENTES

1,5 kg de bacalhau da Noruega (posta fina)
600 g de brotos de couve ou de nabo escaldados
800 g de pão alentejano em cubos
150 ml de caldo de bacalhau
200 ml de vinho branco
150 ml de azeite extravirgem
5 dentes de alho picados
5 gemas de ovo
1 folha de louro
Cominho em grãos a gosto
Salsa a gosto
Sal marinho a gosto
Pimenta-do-reino moída na hora a gosto

MODO DE PREPARO

Cozinhe o bacalhau demolhado em 1,5 l de água e reserve o caldo. Coloque o pão de molho no caldo do bacalhau.
Doure o alho e o cominho em azeite, refresque com o vinho branco e junte o pão.
Salteie o bacalhau em parte do azeite. Em seguida, salteie os brotos com o azeite restante e uma folha de louro e tempere com sal e pimenta-do-reino.
Misture a açorda com os brotos e as gemas de ovo.
Sirva uma porção de açorda em prato fundo, sobreponha o bacalhau lascado e perfume com salsa e azeite.

POSTA FINA

BACALHAU COM GRÃO-DE-BICO E BATATAS COM CASCA

LOMBO

INGREDIENTES

2 kg de bacalhau da Noruega (lombos)
1 kg de batata bolinha com casca
500 g de grão-de-bico cozido
200 g de cebola em rodelas
3 dentes de alho fatiados
1 folha de louro
1 colher (chá) de páprica
1 colher (chá) de gengibre picado
10 folhas de hortelã
2 colheres (sopa) de vinagre de vinho tinto
200 mℓ de azeite extravirgem

MODO DE PREPARO

Depois de demolhado, grelhe o bacalhau, tomando o cuidado de cozinhar primeiro o lado com pele. Vire as postas e termine de cozinhar. Lasque e reserve. Doure a cebola e o alho em azeite, junte o gengibre, o louro e a páprica. Adicione a batata e o grão-de-bico. Misture bem, junte a hortelã e tampe durante 5 min. Deixe ferver.

Coloque o preparado anterior numa forma, sobreponha o bacalhau lascado e perfume com o azeite restante e o vinagre. Pode acompanhar com couve-portuguesa salteada.

BACALHAU ASSADO, BATATA ASSADA E CEBOLADA DE LIMÃO-SICILIANO

POSTA ALTA

INGREDIENTES

2 kg de bacalhau da Noruega (posta alta)
Salsa a gosto
Azeite a gosto

CEBOLADA
200 g de cebola fatiada
150 mℓ de azeite extravirgem
150 mℓ de suco de limão-siciliano
3 dentes de alho fatiados
1 folha de louro
Sal marinho a gosto

GUARNIÇÃO
1,5 kg de batata bolinha
500 g de sal marinho

MODO DE PREPARO

Comece demolhando o bacalhau. Grelhe primeiro do lado da pele, vire as postas e grelhe ligeiramente.

CEBOLADA
Doure a cebola em azeite, juntamente com o alho, o louro e o suco de limão-siciliano. Por fim, retifique os temperos.

GUARNIÇÃO
Lave as batatas e disponha-as numa assadeira. Polvilhe com o sal e umas gotas de água, e leve ao forno a 180 °C, durante cerca de 45 min.

Perfume o bacalhau com salsa e azeite e sirva acompanhado das batatas e da cebolada.

RECEITAS DE FAMÍLIA

BACALHAU À MARGARIDA DA PRAÇA

POSTA FINA

INGREDIENTES

10 postas finas de bacalhau da Noruega
1,5 kg de batatas próprias para cozinhar
500 g de cebola em rodelas
200 ml de azeite extravirgem
200 ml de vinho branco
Vinagre de vinho tinto a gosto
6 dentes de alho fatiados
3 colheres (sopa) de cebolinha picada
Sal marinho a gosto
Pimenta-do-reino em grãos a gosto

MODO DE PREPARO

Demolhe o bacalhau e grelhe-o na brasa com a pele para baixo. Vire e grelhe ligeiramente. Lasque e reserve.
Cozinhe as batatas com casca em água e sal. Depois de cozidas, retire a casca e corte-as em rodelas. Reserve.
Numa panela tampada, cozinhe em fogo brando a cebola e o alho temperados com sal e pimenta-do-reino e deixe ferver um pouco. Quando a cebola estiver dourada, retire a metade do preparado e reserve. Refresque o restante com vinho branco e deixe levantar fervura, triturando, em seguida, o preparado. Reserve.

Coloque as batatas em rodelas no centro da travessa, regue com o preparado triturado, coloque o bacalhau em cima e, por fim, o preparado da cebola e do alho. Aromatize o prato com o azeite, o vinagre de vinho tinto e a cebolinha picada.

ARROZ DE BACALHAU COM LENTILHAS

INGREDIENTES

1,5 kg de bacalhau da Noruega (posta fina)
500 g de arroz carolino
150 g de cebola picada
4 dentes de alho picados
50 g de talo salsão (aipo) picado
150 g cubos de abobrinha
300 g de lentilhas cozidas
200 g de tomate sem pele picado
100 ml de azeite extravirgem
250 ml de vinho branco seco
1,5 l de caldo de bacalhau (p. 67)
1 colher (chá) de folhas de alecrim
2 colheres (sopa) de cebolinha picada
Sal marinho a gosto
Pimenta-do-reino moída na hora a gosto

MODO DE PREPARO

Limpe as postas de bacalhau previamente demolhadas, retirando a pele e as espinhas, e lasque.
Em azeite, doure a cebola, o salsão e o alho. Adicione o arroz e o tomate. Refresque com vinho branco e reduza o fogo. Acrescente o caldo de bacalhau e deixe ferver.
Na metade do cozimento, junte as lentilhas e o alecrim. Somente quando o arroz estiver no final do cozimento, junte o bacalhau, a abobrinha e a cebolinha. Retifique os temperos.
Por fim, perfume com um fio de azeite.

POSTA FINA

BACALHAU À ALHO E ÓLEO

INGREDIENTES

10 postas altas de bacalhau da Noruega
600 g de vagem
400 g de couve-flor
400 g de minicebolas
300 g de cenouras
2 batatas cozidas
100 ml de óleo de amendoim ou canola
100 ml de azeite extravirgem
50 ml de suco de limão-siciliano
5 ovos cozidos
3 dentes de alho picados
2 gemas de ovo
2 colheres (sopa) de salsa picada
Sal marinho a gosto
Pimenta-do-reino moída na hora a gosto

MODO DE PREPARO

Coloque o bacalhau demolhado para cozinhar em água com as minicebolas. Quando levantar fervura, deixe no fogo por 2 min a 3 min, e reserve na água do cozimento.
Cozinhe os legumes em água e sal nesta ordem: cenouras, couve-flor e vagem. Reserve.
Junte o alho picado, as gemas e as duas batatas cozidas. Misture muito bem e adicione o azeite e o óleo, pouco a pouco, em fio. Tempere com sal, pimenta-do-reino e suco de limão-siciliano. Sirva o bacalhau com os legumes cozidos e os ovos cortados em meias-luas, e acompanhe com o molho aromatizado com salsa.

POSTA ALTA

BACALHAU FRESCO COM MOLHO DE *CURRY* E FRUTAS TROPICAIS

INGREDIENTES

1,8 kg de bacalhau fresco da Noruega (lombos)
200 g de abacaxi em cubos
200 g de maçã verde em cubos
200 g de manga verde em cubos
150 g de cebola picada
200 ml de caldo de peixe (p. 76)
100 ml de vinho branco seco
100 ml de azeite extravirgem
200 ml de creme de leite fresco
4 dentes de alho picados
1 folha de louro
2 colheres (sopa) de *curry*
2 colheres (sopa) de cebolinha picada
Sal marinho a gosto
Pimenta-do-reino moída na hora a gosto

MODO DE PREPARO

Faça um refogado em azeite com os seguintes ingredientes: alho, cebola, abacaxi, manga, maçã e louro (adicionados nesta ordem). Deixe dourar e molhe com o vinho branco e o caldo de peixe. Deixe ferver por 3 min a 4 min, junte o *curry* e deixe ferver de novo. Adicione o creme de leite, deixe reduzir e retifique os temperos. Coloque o bacalhau numa assadeira e despeje o molho de *curry*. Leve ao forno preaquecido a 180 °C durante 12 min. Perfume o preparado com cebolinha picada e acompanhe com arroz branco.

BACALHAU COZIDO COM BRÓCOLIS E COUVE-FLOR

INGREDIENTES

2 kg de bacalhau da Noruega (posta alta)
250 g de cebola picada
5 dentes de alho fatiados
150 ml de vinho verde seco
100 ml de azeite extravirgem
2 folhas de louro
2 colheres (sopa) de salsa picada
Pimenta-do-reino moída na hora a gosto
Vinagre balsâmico

GUARNIÇÃO
700 g de brócolis
700 g de couve-flor
Sal marinho a gosto

MODO DE PREPARO

Cozinhe em fogo muito brando, o bacalhau previamente demolhado coberto com o vinho verde, juntamente com a cebola, o alho, o louro, a pimenta-do-reino e o azeite. Quando levantar fervura, deixe no fogo por 2 min a 3 min e adicione a salsa e o vinagre balsâmico.

GUARNIÇÃO
Cozinhe os brócolis e a couve-flor em água e sal.

Retire do fogo e sirva o bacalhau com os brócolis e a couve-flor.

POSTA ALTA

BACALHAU PIL-PIL

INGREDIENTES

10 postas finas de bacalhau da Noruega
10 dentes de alho fatiados
300 ml de azeite extravirgem
350 ml de água fria
3 colheres (sopa) de salsa picada
Malaguetas frescas a gosto
Sal marinho a gosto

MODO DE PREPARO

Leve o bacalhau previamente demolhado ao fogo, com água, e deixe cozinhar lentamente. Verifique a formação de uma espuma branca e retire do fogo. Escorra e deixe esfriar. Retire a pele e as espinhas do bacalhau, lasque e reserve. Leve as espinhas com a água do cozimento novamente ao fogo e deixe reduzir a dois terços. Reserve.

Coloque o alho para dourar em metade do azeite. Escorra o alho e reserve o azeite. Junte o alho e as malaguetas esmagadas com a água do cozimento.

Numa caçarola, coloque a pele do bacalhau, regue com o azeite aromatizado com o alho e deixe aquecer em fogo brando. Adicione a mistura das malaguetas e o azeite restante. Mexa lentamente até que o molho comece a engrossar. Junte o bacalhau e a salsa picada. Retifique temperos.

Sirva acompanhado com batatas cozidas.

POSTA FINA

BATATAS GRATINADAS COM QUEIJO DA ILHA E BACALHAU

POSTA ALTA

INGREDIENTES

- 2 kg de bacalhau da Noruega (posta alta)
- 150 g de cebola fatiada
- 100 g de cebola picada
- 3 dentes de alho picados
- 3 dentes de alho fatiados
- 150 g de pimentões descascados e cortados em cubos
- 2 folhas de louro
- 100 ml de vinho licoroso do Pico
- 30 ml de vinagre de vinho branco
- 2 colheres (sopa) de salsa
- 150 ml de azeite extravirgem
- 1,5 kg de batatas
- 150 g de queijo da ilha
- Noz-moscada a gosto
- Pimenta-do-reino moída na hora a gosto

MODO DE PREPARO

Coloque numa assadeira o bacalhau demolhado, temperado com 100 ml de azeite, cebola, alho fatiado, pimenta-do-reino e louro. Cubra com papel-alumínio e leve ao forno a 150 °C, durante cerca de 25 min. Retire a pele e as espinhas do bacalhau e lasque, reservando o resultado do assado e a pele do bacalhau.

Refogue no azeite restante a cebola e o alho picados, a pele do bacalhau picada, os pimentões e a noz-moscada. Deixe dourar, molhe com o vinho e deixe ferver 4 min. Adicione a salsa, o vinagre e o bacalhau com o resultado do assado. Retifique os temperos.

Cozinhe as batatas e corte-as em rodelas.

Numa assadeira, disponha uma camada de batatas, o preparado do bacalhau, batatas de novo e termine com o queijo da ilha, levando ao forno para gratinar.

ESPAGUETINHO DE OVOS SALTEADO COM BACALHAU, AZEITONA E SALSA FRESCA

POSTA ALTA

INGREDIENTES

1,5 kg de bacalhau da Noruega (posta alta)
800 g de espaguetinho fresco
300 g de favas sem pele
250 g de cebola em cubos
200 g de linguiça portuguesa picada
100 g de azeitona preta seca picada
150 ml de azeite extravirgem
10 folhas de hortelã
5 dentes de alho picados
2 colheres (sopa) de salsa em folhas
Pimenta-do-reino moída na hora a gosto
Sal marinho a gosto

MODO DE PREPARO

Depois de demolhado, limpe o bacalhau, lasque e reserve. Cozinhe o macarrão em água a fervente temperada com sal. Escorra e regue com um fio de azeite.
Salteie o chouriço em azeite e junte as favas, a cebola, o alho, as azeitonas e a hortelã. Adicione o macarrão e o bacalhau e retifique os temperos. Perfume com a salsa em folhas.

Sirva em prato fundo.

BACALHAU FRITO COM ARROZ DE TOMATE E FEIJÃO VERMELHO

LOMBO

INGREDIENTES

BACALHAU
10 lombos de bacalhau da Noruega
3 ovos batidos
Farinha de trigo
Óleo de amendoim

ARROZ DE TOMATE E FEIJÃO VERMELHO
500 g de arroz carolino
350 g de feijão vermelho cozido
300 g de tomate sem pele, em cubos
150 g de cebola picada
3 dentes de alho picados
100 ml de azeite extravirgem
100 g de toucinho de porco caipira
200 g de agrião em folhas
2 colheres (sopa) de salsa picada
100 ml de vinho branco
1,5 l de caldo de bacalhau (p. 67)
Sal marinho a gosto
Pimenta-do-reino moída na hora a gosto

MODO DE PREPARO

BACALHAU
Demolhe os lombos e divida-os ao meio. Passe na farinha e no ovo batido. Frite em óleo quente. Escorra sobre papel absorvente e reserve.

ARROZ DE TOMATE E FEIJÃO VERMELHO
Doure o toucinho em azeite, adicione a cebola e o alho. Junte o feijão e o tomate. Deixe cozinhar cerca de 8 min. Molhe com vinho branco, junte o arroz e o caldo de bacalhau.
Cozinhe o arroz tampado, em fogo brando. Na metade do cozimento tempere com sal e pimenta-do-reino e, quando estiver cozido, perfume com a salsa e o agrião em folhas. Deixe repousar 5 min antes de servir com o bacalhau.

RECEITAS DE FAMÍLIA

CALDEIRADA DE BACALHAU, BATATA-DOCE ASSADA E FOLHAS DE SALSA

POSTA ALTA

INGREDIENTES

2 kg de bacalhau da Noruega (posta alta)

MOLHO
100 g de barriga de porco
6 dentes de alho fatiados
250 g de cebola fatiada
300 g de tomate sem pele, em gomos
300 g de pimentão vermelho sem pele fatiado
200 mℓ de vinho branco
200 mℓ de caldo de bacalhau (p. 67)
50 mℓ de azeite extravirgem
1 folha de louro
Pimenta-do-reino moída na hora a gosto
Sal marinho a gosto

GUARNIÇÃO
1,5 kg de batata-doce
Salsa em folha a gosto
Hortelã em folhas a gosto
Azeite extravirgem
Sal marinho a gosto

MODO DE PREPARO

MOLHO
Coloque o toucinho para derreter em azeite, junte pimentão, alho, cebola e louro. Molhe com vinho branco e deixe ferver, juntando o caldo de bacalhau. Quando levantar fervura, adicione o tomate e deixe cozinhar por uns min. Tempere com sal e pimenta-do-reino.

GUARNIÇÃO
Tempere a batata-doce com sal e leve para assar em azeite, em forno preaquecido a 180 °C durante 1 h. Retire a pele e reserve.

Coloque a batata-doce em rodelas no fundo da assadeira, sobreponha o bacalhau demolhado e cortado em cubos grandes, uma porção de molho e leve ao forno preaquecido a 150° C, por 25 min. Perfume com folhas de salsa e hortelã e sirva.

BACALHAU GRELHADO COM BATATA-DOCE ASSADA E CEBOLADA DE LARANJA

POSTA ALTA

INGREDIENTES

BACALHAU
2 kg de bacalhau da Noruega (posta alta)
100 ml de azeite extravirgem

CEBOLADA
200 g de cebola fatiada
3 dentes de alho fatiados
150 ml de azeite extravirgem
150 ml de suco de laranja
1 folha de louro
Tomilho-limão a gosto
Sal marinho a gosto
Pimenta-do-reino moída na hora a gosto

GUARNIÇÃO
1,5 kg de batata-doce cozida, em rodelas
2 colheres (sopa) de cebolinha picada

MODO DE PREPARO

BACALHAU
Demolhe o bacalhau e grelhe o lado da pele. Vire a posta e grelhe ligeiramente. Lasque o bacalhau e tempere com azeite.

CEBOLADA
Doure a cebola em azeite, com o alho, o louro, e o tomilho, e refresque com suco de laranja. Deixe cozinhar em fogo brando e tempere com sal e pimenta-do-reino.

GUARNIÇÃO
Num refratário coloque as batatas, sobreponha o bacalhau, a cebolada e leve ao forno preaquecido a 180 °C, durante 5 min.

Perfume com a cebolinha no momento de servir.

ENSOPADO DE BACALHAU COM HORTELÃ E POEJO

POSTA ALTA

INGREDIENTES

ENSOPADO
1,8 kg de bacalhau da Noruega (posta alta)
250 g de tomate sem pele, em cubos
150 g de cebola picada
50 g de toucinho defumado em nacos
300 ml de caldo de bacalhau (p. 67)
100 ml de azeite extravirgem
50 ml de vinho branco
10 folhas de hortelã
4 dentes de alho fatiados
3 dentes de alho picados
1 cebola média em rodelas
1 pimentão verde médio, descascado e em juliana
1 pimentão vermelho descascado em cubos
2 colheres (sopa) de poejo
Pimenta-do-reino moída na hora a gosto
Louro a gosto
Sal marinho a gosto

BATATAS ASSADAS
1,5 kg de batata bolinha com casca
50 ml de azeite extravirgem
50 ml de vinho branco
Sal marinho a gosto
Tomilho fresco em folhas a gosto

MODO DE PREPARO

ENSOPADO
Doure o toucinho em azeite, junte o alho picado e a cebola picada, adicione o pimentão vermelho e o tomate. Deixe dourar, molhe com o vinho branco e deixe ferver 5 min a 6 min.
Triture o preparado no liquidificador e leve de novo ao fogo. Quando levantar fervura, junte o bacalhau previamente demolhado e cortado em cubos, a cebola fatiada, o alho fatiado, o pimentão verde e os ingredientes restantes, com exceção das ervas. Tampe e deixe cozinhar em fogo muito brando por cerca de 15 min. Por fim, retifique os temperos, adicione as ervas aromáticas e ferva por mais 2 min.

BATATAS ASSADAS
Disponha as batatas numa assadeira, tempere com sal, tomilho, vinho branco e azeite. Cubra com papel-alumínio e leve ao forno preaquecido a 150 °C, durante cerca de 1h30.

Sirva o ensopado sobre as batatas assadas.

BACALHAU AO FORNO, CREME DE BERINJELA, SALADA DE GRÃO-DE-BICO, OVO E SALSA

POSTA ALTA

INGREDIENTES

BACALHAU
10 postas altas de bacalhau da Noruega
2 berinjelas em metades
5 dentes de alho fatiados
200 g de cebola picada
200 g de grão-de-bico cozido
100 mℓ de vinho branco
Azeite extravirgem a gosto
1 colher (sopa) de gengibre picado
50 g de farinha de mandioca

SALADA
1 kg de grão-de-bico cozido
5 ovos cozidos picados
50 g de cebola picada
10 g de alho picado
100 mℓ de azeite extravirgem
3 colheres (sopa) de salsa picada
Vinagre de vinho branco
Cominho moído a gosto
Flor de sal a gosto

MODO DE PREPARO

BACALHAU
Faça uns cortes em losango na berinjela. Tempere com sal e um fio de azeite. Leve para assar a 150 °C durante 35 min. Coloque numa assadeira o miolo da berinjela, o grão-de-bico, a cebola, o alho, o gengibre, o vinho branco e um fio de azeite. Leve de novo ao forno a 150 °C durante 30 min. Coloque o bacalhau previamente demolhado sobre o preparado, cubra com papel-alumínio e leve novamente ao forno por 25 min.
Triture o resultado do assado, lasque o bacalhau e reserve.

No momento de servir coloque as lascas de bacalhau numa assadeira, o resultado do assado triturado, polvilhe com farinha de mandioca e leve para gratinar.

SALADA
Salteie em azeite a cebola, o alho e o cominho. Junte o grão-de-bico e, por fim, o ovo. Perfume com vinagre, salsa e flor de sal.

BACALHAU GRELHADO E SALADA MORNA DE BATATA

POSTA ALTA

INGREDIENTES

BACALHAU
10 postas altas de bacalhau da Noruega
50 ml de azeite extravirgem

SALADA
1 kg de brotos de couve ou de nabo escaldados
50 ml de azeite extravirgem
1,5 kg de batata cozida com casca
50 ml de azeite de alho (p. 530)
200 g de cebola picada
Salsa picada a gosto
Sal marinho a gosto
Pimenta-do-reino moída na hora a gosto

MODO DE PREPARO

BACALHAU
Comece grelhando o bacalhau demolhado do lado da pele, até ficar dourada. Pincele com o azeite.

SALADA
Salteie os brotos em azeite, aromatize com azeite de alho e junte as batatas sem casca, cortadas em rodelas. Misture tudo muito bem, retifique os temperos e adicione a cebola picada. Polvilhe com salsa picada.

BACALHAU GRATINADO COM MAIONESE E MOLHO DE TOMATE

POSTA FINA

INGREDIENTES

BACALHAU
10 postas finas de bacalhau da Noruega
3 ovos
100 g de farinha de rosca
Óleo de amendoim

MOLHO DE TOMATE
500 g de tomate maduro, fresco e sem pele
100 ml de azeite extravirgem
300 ml de vinho branco
4 dentes de alho picados
3 colheres (sopa) de coentro picado
Sal marinho a gosto
Pimenta-do-reino em grãos a gosto

PURÊ DE BATATA
1,5 kg de batatas em cubos
5 dentes de alho fatiados
100 g de cebola picada
80 g de alho-poró em cubos
8 ml de leite
100 ml de azeite extravirgem
Sal marinho a gosto
Pimenta-do-reino a gosto
Noz-moscada a gosto

MAIONESE
1 l de óleo de amendoim ou canola
1 colher (chá) de mostarda de Dijon
1 gema de ovo
2 ovos
100 ml de suco de limão-siciliano
Sal marinho a gosto
Pimenta-do-reino moída na hora a gosto

MODO DE PREPARO

BACALHAU
Escalde as postas de bacalhau demolhadas em água fervente, lasque-as e seque-as. Em seguida, passe as lascas no ovo e na farinha de rosca e frite no óleo quente. Reserve sobre papel absorvente.

MOLHO DE TOMATE
Salteie o tomate com o azeite e o alho, refresque com o vinho branco e deixe cozinhar em fogo brando. Tempere com sal, pimenta-do-reino e coentro, e deixe apurar. Triture no liquidificador e reserve.

PURÊ DE BATATA
Prepare um fundo com azeite, alho, cebola, alho-poró. Junte a batata e deixe suar. Adicione o leite, reduza o fogo e deixe cozinhar lentamente. Quando a batata estiver cozida, passe no espremedor e tempere com sal, pimenta-do-reino e noz-moscada.

MAIONESE
Numa tigela misture a gema e os ovos, a mostarda, o suco de limão-siciliano, sal e pimenta-do-reino. Incorpore o óleo lentamente, batendo simultaneamente. Se a maionese estiver muito espessa, misture um pouco de suco de limão-siciliano.

Com a ajuda de um saco de confeiteiro, coloque porções de purê de batata numa assadeira, separadas por 1 cm. Sobreponha o bacalhau e cubra as lascas com umas colheres de sobremesa de maionese. Leve ao forno para gratinar. Acompanhe com o molho de tomate e aromatize com o coentro.

PANELA DE BACALHAU DA AVÓ ZAZÁ

POSTA ALTA

INGREDIENTES

1,5 kg de bacalhau da Noruega (posta alta)
300 g de camarão 36/40 descascado
300 g de cebola picada
200 g de tomate sem pele, em cubos
150 g de pimentão vermelho sem pele, em cubos
200 mℓ de leite de coco
200 mℓ de caldo de bacalhau (p. 67)
150 mℓ de azeite extravirgem
100 mℓ de vinho branco
4 dentes de alho picados
6 ovos
1 colher (chá) de amido de milho
3 colheres (sopa) de coentro picado
Sal marinho a gosto
Pimenta-do-reino moída na hora a gosto

MODO DE PREPARO

Comece demolhando o bacalhau. Retire a pele e as espinhas e lasque. Numa panela de barro, doure em azeite a cebola e o alho. Adicione os pimentões e molhe com o vinho branco e o caldo de bacalhau. Deixe cozinhar e retifique os temperos.
Junte depois o leite de coco e deixe cozinhar mais 5 min ou 6 min.
Adicione ao preparado o camarão previamente temperado, assim como o tomate, o bacalhau e o coentro. Bata os ovos como amido de milho, coloque sobre o preparado e leve ao forno para gratinar.

RECEITAS DE FAMÍLIA

BACALHAU À BRÁS

DESFIADO

INGREDIENTES

1,5 kg de bacalhau da Noruega (desfiado)
800 g de batatas cortadas em palha
400 g de cebola em rodelas
50 ml de azeite extravirgem
8 ovos
1 dente de alho picado
Azeitonas pretas a gosto
Salsa picada a gosto
Pimenta-do-reino moída na hora a gosto
Sal marinho a gosto
Óleo de amendoim

MODO DE PREPARO

Lave o bacalhau várias vezes até retirar o excesso de sal. Tire a pele e as espinhas do bacalhau e desfie-o com as mãos.

Frite as batatas em óleo bem quente, até dourarem ligeiramente e escorra-as sobre papel absorvente. Nesse meio-tempo, leve ao fogo uma panela de fundo espesso com o azeite, a cebola e o alho e deixe refogar lentamente até que a cebola cozinhe. Junte, então, o bacalhau desfiado e mexa com uma colher de pau para que o bacalhau fique bem impregnado de gordura.

Junte as batatas ao bacalhau e, com a panela no fogo, despeje os ovos ligeiramente batidos e temperados com sal e pimenta-do-reino. Mexa com um garfo e, logo que os ovos estejam em creme, mas cozidos, retire a panela do fogo e adicione as azeitonas e a salsa.

PALITOS DE BACALHAU COM MIGAS DE FEIJÃO-FRADINHO E EMULSÃO DE TOMATE

LOMBO

INGREDIENTES

BACALHAU
1,8 kg de bacalhau da Noruega (lombo)
Alecrim em pó a gosto
1 colher (sopa) de vinagre de vinho branco
Pimenta-do-reino moída na hora a gosto
Farinha de milho
100 ml de azeite extravirgem

GUARNIÇÃO
350 g de feijão-fradinho cozido
250 g de cebola roxa em meias-luas
8 dentes de alho fatiados
800 g de couve-portuguesa
350 g de broa de milho portuguesa esfarelada
50 ml de azeite extravirgem
Sal marinho a gosto
Pimenta-do-reino moída na hora a gosto

EMULSÃO
400 g de tomate sem pele
3 dentes de alho picados
100 ml de azeite extravirgem
Sal marinho a gosto

MODO DE PREPARO

BACALHAU
Tempere os lombos de bacalhau previamente demolhados com vinagre e pimenta moída. Passe na farinha de milho misturada com o alecrim em pó e frite em azeite.

GUARNIÇÃO
Corte a couve-portuguesa em juliana grosseira e escalde em água temperada com sal. Esfrie de imediato em água e gelo, escorra bem e reserve. Prepare um fundo em azeite com a cebola roxa e o alho. Junte o feijão-fradinho, a couve e a broa de milho esfarelada. Retifique os temperos.

EMULSÃO
Coloque o tomate numa assadeira, tempere com 30 ml de azeite e alho picado e leve para assar em forno quente. Tempere com sal e emulsione no liquidificador com o azeite restante.

BACALHAU FRESCO COM AMÊIJOAS E BOLINHOS DE MILHO

INGREDIENTES

1,8 kg de bacalhau da Noruega fresco (lombos)
800 g de amêijoa
500 g de tomate em cubos
300 g de cebolas novas cortadas em quartos
12 dentes de alho fatiados
500 ml de espumante
500 ml de caldo de peixe (p. 76)
200 ml de azeite extravirgem
10 colheres (chá) de poejo em folhas
Sal marinho a gosto
Pimenta-do-reino moída na hora a gosto

BOLINHOS DE MILHO
750 g de farinha de milho
300 g de mandioca
300 g de batata-doce
15 g de sal marinho
2 dentes de alho
1 l de água
4 colheres (sopa) de manteiga
Óleo de amendoim ou canola para fritar

MODO DE PREPARO

Tempere o bacalhau com sal e pimenta-do-reino moída e core em azeite do lado da pele. Quando a pele corar, vire-o, junte o alho, o tomate e as cebolas novas. Molhe com espumante e caldo de peixe e junte as folhas de poejo e as amêijoas. Tampe e leve ao forno para terminar.

BOLINHOS DE MILHO
Cozinhe a mandioca, a batata-doce e o alho em água temperada com sal. Escorra bem, passe no espremedor e leve para secar no forno preaquecido a 150 °C durante 15 min.
Dilua a metade da farinha de milho em um pouco de água fria e leve ao fogo o restante da água, temperada com sal e manteiga. Quando levantar fervura, incorpore a farinha diluída e deixe ferver, mexendo sempre. Junte, pouco a pouco, a farinha restante e incorpore depois o purê de batata e mandioca.
Espalhe o preparado numa forma rasa untada com azeite e deixe esfriar. Depois de frio, corte em quadrados e frite em óleo.

Sirva o milho em prato fundo e sobreponha o bacalhau e a guarnição. Regue com o caldo resultante e perfume com poejo fresco.

PAELLA DA TERRA DE BACALHAU

INGREDIENTES

1 kg de bacalhau da Noruega (posta alta)
500 g de *confit* de línguas de bacalhau (p. 70)
400 g de castanhas-portuguesas
500 g de arroz bomba
200 g de cebola picada
200 g de tomates sem pele, em cubos
200 g de aspargos verdes escaldados e descascados
200 g de favas sem pele
200 g de cogumelos drenados cortados em quatro
150 g de pimentão vermelho fatiado
150 g de ervilhas
50 g de *bacon* em juliana
50 g de cebolete fatiada
Azeite extravirgem a gosto
1,8 ℓ de caldo de bacalhau (p. 67)
5 dentes de alho fatiados
3 colheres (sopa) de salsa picada
Açafrão a gosto
Malagueta a gosto
Sal marinho a gosto

MODO DE PREPARO

Comece demolhando as postas de bacalhau. Limpe a pele e as espinhas e lasque. Doure em azeite o alho, cebola e o *bacon*. Junte o pimentão, o tomate e deixe cozinhar por uns minutos. Adicione depois o arroz, as línguas, o caldo, o açafrão, a malagueta, e deixe levantar fervura. Junte os aspargos, a cebolete, os cogumelos, as favas, as ervilhas, as castanhas e as lascas. Tempere com sal e leve ao forno para terminar o cozimento. Ao servir, perfume com salsa picada.

LÍNGUAS E POSTA ALTA

BACALHAU DE CALDEIRADA DA TIA ALICE

POSTA ALTA

INGREDIENTES

MASSA DE PÃO
500 g de farinha de trigo
Água

CALDEIRADA
2 kg de bacalhau da Noruega (posta alta)
350 g de cebola em rodelas
300 g de tomate sem pele, em juliana
50 g de toucinho defumado em naco
0,5 l de vinho branco
200 ml de suco fresco de tomate
100 ml de azeite extravirgem
10 folhas de hortelã
4 dentes de alho fatiados
1 pimentão vermelho descascado em juliana
1 folha de louro
2 colheres (sopa) de salsa em folhas
Páprica a gosto
Sal marinho a gosto
Pimenta-do-reino moída na hora a gosto

BATATAS-DOCES ASSADAS
1,5 kg de batata-doce com casca
Tomilho fresco em folhas a gosto
Sal marinho a gosto

MODO DE PREPARO

MASSA DE PÃO
Junte um pouco de água à farinha e amasse. Vá adicionando mais água à medida que a farinha for se tornando uma pasta homogênea com uma textura de massa de pão. Reserve.

CALDEIRADA
Doure em azeite o toucinho, junte o alho e a cebola, o pimentão, o tomate, o vinho branco e o suco de tomate. Quando levantar fervura, coloque o bacalhau demolhado e cortado em cubos, as especiarias e as ervas aromáticas. Tampe a panela e contorne as bordas com a massa de pão para lacrá-la. Leve para cozinhar durante aproximadamente 20 min em fogo muito brando.

BATATAS-DOCES ASSADAS
Lave as batatas, disponha-as numa assadeira, tempere-as com sal e tomilho e tape com papel-alumínio. Leve ao forno a 150 °C por cerca de 1h30. Retire as batatas do papel-alumínio, abra-as ao meio e sirva como acompanhamento da caldeirada.

BACALHAU FRESCO DE VINHA-D'ALHOS, ARROZ DE TOMATE E CEREJAS

INGREDIENTES

BACALHAU
2 kg de bacalhau fresco da Noruega (postas)
300 ml de vinho branco
100 ml de azeite extravirgem
6 dentes de alho fatiados
4 folhas de louro
Salsa a gosto
Sal marinho a gosto
Pimenta-do-reino moída na hora a gosto
Farinha de trigo
Óleo de amendoim

ARROZ
600 g de tomate sem pele
500 g de arroz carolino
250 g de cereja descaroçada
150 g de cebola picada
80 g de bacon
1,5 l de caldo de galinha (p. 78)
300 ml de suco de tomate
100 ml de vinho branco
50 ml de azeite extravirgem
4 dentes de alho fatiados
3 colheres (sopa) de cebolinha picada
Sal marinho a gosto
Pimenta-do-reino moída na hora a gosto

MODO DE PREPARO

BACALHAU
Coloque o bacalhau para marinar numa vinha-d'alhos com todos os ingredientes, durante 20 min a 30 min. Passe-o depois na farinha de trigo e frite em óleo.

ARROZ
Prepare um fundo em azeite com *bacon*, alho e cebola. Molhe com vinho branco, deixe ferver e adicione o tomate sem pele, o suco de tomate e as cerejas. Tampe e deixe cozinhar por uns minutos. Junte o caldo de galinha e, quando levantar fervura, adicione o arroz. Deixe cozinhar em fogo brando. Retifique os temperos e perfume com cebolinha.

Acompanhe o bacalhau com o arroz.

FEIJOADA DE BUCHO DE BACALHAU COM MALAGUETA E COENTRO

BUCHO

INGREDIENTES

BUCHO
2 kg de bucho de bacalhau da Noruega
1 cebola inteira
2 cabeças de cravo-da-índia
1 ramo de salsa
1 folha de louro
5 bagas de pimenta-do-reino em grãos
100 ml de cerveja
Sal marinho a gosto
Água

FEIJOADA
50 ml de azeite extravirgem
6 dentes de alho fatiados
150 g de cebola picada
100 ml de vinho branco
400 g de tomate sem pele e sem sementes
150 g de nabo em cubos
300 g de cenoura em cubos
Água de cozimento do bucho de bacalhau
1 kg de feijão branco cozido
2 malaguetas
Sal marinho a gosto
Pimenta-do-reino moída na hora a gosto
Coentro picado a gosto

MODO DE PREPARO

BUCHO
Cozinhe o bucho demolhado em água aromatizada com cebola, cravo-da-índia, cerveja, salsa, louro, sal marinho e pimenta-do-reino em grãos. Depois de cozido, escorra e corte-o em pedaços. Coe a água do cozimento e reserve.

FEIJOADA
Prepare um fundo em azeite com alho e cebola. Molhe com vinho branco e junte o tomate, a cenoura, o nabo e a malagueta, deixando cozinhar por instantes. Adicione o bucho do preparado anterior e deixe suar. Molhe com um pouco da água do cozimento. Coloque agora o feijão previamente cozido e retifique os temperos, levando em conta que a água de cozimento já tem sal.

Sirva a feijoada em prato fundo, ou em panela própria para ir à mesa, e aromatize com coentro picado.

RECEITAS DE FAMÍLIA

BACALHAU À GOMES DE SÁ

INGREDIENTES

1,5 kg de bacalhau da Noruega (posta alta)
1,5 kg de batata
400 g de cebola em rodelas
100 g de azeitona preta picada
1,2 l de leite
350 ml de azeite extravirgem
5 ovos cozidos, em rodelas
2 dentes de alho fatiados
Salsa picada a gosto
Pimenta-do-reino moída na hora a gosto
Sal marinho a gosto

MODO DE PREPARO

Coloque o bacalhau demolhado numa panela e escalde-o em água fervente. Tampe, abafe com um cobertor e deixe descansar durante 20 min. Escorra o bacalhau, retire a pele e as espinhas e desfaça-o em lascas. Coloque as lascas num recipiente fundo, cubra-as com leite bem quente e deixe ficar em infusão de 1h30 a 3 h.

Cozinhe as batatas com casca, retire a casca e corte em rodelas. Numa panela, doure ligeiramente o alho e a cebola em azeite, junte as batatas e o bacalhau escorrido. Mexa tudo ligeiramente, mas sem deixar refogar e tempere com sal e pimenta-do-reino. Coloque o preparado imediatamente numa assadeira de barro e leve ao forno bem quente durante 10 min.

Sirva na assadeira em que foi ao forno, polvilhado com salsa picada, e guarneça com rodelas de ovo cozido e azeitonas pretas.

POSTA ALTA

BACALHAU DA AVÓ TEMBE

LOMBO

INGREDIENTES

MOLHO
1 ℓ de caldo de bacalhau (p. 67)
200 mℓ de vinho branco
50 mℓ de azeite extravirgem
300 g de tomate sem pele, em gomos
300 g de cebola picada
200 g de pimentão vermelho sem pele, em cubos
4 dentes de alho picados
Sal marinho a gosto
Pimenta-do-reino moída na hora a gosto

GUARNIÇÃO
2 kg de bacalhau da Noruega (lombos)
300 g de abacaxi em cubos grandes
300 g de manga em cubos grandes
200 g de tomate sem pele, em cubos
100 g de pimentão vermelho em cubos
100 g de cebola em cubos
3 colheres (sopa) de coentro em juliana
1 colher (chá) de gengibre picado
1 colher (chá) de malagueta fresca picada
Azeite extravirgem a gosto

MODO DE PREPARO

Comece demolhando o bacalhau. Doure em azeite, o alho, a cebola e o pimentão. Molhe com o vinho branco, deixe ferver e adicione o tomate. Depois de apurar, junte o caldo de bacalhau e deixe ferver de novo. Retire o preparado do fogo, triture-o no liquidificador e passe por um *chinois* de forma a obter um creme homogêneo. Leve-o de novo ao fogo e tempere com sal e pimenta-do-reino. Quando levantar fervura, junte todos os ingredientes da guarnição, exceto o bacalhau e o coentro. Deixe ferver 10 min a 12 min, adicione o bacalhau e o coentro e sirva em seguida. Acompanhe com mandioca cozida.

BACALHAU FRESCO CORADO, BATATAS COM PIMENTÕES E TOMATES NO FORNO E EMULSÃO DE VÔNGOLE

INGREDIENTES

1,8 kg de bacalhau fresco da Noruega (lombos)
Azeite extravirgem a gosto
Sal marinho a gosto
Pimenta-do-reino moída na hora a gosto

BATATAS
1,5 kg de batata fatiada
180 g de cebola fatiada
180 g de tomate sem pele, em cubos
100 g de pimentão sem pele, em juliana
150 ml de caldo de peixe (p. 76)
100 ml de vinho branco
100 ml de azeite extravirgem
4 dentes de alho fatiados
Sal marinho a gosto
Pimenta-do-reino moída na hora a gosto

EMULSÃO
500 g de vôngole
250 g de miolo de abobrinha
250 g de cebola picada
100 g de alho-poró picado
200 ml de caldo de peixe (p. 76)
100 ml de vinho branco
50 ml de azeite extravirgem
3 dentes de alho fatiados
2 cravos-da-índia
Sal marinho a gosto

MODO DE PREPARO

Tempere o bacalhau com sal e pimenta-do-reino, core em azeite e leve ao forno para terminar o cozimento.

BATATAS
Disponha a metade das batatas numa assadeira, sobreponha o tomate, os pimentões, o alho e a cebola e coloque depois a batata restante. À parte, emulsione o caldo de peixe, o vinho e o azeite, tempere com sal e pimenta-do-reino e despeje sobre o gratinado. Tampe e leve para cozinhar em forno preaquecido a 150 °C durante 2h15, aproximadamente.

EMULSÃO
Cozinhe o vôngole em um fio de azeite até abrir, retire o miolo e reserve. Coe a água do vôngole e reserve.
Prepare um fundo em azeite com o alho, o alho-poró, a cebola, a abobrinha e os cravos-da-índia, molhe com vinho branco e deixe ferver. Junte o caldo de peixe, tempere com sal e deixe cozinhar. Adicione o miolo de vôngole e emulsione no liquidificador.

BACALHAU COM COUVE-PORTUGUESA, CREME DE ALHO E AMÊNDOAS

LOMBO

INGREDIENTES

BACALHAU
10 lombos de bacalhau da Noruega
10 folhas de couve-portuguesa escaldadas
10 fatias de toucinho da barriga
100 ml de azeite extravirgem

GUARNIÇÃO
3 chuchus em gomos
3 nabos médios em gomos
20 aspargos brancos em pedaços
Sal marinho a gosto
Caldo de bacalhau a gosto (p. 67)

CREME
100 g de alho em metades
50 g de amêndoa sem pele
300 ml de caldo de bacalhau (p. 67)
100 ml de azeite extravirgem
Pimenta-do-reino moída na hora a gosto
Noz-moscada a gosto

MODO DE PREPARO

BACALHAU
Demolhe o bacalhau. Corte os lombos de bacalhau ao meio e retire a espinha central. Sobreponha meia fatia de toucinho em cada pedaço de lombo. Envolva em couve-portuguesa, perfume com o azeite, tampe e leve ao forno preaquecido a 150 °C durante cerca de 25 min.

GUARNIÇÃO
Escalde os legumes separadamente em água temperada com sal. No momento de servir, aqueça em um pouco de caldo de bacalhau.

CREME
Coloque o alho e as amêndoas para cozinhar no caldo de bacalhau, numa panela tampada e em fogo brando.
Emulsione o preparado no liquidificador com o azeite e as especiarias.

Sirva o bacalhau com os legumes e o creme.

BACALHAU FRESCO EMPANADO COM CASTANHA-DO-PARÁ, AÇORDA DE TOMATE E OVAS

INGREDIENTES

FILÉS
2 kg de bacalhau fresco da Noruega (filés)
5 dentes de alho picados
300 ml de suco de limão-siciliano
50 ml de azeite extravirgem
2 folhas de louro
Sal marinho a gosto
Pimenta-do-reino moída na hora a gosto

PARA EMPANAR
100 g de castanha-do-pará picada
Erva-doce a gosto
Farinha de trigo
Óleo de amendoim ou canola para fritar

AÇORDA
200 g de ovas de bacalhau fresco da Noruega
1 kg de pão alentejano amanhecido e triturado
300 g de tomate maduro sem pele
Suco de tomate
3 dentes de alho fatiados
200 g de cebola picada
100 ml de vinho branco
2 folhas de louro
1,5 l de caldo de bacalhau (p. 67)
Sal marinho a gosto
Pimenta-do-reino moída na hora a gosto
Folhas de coentro a gosto
Azeite extravirgem

MODO DE PREPARO

FILÉS
Tempere os filés com sal, pimenta-do-reino, suco de limão-siciliano, alho, azeite, louro e deixe descansar durante 2 h. Reduza as castanhas com a erva-doce e a farinha. Enxugue os filés e passe-os neste preparado, fritando em óleo quente. Coloque-os sobre papel absorvente.

AÇORDA
Refogue em azeite, o alho, a cebola, e a folha de louro. Refresque com vinho branco e deixe reduzir. Triture o tomate e adicione a polpa e o suco resultantes. Junte o caldo de bacalhau e deixe cozinhar. Adicione o pão ao preparado e deixe absorver. Pique as ovas e junte à açorda. Retifique os temperos e perfume com coentro.

BACALHAU DA FAMÍLIA DIAS LOPES

LOMBO

INGREDIENTES

2 kg de bacalhau da Noruega (lombo)
200 g de cebola em cubos
200 ml de vinho branco
150 ml de azeite extravirgem
50 ml de vinagre de vinho branco
5 dentes de alho fatiados
Pimenta-do-reino moída na hora a gosto

PURÊ

1,5 kg de mandioquinha
250 g de cebola picada
200 g de tomates sem pele, em cubos
50 ml de azeite extravirgem
3 dentes de alho picados
3 colheres (sopa) de salsa picada
Sal marinho a gosto
Pimenta-do-reino moída na hora a gosto

GUARNIÇÃO

1 kg de couve-portuguesa em juliana
100 ml de azeite extravirgem
4 alhos em metades
3 colheres (sopa) de rama de cebola nova picada
Sal marinho a gosto

MODO DE PREPARO

Coloque num assadeira a cebola, o alho, o vinho branco, o azeite e tempere com pimenta. Cubra com papel-alumínio e leve ao forno previamente aquecido a 150 °C, durante 20 min. Passado esse tempo, coloque os lombos de bacalhau demolhados, cubra de novo e deixe mais 20 min a 25 min.
Retire a pele e as espinhas do bacalhau, lasque e reserve. Triture a pele no liquidificador juntamente com o vinagre e o resultado do assado.

PURÊ

Com o auxílio de um garfo, esmague a mandioquinha e adicione a cebola, o alho e o tomate, previamente salteados em azeite. Misture com salsa e tempere com sal e pimenta-do-reino.

GUARNIÇÃO

Salteie a couve em azeite com o alho. Quando estiver cozida, adicione a rama de cebola, misture, tempere com sal, tampe, retire do fogo e deixe descansar 5 min antes de servir.

Num refratário, coloque, na seguinte ordem; a metade do purê, as lascas de bacalhau, o resultado do assado e o restante do purê. Alise o preparado com uma espátula e leve ao forno para gratinar.
Sirva com a couve.

FOLHADO COM RECHEIO DE BACALHAU PURÊ DE GRÃO-DE-BICO E MANJERICÃO

INGREDIENTES

1,2 kg de bacalhau da Noruega (posta alta)
400 g de línguas de bacalhau da Noruega
600 g de massa folhada
500 g de grão-de-bico cozido
300 g de cebola picada
200 g de tomates sem pele, em cubos
200 ml de vinho branco
150 ml de azeite extravirgem
20 folhas de manjericão
5 dentes de alho fatiados
3 gemas de ovo
½ colher (café) de páprica
Caldo de bacalhau a gosto (p. 67)
Sal marinho a gosto
Pimenta-do-reino moída na hora a gosto

MODO DE PREPARO

Demolhe as postas e línguas de bacalhau. Pique as línguas de bacalhau e doure-as em azeite, juntamente com a cebola e o alho. Deixe cozinhar, molhe depois com vinho branco e junte o tomate. Tempere com a páprica, o sal e a pimenta-do-reino. Triture o grão-de-bico no processador de alimentos até obter um purê e adicione ao preparado. Junte o caldo de bacalhau e misture tudo muito bem, até obter uma textura cremosa. Adicione o bacalhau sem pele e espinhas, e em lascas, e o manjericão, retifique os temperos e deixe cozinhar 2 min a 3 min. Reserve o preparado até que fique morno. Abra a massa folhada com a ajuda de um rolo e coloque o preparado sobre ela. Feche a massa como se fosse um pastel e sele com gema de ovo. Leve ao forno preaquecido a 200 °C, até a massa ficar dourada.

LÍNGUAS E POSTA ALTA

RECEITAS DE FAMÍLIA

BACALHAU À AVÓ ISAURA

POSTA ALTA

INGREDIENTES

10 postas altas de bacalhau da Noruega
200 ml de azeite extravirgem
400 ml de leite
100 ml de suco de limão-siciliano
50 g de manteiga
6 ovos
Farinha de rosca
Sal marinho a gosto
Pimenta-do-reino moída na hora a gosto
4 dentes de alho picados
80 g de cebola picada
3 colheres (sopa) de salsa picada

MODO DE PREPARO

Demolhe as postas de bacalhau e corte-as em cubos. Cozinhe o bacalhau com o leite, o alho, o sal, a pimenta-do-reino e o suco de limão--siciliano. Retire e escorra. Passe o bacalhau nos ovos batidos e, em seguida, na farinha de rosca. Coloque-o numa assadeira com o azeite e uma pelota de manteiga sobre cada cubo de bacalhau.

Perfume com 100 ml do leite no qual se cozinhou o bacalhau e leve para assar no forno regando, com o molho quando necessário. Cozinhe o bacalhau até dourar.

Acompanhe com batatas cozidas com casca e perfume com a salsa e a cebola.

BACALHAU DE ESCABECHE COM SABORES MADEIRENSES

POSTA ALTA

INGREDIENTES

2 kg de bacalhau da Noruega (posta alta)
Farinha de milho
Azeite extravirgem

CEBOLADA
400 g de cebola em rodelas
150 ml de azeite extravirgem
150 ml de polpa de maracujá
5 dentes de alho fatiados
1 folha de louro
3 colheres (sopa) de salsa em folhas
Sal marinho a gosto
Pimenta-do-reino moída na hora a gosto

FAROFA DE ORÉGANO
200 g de broa de milho portuguesa
30 ml de azeite extravirgem
Orégano seco a gosto

MODO DE PREPARO

Comece demolhando o bacalhau. Na panela em que irá fazer a cebolada, passe o bacalhau na farinha de milho e core-o em azeite, começando pelo lado da pele. Reserve.

CEBOLADA
Doure a cebola, o alho e o louro no azeite em que corou o bacalhau e deixe cozinhar lentamente. Junte a polpa de maracujá e retifique os temperos.

Adicione o bacalhau, deixe ferver em fogo brando até que esteja cozido e perfume com folhas de salsa.

FAROFA DE ORÉGANO
Coloque a broa no processador de alimentos, junte o orégano e o azeite.

Sirva o bacalhau com a cebolada, acompanhado da farofa e de legumes cozidos.

LASCAS DE BACALHAU GRATINADAS, SALSA E LEGUMES

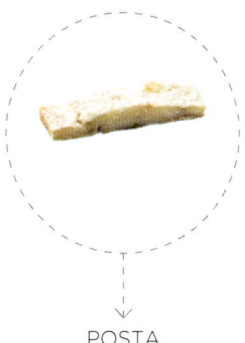

POSTA ALTA

INGREDIENTES

1,5 kg de bacalhau da Noruega (posta alta)
600 g de cenoura
600 g de nabo
200 g de cebola picada
80 g de queijo da ilha ralado
70 g de farinha de trigo
6 dentes de alho picados
500 ml de caldo de bacalhau (p. 67)
500 ml de leite
150 ml de azeite extravirgem
1 folha de louro
3 colheres (sopa) de salsa picada
Sal marinho a gosto
Pimenta-do-reino moída na hora a gosto

MODO DE PREPARO

Lasque o bacalhau depois de demolhado e limpo de peles e espinhas. Faça um refogado com azeite, alho, cebola e folha de louro. Adicione a farinha e, em seguida, junte pouco a pouco o caldo e o leite. Deixe cozinhar, tempere com sal e pimenta-do-reino e aromatize com a salsa picada.

Corte os legumes em palitos e cozinhe-os em água temperada com sal. Coloque as lascas num refratário, sobreponha os legumes e o molho, salpique com queijo da ilha e leve ao forno para gratinar.

AÇORDA DE BACALHAU E CAMARÃO COM HORTELÃ

INGREDIENTES

800 g de bacalhau da Noruega (desfiado)
600 g de camarão 21/30
200 g de cebola picada
5 dentes de alho picados
3 colheres (sopa) de hortelã picada
400 g de tomate em cubos
800 g de pão de trigo triturado
200 ml de azeite extravirgem
1 folha de louro
5 gemas de ovo
Caldo de camarão (p. 76)
Sal marinho a gosto
Pimenta-do-reino moída na hora a gosto

MODO DE PREPARO

Passe o bacalhau por várias águas, retirando o excesso de sal.
Retire toda a pele dos camarões, com exceção do último anel e da cauda. Tempere com sal e pimenta-do-reino e core em azeite quente. Faça um fundo com a cebola e o alho, junte o tomate e a folha de louro. Adicione o pão. Junte aos poucos o caldo de camarão e tempere com sal e pimenta-do-reino moída na hora. Quando a açorda tiver uma textura homogênea, adicione o bacalhau e retifique os temperos. Por fim, junte o camarão, a hortelã, as gemas de ovo e misture tudo muito bem.

DESFIADO

BACALHAU FRITO À MANEIRA DE COIMBRA

INGREDIENTES

10 postas altas de bacalhau da Noruega
1 colher (sopa) de queijo de ovelha ralado
5 gemas de ovo
5 ovos
2 colheres (sopa) de farinha de trigo
100 ml de suco de limão-siciliano
200 ml de azeite extravirgem
Pimenta-do-reino moída na hora a gosto
Sal marinho a gosto

MODO DE PREPARO

Corte o bacalhau previamente demolhado em palitos grossos, escalde ligeiramente e retire a pele e as espinhas. Passe o bacalhau nos ovos batidos e, em seguida, na farinha e no queijo ralado. Frite em azeite e reserve. No azeite em que foi frito o bacalhau, adicione as gemas bem batidas com o suco de limão-siciliano e temperadas com sal e pimenta-do-reino. Mexa até obter uma textura homogênea. Sirva o bacalhau acompanhado deste molho, juntamente com uma salada verde.

POSTA ALTA

ARROZ DE LÍNGUAS DE BACALHAU E AMÊIJOAS

INGREDIENTES

800 g de línguas de bacalhau da Noruega
500 g de arroz carolino
1,5 kg de amêijoas
200 g de cebola picada
6 dentes de alho picados
1 folha de louro
100 mℓ de vinho branco
1 colher (sopa) de vinagre de vinho branco
1,8 ℓ de caldo de bacalhau (p. 67)
100 mℓ de azeite extravirgem
Sal marinho a gosto
10 folhas de hortelã

MODO DE PREPARO

Demolhe previamente as línguas de bacalhau. Prepare um fundo em azeite com alho, cebola e louro. Junte o arroz e as línguas e molhe com o vinho branco. Deixe ferver 2 min ou 3 min. Acrescente o caldo de bacalhau, tampe a panela e deixe cozinhar. No meio do cozimento, acrescente as amêijoas. Quando o arroz estiver quase cozido, retifique os temperos e junte o vinagre e a hortelã.

LÍNGUAS

SOPA DE CEBOLA E FUNCHO COM LASCAS DE BACALHAU

INGREDIENTES

600 g de bacalhau da Noruega (posta fina)
1 kg de cebola fatiada
200 g de funcho fatiado
200 g de batata em cubos
5 dentes de alho fatiados
1,5 ℓ de caldo de bacalhau (p. 67)
100 mℓ de azeite extravirgem
200 mℓ de vinho branco
100 g de queijo da ilha em lascas
10 fatias de pão de trigo
Tomilho fresco a gosto
Sal grosso a gosto
Pimenta-do-reino moída na hora a gosto
Noz-moscada a gosto

MODO DE PREPARO

Cozinhe o bacalhau previamente demolhado. Retire a pele e as espinhas e lasque. Doure em azeite o alho, a cebola e o tomilho rasgado. Refresque com o vinho branco e adicione as batatas, o funcho e o caldo. Deixe cozinhar. Quando o preparado estiver cozido, triture-o. Leve-o de novo ao fogo e retifique os temperos.

Sirva a sopa guarnecida com as lascas de bacalhau, sobreponha o pão e o queijo e leve ao forno para gratinar.

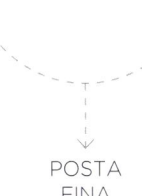

POSTA FINA

MACARRÃO GUISADO COM MIGAS DE BACALHAU E COENTRO

DESFIADO

INGREDIENTES

1,5 kg de bacalhau da Noruega (desfiado)
500 g de macarrão (massa curta)
300 g de tomate fresco sem pele, em cubos
150 g de cebola picada
150 g de cebola em cubos
80 g de linguiça portuguesa em rodelas
100 ml de vinho branco
100 ml de azeite extravirgem
3 dentes de alho picados
3 dentes de alho fatiados
1 folha de louro
Sal marinho a gosto
Coentro picado a gosto
Pimenta-do-reino moída na hora a gosto

MODO DE PREPARO

Passe o bacalhau por várias águas, retirando o excesso de sal. Doure a cebola e o alho picados em azeite e refresque com o vinho branco. Junte o louro e o tomate.

Adicione o bacalhau, deixe estufar. Junte o chouriço em rodelas, o alho fatiado e a cebola em cubos. Retifique os temperos e adicione o macarrão previamente cozido.

Perfume com o coentro a quente.

RECEITAS DE FAMÍLIA

BACALHAU FRESCO CORADO COM CALDO DE PEIXE E FAROFA DE ALHO

INGREDIENTES

1,8 kg de bacalhau da Noruega fresco (lombos)
800 g de amêijoa
500 g de tomates sem pele, em cubos
300 g de alho-poró em juliana
300 mℓ de caldo de peixe (p. 76)
200 mℓ de vinho verde
Azeite extravirgem a gosto
5 dentes de alho fatiados
Algas secas deixadas previamente de molho a gosto
Sal marinho a gosto
Pimenta-do-reino moída na hora a gosto

FAROFA DE ALHO
300 g de pão alentejano duro
100 mℓ de azeite extravirgem
6 dentes de alho fatiados

MODO DE PREPARO

Tempere o bacalhau com sal e pimenta-do-reino e core-o em azeite, do lado da pele.
Quando a pele corar, vire o peixe e escorra a gordura. Junte o alho, o tomate e o alho-poró, molhe com o vinho e o caldo de peixe. Adicione depois as algas e as amêijoas, tampe e retire do fogo quando as amêijoas estiverem abertas.

FAROFA DE ALHO
Triture o pão no processador de alimentos, e junte o azeite aquecido com o alho.

Sirva o bacalhau em prato fundo com a guarnição e finalize com a farofa.

RECEITAS DE FAMÍLIA

BACALHAU GUISADO À LISBOA ANTIGA

POSTA ALTA

INGREDIENTES

5 postas altas de bacalhau da Noruega
500 g de feijão-branco
150 g de cebolas inteiras
1 kg de batatas em rodelas
500 g de pão de trigo fatiado
150 ml de azeite extravirgem
30 g de hastes de coentro
Sal marinho a gosto
Pimenta-do-reino moída na hora a gosto

MODO DE PREPARO

Demolhe as postas de bacalhau. Coloque o feijão de molho em água fria durante 12 h. Cozinhe o feijão com a cebola em água suficiente para fazer o ensopado. Deixe o feijão cozinhar até a metade, junte os ramos de coentro amarrados, as batatas e o azeite. No final do cozimento, adicione o bacalhau, deixe cozinhar mais um pouco e retifique os temperos.

Sirva o guisado sobre fatias de pão de trigo.

MACARRONADA DE BACALHAU COM CAMARÃO E ERVAS AROMÁTICAS

POSTA ALTA

INGREDIENTES

1 kg de bacalhau da Noruega (posta alta)
500 g de macarrão *penne*
500 g de camarão pequeno
200 g de linguiça portuguesa em rodelas
200 g de tomate fresco sem pele, em cubos
200 g de cebola picada
200 g de cebola em cubos
1 ℓ de caldo de bacalhau (p. 67)
100 mℓ de vinho branco
100 mℓ de azeite extravirgem
3 dentes de alho picados
3 dentes de alho fatiados
2 colheres (sopa) de salsa em folhas
2 colheres (sopa) de coentro em folhas
Sal marinho a gosto
Pimenta-do-reino moída na hora a gosto
2 folhas de louro

MODO DE PREPARO

Lasque o bacalhau depois de demolhado e limpo de pele e espinhas. Doure em azeite a cebola e o alho picados e refresque com o vinho branco. Adicione o caldo de bacalhau, deixe levantar fervura e triture o preparado no liquidificador.

Em seguida, leve ao fogo, adicione o chouriço em rodelas, o alho fatiado, a cebola em cubos e o louro. Retifique os temperos, adicione o macarrão, tampe e deixe cozinhar em fogo brando. Na metade do cozimento, junte o camarão, previamente descascado e temperado com sal.

Quando o macarrão estiver praticamente cozido, adicione o bacalhau e o tomate em cubos, misture tudo com cuidado, retire do fogo e perfume com as ervas.

Sirva na panela de preparo.

BACALHAU DE FORNO, FAVAS E HORTELÃ

POSTA ALTA

INGREDIENTES

2 kg de bacalhau da Noruega (posta alta)
10 dentes de alho com casca, escaldados
1 colher (chá) de gengibre fatiado
Pimenta-da-jamaica a gosto
Malagueta fresca a gosto
Azeite extravirgem

GUARNIÇÃO

1,5 kg de favas sem pele
150 g de alho-poró picado
150 g de *bacon* picado
200 g de tomate sem pele, em cubos
50 ml de azeite extravirgem
50 ml de suco de limão-siciliano
10 folhas de hortelã em juliana
4 dentes de alho picados
Sal marinho a gosto
Pimenta-do-reino moída na hora a gosto

MODO DE PREPARO

Coloque o bacalhau previamente demolhado em azeite, até a metade da altura das postas. Junte o alho, a pimenta-da-jamaica, a malagueta e o gengibre. Cozinhe-o em forno preaquecido a 150 °C, coberto com papel-alumínio, durante 20 min a 25 min.

GUARNIÇÃO

Em azeite, doure o *bacon*, o alho-poró, e o alho. Adicione o tomate e as favas. Retifique os temperos e perfume com hortelã e limão-siciliano. Sobreponha o bacalhau à guarnição e perfume com o azeite do cozimento.

MACARRÃO *RIGATE* COM BACALHAU, TOMATE E POEJO

POSTA ALTA

INGREDIENTES

1,8 kg de bacalhau da Noruega (posta alta)
500 g de macarrão tipo *rigate*
100 ml de azeite extravirgem
6 dentes de alho fatiados
300 g de cebola em cubos
350 g de tomate sem pele, picado
80 g de nozes picadas
Poejo a gosto
Sal marinho a gosto
Pimenta-do-reino moída na hora a gosto

MODO DE PREPARO

Escalde o bacalhau anteriormente demolhado em água fervente, lasque e reserve a água de cozimento.
Cozinhe o macarrão na água de cozimento do bacalhau temperada com sal. Prepare um fundo em azeite com alho, cebola e tomate e deixe apurar. Junte o macarrão, o bacalhau lascado, o poejo e misture o preparado. Aromatize com pimenta-do-reino moída na hora.

Sirva o macarrão em prato fundo, salpique com nozes picadas e perfume com azeite e poejo.

PANQUECAS DE BACALHAU COM SABOR DE PIZZA

POSTA ALTA

INGREDIENTES

MASSA PARA PANQUECAS
400 ml de leite
4 ovos
8 colheres (sopa) de farinha de trigo
1 colher (chá) de fermento em pó
1 colher (chá) de sementes de papoula
Sal marinho a gosto

GUARNIÇÃO
1 kg de bacalhau da Noruega (posta alta)
100 g de cebola em rodelas
150 g de queijo da ilha ralado
50 ml de azeite extravirgem
2 dentes de alho picados
1 colher (sopa) de tomate seco picado
1 colher (sopa) de azeitonas pretas picadas
1 colher (sopa) de orégano

MODO DE PREPARO

MASSA PARA PANQUECAS
Separe as gemas e bata as claras em neve. Coloque no liquidificador as gemas, o leite, a farinha, o fermento e o sal. Triture tudo até obter uma pasta homogênea e misture as claras batidas e as sementes de papoula. Leve ao refrigerador para descansar por 30 min.

GUARNIÇÃO
Demolhe o bacalhau, retire a pele e as espinhas, e lasque. Numa frigideira antiaderente coloque o azeite, deixe aquecer e core as panquecas de um lado e do outro. Reserve-as no forno a 100 °C, à medida que vão ficando prontas.
Guarneça as panquecas com o bacalhau, o alho, a cebola, o tomate seco, as azeitonas, o orégano e o queijo da ilha. Leve ao forno para gratinar.

ARROZ DE BACALHAU COM PEIXES FRESCOS E ERVAS AROMÁTICAS

LOMBO

INGREDIENTES

600 g de bacalhau da Noruega (lombos)
500 g de cação em cubos
500 g de peixe-galo em cubos
500 g de arroz carolino
300 g de cebola em cubos
50 g de toucinho em cubos
200 ml de suco de tomate
200 ml de vinho branco
1,2 l de caldo de peixe (p. 76)
100 ml de azeite extravirgem
2 colheres (sopa) de salsa picada
2 colheres (sopa) de poejo
1 pimentão vermelho descascado em cubos
1 pimentão verde descascado em cubos
6 dentes de alho fatiados
1 folha de louro
Sal marinho a gosto
Pimenta-do-reino moída na hora a gosto

MODO DE PREPARO

Tempere o cação e o peixe-galo com sal e pimenta-do-reino. Faça um refogado em azeite com a cebola, o alho, o toucinho, o pimentão vermelho e o louro. Molhe com vinho branco e adicione o arroz. Deixe estufar um pouco e junte o caldo de peixe. Na metade do cozimento adicione o suco de tomate, o pimentão verde, o bacalhau demolhado e cortado em cubos e o cação. Quando o arroz estiver quase cozido, junte o peixe-galo e retifique os temperos. Retire do fogo ao fim de 3 min e perfume com o azeite e as ervas aromáticas.

ARROZ DE BACALHAU COM VÔNGOLE E CHEIROS VERDES

LOMBO

INGREDIENTES

FUNDO
50 ml de azeite extravirgem
200 ml de vinho branco
150 g de *bacon* em juliana
150 g de cebola picada
200 g de pimentões vermelhos descascados e cortados em cubos
300 g de tomate sem pele, em gomos
2 folhas de louro
4 dentes de alho fatiados
Caldo de peixe (p. 76)
Sal marinho a gosto
Pimenta-do-reino moída na hora a gosto

GUARNIÇÃO
1,5 kg de bacalhau da Noruega (lombos)
800 g de vôngole (21/30)
500 g de arroz carolino
250 g de tomate sem pele, em cubos
150 g de cebola em cubos
Azeite extravirgem a gosto
Coentro a gosto
1 ramo de hortelã
Sal marinho a gosto
Pimenta-do-reino moída na hora a gosto
2 dentes de alho fatiados

MODO DE PREPARO

FUNDO
Prepare um fundo em azeite quente com *bacon*, louro, alho, cebola e pimentão. Molhe com vinho branco e o caldo de peixe, deixe ferver e junte o tomate. Deixe cozinhar por instantes. Quando levantar fervura, retire a folha de louro, leve o preparado ao liquidificador para triturar e passe por uma peneira.

GUARNIÇÃO
Leve o preparado anterior novamente ao fogo, e tempere com sal e pimenta-do-reino. Quando levantar fervura, junte o arroz e, na metade do cozimento, adicione o alho e a cebola. Por fim, incorpore no preparado anterior o bacalhau demolhado e cortado em cubos, junte o vôngole e um ramo de hortelã. Sirva o arroz em prato de sopa, salpique com o tomate sem pele, em cubos, e o coentro em juliana e um fio de azeite.

RECEITAS DE FAMÍLIA

BACALHAU GRELHADO COM PIMENTÕES

POSTA ALTA

INGREDIENTES

BACALHAU
10 postas altas de bacalhau da Noruega
5 dentes de alho picados
200 g de cebola em rodelas fritas em azeite
5 tomates cortados em quatro e sem sementes
3 pimentões vermelhos cortados em quatro e sem sementes
3 pimentões amarelos cortados em quatro e sem sementes
800 g de batata bolinha com casca
Sal marinho a gosto
Pimenta-do-reino moída na hora a gosto

VINAGRETE
2 colheres (sopa) de salsa fresca em juliana
2 dentes de alho picados
100 g de cebola picada
100 ml de azeite extravirgem
50 ml de vinagre de vinho tinto
Sal marinho a gosto

MODO DE PREPARO

Leve os pimentões e os tomates para grelhar.

BACALHAU
Grelhe igualmente as postas de bacalhau demolhadas até ficarem douradas, tendo o cuidado para não secar demais o bacalhau. Coloque as batatas numa assadeira, tempere com sal, pimenta-do-reino, alho, cebola e azeite. Leve-as ao forno a 150° C, cobertas com papel-alumínio durante cerca de 1h30.

VINAGRETE
Coloque as cebolas, o alho e o sal em azeite e vinagre durante 10 min. Por fim junte a salsa.

PIMENTADA DE BACALHAU COM POEJO

POSTA ALTA

INGREDIENTES

BACALHAU
1,8 kg de bacalhau da Noruega (posta alta)
4 cebolas novas médias em rodelas
3 pimentões vermelhos médios descascados e em cubos
2 maçãs verdes em cubos
4 dentes de alho fatiados
1 ramo de poejo
10 folhas de hortelã
50 g de toucinho defumado em nacos
100 ml de azeite extravirgem
150 ml de vinho branco
Páprica a gosto
Pimenta-do-reino a gosto
Louro a gosto
Sal marinho a gosto

BATATA ASSADA
1,5 kg de batata-baroa com casca
50 ml de azeite extravirgem
Sal marinho a gosto
Tomilho fresco em folhas a gosto

MODO DE PREPARO

BACALHAU
Doure em azeite o toucinho, junte o alho e a cebola. Adicione o pimentão, o vinho branco e deixe cozinhar em fogo brando até que o líquido evapore. Coloque a maçã e o bacalhau demolhado, cortados em cubos, tampe e deixe cozinhar lentamente. Na metade do cozimento junte a páprica, o louro e a pimenta-do-reino. Retifique os temperos. Tampe de novo e deixe ferver em fogo brando por cerca de 15 min. No momento de servir, junte a hortelã e o poejo.

BATATA ASSADA
Disponha as batatas-baroas numa assadeira e tempere com azeite, sal e tomilho. Cubra com papel-alumínio e leve ao forno a 150 °C, por 1h30.

BACALHAU AO FORNO COM BATATA-DOCE E CREME DE TOMATE

POSTA ALTA

INGREDIENTES

BACALHAU
10 postas altas de bacalhau da Noruega
500 g de tomates sem pele, em gomos
5 dentes de alho fatiados
200 g de cebola picada
150 g de batata-doce cozida em cubos
100 mℓ de vinho branco
Azeite extravirgem a gosto
2 anis-estrelados

GUARNIÇÃO
1,2 kg de batata-doce assada em rodelas
3 colheres (sopa) de salsa picada
50 g de farinha de mandioca

MODO DE PREPARO

BACALHAU
Coloque numa assadeira o tomate, a batata-doce, a cebola e o alho, o anis-estrelado, o vinho branco e um fio de azeite. Leve ao forno a 150 °C durante 40 min. Coloque o bacalhau previamente demolhado sobre o preparado, cubra com papel-alumínio, e leve novamente ao forno durante cerca de 25 min. Triture o resultado do assado, lasque o bacalhau e reserve.

GUARNIÇÃO
No momento de servir, coloque numa assadeira as batatas-doces assadas, a salsa, as lascas de bacalhau e o resultado do assado triturado. Polvilhe com farinha de mandioca e leve para gratinar.

BACALHAU GRELHADO, COMPOTA DE LIMÃO-SICILIANO E PIRIPÍRI

POSTA ALTA

INGREDIENTES

BACALHAU
10 postas altas de bacalhau da Noruega
50 mℓ de azeite extravirgem

COMPOTA
700 mℓ de azeite extravirgem
1 colher (sopa) de mel
240 mℓ de suco de limão
360 g de limão-siciliano em gomos
360 g de cebola picada
60 g de alho picado
6 g de sal marinho
2 g de pimenta-do-reino moída na hora
15 g de piripíri (p. 81)

LEGUMES GRELHADOS
5 abobrinhas em metades
3 berinjelas em rodelas grossas
5 tomates italianos em metades
Flor de sal a gosto

MODO DE PREPARO

BACALHAU
Comece grelhando o bacalhau demolhado pelo lado da pele, até ficar dourada. Pincele com o azeite e grelhe do outro lado.

COMPOTA
Dissolva o mel em azeite, junte o alho, a cebola, o suco de limão-siciliano e deixe ferver. Adicione o limão-siciliano em gomos e deixe ferver novamente. Emulsione parte deste preparado com o azeite extravirgem e o piripíri. Tempere com sal marinho e pimenta-do-reino moída na hora e incorpore ao restante do preparado.

LEGUMES GRELHADOS
Tempere os legumes com flor de sal e grelhe em fogo brando.

BACALHAU AO FORNO, CREME DE COUVE-FLOR, SALADA DE BATATA BOLINHA, OVO E COENTRO

POSTA ALTA

INGREDIENTES

BACALHAU
10 postas altas de bacalhau da Noruega
250 g de couve-flor cozida
5 dentes de alho fatiados
200 g de cebola picada
200 g de tomates sem pele, em gomos
100 ml de vinho branco
Azeite extravirgem a gosto
1 colher (sopa) de gengibre picado
50 g de farinha de mandioca

SALADA
1 kg de batata bolinha cozida em metades
5 ovos cozidos picados
50 g de cebola picada
10 g de alho picado
100 ml de azeite extravirgem
3 colheres (sopa) de coentro picado
Vinagre de vinho branco a gosto
Coentro em grãos a gosto
Flor de sal a gosto

MODO DE PREPARO

BACALHAU
Coloque numa assadeira, a couve-flor, o tomate, a cebola, o alho, o gengibre, o vinho branco e um fio de azeite. Leve ao forno a 150 °C durante 35 min.

Disponha o bacalhau previamente demolhado sobre o preparado anterior, cubra com papel-alumínio e leve novamente ao forno a 150 °C, por 25 min.

Triture o resultado do assado, lasque o bacalhau e reserve. No momento de servir, coloque numa assadeira as lascas de bacalhau, e o resultado do assado triturado e polvilhe com farinha de mandioca. Leve para gratinar.

SALADA
Salteie em azeite a cebola, o alho e o coentro em grãos. Junte as batatas, o ovo e tempere com flor de sal. Perfume com o vinagre e o coentro picado.

CONFIT DE BACALHAU FRESCO
SALADA DE ESPINAFRE
E AMÊNDOA TORRADA E PICADA

INGREDIENTES

BACALHAU
2 kg de bacalhau fresco da Noruega (posta)
10 dentes de alho com casca
Azeite extravirgem a gosto
Alecrim a gosto
Pimenta-da-jamaica a gosto
Cravo-da-índia a gosto
Raspas da casca de limão-siciliano a gosto
Flor de sal a gosto

GUARNIÇÃO
700 g de espinafre
70 g de amêndoa torrada picada
1 limão-siciliano em gomos
50 ml de azeite extravirgem
Flor de sal a gosto

MODO DE PREPARO

BACALHAU
Tempere o bacalhau com flor de sal e cozinhe em azeite, perfumado com galhinhos de alecrim, alhos com casca, pimenta-da-jamaica, cravo-da-índia e raspas da casca de limão-siciliano. O bacalhau deve cozinhar lentamente em fogo brando, para que o azeite não ferva, devendo este ser o suficiente para mergulhar o bacalhau até o meio da sua altura.

GUARNIÇÃO
Misture o espinafre com os demais ingredientes em azeite, apenas na hora de servir.

Coloque a guarnição no fundo do prato, sobreponha a posta de bacalhau e regue com um pouco de azeite antes de servir.

LASCAS DE BACALHAU COM MIGAS DE PÃO DE TRIGO E BROTOS DE NABO

POSTA ALTA

INGREDIENTES

2 kg de bacalhau da Noruega (posta alta)
250 g de cebola em cubos
100 ml de azeite extravirgem
100 ml de vinho branco
6 dentes de alho picados

MIGAS
500 g de pão de trigo
800 g de brotos de nabo
100 g de cebola picada
6 dentes de alho fatiados
10 g de salsa em juliana
150 ml de azeite extravirgem
1 folha de louro
Sal marinho a gosto
Pimenta-do-reino moída na hora a gosto
Água do cozimento dos brotos

MODO DE PREPARO

Coloque as postas de bacalhau para assar no forno a 150 °C, com o alho, a cebola e o azeite durante 10 min. Na metade do cozimento, refresque com vinho branco, tampe e deixe no forno mais 18 min.
Depois de assado, retire as espinhas e a pele e reserve em lascas. Triture o fundo do assado e a pele até obter um molho cremoso e branco.

MIGAS
Escolha os brotos, lave-os bem, cozinhe-os em água temperada com sal e esfrie rapidamente em gelo. Triture o pão no processador de alimentos.
Faça um refogado com 50 ml de azeite, alho, cebola e louro, junte o pão e misture. Se necessário, umedeça com um pouco da água de cozimento dos brotos. Por fim, retifique os temperos e adicione a salsa em juliana.

Numa travessa refratária coloque o molho, sobreponha o bacalhau e as migas, perfume com o azeite restante e leve ao forno para gratinar.

RECEITAS DE FAMÍLIA

PATANISCAS DE BACALHAU E CAMARÃO COM ARROZ DE TOMATE

POSTA FINA

INGREDIENTES

500 g de bacalhau da Noruega (posta fina)
500 g de camarão 21/30 cru, em cubos
200 g de cenouras escaldadas em juliana
150 g de alho-poró
200 g de abobrinha em juliana
200 g de cebola picada
500 g de farinha de trigo
5 ovos
100 ㎖ de cerveja
100 ㎖ de leite
1 colher (sopa) de salsa picada
Azeite extravirgem
Noz-moscada a gosto
Sal marinho a gosto
Pimenta-do-reino moída na hora a gosto

ARROZ DE TOMATE
1 cubo de caldo de tomate
200 g de arroz
750 ㎖ de água quente
1 cebola picada
1 dente de alho picado
3 colheres (sopa) azeite extravirgem
3 colheres (sopa) tomate pelado enlatado
Louro a gosto
Sal marinho a gosto

MODO DE PREPARO

Cozinhe o bacalhau previamente demolhado, retire a pele e as espinhas e desfie. Faça um polme espesso com a farinha, o leite, a cerveja e os ovos. Bata até ficar homogênea. Adicione o alho-poró, a cebola picada, a cenoura, a abobrinha, a salsa, o bacalhau e o camarão. Misture tudo muito bem. Tempere com sal, noz-moscada e pimenta. Frite as pataniscas em azeite pouco abundante. Escorra as pataniscas em papel absorvente.

ARROZ DE TOMATE
Leve ao fogo o azeite, a cebola, o alho picado e deixe dourar. Junte o tomate, o caldo de tomate, o louro e deixe cozinhar durante 2 min. Junte 750 ㎖ de água quente e deixe ferver. Tempere com sal, junte o arroz e deixe cozinhar por 15 min.

ARROZ DE CHOCO E LÍNGUAS DE BACALHAU COM SABORES DO MEDITERRÂNEO

LÍNGUAS

INGREDIENTES

600 g de línguas de bacalhau da Noruega em cubos
600 g de choco limpo em cubos
500 g de arroz carolino
100 g de *bacon* picado
4 dentes de alho picados
250 g de cebola picada
200 g de tomate fresco sem pele, em gomos
100 g de tomate fresco sem pele, em cubos
150 g de pimentões verdes sem pele, em cubos
150 g de pimentões vermelhos sem pele, em cubos
100 ml de vinho branco
50 ml de azeite extravirgem
2 l de caldo de peixe (p. 76)
1 folha de louro
Coentro picado a gosto
Sal marinho a gosto
Pimenta-do-reino moída na hora a gosto

MODO DE PREPARO

Doure o choco e as línguas demolhadas em azeite com *bacon*, alho, cebola, louro e o tomate em gomos. Deixe cozinhar em fogo brando e refresque com o caldo de peixe. Quando as línguas e o choco estiverem cozidos, retire do fogo e reserve-os. Triture o molho resultante do preparado anterior, junte o arroz, refresque com vinho branco, retifique os temperos e deixe cozinhar. Vá adicionando o caldo à medida que for necessário. Na metade do cozimento junte os pimentões. Quando o arroz estiver completamente cozido, adicione o choco e as línguas, o tomate em cubos e o coentro. No final, perfume com um fio de azeite.

BACALHAU FRITO COM ARROZ DE ESPINAFRE E CENOURA

LOMBO

INGREDIENTES

BACALHAU
10 lombos de bacalhau da Noruega
3 ovos batidos
Farinha de trigo
Óleo de amendoim a gosto

ARROZ DE ESPINAFRE
500 g de arroz carolino
350 g de cenoura em cubos
300 g de tomates sem pele em cubos
150 g de cebola picada
3 dentes de alho picados
100 ml de azeite extravirgem
100 g de toucinho de porco caipira
500 g de espinafre em folha
2 colheres (sopa) de salsa picada
100 ml de vinho branco
1,5 l de caldo de bacalhau (p. 67)
Sal marinho a gosto
Pimenta-do-reino moída na hora a gosto

MODO DE PREPARO

BACALHAU
Divida cada lombo de bacalhau previamente demolhado em 8 partes, passe na farinha e no ovo batido e frite em óleo quente. Escorra, coloque sobre papel absorvente e reserve.

ARROZ DE ESPINAFRE
Doure o toucinho em azeite, adicione a cebola e o alho. Junte a cenoura, o tomate e deixe cozinhar cerca de 8 min. Molhe com vinho branco, junte o arroz e o caldo de bacalhau. Cozinhe o arroz tampado em fogo brando. Na metade do cozimento tempere com sal e pimenta e, quando estiver cozido, perfume com a salsa e o espinafre. Antes de servir com o bacalhau, deixe descansar 5 min.

BACALHAU ASSADO COM BATATAS A MURRO

INGREDIENTES

10 postas altas de bacalhau da Noruega
200 g de cebola em rodelas
100 ml de azeite extravirgem
1 colher (café) de páprica
1 folha de louro

GUARNIÇÃO

1,5 kg de batata bolinha
1 kg de sal grosso
100 ml de azeite extravirgem
100 ml de vinagre de vinho branco
10 dentes de alho fatiados
2 colheres (sopa) de coentro picado

MODO DE PREPARO

Demolhe as postas de bacalhau e coloque-as numa assadeira, sobre a cebola. Adicione o louro, o azeite e a páprica. Leve a assadeira ao forno preaquecido a 150 °C, durante 20 min a 25 min, coberta com papel-alumínio.

GUARNIÇÃO

Lave bem as batatas, coloque-as numa assadeira funda, cubra com sal grosso e leve ao forno (as batatas estão cozidas quando um palito perfurá-las com facilidade). Retire o sal das batatas e esmague-as ligeiramente. Leve de novo ao forno preaquecido a 180 °C, durante 12 min, com o alho e o azeite.

Sirva o bacalhau com as batatas e perfume com o vinagre e o coentro.

POSTA ALTA

BACALHAU COM CREME DE BANANA À MADEIRENSE

POSTA FINA

BACALHAU
2 kg de bacalhau da Noruega (posta fina)
500 g de batata
250 g de cebola
4 dentes de alho
1 folha de louro
150 ml de azeite extravirgem

CREME DE BANANA
600 g de banana
1 l de creme de leite fresco
25 g de pão de trigo triturado
5 g de noz-moscada
2 g de cravo-da-índia
5 g de sal marinho
5 g de pimenta-do-reino moída na hora

BACALHAU
Leve as postas de bacalhau previamente demolhadas ao forno a 150 °C, durante 20 min a 25 min, regadas com um fio de azeite e cobertas com papel-alumínio. Retire a pele e as espinhas, lasque e reserve. Prepare uma cebolada com um pouco de azeite, alho, cebola e uma folha de louro. Lamine as batatas e frite-as até que fiquem crocantes e secas.

CREME DE BANANA
Coloque a banana para cozinhar lentamente com o creme de leite e, pouco a pouco, adicione o pão. Triture no liquidificador, tempere com sal, pimenta, noz-moscada e um pouco de cravo-da-índia.

Coloque, em camadas, a batata frita, a cebolada e o bacalhau. Por fim, cubra com o creme de banana. Polvilhe com farinha de rosca e leve ao forno para gratinar. Acompanhe com uma salada verde.

BACALHAU COM CREME DE ESPECIARIAS E ESPINAFRE

POSTA FINA

INGREDIENTES

CREME DE ESPECIARIAS
750 ml de leite
750 ml de creme de leite fresco
200 g de farinha de trigo
180 g de cebola picada
5 dentes de alho picados
50 ml de azeite extravirgem
0,5 g de cravo-da-índia em pó
0,5 g de noz-moscada em pó
Sal marinho a gosto
Pimenta-do-reino branca em pó a gosto

BACALHAU
1,5 kg de bacalhau da Noruega (posta fina)
800 g de batata em cubos
300 g de cebola em cubos
5 dentes de alho picados
100 ml de azeite extravirgem
200 ml de vinho branco
0,2 g de louro em pó
300 g de espinafre escaldado
50 g de azeitona preta picada
2 colheres (sopa) de coentro picado
Sal marinho a gosto
Pimenta-do-reino branca em pó a gosto

MODO DE PREPARO

CREME DE ESPECIARIAS
Ferva o creme de leite e o leite. Adicione a farinha. À parte, doure a cebola e o alho em azeite e junte-os ao preparado quando este atingir uma textura espessa. Tempere com as especiarias e o sal.

BACALHAU
Cozinhe o bacalhau previamente demolhado, retire a pele e as espinhas e reserve. Frite as batatas e junte-as ao molho de especiarias. Reserve. Refogue em azeite a cebola, o alho, o louro, a azeitona picada e refresque com vinho branco. Reserve.

Num refratário, coloque uma camada de espinafre e coentro, em seguida uma camada de bacalhau com a cebolada e termine a composição com o creme de especiarias. Leve ao forno até gratinar.

BACALHAU COM LULAS

INGREDIENTES

800 g de bacalhau da Noruega (desfiado)
800 g de lulas limpas
800 g de batata
500 g de cebola fatiada
200 mℓ de azeite extravirgem
100 mℓ de suco de limão-siciliano
12 ovos
7 dentes de alho picados
4 dentes de alho fatiados
1 molho de salsa picada
Sal marinho a gosto
Pimenta-do-reino moída na hora a gosto
2 cravos-da-índia
Farinha de trigo

MODO DE PREPARO

Lave o bacalhau até que ele perca o excesso de sal. Refogue a cebola e o alho picado em azeite e junte o bacalhau desfiado. Deixe cozinhar e retifique os temperos. Bata os ovos com a salsa picada e misture no preparado anterior, deixando cozinhar por instantes, até ficar suculento. Corte as batatas em rodelas muito finas e depois em tiras bem estreitas, frite-as em gordura quente e coloque-as para escorrer sobre papel absorvente, para que percam o excesso de gordura e fiquem crocantes. Abra as lulas com um golpe longitudinal. Corte transversalmente em tiras com cerca de 5 mm. Deixe marinar durante 30 min com o suco de limão-siciliano, um fio de azeite, os cravos-da-índia e o alho fatiado. Escorra-as, passe-as na farinha, frite-as em azeite quente e misture com a batata-palha.

Guarneça no momento de servir o bacalhau.

DESFIADO

RECEITAS DE FAMÍLIA

BACALHAU À RASHMI KANJI

INGREDIENTES

2 kg de bacalhau da Noruega (posta alta)
200 g de cebola picada
150 g de polpa de manga
150 ml de vinho branco
300 ml de leite de coco
100 ml de azeite extravirgem
5 bagas de cardamomo
3 cravos-de-cabecinha
2 colheres (sopa) de coentro fresco picado
1 colher (sopa) de coco ralado
1 colher (chá) de *curry*
Farinha de trigo
Óleo de amendoim ou canola
Sal marinho a gosto
Pimenta-do-reino moída na hora a gosto

MODO DE PREPARO

Depois de demolhado, retire as espinhas do bacalhau e corte-o em tiras grossas. Tempere-as com pimenta-do-reino, passe na farinha e frite em óleo. Escorra sobre papel absorvente e reserve.

Aqueça a cebola em azeite com as especiarias e a polpa de manga, misture, refresque com o vinho branco e deixe reduzir. Adicione depois o leite de coco, o coco e deixe ferver por 1 min. Acrescente o coentro e retifique os temperos.

POSTA ALTA

BACALHAU FRITO COM ARROZ DE BROTOS

LOMBO

INGREDIENTES

BACALHAU
10 lombos de bacalhau da Noruega
Farinha de trigo
3 ovos batidos
Óleo de amendoim

ARROZ DE BROTOS
500 g de arroz carolino
300 g de tomates sem pele, em cubos
150 g de cebola picada
3 dentes de alho picados
100 ml de azeite extravirgem
100 g de toucinho de porco caipira
800 g de brotos de couve ou de nabo escaldados
2 colheres (sopa) de coentro picado
100 ml de vinho branco
1,5 l de caldo de bacalhau (p. 67)
Sal marinho a gosto
Pimenta-do-reino moída na hora a gosto

MODO DE PREPARO

BACALHAU
Divida cada lombo de bacalhau previamente demolhado em 8 partes, passe na farinha e no ovo batido e frite em óleo quente. Escorra, coloque sobre papel absorvente e reserve.

ARROZ DE BROTOS
Doure o toucinho em azeite e adicione a cebola e o alho. Junte o tomate e deixe cozinhar cerca de 8 min. Molhe com vinho branco e adicione o arroz e o caldo de bacalhau. Cozinhe o arroz tampado e em fogo brando. Na metade do cozimento, tempere com sal e pimenta-do-reino. Quando estiver cozido, perfume com o coentro e os brotos picados. Antes de servir com o bacalhau deixe o arroz descansar 5 min.

BACALHAU GRELHADO E MIGAS DE PIMENTÃO ENROLADAS

POSTA ALTA

INGREDIENTES

MIGAS
4 dentes de alho picados
200 g de cebola picada
100 g de pimentão verde descascado
100 g de pimentão amarelo
2 tomates sem pele
800 g de miolo de pão alentejano
150 ml de azeite extravirgem
Caldo de bacalhau (p. 67)
Sal marinho a gosto
Pimenta-do-reino moída a gosto

BACALHAU
2 kg de bacalhau da Noruega (postas altas)

MOLHO
300 g de tomate sem pele e sem sementes
100 g de *bacon* em juliana
2 dentes de alho fatiados
150 g de cebola picada
100 ml de vinho branco
50 ml de azeite extravirgem
Pimenta-do-reino moída na hora a gosto
Malagueta a gosto
10 folhas de hortelã

MODO DE PREPARO

MIGAS
Aqueça o azeite, junte a cebola, os dentes de alho, os pimentões e, por fim, o tomate. Deixe cozinhar. Junte o miolo de pão molhado com o caldo e deixe ferver até obter uma pasta consistente. Retifique os temperos. Numa frigideira pequena com um pouco de azeite, salteie porções individuais das migas, dando-lhes a forma de omeletes.

BACALHAU
Grelhe o bacalhau previamente demolhado com a pele voltada para baixo, tendo o cuidado de virá-lo na metade do cozimento.

MOLHO
Prepare um fundo em azeite extravirgem quente com *bacon*, alho e cebola. Molhe com vinho branco e deixe ferver. Junte o tomate sem pele e sem sementes. Deixe cozinhar lentamente, de forma a reduzir o preparado. Emulsione o preparado no liquidificador com uma malagueta e, se necessário, leve de novo ao fogo. Retifique os temperos e perfume com a hortelã.

CONFIT DE BACALHAU, CREME DE CAMARÃO E MANJERICÃO

POSTA ALTA

INGREDIENTES

CONFIT
10 postas altas de bacalhau da Noruega
10 alhos em metades
Azeite extravirgem
Casca de 1 limão-siciliano

MOLHO
300 g de camarão descascado e picado
150 g de alho-poró picado
5 dentes de alho fatiados
100 ml de vinho branco
200 ml de creme de leite fresco
5 folhas de manjericão
4 bagas de pimenta-da-jamaica
50 ml de azeite extravirgem

GUARNIÇÃO
200 g de espinafre
20 aspargos brancos escaldados
Azeite extravirgem
Flor de sal a gosto

MODO DE PREPARO

CONFIT
Numa assadeira, coloque o azeite, o alho e a casca de limão-siciliano e leve ao forno preaquecido a 150 °C, durante 30 min. Acrescente o bacalhau demolhado, cubra com papel-alumínio e deixe cozinhar durante 20 min.

MOLHO
Doure em azeite o alho-poró e o alho. Adicione o camarão, molhe com vinho branco e junte a pimenta-da-jamaica. Deixe apurar, junte o creme de leite e deixe reduzir. Leve tudo ao liquidificador juntamente com o manjericão.

GUARNIÇÃO
Salteie os aspargos cortados em juliana em um pouco de azeite, junte o espinafre e perfume com flor de sal.

ARROZ DE BACALHAU, CAMARÃO, TOMATE ASSADO E COENTRO

LOMBO

INGREDIENTES

TOMATE ASSADO
300 g de tomate sem pele
Sal marinho a gosto
Azeite extravirgem

ARROZ
800 g de bacalhau da Noruega (lombos)
500 g de arroz carolino
800 g de camarão 21/30 em rodelas
200 g de cebola picada
6 dentes de alho picados
1 folha de louro
100 ml de vinho branco
1,8 l de caldo de legumes (p. 77)
100 ml de azeite extravirgem
Sal marinho a gosto
Coentro picado a gosto

MODO DE PREPARO

TOMATE ASSADO
Leve o tomate ao forno preaquecido a 150 °C, temperado com sal e um fio de azeite durante 30 min. Corte em cubos.

ARROZ
Prepare um fundo em azeite com alho, cebola e louro. Adicione o tomate assado.
Junte o arroz e molhe com o vinho branco. Deixe ferver 2 min ou 3 min. Acrescente o caldo de legumes, tampe a panela e deixe cozinhar. Na metade do cozimento acrescente os lombos de bacalhau demolhados cortados em cubos e, quando o arroz estiver quase cozido, adicione o camarão temperado com sal. Retifique os temperos e perfume com coentro.

BOLINHOS DE BACALHAU

INGREDIENTES

800 g de bacalhau da Noruega (posta alta)
400 g de batata cozida
200 g de cebola picada
50 mℓ de azeite extravirgem
4 gemas
2 claras em neve
2 dentes de alho picados
5 colheres (sopa) de salsa picada
Noz-moscada a gosto
Óleo de amendoim ou canola (ou azeite extravirgem)
Sal marinho a gosto
Pimenta-do-reino moída na hora a gosto

MODO DE PREPARO

Embrulhe o bacalhau demolhado num pano e bata até se desfiar. Passe a batata pelo espremedor. Doure a cebola e o alho em azeite, em fogo brando, até que percam toda a água (a cebola e o alho têm que ficar bem secos e, ao juntar no preparado, devem estar frios).
Numa tigela, misture muito bem as batatas, o bacalhau, a cebola e o alho, a salsa, as gemas e as claras. Tempere com sal, pimenta-do-reino e noz-moscada.
Com a ajuda de duas colheres de sopa, faça as *quenelles* dando-lhes a forma de bolinho, e mergulhe-as em azeite quente para fritar. Depois de fritos deixe descansar em papel absorvente.

POSTA ALTA

CONFIT DE BACALHAU COM AZEITONAS, TOMATE SECO, AMÊNDOAS E TOMILHO-LIMÃO

INGREDIENTES

2 kg de bacalhau da Noruega (lombos)
60 g de miolo de amêndoa
20 g de tomate seco picado
150 mℓ de azeite extravirgem
30 mℓ de vinagre de xerez
20 azeitonas pretas descaroçadas
5 dentes de alho fatiados
1 colher (chá) de tomilho-limão
1 colher (café) de pimenta-do-reino verde

MODO DE PREPARO

Demolhe o bacalhau e coloque-o numa assadeira com azeite e os ingredientes restantes. Cubra com papel-alumínio e leve ao forno preaquecido a 150 °C, durante 25 min. Acompanhe com purê de batata.

LOMBO

TIMBALE DE MACARRÃO DE BACALHAU

POSTA ALTA

INGREDIENTES

350 g de bacalhau da Noruega (postas altas)
300 g de macarrão tipo rigatoni
3 colheres (sopa) de azeite extravirgem
1 cebola
1 dente de alho picado
2 colheres (sopa) de farinha de trigo
2 colheres (sopa) de polpa de tomate
3 ovos separados
100 ml de creme de leite fresco
Manteiga
Farinha de rosca para polvilhar
Molho de tomate para acompanhar
Alface a gosto
Pimenta-do-reino moída na hora a gosto
Sal marinho a gosto

MODO DE PREPARO

Cozinhe o bacalhau previamente demolhado, retire a pele e as espinhas e lasque. Reserve 1 xícara de água do cozimento do bacalhau. Cozinhe o macarrão em água com sal para ficar *al dente*.

Leve ao fogo as três colheres de sopa de azeite com a cebola e o alho picados. Refogue a cebola sem corar. Polvilhe com a farinha e deixe refogar mais um pouco. Regue com a água do cozimento do bacalhau, misture bem e tempere com pimenta. Junte a polpa de tomate, o bacalhau, macarrão escorrido, as gemas, o creme de leite e, por fim, as claras batidas em neve.

Coloque a mistura numa forma untada com manteiga e polvilhada com farinha de rosca. Coloque a forma dentro de um recipiente com água fervente e leve ao forno para cozinhar em banho-maria durante cerca de 40 min.

Desenforme o timbale e sirva com molho de tomate e salada de alface.

RECEITAS DO AUTOR

Experimentar, ser irreverente. Preparar uma obra com os melhores ingredientes, capaz de surpreender todos os gostos. Prepare-se para uma aventura de paladares.

RECEITAS DO AUTOR

BACALHAU ASSADO COM LÍNGUAS, BATATA E VINAGRE DE ERVAS

INGREDIENTES

10 postas altas de bacalhau da Noruega
350 g de línguas de bacalhau da Noruega
100 mℓ de azeite extravirgem
Pimenta-do-reino moída na hora a gosto

GUARNIÇÃO
1,5 kg de batata própria para cozinhar
50 mℓ de azeite extravirgem
1 folha de louro
4 dentes de alho com casca
Sal marinho a gosto

VINAGRETE
300 g de cebola roxa picada
150 mℓ de azeite extravirgem
50 mℓ de vinagre de vinho tinto
2 colheres (sopa) de cerefólio em folhas
2 colheres (sopa) de cebolinha picada
2 colheres (sopa) de salsa em juliana

MODO DE PREPARO

Tempere as postas e as línguas de bacalhau demolhadas com pimenta-do-reino moída e azeite. Numa travessa coberta com papel-alumínio, leve as postas e as línguas do bacalhau para assar com a pele virada para cima, a 150 °C, durante 20 min a 25 min. Retire e reserve o bacalhau. Deixe as línguas no forno por mais 20 min. No final, pique as línguas e reserve para o vinagrete.

GUARNIÇÃO
Cozinhe as batatas com casca em água aromatizada com o louro, o alho, o azeite e o sal. Descasque as batatas e corte-as em rodelas.

VINAGRETE
Coloque a cebola para marinar no azeite e no vinagre durante 30 min. No momento de servir, junte as línguas e as ervas aromáticas.

LÍNGUAS E POSTA ALTA

RISOTO DE LÍNGUAS DE BACALHAU COM AMÊIJOAS E MANJERICÃO

INGREDIENTES

500 g de *confit* línguas de bacalhau da Noruega (p. 70)
2 kg de amêijoas
500 g de arroz arbório
200 g de cebola fatiada
150 g de manteiga sem sal
1,3 ℓ de caldo de bacalhau (p. 67)
200 mℓ de vinho branco
50 mℓ de azeite extravirgem
10 folhas de manjericão
8 dentes de alho fatiados
3 dentes de alho picados
1 colher (sobremesa) de mostarda de Dijon
Suco de limão-siciliano
Sal marinho a gosto
Pimenta-do-reino moída na hora a gosto

MODO DE PREPARO

Coloque o alho e a cebola fatiados para assar em azeite e vinho branco durante 1 h no forno a 150 °C, coberto com papel-alumínio. Leve ao liquidificador e emulsione o resultado do assado. Abra as amêijoas em azeite. Retire o miolo e reserve. Coe o caldo, leve ao fogo brando e junte a mostarda, o suco de limão-siciliano e a manteiga, sempre com o cuidado de não deixar ferver. Perfume com as folhas de manjericão.
Aqueça o alho picado em azeite, junte o arroz, refresque com vinho branco e adicione o caldo de bacalhau aos poucos e o *confit* de línguas. Retifique os temperos. Quando o arroz estiver no ponto, junte o resultado do assado. Sirva em prato fundo e guarneça com o preparado das amêijoas.

LÍNGUAS

RAVIÓLI DE BACALHAU, CAMARÃO E VODCA

POSTA FINA

INGREDIENTES

850 g de massa fresca de ovos (p. 79)

RECHEIO
800 g de bacalhau da Noruega (posta fina)
500 g de camarão 40/60
250 g de tomate fresco
50 g de alho
250 g de cebola
50 ml de vodca
Azeite extravirgem a gosto
Sal marinho a gosto
Pimenta-do-reino a gosto
2 gemas de ovo

GUARNIÇÃO
500 g de espinafre fresco
50 g de queijo da ilha ralado
Suco de limão-siciliano a gosto
Azeite extravirgem
Sal marinho a gosto

MODO DE PREPARO

Prepare a massa de ovos. Corte a massa de ovos em quadrados de 10 cm x 10 cm. Reserve.

RECHEIO
Prepare o recheio fazendo um fundo com azeite, alho, cebola, camarão e um pouco de tomate fresco. Refresque com vodca e tempere com sal e pimenta-do-reino. Retire o camarão do refogado e triture o preparado no liquidificador, até obter um creme.

Corte pequenos cubos de bacalhau previamente demolhado e recheie a massa com o creme acima, os camarões e o bacalhau. Sele a massa com gemas de ovo.

Cozinhe o ravióli em água abundante, temperada com sal, um fio de azeite e pimenta-do-reino.

GUARNIÇÃO
Lave o espinafre e escorra-o. Num prato raso, disponha uma cama de espinafre e tempere com sal, um fio de azeite e algumas gotas de suco de limão-siciliano.

Coloque o ravióli num prato fundo e termine, aromatizando com um pouco de queijo da ilha ralado.

CREME DE COGUMELOS, BACALHAU FRESCO ARREPIADO, AZEITE DE ERVILHAS E CRAVO-DA-ÍNDIA

INGREDIENTES

CREME
1,5 kg de *champignons* fatiados
5 dentes de alho fatiados
300 g de cebola picada
1,5 ℓ de caldo de peixe (p. 76)
50 mℓ de azeite extravirgem
100 mℓ de licor *Pernod*
Sal marinho a gosto
Pimenta-do-reino moída na hora a gosto

GUARNIÇÃO
1 kg de Bacalhau fresco da Noruega (lombos)
300 mℓ de vinagre de arroz
Sal marinho a gosto
200 mℓ de água
Azeite extravirgem

AZEITE DE ERVILHAS
80 g de ervilhas
200 mℓ de azeite extravirgem
3 cabeças de cravos-da-índia

MODO DE PREPARO

CREME
Doure a cebola e o alho em azeite. Adicione os cogumelos e deixe estufar. Junte o caldo de peixe, retifique os temperos e deixe ferver 8 min a 10 min. Emulsione o preparado no liquidificador e perfume com o licor. Retifique os temperos. Leve de novo ao fogo no momento de servir.

GUARNIÇÃO
Corte os lombos em *tranches* e cubra com sal durante 30 min. Retire o excesso de sal e mergulhe o bacalhau numa mistura de 200 mℓ de água e vinagre durante 20 min. Escorra bem, seque e core em azeite no momento de servir.

AZEITE DE ERVILHAS
Triture todos os ingredientes no liquidificador até obter uma textura homogênea.

HAMBÚRGUER DE BACALHAU COM EMULSÃO DE AMEIXAS

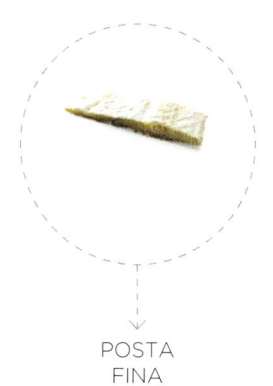

POSTA FINA

INGREDIENTES

HAMBÚRGUER
1,2 kg de bacalhau da Noruega (posta fina)
10 g de gengibre picado
150 g de alho-poró mini em palitos
150 g de abobrinha em cubos
50 ml de azeite extravirgem
50 ml de suco de limão-siciliano
30 g de coentro em folhas
15 g de hortelã em juliana
250 g de miolo de pão
4 gemas de ovo
Sal marinho a gosto
Pimenta-do-reino moída na hora a gosto

EMULSÃO
350 g de ameixas
100 ml de azeite extravirgem
1 anis-estrelado
2 dentes de alho picados
100 ml de vinho branco
Sal marinho a gosto

MODO DE PREPARO

HAMBÚRGUER
Demolhe o bacalhau, retire a pele e as espinhas e pique. Marine o alho-poró e o gengibre com o azeite e o suco de limão-siciliano. Misture os ingredientes restantes e retifique os temperos. Com a ajuda de um aro, coloque uma porção do preparado, dando-lhe a forma de um hambúrguer. Core em azeite.

EMULSÃO
Salteie as ameixas em metade do azeite com alho e anis. Molhe com o vinho, deixe apurar e tempere com sal. Emulsione com o azeite restante.

Acompanhe com salada.

RECEITAS DO AUTOR

ARROZ DE FAVAS, BACALHAU FRESCO CORADO E HORTELÃ-DA-RIBEIRA

INGREDIENTES

2 kg de bacalhau fresco da Noruega
500 g de arroz carolino
250 g de cebola picada
200 g de tomate sem pele, em cubos
300 g de favas sem pele
1,5 ℓ de caldo de galinha (p. 78)
150 mℓ de azeite extravirgem
6 dentes de alho fatiados
2 colheres (sopa) de hortelã-da-ribeira
Farinha de milho
Sal marinho a gosto
Pimenta-do-reino moída na hora a gosto
1 folha de louro
200 mℓ de vinho branco

MODO DE PREPARO

Tempere o bacalhau fresco com sal e pimenta-do-reino e passe na farinha de milho, corando-o em seguida num fio de azeite. No azeite restante, doure o alho, a cebola e o louro. Junte o arroz e o tomate, molhando com o vinho branco. Deixe cozinhar um pouco, adicione o caldo e tempere. Deixe cozinhar o arroz em fogo brando. No final do cozimento junte as favas, a hortelã e retifique os temperos. Sirva o bacalhau sobre o arroz.

TARTARE DE DOIS BACALHAUS COM MAÇÃ, LIMÃO-SICILIANO E CUBOS DE PÃO DE TRIGO

INGREDIENTES

1 kg de bacalhau da Noruega (posta fina)
300 g de maçã verde (Granny Smith) em cubos
300 g de rúcula
150 g de bacalhau da Noruega defumado (picado)
150 ml de azeite extravirgem
50 ml de suco de limão-siciliano
3 colheres (sopa) de salsa picada
Malagueta fresca picada a gosto
Cravo-da-índia moído a gosto
Flor de sal a gosto
Cubos torrados de pão de trigo a gosto

MODO DE PREPARO

Retire a pele e as espinhas do bacalhau previamente demolhado e pique-o com a ajuda de uma faca bem afiada. Misture cuidadosamente todos os ingredientes, exceto os cubos de pão e a rúcula, e deixe descansar 10 min antes de servir.

Sirva o tartare em porções individuais sobre a rúcula e guarneça com os cubos de pão.

POSTA FINA

TARTARE DE BACALHAU FRESCO COM MANGA, TOMATE, PIMENTÕES E AZEITONAS SECAS

INGREDIENTES

1 kg de bacalhau da Noruega (lombos)
250 g de tomate sem pele, em cubos
200 g de manga em cubos
100 g de pimentão vermelho descascado e picado
150 ml de azeite extravirgem
50 ml de vinagre de xerez
3 colheres (sopa) de cebolinha picada
2 colheres (sopa) de azeitonas secas picadas
½ colher (sopa) de coentro em grãos
Malagueta moída a gosto
Flor de sal a gosto
Pimenta-do-reino moída na hora a gosto

MODO DE PREPARO

Tempere o pimentão com o azeite e o vinagre e deixe descansar por 20 min.
Pique o bacalhau com a ajuda de uma faca bem afiada, tempere com sal e malagueta e deixe descansar por 12 min. Misture todos os ingredientes, exceto a metade da cebolinha e da azeitona.

Coloque o *tartare* no centro do prato com a ajuda de uma forma, perfume com um fio de azeite, cebolinha e azeitona. Acompanhe com torradas de pão de trigo.

ALETRIA CROCANTE COM BACALHAU E ASPARGOS VERDES

INGREDIENTES

1,5 kg de bacalhau da Noruega (desfiado)
500 g de macarrão aletria (cabelo-de-anjo)
400 g de cebolas fatiadas
150 ml de azeite extravirgem
10 ovos
10 aspargos verde escaldados, em juliana
5 dentes de alho picados
2 colheres (sopa) de azeitonas pretas picadas
2 colheres (sopa) de salsa picada
Salsa em folhas a gosto
Óleo de amendoim ou canola
Sal marinho a gosto
Pimenta-do-reino moída na hora a gosto

MODO DE PREPARO

Escalde a aletria em água temperada com sal. Escorra bem e seque. Aqueça bem o óleo e frite a aletria já escaldada e seca. Lave o bacalhau várias vezes, até retirar o excesso de sal. Coloque-o sobre um pano e esprema-o para retirar o excesso de água. Leve a cebola e o alho para dourar em azeite e, depois de a cebola ficar transparente, adicione o bacalhau. Deixe cozinhar quanto baste e retifique os temperos. Bata bem os ovos, adicione a salsa picada e os aspargos e misture no preparado, sem deixar que cozinhem muito. Por fim, junte a aletria. Guarneça o preparado com azeitonas picadas e salsa em folhas.

DESFIADO

SHIMEJI NO FORNO, LASCAS DE BACALHAU, AZEITONAS PRETAS E AZEITE DE PIMENTA-DA-JAMAICA

INGREDIENTES

800 g de bacalhau da Noruega (posta fina)
1,5 kg de cogumelo Shimeji
300 g de azeitonas pretas
50 ml de azeite extravirgem
80 g de alho
Sal marinho a gosto
Pimenta-do-reino moída na hora a gosto
Vinagre balsâmico a gosto

AZEITE
200 ml de azeite extravirgem
15 g de pimenta-da-jamaica

MODO DE PREPARO

Prepare os cogumelos, removendo as areias e impurezas, com a ajuda de um pincel de pelo duro. Leve os cogumelos ao forno preaquecido a 160 °C, para que percam o excesso de água. Retire o caroço das azeitonas e pique em pedaços miúdos. Escalde o bacalhau demolhado, retire a pele e as espinhas e lasque-o. Misture as lascas de bacalhau com os cogumelos.

Sirva o preparado em prato fundo e perfume com o azeite aromatizado.

Nota: Poderá acompanhar este prato com uma salada verde.

POSTA FINA

ERVILHAS ESTUFADAS COM TORRESMOS DO MAR E LASCAS DE BACALHAU

POSTA ALTA

INGREDIENTES

1 kg de bacalhau da Noruega (posta alta)
600 g de ervilhas congeladas
500 g de cuscuz marroquino
300 g de cebola em cubos
200 g de tomate sem pele, em cubos
50 g de *bacon* em juliana
1,5 ℓ de caldo de bacalhau (p. 67)
200 mℓ de vinho branco
150 mℓ de azeite extravirgem
3 dentes de alho picados
1 folha de louro
3 colheres (sopa) de coentro picado
2 colheres (sopa) de salsa picada
Sal marinho a gosto
Pimenta-do-reino moída na hora a gosto

TORRESMOS DO MAR
500 g de lulas em rodelas
50 mℓ de azeite extravirgem
Sal marinho a gosto

OVO ESCALFADO
10 ovos
1 ℓ de água
100 mℓ de vinagre de vinho branco
Flor de sal a gosto

MODO DE PREPARO

Doure em azeite o *bacon*, o alho, a cebola e o louro. Junte o tomate e o cuscuz, molhe com o vinho branco e adicione o caldo de bacalhau. Na metade do cozimento acrescente as ervilhas. Quando o cuscuz estiver no ponto, acrescente o bacalhau previamente demolhado e lascado. Perfume com a salsa e o coentro, deixe ferver 2 min e retifique os temperos.

TORRESMOS DO MAR
Doure as lulas em azeite até que fiquem bem crocantes e reserve. Retifique os temperos.

OVO ESCALFADO
Escalfe os ovos em água com vinagre e tempere-os com flor de sal.

Sirva o preparado individualmente, guarneça com as lulas e o ovo escalfado.

BACALHAU AO FORNO, COM OVO ESCONDIDO E CREME DE CEBOLA

POSTA ALTA

INGREDIENTES

10 postas altas de bacalhau da Noruega
150 ml de azeite extravirgem
1 folha de louro

GEMAS
10 gemas
500 ml de vinagre de vinho branco
500 ml de água
100 g de sal marinho

ROSTI DE BATATA
1,2 kg de batata para fritar ralada
Sal marinho a gosto
Fécula de batata a gosto
3 claras batidas em neve
2 colheres (sopa) de coentro picado
50 ml de azeite extravirgem

CREME DE CEBOLA
300 g de cebolas cortadas em quatro
2 dentes de alho fatiados
100 ml de azeite extravirgem
50 ml de vinho branco
50 g de salsa escaldada
Flor de sal a gosto

MODO DE PREPARO

Demolhe as postas de bacalhau e coloque o bacalhau numa assadeira com azeite e louro. Cubra com papel-alumínio e leve ao forno preaquecido a 150 °C, durante cerca de 25 min.

GEMAS
Coloque as gemas numa solução de água, vinagre e sal durante 2 h.

ROSTI DE BATATA
Misture a batata com as claras, a fécula e o coentro. Tempere com sal. Numa frigideira, leve para aquecer o azeite e, quando estiver quente, adicione o preparado anterior. Deixe criar uma crosta embaixo e vire o preparado com o auxílio de um prato, deixando dourar do outro lado. Leve ao forno por 15 min, a 150 °C. No momento de servir, abra o rosti ao meio e coloque as gemas.

CREME DE CEBOLA
Doure a cebola em metade do azeite, junte o alho e refresque com vinho branco. Deixe cozinhar. Triture a cebolada com o azeite restante e a salsa. Retifique temperos.

Sirva colocando o creme de cebola no fundo do prato, sobrepondo o bacalhau e uma porção de rosti.

RECEITAS DO AUTOR

SUFLÊ DE ESPINAFRE E NOZ-MOSCADA COM LÍNGUAS DE BACALHAU

LÍNGUAS

INGREDIENTES

1 kg de espinafre em folhas
280 g de farinha de trigo
1 ℓ de leite
10 gemas
10 claras
Noz-moscada a gosto
Sal marinho a gosto
Pimenta-do-reino moída na hora a gosto

GUARNIÇÃO

1 kg de *confit* de línguas de bacalhau da Noruega (p. 70)
100 mℓ de azeite extravirgem
3 dentes de alho picados
1 colher (sopa) de poejo em folhas
Manteiga para untar
Farinha para polvilhar

MODO DE PREPARO

Dissolva a farinha no leite frio e leve ao fogo para cozinhar. Retire do fogo e junte as gemas e o espinafre escaldado, em pequenos pedaços. Tempere com sal, pimenta-do-reino e noz-moscada, leve ao processador de alimentos e triture até obter uma pasta homogênea. Bata as claras em neve e incorpore no preparado anterior.

GUARNIÇÃO

Tempere as línguas de bacalhau com o alho, o poejo e o azeite e divida-as em formas individuais untadas com manteiga e polvilhadas com farinha. Despeje por cima o preparado de espinafre e leve ao forno previamente aquecido a 200 °C, durante cerca de 20 min. Sirva de imediato.

CONFIT DE BACALHAU COM TANGERINA, TOMILHO-LIMÃO, PURÊ DE ABÓBORA, BATATA E SALSA

POSTA ALTA

INGREDIENTES

BACALHAU
2 kg de bacalhau da Noruega em postas
Tomilho-limão a gosto
3 dentes de alho fatiados
3 tangerinas em gomos
Casca de limão-siciliano e de laranja a gosto
Azeite extravirgem
Flor de sal a gosto

PURÊ
1 kg de batatas em cubos
500 g de abóbora em cubos
3 dentes de alho fatiados
200 g de cebola em cubos
150 g de alho-poró em cubos
3 colheres (sopa) de salsa em folhas
200 ml de caldo de galinha (p. 78)
100 ml de leite
Sal marinho a gosto
Pimenta-do-reino moída na hora a gosto

MODO DE PREPARO

BACALHAU
Coloque numa assadeira todos os ingredientes exceto o bacalhau. Leve ao forno preaquecido a 150 °C durante 15 min. Sobreponha o bacalhau demolhado ao preparado, cubra com papel-alumínio e deixe cozinhar por mais 20 min.

PURÊ
Doure em azeite o alho, a cebola e o alho-poró. Junte a batata e a abóbora, e deixe estufar por instantes. Molhe com o caldo e o leite e deixe cozinhar em fogo brando. Por fim, tempere com sal e pimenta-do-reino e triture o preparado. Leve de novo ao fogo, retifique os temperos e adicione a salsa.

SALADA DE LÍNGUAS DE BACALHAU COM PERAS DE FORNO E TORRADAS DE PÃO DE TRIGO

LÍNGUAS

INGREDIENTES

SALADA
1,2 kg de *confit* de línguas de bacalhau da Noruega (p. 70)
500 g de cebola picada
4 dentes de alho picados
50 ml de azeite extra virgem
Flor de sal a gosto
Vinagre de vinho branco a gosto

PERAS
4 peras-portuguesa
200 ml de vinho branco seco
50 ml de azeite extravirgem
Sal marinho a gosto
Cravo-da-índia a gosto

EMULSÃO
200 ml de azeite extravirgem
50 g de coentro
50 g de gengibre
10 torradas de pão de trigo

MODO DE PREPARO

SALADA
Misture as línguas mornas com a cebola e o alho picados. Tempere a salada com azeite, vinagre de vinho branco e flor de sal. Reserve.

PERAS
Corte as peras ao meio, retire o caroço mas deixe a casca. Tempere com sal, um fio de azeite, cravo-da-índia picado e vinho branco. Leve ao forno a 150 °C durante 30 min.

EMULSÃO
Escalde o coentro, pique o gengibre e leve ao liquidificador com o azeite.

Disponha a fatia de pão no prato, coloque a meia pera por cima e cubra com a salada de bacalhau. Tempere com a emulsão.

SOPA DE CARAS DE BACALHAU, MANDIOCA, ERVILHAS E POEJO

CARAS

INGREDIENTES

CALDO
3 kg de caras de bacalhau da Noruega
1 folha de louro
1 maço de hortelã
1 cebola inteira
3 alhos inteiros
100 ml de vinho branco
5 grãos de pimenta-da-jamaica
3 cabeças de cravo-da-índia
Água
Sal marinho a gosto

GUARNIÇÃO
200 g de cebola em cubos
5 dentes de alho fatiados
500 g de mandioca em cubos
300 g de tomate fresco em gomos
200 g de ervilhas descascadas
2 colheres (sopa) de poejo
50 ml de azeite extravirgem
Sal marinho a gosto
Piripíri a gosto (p. 81)

MODO DE PREPARO

CALDO
Cozinhe as caras previamente demolhadas em água com os ingredientes restantes sem deixar que cozinhem demais. Lasque as caras e passe o caldo pelo *chinois*. Reserve.

GUARNIÇÃO
Ferva o caldo anterior e adicione a cebola, o alho, a mandioca e o tomate. Quando a mandioca estiver cozida, junte o bacalhau, o poejo e as ervilhas. Regue com um fio de azeite e retifique os temperos.

BACALHAU TIPO BRÁS, GEMA DE OVO MORNA E SALADA DE AGRIÃO

DESFIADO

INGREDIENTES

BACALHAU
1 kg de bacalhau da Noruega (desfiado)
500 g de batata
100 ml de azeite extravirgem
500 g de cebola fatiada
6 dentes de alho picados
2 colheres (sopa) de azeitonas verdes picadas
1 maço de salsa picada
Sal marinho a gosto
Pimenta-do-reino moída na hora a gosto
Óleo de amendoim ou canola

GEMA DE OVO
10 gemas de ovo
500 ml de água
50 g de sal marinho
Vinagre de vinho branco a gosto

SALADA DE AGRIÃO
300 g de agrião em hastes
½ colher (café) de canela em pó
50 ml de azeite extravirgem
Vinagre de vinho branco
Flor de sal a gosto

MODO DE PREPARO

BACALHAU
Adicione o bacalhau previamente demolhado à cebola e ao alho já dourados em azeite. Deixe cozinhar quanto baste. Retifique os temperos. Junte a salsa picada e misture no preparado sem deixar que cozinhe muito.
Lamine as batatas em rodelas finas e corte depois em tiras estreitas. Frite em óleo quente e escorra sobre papel absorvente para que percam o excesso de gordura e fiquem crocantes.

GEMA DE OVO
Coloque a água numa panela e leve ao fogo. Quando levantar fervura, retire do fogo, junte o sal, um fio de vinagre e coloque as gemas para macerar neste preparado durante cerca de 20 min.

SALADA DE AGRIÃO
Misture todos os ingredientes.

Sirva a gema de ovo sobre o preparado de bacalhau e acompanhe com a salada de agrião.

RECEITAS DO AUTOR

MOUSSE DE BACALHAU, CAMARÃO, SALADA VERDE E EMULSÃO DE PIMENTÕES ASSADOS

POSTA FINA

INGREDIENTES

MOUSSE
750 g de bacalhau da Noruega (posta fina)
200 g de miolo de camarão
100 g de *bacon* em juliana
6 dentes de alho picados
250 g de cebola picada
100 g de alho-poró picado
200 ml de vinho branco
400 ml de creme de leite fresco
50 ml de azeite extravirgem
Cebolinha picada a gosto
Sal marinho a gosto
Pimenta-do-reino moída na hora a gosto

EMULSÃO
150 g de pimentões vermelhos sem pele
150 ml de azeite extravirgem
2 dentes de alho picados
50 ml de vinho branco
40 g de azeitonas pretas
50 ml de vinagre de vinho tinto
Sal marinho a gosto
Pimenta-do-reino moída na hora a gosto

300 g de salada verde
10 torradas de pão de milho

MODO DE PREPARO

MOUSSE
Prepare um fundo em azeite quente com *bacon*, alho-poró, alho e cebola. Junte o bacalhau demolhado e desfiado e deixe estufar por instantes. Molhe com vinho branco, deixe ferver e acrescente o camarão. Cozinhe por 1 min, tempere com sal, pimenta-do-reino e triture o preparado.

Bata o creme de leite e incorpore no preparado anterior já frio, juntamente com a cebolinha picada.

EMULSÃO
Coloque os pimentões numa assadeira e tempere com azeite, vinho branco e alho picado. Leve para assar em forno preaquecido a 150 °C, durante 30 min.

Retire os caroços das azeitonas e emulsione-as no liquidificador com o preparado anterior e os ingredientes restantes.

Sirva dispondo a *quenelle* de *mousse* no centro do prato, sobreponha a salada e aromatize com a emulsão. Acompanhe com torradas de pão de milho.

PALITOS DE BACALHAU FRITOS, COM MIGAS DE FEIJÃO E MOLHO DE TOMATE

POSTA ALTA

INGREDIENTES

2 kg de bacalhau da Noruega (postas altas)
100 ㎖ de azeite extravirgem
1 colher (sopa) de vinagre de vinho branco
Alecrim em pó a gosto
Farinha de trigo
Óleo de amendoim ou canola
Pimenta-do-reino moída na hora a gosto

GUARNIÇÃO
650 g de broa de milho portuguesa esfarelada
500 g de espinafre em folhas
350 g de feijão vermelho cozido
250 g de cebola em cubos
100 ㎖ de azeite extravirgem
50 ㎖ de vinho do Porto branco seco
6 dentes de alho picados
Sal marinho a gosto
Pimenta-do-reino moída na hora a gosto

EMULSÃO
400 g de tomate sem pele em metades
100 ㎖ de azeite extravirgem
2 dentes de alho picados
Sal marinho a gosto

MODO DE PREPARO

Marine o bacalhau previamente demolhado e cortado em palitos, com o vinagre, a pimenta-do-reino e o azeite. Deixe descansar 30 min. Passe os palitos de bacalhau na farinha misturada com alecrim em pó e frite em óleo. Depois de fritos, deixe descansar em papel absorvente.

GUARNIÇÃO
Doure em azeite a cebola e o alho, refresque com o vinho e junte o feijão. Deixe cozinhar 5 min a 6 min, adicione o espinafre e a broa. Misture bem, retifique os temperos e deixe as migas ficarem soltas.

EMULSÃO
Disponha o tomate numa assadeira, tempere com um fio de azeite e alho e leve para assar no forno preaquecido a 150 °C, durante 30 min. Tempere com sal e emulsione no liquidificador com o azeite restante.
Sirva as migas com o bacalhau e a emulsão à parte.

SUFLÊ DE BACALHAU, CAMARÃO E MOLHO DE TOMATE

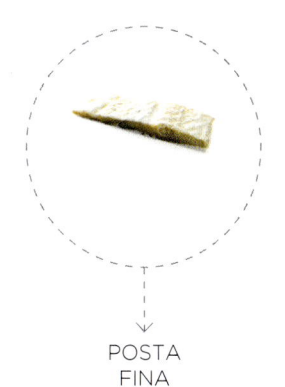

INGREDIENTES

500 g de bacalhau da Noruega (posta fina)
500 g de miolo de camarão
250 g de castanha-portuguesa cozida
200 g de cebola picada
8 ovos
5 dentes de alho picados
1 folha de louro
Pimenta-do-reino branca moída na hora a gosto
Azeite extravirgem
Sal marinho a gosto
Manteiga para untar
Farinha de trigo para polvilhar

MOLHO

250 g de tomates sem pele, em cubos
200 g de cebola picada
60 g de *bacon* picado
250 ml de caldo de bacalhau (p. 67)
50 ml de vinho branco
10 folhas de manjericão em juliana
3 dentes de alho picados
Azeite extravirgem a gosto
Sal marinho a gosto
Manteiga para untar
Farinha para polvilhar
Pimenta-do-reino moída na hora a gosto

MODO DE PREPARO

Desfie as postas de bacalhau demolhadas e cruas, tendo o cuidado de retirar as espinhas e a pele. Doure em azeite a folha de louro, o alho e a cebola. Aqueça o bacalhau, junte as castanhas e deixe cozinhar lentamente. Retire do fogo e adicione o miolo de camarão.

Triture o preparado no processador de alimentos, de forma a obter uma mistura homogênea e cremosa. Ligue-a com as gemas de ovo, reservando as claras. Tempere com sal marinho e pimenta-do-reino branca moída.

MOLHO

Para o molho, doure em azeite o *bacon*, o alho e a cebola, refresque com vinho branco e deixe que reduza. Junte ao preparado o tomate, o caldo de bacalhau previamente aquecido e tempere com sal e pimenta. Triture no liquidificador, leve de novo ao fogo, retifique os temperos e adicione o manjericão.

No momento de servir o suflê, bata as claras em neve, coloque em formas untadas com manteiga e polvilhadas com farinha de trigo. Leve ao forno preaquecido a 200 °C, por cerca de 20 min.

Sirva de imediato.

POSTA FINA

CHARUTO DE MASSA DE ARROZ COM LÍNGUAS DE BACALHAU E LAVAGANTE, CREME DE MAÇÃ E SAQUÊ

LÍNGUAS

INGREDIENTES

800 g de línguas de bacalhau da Noruega
500 g de lavagante cozido
150 g de cebola picada
150 ml de vinho branco
100 ml de azeite extravirgem
10 folhas de massa de arroz
4 dentes de alho picados
Brotos de alface a gosto
Pimenta-do-reino moída na hora a gosto
Sal marinho a gosto

CREME
200 g de maçã verde em cubos
100 g de alho-poró picado
200 ml de saquê
100 ml de azeite extravirgem
50 ml de vinagre de arroz
1 colher (sopa) de poejo em folhas
1 colher (chá) de geleia de milho
Malagueta verde a gosto
Sal marinho a gosto

MODO DE PREPARO

Apare as línguas de bacalhau demolhadas, leve-as para assar com a cebola, o alho, o vinho e o azeite, em forno preaquecido a 150 °C, numa assadeira coberta com papel-alumínio, durante 45 min. Retire as línguas e triture no liquidificador o resultado do assado até obter um molho homogêneo. Retifique os temperos.
Recheie a massa de arroz (deixada previamente de molho) com as línguas, o lavagante fatiado e o molho do assado. Feche como se fosse um charuto.

CREME
Caramelize a maçã com a geleia, o alho-poró e a malagueta. Refresque com o saquê e deixe ferver 2 min a 3 min. Tempere com sal, triture no liquidificador com o azeite e o vinagre e perfume com o poejo.

Coloque o creme no fundo do prato, sobreponha o charuto e finalize com os brotos de alface.

BACALHAU EMPANADO COM MOLHO DE TOMATE PICANTE E SALADA VERDE

POSTA ALTA

INGREDIENTES

BACALHAU
2 kg de bacalhau da Noruega (posta alta)
Farinha de trigo
Ovos
Farinha de rosca
Azeite extravirgem
6 dentes de alho com casca
1 folha de louro

MOLHO DE TOMATE
5 dentes de alho fatiados
200 g de cebola picada
Malagueta fresca picada a gosto
100 g de cenoura picada
250 g de tomate sem pele, em gomos
1 colher (chá) de gengibre picado
1 folha de louro
20 ml de vinho branco
100 ml de azeite extravirgem
Sal marinho a gosto

SALADA VERDE
200 g de chicória
200 g de rúcula
200 g de agrião
2 colheres (sopa) de salsa em folhas
Azeite extravirgem
Flor de sal a gosto

MODO DE PREPARO

BACALHAU
Corte o bacalhau previamente demolhado em palitos grossos. Em seguida, escorra-o e seque-o em papel-toalha. Empane o bacalhau, passando-o na farinha, no ovo e na farinha de rosca, nessa ordem. Para fritá-lo, mergulhe-o em azeite com os dentes de alho com casca e e a folha de louro.

MOLHO DE TOMATE
Faça um fundo com azeite, alho, cebola e deixe dourar. Adicione o gengibre, a cenoura e molhe com o vinho branco. Junte o tomate, a malagueta e o louro e deixe cozinhar em fogo brando, até atingir uma textura espessa. Retifique os temperos e reserve.

SALADA VERDE
Misture as verduras e tempere com azeite e flor de sal.

Coloque num prato as verduras, o bacalhau empanado e sirva o molho de tomate morno num recipiente próprio.

RECEITAS DO AUTOR

BACALHAU ASSADO EM AZEITE COM EMULSÃO DO MOLHO E FAROFA DE AZEITONAS VERDES

POSTA ALTA

INGREDIENTES

10 postas altas de bacalhau da Noruega
100 mℓ de vinho do Porto branco seco
50 mℓ de vinagre de vinho branco
20 dentes de alho em metades
2 folhas de louro
Azeite extravirgem
Tomate seco a gosto
Pimenta de Sichuan moída a gosto

EMULSÃO
150 mℓ do azeite e água do cozimento do bacalhau
Alhos cozidos em azeite resultantes do preparado anterior

FAROFA DE AZEITONAS
200 g de pão alentejano seco
30 g de coentro escaldado
10 g de azeitonas verdes secas
Azeite extravirgem

MODO DE PREPARO

Demolhe o bacalhau e coloque-o sobreposto ao tomate num refratário. Tempere com vinagre, vinho e pimenta de Sichuan. Deixe descansar durante 1 h. Adicione depois os ingredientes restantes. Coloque o azeite até a metade da altura da posta, cubra com papel-alumínio e leve ao forno a 150 °C, durante 40 min. Escorra o bacalhau e reserve o resultado.

EMULSÃO
Coloque os ingredientes no liquidificador e emulsione.

FAROFA DE AZEITONA
Triture o pão e as azeitonas no liquidificador e junte o azeite e o coentro.

Disponha o tomate, o bacalhau assado e a emulsão, sobreponha a farofa de azeitonas e leve para gratinar.

BACALHAU AO FORNO COM ESPINAFRE E CEREJAS

POSTA ALTA

INGREDIENTES

CONFIT
10 postas altas de bacalhau da Noruega
300 g de mandioca em cubos pequenos
3 dentes de alho picados
100 ml de azeite extravirgem
200 ml de leite de coco
200 ml de vinho branco
30 g de gengibre picado
Malaguetas frescas picadas a gosto
Sal marinho a gosto

GUARNIÇÃO
800 g de espinafre em folhas
300 g de cerejas em metades, descaroçadas
400 g de quiabos em metades, escaldados
2 colheres (sopa) de coentro picado
50 ml de azeite extravirgem
Sal marinho a gosto
Pimenta-do-reino moída na hora a gosto

MODO DE PREPARO

CONFIT
Numa assadeira, coloque a mandioca, o gengibre, o alho, as malaguetas, o vinho branco e o azeite. Cubra com papel-alumínio e leve ao forno a 150 °C, durante 20 min. Adicione agora o bacalhau demolhado e o leite de coco. Retifique os temperos. Cubra novamente e leve ao forno por mais 20 min. Retire do forno, reserve o bacalhau e triture o resultado do assado.

GUARNIÇÃO
Salteie em azeite as folhas de espinafre, as cerejas e os quiabos. Perfume com coentro e retifique os temperos.

Sirva colocando o resultado no fundo do prato, a guarnição e, por fim, o bacalhau.

FRITURA DE BUCHO DE BACALHAU, ALFACES E EMULSÃO DE ACEROLA

BUCHO

INGREDIENTES

FRITURA
300 g de bucho de bacalhau da Noruega
Água
Óleo de amendoim ou canola
Flor de sal a gosto

EMULSÃO
4 dentes de alho fatiado
200 g de cebola fatiada
1 malagueta
400 ml de suco de acerola
½ unidade de fava-tonca
100 ml de azeite extravirgem
Sal marinho a gosto

GUARNIÇÃO
300 g de alfaces variadas
Cebolinha em hastes a gosto

MODO DE PREPARO

FRITURA
Cozinhe o bucho de bacalhau depois de demolhado em água, numa panela de pressão durante 10 min aproximadamente. Escorra bem e leve ao forno para secar a 100 °C, durante 1 h. Frite em óleo e disponha sobre papel absorvente. Tempere com sal.

EMULSÃO
Prepare um fundo em 50 ml de azeite com alho, cebola, malagueta e fava-tonca. Junte o suco de acerola, tampe e deixe cozinhar lentamente. Tempere com sal e emulsione o preparado com o azeite restante.

GUARNIÇÃO
Sirva com as alfaces e a cebolinha picada.

LASCAS DE BACALHAU COZIDO EM AZEITE E TOMILHO-LIMÃO COM PURÊ

LOMBO

INGREDIENTES

10 lombos de bacalhau da Noruega
200 ml de azeite extravirgem
20 dentes de alho em metades
Tomilho-limão a gosto
20 g de brotos de cebola

ESPUMA DE BATATA
700 g de batatas em cubos
300 ml de creme de leite fresco
200 ml de caldo de galinha (p. 78)
Azeite de trufa
Sal marinho a gosto
Pimenta-do-reino moída na hora a gosto

MODO DE PREPARO

Ferva o alho em azeite em fogo brando, até ficarem cozidos. Coloque os lombos de bacalhau com o alho, o azeite e o tomilho-limão numa travessa e leve ao forno preaquecido a 80 °C, durante 1h15. Retire o bacalhau e lasque-o. Retire o alho e o tomilho-limão e bata o molho resultante com o batedor até ficar emulsionado.

ESPUMA DE BATATA
Cozinhe as batatas no creme de leite e no caldo de galinha, leve tudo ao processador de alimentos e tempere com sal e pimenta. Aromatize com azeite de trufa. Coloque num sifão, adicione o gás e reserve. Num prato fundo, coloque o bacalhau, sobreponha o purê e perfume com o molho que resultou do cozimento. Finalize com brotos de cebola.

TØRRFISK COM BATATA-DOCE, OVOS E COENTRO

INGREDIENTES

1 kg de *Tørrfisk* da Noruega
500 g de batata-doce em rodelas fritas
200 ml de azeite extravirgem
12 ovos
500 g de cebolas fatiadas
150 g de tomate em cubos pequenos
6 dentes de alho picados
1 maço de coentro picado
Sal marinho a gosto
Pimenta-do-reino moída na hora a gosto

MODO DE PREPARO

Coloque o bacalhau previamente demolhado sobre um pano e esprema-o para retirar o excesso de água. Tire a pele e as espinhas e desfie. Adicione o bacalhau à cebola e ao alho já dourados em azeite. Deixe cozinhar e retifique os temperos. Bata os ovos, adicione o coentro e misture-os no preparado, sem deixar que cozinhem muito. Sirva o preparado sobre a batata-doce e guarneça com o tomate.

PATANISCAS DE BACALHAU E SALADA DE VAGEM, HORTELÃ E AMÊNDOAS TORRADAS

POSTA ALTA

INGREDIENTES

1 kg de bacalhau da Noruega (posta alta)
250 g de cebola picada
200 g de farinha de trigo
150 ml de cerveja
150 ml de caldo de bacalhau (p. 67)
5 ovos
3 colheres (sopa) de salsa picada
Azeite extravirgem a gosto
Sal marinho a gosto
Pimenta-do-reino moída na hora a gosto

SALADA
500 g de vagem
100 g de amêndoa torrada
100 ml de azeite extravirgem
30 ml de vinagre de vinho branco
10 folhas de hortelã em juliana
Flor de sal a gosto

MODO DE PREPARO

Comece demolhando as postas de bacalhau, retire a pele e as espinhas e lasque. Misture a farinha com a cerveja e o caldo de bacalhau. Bata os ovos e junte ao preparado. Junte a cebola e o bacalhau, perfume com salsa e tempere com sal e pimenta. Misture tudo muito bem e frite em azeite pequenas porções do preparado.

SALADA
Corte a vagem no sentido do comprimento e escalde em água temperada com sal. Esfrie de imediato em água e gelo, escorra bem e misture com as amêndoas e a hortelã. Por fim, tempere com azeite, vinagre e flor de sal.

Sirva a salada e sobreponha as pataniscas.

RECEITAS DO AUTOR

MOUSSE DE BACALHAU COM AZEITONAS, CONFIT DE TOMATE E FAROFA DE PÃO DE TRIGO

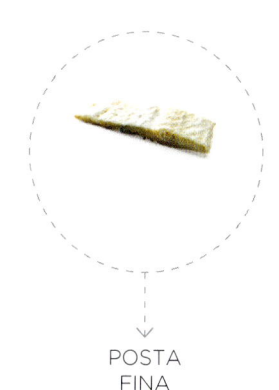

POSTA FINA

INGREDIENTES

MOUSSE
500 g de bacalhau da Noruega (posta fina)
350 g de ricota fresca
100 g de cebola picada
80 g de alho-poró picado
4 dentes de alho picados
5 g de cebolinha picada
100 ml de vinho branco
50 ml de azeite extravirgem
Pimenta-do-reino moída na hora a gosto
Sal marinho a gosto

GUARNIÇÃO
300 g de pão de trigo
150 g de chicória
150 g de radicchio
20 tomates assados
10 g de cebolinha em hastes
Flor de sal a gosto

REDUÇÃO
300 ml de vinagre de vinho branco
40 g de açúcar

MODO DE PREPARO

MOUSSE
Desfie o bacalhau já demolhado e ainda cru e reserve. Prepare um fundo em azeite com alho, cebola e alho-poró. Junte o bacalhau e deixe estufar. Molhe com vinho branco, deixe ferver, tempere com sal e pimenta moída, triture o preparado e deixe esfriar. Depois de frio, incorpore a ricota e a cebolinha picada.

GUARNIÇÃO
Corte o pão em fatias finas e leve ao forno para torrar.

REDUÇÃO
Coloque o vinagre no fogo com o açúcar e deixe reduzir de forma a obter uma textura de xarope.

Coloque a mousse no centro do prato e guarneça com o pão torrado, a chicória, o radicchio e o tomate assado. Perfume com a cebolinha e tempere com o sal.

BACALHAU AO FORNO, COM FAVADA DE CHOURIÇO E COENTRO

LOMBO

INGREDIENTES

2 kg de bacalhau da Noruega (lombos)
10 dentes de alho com casca
Pimenta-da-jamaica a gosto
20 g de gengibre fatiado
Malagueta fresca a gosto
Azeite extravirgem

GUARNIÇÃO

850 g de favas escaldadas
300 g de quiabos escaldados em rodelas
4 dentes de alho picados
250 g de cebola picada
3 colheres (sopa) de coentro picados
200 g de tomate sem pele, em cubos
200 g de chouriço tipo alentejano, às rodelas
100 mℓ de vinho branco
50 mℓ de azeite extravirgem
Pimenta-do-reino moída na hora a gosto
Sal marinho a gosto

MODO DE PREPARO

Demolhe o bacalhau e corte em cubos. Coloque-o em azeite (este deve ser o suficiente para mergulhar o bacalhau até a metade da altura), alho com casca, pimenta-da-jamaica, malagueta e gengibre. Leve para cozinhar em forno preaquecido a 150 °C, durante 20 min a 25 min. Lasque e reserve com o resultado do cozimento.

GUARNIÇÃO

Doure em azeite o chouriço, a cebola, o alho e molhe com vinho branco. Junte o tomate, deixando cozinhar. Adicione as favas e os quiabos. Retifique os temperos e deixe ferver por mais 5 min. Perfume com o coentro.

Sirva a guarnição no centro, sobreponha o bacalhau e perfume com o azeite do cozimento.

ESPAGUETE DE ESPINAFRE, BACALHAU FRESCO CORADO E VINAGRETE MORNO DE FRUTAS SECAS

INGREDIENTES

MASSA FRESCA DE ESPINAFRE
500 g de farinha de trigo
100 g de espinafre escaldado
4 ovos
1 colher (chá) de sal marinho
Água
Azeite extravirgem

BACALHAU
2 kg de bacalhau fresco da Noruega (lombos)
100 mℓ de azeite extravirgem
Sal marinho a gosto
Pimenta-do-reino moída na hora a gosto

MOLHO DE FRUTAS SECAS
100 g de amêndoa torrada
50 g de *pinoli* torrados
50 g de cebola roxa picada
10 g de cebolinha picada
200 mℓ de azeite extravirgem
50 mℓ de vinagre de vinho tinto
Hastes de cebolinha a gosto
Pimenta-do-reino moída na hora a gosto
Sal marinho a gosto

MODO DE PREPARO

MASSA FRESCA DE ESPINAFRE
Coloque no processador o espinafre e o ovo e deixe que se misturem por completo. Adicione a farinha e o sal, bata até obter uma bola e leve para descansar no refrigerador durante 30 min, enrolada em filme transparente.

Retire do refrigerador e estenda a massa na máquina de fazer espaguete passando-a pelo rolo. Dobre e passe novamente. Repita este passo várias vezes até que a massa fique fina. Depois, passe no rolo de cortar espaguete. Polvilhe com farinha e deixe secar um pouco.

Cozinhe a massa em água abundante e sal, escorra-a e espalhe-a numa forma própria com um fio de azeite.

BACALHAU
Core os lombos de bacalhau em azeite em fogo forte, com a pele virada para baixo, temperadas com sal e pimenta-do-reino. Leve ao forno para que acabem de cozinhar.

MOLHO DE FRUTAS SECAS
Aqueça o azeite em fogo brando juntamente com o vinagre e a cebola roxa, adicione a massa e o restante dos ingredientes do molho e misture bem.

Coloque a massa regada com o molho no centro do prato e sobreponha o bacalhau. Perfume com cebolinha e um fio de azeite.

ESPAGUETE DE OVOS, LÍNGUAS DE BACALHAU, ENGUIAS, ALHO E MALAGUETAS

INGREDIENTES

1 kg de *confit* de línguas de bacalhau da Noruega (p. 70)
800 g de espaguete fresco
400 g de enguias em azeite (conserva)
50 ml de azeite extravirgem
4 dentes de alho fatiados
3 colheres (sopa) de salsa em folhas
1 colher (chá) de vinagre de vinho branco
Malaguetas frescas picada a gosto
Sal marinho a gosto

MODO DE PREPARO

Cozinhe a massa em água fervente temperada com sal. Escorra-a e regue com um fio de azeite. Salteie as malaguetas e o alho, junte as enguias, o *confit* de línguas de bacalhau e o vinagre. Adicione o espaguete, misture bem e perfume com a salsa.

Sirva em prato fundo.

LÍNGUAS

NHOQUE COM LÍNGUAS DE BACALHAU, CAMARÃO E HORTELÃ

INGREDIENTES

1 kg de línguas de bacalhau da Noruega
800 g de nhoque
300 g de tomate sem pele, em cubos
150 g de cebola em cubos
150 g de queijo da ilha ralado
200 ml de azeite extravirgem
100 ml de vinho branco
Miolo de 30 camarões 21/30
10 folhas de hortelã
3 dentes de alho fatiados
Sal marinho a gosto
Pimenta-do-reino moída na hora a gosto
1 folha de louro

MODO DE PREPARO

Cozinhe a massa em água temperada com sal, escorra bem, espalhe numa forma, perfume com um fio de azeite e reserve. Tempere o camarão com sal e pimenta-do-reino e salteie num fio de azeite.
Prepare uma cama com alho e cebola, disponha as línguas demolhadas, molhe com vinho branco e azeite e perfume com pimenta-do-reino e louro. Cubra com papel-alumínio e leve para assar em forno preaquecido a 150 °C, durante 45 min. Retire as línguas, escorra e triture o restante do molho no liquidificador. Aqueça o resultado do assado, adicione os nhoques, as línguas, o camarão e deixe ferver. Retifique os temperos e acrescente o tomate, o queijo e a hortelã.

LÍNGUAS

CONFIT DE BACALHAU FRESCO NO VAPOR COM LEGUMES SALTEADOS

INGREDIENTES

1,5 kg de bacalhau fresco da Noruega (*tranches*)
2 hastes de alecrim
10 dentes de alho com casca
Azeite extravirgem
Sal marinho a gosto

LEGUMES
1 kg de legumes variados
750 kg de batatinhas descascadas

MODO DE PREPARO

Tempere as *tranches* de bacalhau com sal. Coloque-as numa assadeira e adicione o azeite, o alho e o alecrim. Cubra com filme transparente e leve ao forno para cozinhar lentamente no vapor a 100 °C, durante 20 min.

LEGUMES
Cozinhe os legumes e as batatinhas no vapor.

Coloque os legumes no fundo do prato, sobreponha o bacalhau e regue com um pouco de azeite do cozimento.

CREME DE ASPARGOS, BACALHAU DEFUMADO, PISTACHES TORRADOS E COENTRO

INGREDIENTES

CREME
50 ml de azeite extravirgem
200 g de cebola em cubos
250 g de alho-poró em cubos
200 g de batatas
2 l de caldo de galinha (p. 78)
850 g de aspargos escaldados
Sal marinho a gosto
Pimenta-do-reino moída na hora a gosto

GUARNIÇÃO
500 g de bacalhau da Noruega defumado
350 g de aspargos escaldados
50 g de pistaches torrados e picados
20 g de coentro em folhas

MODO DE PREPARO

CREME
Prepare um fundo em azeite extravirgem com cebola e alho-poró. Junte a batata, molhe com o caldo de galinha e deixe cozinhar. Quando a batata estiver cozida, junte os aspargos escaldados e triture o preparado. Tempere com sal marinho e pimenta-do-reino moída e leve de novo ao fogo para levantar fervura.

GUARNIÇÃO
Corte o bacalhau em juliana, misture com os aspargos, igualmente cortados em pedaços.

Sirva a sopa em prato fundo e guarneça com o bacalhau e os aspargos e um fio de azeite extravirgem. Polvilhe com pistaches e uma folha de coentro.

MOUSSE DE BACALHAU E CARANGUEJOLA EM SALADA VERDE

INGREDIENTES

100 g de *mousse* de bacalhau da Noruega (p. 75)

MOUSSE DE CARANGUEJOLA
500 g de miolo de caranguejola
100 g de ovo cozido e picado
250 ml de maionese de azeite
250 ml de maionese de óleo
10 g de sal
5 g de pimenta
10 g de mostarda de Dijon
50 g de cebolinha
2 ml de suco de limão-siciliano
350 g de peixe perca

SALADA VERDE
250 g de alface lisa
250 g de alface roxa
250 g de chicória
250 g de agrião
50 ml de azeite
2 ml de vinagre balsâmico
4 torradas
50 g de cebolinha
Sal marinho a gosto
Pimenta-do-reino moída na hora a gosto

MODO DE PREPARO

MOUSSE DE CARANGUEJOLA
Aproveite as cabeças, as pernas e todo o miolo da caranguejola para esta mousse, tendo o cuidado de observar seu estado de conservação. Prepare a maionese de azeite e a de óleo. Misture todos os ingredientes, tempere com sal e pimenta e aromatize com cebolinha.

SALADA VERDE
Sirva colocando um buquê de salada numa das extremidades do prato. Sobreponha 100 g de cada *mousse* em *quenelles* e tempere com sal, pimenta-do-reino, azeite e vinagre. Decore com duas hastes de cebolinha e as torradas.

RECEITAS DO AUTOR

BACALHAU ASSADO EM AZEITE COM EMULSÃO DO MOLHO, PERA ASSADA E FAROFA DE TOMATE

POSTA ALTA

INGREDIENTES

BACALHAU
10 postas altas de bacalhau da Noruega
3 kg batata em cubos pequenos
100 ml de vinho do Porto seco
50 ml de vinagre de vinho branco
20 dentes de alho em metades
1 folha de louro
Pimenta de Sichuan moída a gosto
Azeite extravirgem
Poejo fresco a gosto

PERAS ASSADAS
2 peras e ½ cortadas em quatro, com casca
50 ml de azeite extravirgem
Sal marinho a gosto

FAROFA DE TOMATE
400 g de pão alentejano seco
200 g de tomate assado limpo
Azeite extravirgem a gosto

MODO DE PREPARO

BACALHAU
Coloque as batatas e os dentes de alho numa assadeira, tempere com vinagre, azeite, vinho e pimenta de Sichuan, cubra com papel-alumínio e leve ao forno a 150 °C, durante 1h20. Adicione as postas de bacalhau demolhadas, cubra de novo com o papel-alumínio e deixe cozinhar por 20 min a 25 min. Escorra e reserve o bacalhau. Retire o louro, leve o resultado do assado ao liquidificador e perfume com poejo.

PERAS ASSADAS
Coloque as peras numa assadeira, tempere com sal e azeite e cubra com papel-alumínio. Leve ao forno a 150 °C durante 35 min.

FAROFA DE TOMATE
Triture o pão e o tomate no liquidificador e junte azeite a gosto.

BACALHAU LASCADO COM *FOIE GRAS*, PURÊ DE BATATA, COGUMELOS E REDUÇÃO DE VINHO DO PORTO

POSTA ALTA

INGREDIENTES

BACALHAU
8 postas altas de bacalhau da Noruega
10 *tranches* de *foie gras* (30 g cada)
100 ml de azeite extravirgem
Pimenta-do-reino moída na hora a gosto
Coentro em grãos a gosto
Flor de sal a gosto
Sal marinho a gosto

PURÊ
1,5 kg de batata em cubos
400 g de cogumelos-do-choupo salteados
4 dentes de alho fatiados
200 g de cebola em cubos
150 g de alho-poró em cubos
200 ml de caldo de galinha (p. 78)
1 l de leite
50 ml de azeite extravirgem
Sal marinho a gosto
Pimenta-do-reino moída na hora a gosto
Gemas de ovo para pincelar

REDUÇÃO
400 ml de vinho do Porto LBV
Vinagre balsâmico
Cebolinha a gosto
Brotos de alface a gosto

MODO DE PREPARO

BACALHAU
Demolhe as postas de bacalhau. Tempere com pimenta-do-reino, sal e um fio de azeite, cubra com papel-alumínio e leve para assar em forno preaquecido a 150 °C, durante 20 min a 25 min. Lasque o bacalhau, misture com o azeite e reserve.

PURÊ
Prepare um fundo em azeite quente com alho, cebola e alho-poró. Junte a batata e deixe estufar por instantes. Molhe com o caldo de galinha e o leite e deixe cozinhar em fogo brando. Tempere com sal, pimenta-do-reino e triture o preparado. Adicione os cogumelos.

REDUÇÃO
Reduza o Porto a dois terços, junte o vinagre e deixe cozinhar mais uns instantes.

Com o auxílio de um aro de metal, coloque as lascas de bacalhau e o *foie gras* perfumado com o coentro e a flor de sal. Sobreponha o purê, pincele com gema de ovo e leve ao forno para gratinar. Finalize com a redução, a cebolinha e os brotos de alface.

VATAPÁ DE BACALHAU COM COCO FRESCO E CASTANHA-DE-CAJU

POSTA ALTA

INGREDIENTES

1,5 kg de bacalhau da Noruega (posta alta)
300 g de tomates sem pele, em gomos
200 g de cebola picada
200 g de pimentão vermelho descascado, em cubos
200 g de pão de trigo triturado
100 g de coco fresco em cubos
100 g de camarões secos
1 ℓ de caldo de bacalhau (p. 76)
100 mℓ de vinho branco
100 mℓ de azeite extravirgem
100 mℓ de leite de coco
5 dentes de alho fatiados
1 pimentão verde
3 colheres (sopa) de coentro picado
2 colheres (sopa) de castanha-de-caju picada
1 colher (sopa) de azeite de dendê
1 colher (chá) de gengibre picado
Sal marinho a gosto
Pimenta-do-reino moída na hora a gosto

FAROFA DE ALHO
5 dentes de alho picados
100 g de manteiga sem sal
500 g de farinha de mandioca
Sal a gosto

MODO DE PREPARO

Doure em azeite e no dendê a cebola, o alho, o pimentão vermelho e o camarão.
Deixe cozinhar 4 min ou 5 min, junte o tomate e misture com o preparado. Molhe com o vinho branco e junte o pão, o caldo de bacalhau, o gengibre e a castanha-de-caju. Tempere com sal e pimenta-do-reino e deixe cozinhar até apurar. Triture o preparado no liquidificador, leve de novo ao fogo com o leite de coco e o coco fresco, retifique os temperos e deixe ferver mais 7 min ou 8 min.
Junte o bacalhau, o coentro e o pimentão verde, e sirva bem quente com uma farofa de alho e arroz branco.

FAROFA DE ALHO
Doure o alho na manteiga, tendo o cuidado de não deixar queimar. Junte a farinha e, por fim, tempere com sal a gosto.

CONFIT DE BACALHAU EM AZEITE DE URUCUM E CREME DE FAVAS

POSTA ALTA

INGREDIENTES

CONFIT DE BACALHAU
10 postas altas de bacalhau da Noruega
10 dentes de alho inteiros
2 malaguetas
1 colher (chá) de urucum
300 mℓ de azeite extravirgem

PURÊ
1,5 kg de favas sem pele
6 dentes de alho fatiados
150 g de cebola picada
500 g de miolo de abobrinha
200 g de toucinho
50 g de hortelã
100 mℓ de vinho branco
50 mℓ de azeite extravirgem
Sal marinho a gosto
Pimenta-do-reino moída na hora a gosto

EMULSÃO DE ALHO E LIMÃO-SICILIANO
2 dentes de alho
1 pera-portuguesa
50 mℓ de suco de limão-siciliano

MODO DE PREPARO

CONFIT DE BACALHAU
Numa assadeira, coloque o azeite com o urucum, as malaguetas e o alho. Leve ao forno durante 1 h a 100 °C. Adicione o bacalhau previamente demolhado e cubra com papel-alumínio. Regule o forno para 150 °C, cubra e deixe confitar cerca de 25 min.

PURÊ
Escalde as favas em água temperada com sal e esfrie de imediato em água e gelo. Escorra bem e reserve. Coloque o toucinho para dissolver no azeite, junte o alho e a cebola e deixe cozinhar. Adicione a abobrinha, molhe com vinho branco e deixe ferver. Quando esfriar emulsione com as favas e a hortelã escaldada. Retifique os temperos.

EMULSÃO DE ALHO E LIMÃO-SICILIANO
Escalde o alho em água com a pera-portuguesa. Escorra a água quando ambos estiverem cozidos e emulsione com o suco de limão-siciliano.

LOMBO DE BACALHAU COZIDO EM AZEITE, COUVES SALTEADAS, FRICASSÊ E TEMPURÁ

INGREDIENTES

BACALHAU
2 kg de bacalhau da Noruega (lombos)
Azeite extravirgem

CEBOLADA
20 g de toucinho fatiado
1 kg de cebola fatiada
70 g de alho fatiado
150 ml de azeite extravirgem
Vinho branco
Malagueta seca a gosto
Louro a gosto
Sal marinho a gosto

FRICASSÊ
3 dentes de alho picados
80 g de cebola picada
Suco de limão-siciliano
Caldo de galinha a gosto (p. 78)
7 gemas de ovo
Azeite extravirgem
Sal marinho a gosto

TEMPURÁ
250 g de bacalhau da Noruega (desfiado)
100 g de farinha para tempurá
200 ml de água fria
2 colheres (sopa) de salsa picada
Sal marinho a gosto
Pimenta-do-reino moída na hora a gosto
Óleo de amendoim ou canola

GUARNIÇÃO
1,5 kg de couve *pac choi*
Azeite extravirgem
Sal marinho a gosto

MODO DE PREPARO

BACALHAU
Coloque o bacalhau numa assadeira juntamente com o azeite, cubra e leve ao forno preaquecido a 150 °C, durante 25 min.

CEBOLADA
Prepare um fundo em azeite com malagueta, louro e toucinho. Junte o alho e a cebola e deixe corar um pouco. Molhe com vinho branco. Deixe apurar, tempere com sal e perfume com o azeite restante.

FRICASSÊ
Prepare um fundo em azeite com alho e cebola. Adicione o caldo e deixe levantar fervura. Junte o suco de limão-siciliano e, quando levantar fervura, retire do fogo. Incorpore as gemas e leve ao robô de cozinha a 90 °C. Depois de frito, disponha em papel absorvente.

TEMPURÁ
Lave o bacalhau até retirar o sal. Misture a farinha para tempurá com a água e a salsa e tempere com sal e pimenta-do-reino. Em seguida, faça pequenas bolas e frite em óleo quente.

GUARNIÇÃO
Escolha as couves, separando as folhas dos talos. Escalde-as em água temperada com sal e esfrie de imediato em água e gelo. Escorra bem e reserve.

Salteie as folhas de couve em azeite e tempere com sal marinho. Grelhe os talos de couve e tempere com sal marinho.

Sirva o bacalhau com a cebolada, o fricassê e acompanhe com o tempurá e a guarnição.

LOMBO E DESFIADO

RECEITAS DO AUTOR

LOMBO DE BACALHAU AO FORNO COM ESPINAFRE E UVAS

INGREDIENTES

10 lombos de bacalhau da Noruega
300 g de mandioca em cubos pequenos
30 g de gengibre picado
200 mℓ de leite de coco
200 mℓ de vinho branco
3 dentes de alho picados
Azeite extravirgem a gosto
Malaguetas frescas picadas a gosto
Sal marinho a gosto

GUARNIÇÃO
1 kg de espinafre em folhas
300 g de uvas sem sementes
300 g de quiabos escaldados em metades
Coentro picado a gosto
Azeite extravirgem
Sal marinho a gosto
Pimenta-do-reino moída na hora a gosto

MODO DE PREPARO

Coloque numa assadeira coberta com papel-alumínio a mandioca, o gengibre, o alho e o vinho branco. Junte a malagueta, regue com azeite e retifique os temperos. Leve ao forno a 150 °C durante 20 min. Findo este tempo adicione o bacalhau demolhado e o leite de coco e mantenha no forno por mais 20 min.

GUARNIÇÃO
Salteie em azeite as folhas de espinafre, as uvas e os quiabos. Perfume com coentro e retifique os temperos.

LOMBO

BACALHAU CORADO, TARTARE DE LEGUMES E MOLHO DE FEIJÃO

POSTA ALTA

INGREDIENTES

BACALHAU
10 postas de bacalhau da Noruega (posta alta)
5 grãos de pimenta-do-reino
50 ml de azeite extravirgem
1 cebola
2 dentes de alho
2 folhas de louro
Sal marinho a gosto

GUARNIÇÃO
500 g de nabo em cubos
500 g de cenoura em cubos

MOLHO DE FEIJÃO
1 kg de feijão-catarino cozido
400 g de cebola picada
25 g de alho picado
100 g de *bacon* picado
350 g de tomate sem pele
50 ml de azeite extravirgem
200 ml de vinho branco
800 ml de água do cozimento do feijão
100 g de mel
Malaguetas a gosto
Sal marinho a gosto

Salsa em folhas a gosto

MODO DE PREPARO

BACALHAU
Core, do lado da pele, o bacalhau demolhado em azeite, cebola, alho e louro. Vire, tampe e deixe cozinhar em fogo brando. Quando o bacalhau estiver lascando retire do fogo e reserve.

GUARNIÇÃO
Escalde os legumes separadamente, em água temperada com sal.

MOLHO DE FEIJÃO
Cozinhe o feijão e reserve a água do cozimento. Doure o *bacon* e em seguida a cebola e o alho, o tomate e o feijão em azeite. Deixe cozinhar 3 min a 4 min. Adicione o mel. Quando tudo estiver bem refogado, molhe com o vinho branco e o caldo do feijão. Deixe ferver até obter a textura desejada. Tempere com sal e malagueta. Triture, passe pelo *chinois* e reserve.

Sirva o bacalhau corado sobre os legumes e o molho. Aromatize com folhas de salsa.

LÍNGUAS DE BACALHAU ASSADAS NO FORNO COM LAVAGANTE E CREME DE MAÇÃ

INGREDIENTES

LÍNGUAS
800 g de línguas de bacalhau da Noruega
2 lavagantes cozidos em lâminas
150 g de cebola picada
4 dentes de alho picados
100 ml de azeite extravirgem
150 ml de vinho branco
10 folhas de massa de arroz
Sal marinho a gosto
Pimenta-do-reino moída na hora a gosto

CREME
300 g de maçã verde em cubos
1 colher (chá) de mel
100 g de alho-poró picado
100 ml de vinho do Porto seco
100 ml de azeite extravirgem
Suco de limão-siciliano a gosto
Malagueta verde a gosto
Sal marinho a gosto
Água

Poejo em folhas a gosto
Brotos a gosto
Flores a gosto

MODO DE PREPARO

LÍNGUAS
Leve as línguas demolhadas para assar com a cebola, o alho, o vinho e o azeite, durante 45 min a 150 °C. Retire as línguas e, com o resultado do molho, faça um creme. Retifique os temperos. Recheie a massa de arroz (deixada previamente de molho) com as línguas e o creme do assado. Feche como se fosse um charuto.

CREME
Numa panela, coloque o mel, o alho-poró, a malagueta, a maçã e o vinho. Tampe e leve para cozinhar em fogo brando. Quando a maçã estiver cozida, bata no liquidificador com o azeite e o suco de limão-siciliano. Acrescente a água necessária para que o creme tenha uma textura homogênea. Retifique temperos.

No momento de servir, aqueça o creme e o charuto ligeiramente e guarneça com as lâminas de lavagante. Perfume com as folhas de poejo, brotos e flores.

LÍNGUAS

TROUXA DE BACALHAU FRESCO E *FOIE GRAS*, EMULSÃO DE VINHO MOSCATEL E PURÊ DE BATATAS ASSADAS

INGREDIENTES

TROUXA
1,5 kg de Bacalhau fresco da Noruega (lombos)
600 g de *foie gras*
10 folhas de couve-portuguesa
Capim-limão a gosto
Sal marinho a gosto
Pimenta-do-reino moída na hora a gosto

PURÊ
1 kg de batata
500 g de banana descascada
0,5 l de leite
Pimenta-do-reino moída na hora a gosto
Azeite extravirgem a gosto
Sal marinho a gosto

EMULSÃO
200 g de minicebolas
50 g de açúcar mascavo
200 ml de vinho moscatel
100 ml de azeite extravirgem
50 ml de vinagre de vinho tinto
Pimenta-da-jamaica a gosto

GUARNIÇÃO
300 g de couve-portuguesa escaldada em juliana
Azeite extravirgem
Sal marinho a gosto

MODO DE PREPARO

TROUXA
Escalde as folhas de couve em água temperada com sal e esfrie de imediato em água e gelo. Escorra bem as folhas e disponha, uma a uma, sobre uma lâmina de papel-alumínio. Coloque no centro o lombo de bacalhau temperado com pimenta-do-reino e sal, sobreponha o *foie gras* temperado de sal e perfumado com capim-limão picado. Feche a lâmina de papel-alumínio, no formato de trouxa, deixando o topo aberto. Leve para assar em forno preaquecido a 180 °C, durante 12 min.

PURÊ
Disponha as batatas numa assadeira juntamente com as bananas. Tempere com um fio de azeite e sal e leve para assar em forno preaquecido a 150° C, durante 1h30. Depois de assadas, reduza-as a purê com a ajuda de um espremedor. À parte, ferva o leite, adicione ao purê e deixe cozinhar 1 min, mexendo sempre. Tempere com sal e pimenta-do-reino, retire do fogo e perfume com um fio de azeite.

EMULSÃO
Derreta o açúcar numa caçarola ao fogo, adicione as minicebolas e molhe com o vinho moscatel. Perfume o preparado com um fio de vinagre de vinho tinto e pimenta-da-jamaica picada. Deixe ferver por uns min, de forma a obter uma textura caramelizada. Reserve parte das minicebolas para guarnição e emulsione o restante do preparado no liquidificador, com um fio de azeite.

GUARNIÇÃO
Disponha o purê no centro do prato, sobreponha a couve previamente salteada em azeite e termine com as trouxas temperadas com sal. Guarneça o prato com as minicebolas, salpique com a emulsão e decore com capim-limão.

BACALHAU FRESCO MARINADO, CREME DE FEIJÃO E HORTELÃ-DA-RIBEIRA

INGREDIENTES

1,8 kg de bacalhau fresco da Noruega (lombos)
300 ml de suco de limão-siciliano
1 vagem de baunilha picada
3 dentes de alho fatiados
200 ml de azeite extravirgem
3 folhas de louro
Sal marinho a gosto
Pimenta-do-reino moída na hora a gosto

CREME
500 g de feijão vermelho cozido
4 dentes de alho fatiados
150 g de cebola fatiada
60 g de toucinho defumado
200 g de tomates sem pele, em cubos
100 ml de vinho branco
100 ml de vinagre de vinho branco
1 colher (sopa) de mel
1,2 l de caldo de peixe (p. 76)
Hortelã-da-ribeira a gosto
Sal marinho a gosto
Pimenta-do-reino moída na hora a gosto
1 folha de louro

VINAGRETE
200 g de manga verde em cubos
100 g de cebola picada
1 dente de alho picado
30 ml de suco de limão
100 ml de azeite extravirgem
Salsa em juliana a gosto
Flor de sal a gosto

MODO DE PREPARO

Corte o bacalhau em pequenas *tranches* e marine com todos os ingredientes. Seque o peixe da marinada e core do lado da pele, em azeite.

CREME
Coloque o toucinho para dissolver lentamente numa panela em fogo brando. Junte alho, cebola, mel, louro e deixe cozinhar um pouco. Molhe com vinho branco e vinagre e deixe ferver. Adicione o caldo de peixe e o tomate, tampe e deixe cozinhar. Junte o feijão, emulsione o preparado, passe pelo *chinois* e leve novamente ao fogo. Retifique os temperos e perfume com hortelã-da-ribeira.

VINAGRETE
Numa taça coloque o alho e a cebola para macerar com o suco de limão-siciliano e o azeite durante 5 min a 10 min. Misture a manga, a salsa, e tempere com flor de sal.

No momento de servir sobreponha o bacalhau ao creme e perfume com o vinagrete.

RECEITAS DO AUTOR

BACALHAU COM TOUCINHO E VIEIRAS

LOMBO

INGREDIENTES

BACALHAU
1,8 kg de bacalhau da Noruega (lombos)
200 g de toucinho
100 ml de azeite extravirgem
Pimenta-do-reino moída na hora a gosto

VIEIRAS
30 vieiras
Sal marinho a gosto
Azeite extravirgem

CREME
500 g de miolo de vieiras
150 g de cebola picada
100 ml de azeite extravirgem
50 ml de vinho branco
30 ml de suco de limão-siciliano
3 dentes de alho fatiados
Sal marinho a gosto
Pimenta-do-reino moída na hora a gosto
80 g de salsa escaldada

GUARNIÇÃO
1 kg de espinafre
800 g de aspargos verdes
50 ml de azeite extravirgem
Sal marinho a gosto
Pimenta-do-reino moída na hora a gosto
4 dentes de alho fatiados

MODO DE PREPARO

BACALHAU
Corte o toucinho em fatias muito finas e coloque sobre os lombos de bacalhau previamente demolhados. Tempere com pimenta-do-reino e regue com azeite. Leve para cozinhar em forno preaquecido a 150 °C durante 25 min.

VIEIRAS
Enxugue as vieiras com a ajuda de um pano. Tempere com sal e core ligeiramente numa frigideira em azeite bem quente.

CREME
Prepare um fundo com 50 ml de azeite, alho e cebola. Molhe com vinho branco e deixe ferver. Junte as vieiras. Perfume com um fio de suco de limão-siciliano, tempere com sal e pimenta-do-reino e emulsione o preparado com o azeite restante e a salsa escaldada.

GUARNIÇÃO
Salteie os aspargos e o espinafre em azeite e alho, tempere com sal e pimenta.

BACALHAU FRESCO GRATINADO COM CAMARÃO E LEGUMES

INGREDIENTES

1,8 kg de bacalhau fresco da Noruega
200 g de cebola picada
4 dentes de alho picados
200 g de camarão 36/40
250 g de alho-poró em cubos
200 g de tomates sem pele, em cubos
10 ml de azeite extravirgem
30 ml de vinho branco
Sal marinho a gosto
Pimenta-do-reino moída na hora a gosto

PURÊ
1 kg de purê de batata
1 colher (chá) de gengibre picado
2 colheres (sopa) de cebolinha picada
150 g de queijo da ilha

LEGUMES
300 g de cenoura em cubos
200 g de nabo em cubos
200 g de abóbora em cubos

MODO DE PREPARO

Core o bacalhau temperado com sal e pimenta-do-reino em azeite e reserve. Descasque os camarões, abra-os ao meio, tempere com sal e pimenta-do-reino e reserve. Esprema as cabeças dos camarões e reserve o coral. Ferva as cascas restantes em água e reserve a água. Faça um fundo com cebola, alho-poró e alho em azeite e salteie o tomate. Deixe ferver lentamente e molhe com o vinho branco e a água dos camarões. Deixe cozinhar e retifique os temperos. No final, adicione o coral e triture o preparado.

PURÊ
Elabore o purê de forma tradicional, adicionando-lhe gengibre no final.

LEGUMES
Escalde os legumes em água e sal.

Coloque o molho no fundo da forma, e em seguida os legumes, o bacalhau, o camarão, e cubra com purê. Por fim, gratine com queijo da ilha. Sirva perfumando com cebolinha picada.

BACALHAU FRESCO NO VAPOR COM *FOIE GRAS*, ESPECIARIAS LEVES E PURÊ DE BERINJELA

INGREDIENTES

1,8 kg de bacalhau fresco da Noruega (lombos)
100 g de *foie gras*
15 g de sal defumado
100 ml de suco de limão-siciliano
5 bagas de pimenta-da-jamaica
½ colher (café) de cravo-da-índia em pó
Sal marinho a gosto
2 colheres (sopa) de cebolinha picada

PURÊ DE BERINJELA
1 kg de purê de batata
500 g de miolo de berinjela assado
150 g de cebola picada
50 ml de azeite extravirgem
3 dentes de alho picados
Sal marinho a gosto
Pimenta-do-reino moída na hora a gosto
Caldo de bacalhau (p. 67)

MODO DE PREPARO

Lamine *tranches* de *foie gras* delicadamente, obtendo um peso de 10 g por unidade. Sobreponha-as ao bacalhau previamente temperado com sal e tempere-as com sal defumado, pimenta-da-jamaica, cravo-da-índia em pó e suco de limão-siciliano. Leve o bacalhau ao forno no vapor, a 100 °C, coberto com filme transparente, por 15 min. Após o cozimento, retire o filme do bacalhau e sirva.

PURÊ DE BERINJELA
Prepare um fundo em azeite com alho e cebola. Junte a berinjela, deixe cozinhar 2 min a 3 min, adicione o purê de batata e misture bem. Retifique os temperos e, se necessário, molhe com um pouco de caldo de bacalhau.

Para servir, sobreponha o bacalhau ao purê de berinjela e decore com cebolinha picada.

CONFIT DE BACALHAU FRESCO EM AZEITE COM CÍTRICOS E ALECRIM

INGREDIENTES

2 kg de bacalhau fresco da Noruega (lombos)
5 g de pimenta-da-jamaica
100 mℓ de suco de tangerina
10 dentes de alho com casca
3 cravos-da-índia
1 colher (chá) de alecrim
Raspas de 1 limão-siciliano
Raspas de 1 tangerina
Azeite extravirgem
Sal marinho a gosto

GUARNIÇÃO

1,5 kg de purê de batata
150 g de alho-poró em juliana

MODO DE PREPARO

Tempere o bacalhau com sal e cozinhe-o lentamente em azeite (que cubra o bacalhau até a metade da altura), em fogo muito brando e tampado. Perfume com o alecrim, os alhos com casca, a pimenta-da-jamaica, o cravo-da-índia, as raspas e o suco da tangerina e as raspas do limão-siciliano. Tenha o cuidado de nunca deixar o azeite ferver.

GUARNIÇÃO

Prepare o purê com o alho-poró. Sirva o bacalhau com o purê de batata e o alho-poró e regue com o resultado do preparado.

PAPILLOTE DE BACALHAU FRESCO COM SALSA E POEJO

INGREDIENTES

10 lombos de bacalhau fresco da Noruega
300 g de alho-poró em juliana
300 g de salsão (aipo) em juliana
300 g de cenoura em juliana
15 g de gengibre em juliana
300 mℓ de vinho Madeira seco
150 mℓ de azeite extravirgem
1 colher (sopa) de poejo
1 colher (sopa) de salsa em folhas
Sal marinho a gosto
Pimenta-do-reino moída na hora a gosto

MODO DE PREPARO

Estenda uma lâmina de papel-alumínio numa superfície plana. Deposite no centro os legumes, sobreponha o bacalhau e tempere com sal e pimenta-do-reino. Molhe com vinho, perfume com azeite, poejo, salsa e gengibre. Feche a papel-alumínio, no formato de uma trouxa, e leve para assar em forno preaquecido a 180 °C, durante 18 min.
Repita o processo para os lombos restantes.
Pode acompanhar com saladas, purês e legumes salteados.

CALDO DE BACALHAU COM COGUMELOS SILVESTRES E AZEITONAS DE PISO

INGREDIENTES

1 kg de bacalhau da Noruega (posta alta)
1,5 kg de cogumelos silvestres (portugueses)
150 g de azeitonas de piso
18 dentes de alho fatiados
150 ml de caldo de bacalhau (p. 67)
150 ml de azeite extravirgem
10 torradas de pão de trigo
Vinagre de vinho tinto
Coentro em folhas a gosto
Sal marinho a gosto
Pimenta-do-reino moída na hora a gosto

MODO DE PREPARO

Depois de demolhado, retire a pele e as espinhas do bacalhau e lasque. Leve os cogumelos ao forno preaquecido a 160 °C para drená-los. Descaroce as azeitonas e pique-as em pedaços miúdos. Forre o fundo de uma forma com as torradas, sobreponha os cogumelos, as lascas de bacalhau e o alho, e regue com azeite. Tempere com sal e pimenta-do-reino e leve para tostar ao forno preaquecido a 160 °C. Ferva o caldo do bacalhau e perfume com algumas gotas de vinagre e algumas folhas de coentro. Retifique os temperos e adicione as azeitonas.

Sirva em prato fundo, guarnecido com as torradas.

POSTA ALTA

ESPAGUETE DE OVO SALTEADO COM BACALHAU, AZEITONAS E SALSA FRESCA

INGREDIENTES

1 kg de bacalhau da Noruega assado (posta alta)
500 g de espaguete de ovos
50 g de azeitonas secas picadas
100 g de linguiça portuguesa picada
120 g de cebola em cubos
150 g de favas sem pele
3 dentes de alho picados
Salsa em folhas a gosto
Hortelã em folhas a gosto
100 ml de azeite extravirgem
Sal marinho a gosto
Pimenta-do-reino moída na hora a gosto

MODO DE PREPARO

Cozinhe o espaguete de ovos em água fervente temperada com sal. Escorra, regue com um fio de azeite e reserve. Salteie o chouriço no azeite, junte as favas, o alho, a cebola, as azeitonas e a hortelã. Acrescente o macarrão, o bacalhau previamente demolhado e lascado e retifique os temperos. Na hora de servir, perfume com a salsa em folhas.

POSTA ALTA

RECEITAS DO AUTOR

LÂMINAS DE BACALHAU, AZEITE DE ESPINAFRE, REDUÇÃO DE VINAGRE E MAÇÃ EM SALADA

POSTA ALTA

INGREDIENTES

800 g de bacalhau da Noruega (postas altas)

REDUÇÃO
100 g de maçã em cubos
5 dentes de alho fatiados
400 ml de vinho tinto
150 ml de azeite extravirgem
50 ml de vinagre de vinho branco

GUARNIÇÃO
250 g de espinafre
150 g de maçã verde (Granny Smith) em cubos
Salsa em folhas a gosto
Pimenta-do-reino moída na hora a gosto
Azeite de espinafre a gosto (p. 69)

MODO DE PREPARO

Demolhe o bacalhau e corte-o bem fino. Disponha num prato raso e reserve.

REDUÇÃO
Prepare um fundo com 50 ml de azeite, a maçã e o alho. Molhe com vinho tinto, deixe levantar fervura, junte o vinagre e deixe reduzir. Emulsione o preparado com o azeite restante.

GUARNIÇÃO
Escalde a maçã em água fervente, esfrie de imediato em água e gelo, escorra bem, disponha sobre papel-toalha e reserve.

Tempere as lâminas de bacalhau com o azeite de espinafre, a pimenta-do-reino e a redução. Guarneça com a maçã, o espinafre e as folhas de salsa.

LÍNGUAS DE BACALHAU ASSADAS COM LASCAS DE BACALHAU, BATATA ESMAGADA E COUVE-PORTUGUESA

INGREDIENTES

LÍNGUAS
1,5 kg de línguas de bacalhau da Noruega
120 g de alho fatiado
150 ml de azeite extravirgem
150 ml de vinho branco
Pimenta-do-reino moída na hora a gosto
Sal marinho a gosto
3 colheres (sopa) de coentro em juliana

BACALHAU
800 g de bacalhau da Noruega (posta alta)
50 ml de azeite extravirgem

GUARNIÇÃO
1,5 kg de batata cozida com casca
10 folhas de couve-portuguesa escaldada
200 g de farinha de trigo
100 ml de caldo de bacalhau (p. 67)
50 ml de cerveja
Óleo de amendoim ou canola
Flor de sal a gosto

MODO DE PREPARO

LÍNGUAS
Numa assadeira coloque o alho, dois terços do azeite e do vinho e leve para cozinhar em forno preaquecido a 150 °C durante 1 h. Junte as línguas demolhadas ao preparado e leve ao forno a 200 °C durante aproximadamente 10 min. Passe o preparado para uma caçarola e leve ao fogo com o restante do azeite. Molhe com o vinho, retifique os temperos e perfume com o coentro.

BACALHAU
Demolhe o bacalhau e coloque-o com o azeite numa assadeira. Cubra com papel-alumínio e leve ao forno preaquecido a 150 °C durante cerca de 25 min. Retire a pele e as espinhas do bacalhau, lasque e reserve. Triture a pele com o líquido resultante do assado.

GUARNIÇÃO
Descasque as batatas e esmague-as com um garfo. Misture a farinha com a cerveja e o caldo de bacalhau até obter um polme homogêneo. Enrole a folha de couve em forma de charuto, prenda com a ajuda de um palito, passe pelo polme e frite em óleo. Tempere com flor de sal.

Sirva o bacalhau com o resultado do assado, as línguas e acompanhe com os charutos de batata.

LÍNGUAS E POSTA ALTA

BACALHAU LASCADO, BATATAS AO FORNO E CREME DE CARANGUEJOLA

POSTA ALTA

INGREDIENTES

BACALHAU
2 kg de bacalhau da Noruega (posta alta)
400 g de cebola
60 g de alho
2 folhas de louro
100 ml de azeite extravirgem

BATATA
1,5 kg de batata bolinha
100 ml de azeite extravirgem
5 dentes de alho picados
Sal marinho a gosto

CREME
200 g de coral de caranguejola
Resultado do assado do bacalhau
100 ml de vinho branco
30 ml de vinagre de vinho branco
50 g de salsa escaldada
Sal marinho a gosto
Pimenta-do-reino moída na hora a gosto

ESPINAFRE
600 g de espinafre fresco em folhas
30 ml de azeite extravirgem
2 dentes de alho inteiros
Sal marinho a gosto
Pimenta-do-reino moída na hora a gosto

MODO DE PREPARO

BACALHAU
Numa assadeira, coloque o bacalhau previamente demolhado sobre uma camada de cebola, alho, louro e azeite. Tampe com papel-alumínio e leve ao forno préaquecido a 150 °C durante cerca de 25 min. Depois de assado, retire a pele e as espinhas e lasque. Reserve o resultado do assado.

BATATA
Tempere as batatas com alho picado, sal e azeite. Leve-as para assar, cobertas com papel-alumínio, durante 1 h em forno preaquecido a 150 °C. Depois de assadas, esmague-as ligeiramente.

CREME
Leve ao fogo o resultado do assado. Adicione vinho branco e deixe reduzir. Junte o coral de caranguejola, a salsa escaldada e o vinagre. Triture no liquidificador até obter uma textura homogênea. Retifique os temperos.

ESPINAFRE
Salteie o espinafre em azeite e alho finamente cortado e tempere com sal e pimenta-do-reino.

Numa assadeira, coloque as batatas, o bacalhau e o espinafre. Leve ao forno para aquecer e acompanhe com o creme de caranguejola.

TØRRFISK MARINADO COM QUEIJO DE MEIA CURA E SOPA FRIA DE TOMATE

INGREDIENTES

SOPA
2,2 kg de tomate italiano sem pele e sem sementes
250 g de cebola escaldada
60 g de alho escaldado
200 ml de azeite extravirgem
150 ml de vinagre de vinho tinto
15 g de sal marinho
2 g de pimenta-do-reino moída na hora

GUARNIÇÃO
150 g de *Tørrfisk* da Noruega
100 g de queijo terrincho de meia cura
50 g de cebola picada
50 g de azeitonas pretas picadas
100 ml de azeite extravirgem
200 ml de vinagre de vinho branco
2 colheres (sopa) de coentro picado

MODO DE PREPARO

SOPA
Coloque todos os ingredientes no liquidificador, com exceção do sal e da pimenta-do-reino e triture até obter uma textura homogênea. Tempere com sal e pimenta-do-reino e volte a emulsionar.

Mantenha sob refrigeração durante 2 h. Caso prefira servir na hora, utilize uns cubos de gelo para esfriar bem a sopa.

GUARNIÇÃO
Misture o bacalhau e a cebola com o azeite e o vinagre. Deixe descansar 20 min e adicione os ingredientes restantes.

Sirva a sopa em prato fundo, sobrepondo a guarnição.

BACALHAU FRESCO ESCALFADO, COM XERÉM DE VÔNGOLE

INGREDIENTES

1,8 kg de bacalhau fresco da Noruega
300 g de pera em gomos
1 colher (chá) de páprica
1 folha de louro
0,5 l de caldo de peixe
50 ml de azeite extravirgem
30 ml de vinagre de vinho branco
Sal marinho a gosto
Capim-limão a gosto

XERÉM

850 g de farinha de milho
200 g de cebola picada
500 g de vôngole
5 dentes de alho fatiados
100 ml de azeite extravirgem
Caldo de peixe (p. 76)
3 colheres (sopa) de cebolinha picada
Sal marinho a gosto

MODO DE PREPARO

Coloque o bacalhau numa salmoura com 150 g de sal para 1 l de água, durante 10 min. Numa panela coloque os ingredientes restantes e leve ao fogo. Seque bem o bacalhau, coloque sobre o preparado na panela, tampe e deixe cozinhar em fogo brando durante 5 min a 7 min aproximadamente.

XERÉM

Doure em 50 ml de azeite a cebola, junte o vôngole, tampe e deixe que as conchas se abram. Retire o miolo e o caldo resultante e reserve. Prepare um fundo com o azeite restante e doure o alho, adicione o caldo de peixe e deixe levantar fervura. Retifique os temperos. Adicione a farinha de milho, mexa vigorosamente e deixe cozinhar em fogo brando, mexendo sempre. Junte o caldo do vôngole e retifique os temperos. Guarneça com o miolo do vôngole e perfume com um fio de azeite e cebolinha picada.

Sirva o bacalhau sobre o xerém.

RECEITAS DO AUTOR

BACALHAU COZIDO A BAIXA TEMPERATURA, LASCADO COM ESPUMA DE BATATA

LOMBOS

INGREDIENTES

10 lombos de bacalhau da Noruega
200 ml de azeite extravirgem
20 dentes de alho em metades
Tomilho-limão a gosto

ESPUMA
700 g de batata em cubos
3 colheres (sopa) de cebolinha picada
300 ml de creme de leite fresco
200 ml de caldo de galinha (p. 78)
Óleo de nozes
Pimenta-do-reino moída na hora a gosto
Sal marinho a gosto

MODO DE PREPARO

Ferva o alho em parte do azeite, em fogo brando, até ficarem cozidos. Junte os lombos de bacalhau demolhados, o azeite restante e o tomilho-limão. Leve ao forno preaquecido a 80 °C, durante 1h15. Tire o bacalhau do forno, lasque-o e retire o alho e o tomilho-limão. Bata o molho resultante com batedor de arame, até ficar emulsionado, juntamente com o alho.

ESPUMA
Cozinhe as batatas no creme de leite e no caldo de galinha. Leve tudo ao processador de alimentos e tempere com sal e pimenta-do-reino. Aromatize com óleo de nozes, coloque no sifão e sirva perfumado com a cebolinha.

CONFIT DE BACALHAU COM AÇAFROA E SALADA DE GRÃO-DE-BICO COM GENGIBRE

POSTA ALTA

INGREDIENTES

10 postas altas de bacalhau da Noruega
150 ml de azeite extravirgem
1 colher (sopa) de açafroa
2 dentes de alho com casca escaldados

SALADA
1 kg de grão-de-bico cozido
300 g de couve-flor
100 g de cebola picada
2 dentes de alho picados
100 ml de vinagre de vinho branco
50 ml de azeite extravirgem
2 colheres (sopa) de cebolinha picada
1 colher (chá) de gengibre picado
Talos de couve-flor fatiados a gosto
Noz-moscada a gosto
Flor de sal a gosto
200 ml de vinho branco

MODO DE PREPARO

Aqueça a açafroa durante 20 min em azeite, tendo cuidado para que não ferva. No forno preaquecido a 150 °C, coloque o bacalhau previamente demolhado com todos os ingredientes numa assadeira coberta com papel-alumínio, por aproximadamente 25 min.

SALADA
Salteie em azeite a cebola, o alho, os talos de couve-flor, o gengibre e a noz-moscada e deixe dourar. Junte a couve-flor, molhe com o vinho, tampe e deixe cozinhar lentamente. Quando a couve-flor estiver cozida, perfume com a cebolinha e o vinagre e acompanhe com o bacalhau e o molho resultante do assado. Retifique os temperos e guarneça com o grão-de-bico quente.

ARROZ DE FEIJÃO VERMELHO COM BROTOS DE NABO, TOMATE E CARAS DE BACALHAU ASSADAS AO FORNO

CARAS

INGREDIENTES

CARAS DE BACALHAU
3 kg de caras de bacalhau da Noruega
3 dentes de alho picados
1 colher (chá) de páprica
50 ml de azeite extravirgem
200 ml de vinho branco
500 g de feijão vermelho deixado previamente de molho
150 ml de água
1 tomate com casca
1 cebola pequena
30 ml de azeite extravirgem
1 colher (chá) sal marinho
Pimenta-do-reino moída na hora a gosto

ARROZ
500 g de arroz carolino
300 g de feijão vermelho cozido
300 g de tomate fresco limpo e em cubos
500 g de brotos de nabo escaldados
100 g de cenoura em cubos
100 g de nabo em cubos
200 g de cebola picada
4 dentes de alho picados
50 g de barriga de porco defumada em juliana
50 ml de azeite extravirgem
300 ml de vinho branco
Caldo do feijão
1 maço de salsa picada
Sal marinho a gosto
Malagueta a gosto
1 cravo-da-índia

MODO DE PREPARO

CARAS DE BACALHAU
Demolhe as caras de bacalhau e coloque-as numa assadeira. Tempere com alho, pimenta-do-reino, páprica, vinho branco e 50 ml de azeite. Cubra com papel-alumínio e leve ao forno por aproximadamente 50 min, a 150 °C. Quando estiver pronto, retire do forno, deixe esfriar e tire as espinhas. Reserve. Numa panela de pressão, coloque 50 ml de azeite, cebola, o tomate com casca, o sal e o feijão vermelho. Coloque a água e deixe cozinhar cerca de 8 min até atingir a pressão.

ARROZ
Faça um refogado em azeite com cravo-da-índia, a barriga de porco, a cebola e o alho, e deixe dourar. Junte o arroz, molhe com vinho e adicione, sempre que necessário, o caldo do feijão. Na metade do cozimento do arroz, adicione a cenoura, o feijão e o nabo. Pouco antes de o arroz ficar cozido, junte os brotos, as caras de bacalhau e a malagueta. Retifique os temperos. Sirva o arroz polvilhado com salsa.

ARROZ DE BACALHAU COM CAMARÃO, ABÓBORA E FAVINHA

INGREDIENTES

1,5 kg de bacalhau da Noruega (postas altas)
600 g de miolo de camarão
500 g de arroz carolino
200 g de cebola picada
100 g de alho-poró picado
200 g de abóbora em cubos
200 g de favas descascadas
100 g de *bacon* em juliana
1,8 l de caldo de bacalhau
100 ml azeite extravirgem
200 ml de vinho branco
5 dentes de alho picados
3 colheres (sopa) de folhas de coentro
Sal marinho a gosto
Pimenta-do-reino moída na hora a gosto

MODO DE PREPARO

Cozinhe o bacalhau demolhado em água, escorra e reserve o caldo. Numa panela, coloque o vinho branco para ferver, junte o arroz carolino e o caldo do bacalhau. Na metade do cozimento do arroz, adicione o alho, a cebola e o alho-poró. Junte a abóbora e retifique os temperos. Em seguida, core o camarão e tempere com sal, pimenta-do-reino e azeite. Reserve. Doure o *bacon* até ficar crocante e reserve. Quando o arroz estiver no final do cozimento, junte o bacalhau, o camarão, o *bacon*, as favas, e perfume com o coentro e um fio de azeite.

POSTA ALTA

BACALHAU FRESCO MARINADO COM OURIÇOS-DO-MAR

INGREDIENTES

1,2 kg de bacalhau fresco da Noruega (lombos)
200 g de cebola nova picada
150 ml de suco de limão-siciliano
100 ml de azeite extravirgem
2 dentes de alho picados
3 colheres (sopa) de salsa picada
½ colher (café) de malagueta em pó
Sal marinho a gosto

GUARNIÇÃO
300 g de rúcula
100 g de manga verde em cubos
100 g de ovas de ouriço-do-mar

MODO DE PREPARO

Coloque os lombos de bacalhau em sal durante 2h30. Findo este tempo, passe por água e tempere com a cebola, o alho, o suco de limão-siciliano, a salsa, o azeite e a malagueta em pó. Leve para refrigerar.
No momento de servir, corte o bacalhau em lâminas com cerca de 5 mm de largura.

GUARNIÇÃO
Coloque num prato o bacalhau, sobreponha as ovas de ouriço-do-mar, a rúcula e os cubos de manga verde e, por fim, o molho da marinada.

BACALHAU FRITO COM CEBOLADA DE MAÇÃ E AÇAFRÃO

INGREDIENTES

5 postas altas de bacalhau da Noruega
300 g de cebola fatiada
150 g de maçã verde em cubos pequenos
6 dentes de alho fatiados
200 ml de vinho branco seco
1 folha de louro
1 colher (café) de açafrão em pó
Azeite extravirgem a gosto
Sal marinho a gosto
Pimenta-do-reino moída na hora a gosto

MODO DE PREPARO

Demolhe as postas de bacalhau e corte em palitos com cerca de 2 cm de espessura. Enxugue em papel-toalha e frite em azeite. À parte, doure a cebola em 100 ml de azeite, com o alho, a maçã, o louro e o açafrão. Quando a cebola estiver dourada, regue com o vinho branco e tempere com sal e pimenta-do-reino. Disponha o bacalhau e sobreponha a cebolada. Acompanhe com salada de rúcula.

POSTA ALTA

ARROZ DE BACALHAU E CAÇÃO DE COENTRADA

INGREDIENTES

1 kg de bacalhau da Noruega (postas altas)
600 g de cação em cubos
600 g de espinafre em folhas
500 g de arroz carolino
300 g de cebola em cubos
300 g de abobrinha em cubos
150 g de pimentão verde
4 dentes de alho fatiados
200 ml de vinho branco
100 ml de azeite extravirgem
8 colheres (sopa) de coentro picado
1 folha de louro
Caldo de bacalhau (p. 67)
Sal marinho a gosto
Pimenta-do-reino moída na hora a gosto

MODO DE PREPARO

Cozinhe o bacalhau previamente demolhado, retire a pele e as espinhas e lasque. Reserve o caldo do cozimento. Tempere o cação com sal e pimenta-do-reino. Faça um refogado em azeite com a cebola, o alho, o louro e o pimentão. Molhe com o vinho branco e adicione o arroz. Após estufar um pouco, junte o caldo do bacalhau e, na metade do cozimento, adicione o cação. Quando o arroz estiver quase cozido, junte o bacalhau cozido em lascas, o espinafre e a abobrinha. Retifique os temperos. Retire do fogo ao fim de 3 min e perfume com o coentro.

POSTA ALTA

RECEITAS DO AUTOR

FRICASSÊ DE LASCAS DE BACALHAU E CAMARÃO COM ROSTI DE BATATA E COENTRO

POSTA ALTA

INGREDIENTES

FUNDO
50 mℓ de azeite extravirgem
300 g de cebola picada
150 g de alho-poró picado
30 g de alho fatiado
250 mℓ de vinho branco
200 mℓ de creme de leite fresco
150 mℓ de suco de limão-siciliano
5 gemas
Sal marinho a gosto
Noz-moscada a gosto

GUARNIÇÃO
1 kg de bacalhau da Noruega (posta alta)
800 g de camarão 21/30
20 g de alho picado
50 mℓ de azeite extravirgem
100 mℓ de suco de limão-siciliano
Cominho a gosto
Sal marinho a gosto
Pimenta-do-reino moída na hora a gosto
Noz-moscada a gosto

ROSTI DE BATATA
1,2 kg de batata para fritar ralada
Sal marinho a gosto
Fécula de batata
3 claras em neve
30 g de coentro picado
Azeite extravirgem

MODO DE PREPARO

FUNDO
Prepare um fundo em azeite quente com alho, cebola e alho-poró. Molhe com vinho branco, deixe ferver e junte o creme de leite. Deixe ferver mais um pouco, triture o preparado e incorpore as gemas. Perfume com suco de limão-siciliano. Tempere com sal marinho e noz-moscada.

GUARNIÇÃO
Core o camarão em azeite quente previamente temperado com sal, pimenta-do-reino, cominho, suco de limão-siciliano e alho picado. Reserve. Cozinhe o bacalhau anteriormente demolhado, limpe-o e lasque.

ROSTI DE BATATA
Misture a batata e a fécula com as claras e o coentro. Tempere com sal. Coloque azeite numa frigideira e, quando este estiver quente, adicione o preparado anterior. Deixe criar crosta, vire com o auxílio de um prato e deixe criar crosta do outro lado. Leve ao forno 15 min, a 150 °C.

No momento de servir, misture o bacalhau e o camarão no molho.

LÍNGUAS DE BACALHAU ASSADAS NO FORNO COM OSTRAS FRESCAS E CREME DE MARACUJÁ

LÍNGUAS

INGREDIENTES

800 g de línguas de bacalhau da Noruega
500 g de purê de batata
150 g de cebola picada
150 ml de vinho branco
100 ml de azeite extravirgem
30 ostras
4 dentes de alho picados
Sal marinho a gosto
Pimenta-do-reino moída na hora a gosto

CREME

100 g de alho-poró picado
100 ml de azeite extravirgem
30 ml de vinagre de arroz
8 maracujás pequenos
2 colheres (sopa) de poejo em folhas
1 colher (chá) de mel
Sal marinho a gosto
1 malagueta

MODO DE PREPARO

Abra as ostras no vapor e reserve juntamente com a água do cozimento. Apare as línguas de bacalhau demolhadas e leve para assar com a cebola, o alho, o vinho e o azeite, cobertas com papel-alumínio, durante 45 min em forno preaquecido a 150 °C. Retire as línguas e, com o resultado do molho faça um creme. Misture o purê de batata com o resultado do assado das línguas. Deixe reduzir até ficar com uma textura espessa. Retifique os temperos.

CREME

Ferva os maracujás em água. Quando se quebrarem, descasque-os, livrando-os da primeira camada. Aproveite o miolo branco e passe-o pelo *chinois*, reservando o suco. Reduza o suco juntamente com o mel, o alho-poró e a malagueta, assim como o miolo do maracujá. Quando atingir uma textura homogênea, triture no liquidificador com o azeite e o vinagre e retifique os temperos.

No momento de servir, aqueça ligeiramente o creme, sobreponha as línguas e as ostras sobre o purê e guarneça com o creme. Perfume com as folhas de poejo.

BACALHAU COM CREME DE GRÃO-DE-BICO, ABOBRINHAS AO FORNO E VINAGRETE DE COENTRO

POSTA ALTA

INGREDIENTES

10 postas altas de bacalhau da Noruega
200 g de grão-de-bico cozido
150 g de cebola picada
100 mℓ de azeite extravirgem
Pimenta-do-reino moída na hora a gosto
4 dentes de alho picados

GUARNIÇÃO

1,5 kg de abobrinhas médias em metades
50 mℓ de azeite extravirgem
1 folha de louro
4 dentes de alho escaldados com casca
Sal marinho a gosto

VINAGRETE

300 g de cebola roxa picada
150 mℓ de azeite extravirgem
50 mℓ de vinagre vinho tinto
5 colheres (sopa) de coentro picado

MODO DE PREPARO

Demolhe as postas de bacalhau e tempere com pimenta-do-reino. Junte a cebola, o alho, o grão-de-bico e o azeite. Leve para assar a 150 °C durante 20 min a 25 min, com a pele virada para cima e coberto com papel-alumínio. Retire as postas de bacalhau, triture o resultado do preparado e reserve.

GUARNIÇÃO

Numa assadeira coloque as abobrinhas com o azeite, o louro e o alho, temperadas com sal. Leve-as ao forno preaquecido a 150 °C, durante 18 min.

VINAGRETE

Coloque a cebola para marinar no azeite e no vinagre durante 30 min.

Disponha no centro do prato o resultado do preparado, sobreponha as abobrinhas, o bacalhau, e aromatize em volta com o vinagrete e o coentro.

BACALHAU FRESCO CORADO, ESPINAFRE, CHOURIÇO E AZEITONAS

INGREDIENTES

1,8 kg de bacalhau fresco da Noruega
Azeite extravirgem
Sal marinho a gosto

MOLHO
350 g de tomate sem pele
200 g de cebola em cubos
150 g de maçã verde em cubos
150 g de pimentão vermelho
100 ml de azeite extravirgem
3 dentes de alho fatiados
Sal marinho a gosto
Pimenta-do-reino moída na hora a gosto
100 ml de vinho branco

GUARNIÇÃO
800 g de espinafre em folhas
350 g de chouriço
200 g de azeitonas pretas descaroçadas
50 ml de azeite extravirgem
1 dente de alho fatiado
Salsa em folhas
Flor de sal a gosto

MODO DE PREPARO

Tempere o bacalhau com sal, core-o em azeite e leve ao forno preaquecido a 150 °C, durante 15 min para terminar de assar.

MOLHO
Prepare um fundo em azeite com pimentão, alho e cebola. Adicione a maçã, molhe com vinho branco, deixe ferver e junte o tomate sem pele. Deixe cozinhar lentamente, tempere com sal e pimenta-do-reino e deixe apurar.

GUARNIÇÃO
Seque o chouriço durante 3 min no forno preaquecido a 180 °C e reserve. Em azeite, salteie o espinafre e a salsa com alho, tempere com flor de sal e adicione as azeitonas.

Sirva uma porção de molho, sobreponha a guarnição e por fim, o bacalhau.

BOLINHOS DE BACALHAU COM *PINOLI*, OSTRAS E SALADA DE VAGEM

POSTA ALTA

INGREDIENTES

800 g de bacalhau da Noruega (posta alta)
400 g de batata cozida
50 g de miolo de *pinoli* picado
150 g de cebola picada
Miolo de 20 ostras frescas
Azeite extravirgem
4 gemas
4 colheres (sopa) de salsa picada
Sal marinho a gosto
Pimenta-do-reino moída na hora a gosto

SALADA

400 g de feijão verde redondo pequeno escaldado
200 g de maçã verde picada
100 ml de azeite extravirgem
30 ml de vinagre balsâmico
10 folhas de manjericão em juliana
Flor de sal a gosto

MODO DE PREPARO

Desfie o bacalhau demolhado esfregando-o num pano.
Passe a batata pelo espremedor e misture todos os ingredientes, com exceção das ostras.
No momento de fazer as *quenelles* do preparado, faça um corte longitudinal no bolinho com a ajuda de uma faca e coloque no seu interior as ostras previamente picadas em pedaços grossos. Mergulhe os bolinhos em azeite quente para fritá-los. Depois de fritos, deixe descansar em papel absorvente.

SALADA

Misture todos os ingredientes da salada e acompanhe com os bolinhos.

RECEITAS DO AUTOR

CONFIT DE BACALHAU EM AZEITE E ALHO COM CASCA E MIGAS SOLTAS DE COUVE

POSTA ALTA

INGREDIENTES

10 postas altas de bacalhau da Noruega
40 g de alhos com casca
14 grãos de pimenta-do-reino
3 folhas de louro
Alecrim a gosto
Vinagre de vinho branco
Azeite extravirgem
Sal marinho a gosto

EMULSÃO
80 g de salsa
40 g de alhos cozidos em azeite (do preparado anterior)
200 ml da água de cozimento do bacalhau
150 ml do azeite de cozimento do bacalhau
2 ovos cozidos

GUARNIÇÃO
1 kg de broa de milho portuguesa esfarelada
800 g de brotos de couve
150 g de tomate-cereja
20 g de alho fatiado
100 ml de azeite extravirgem
Sal marinho a gosto
Pimenta-do-reino moída na hora a gosto

REDUÇÃO DE VINAGRE
100 g de maçã em cubos
100 g de alho fatiado
100 ml de vinho tinto
100 ml de vinagre de vinho tinto
Sal marinho a gosto

MODO DE PREPARO

Demolhe o bacalhau e coloque-o num refratário temperado com sal, com os ingredientes restantes. Cubra-o com azeite e leve ao forno a 100 °C durante 1 h. Escorra o bacalhau e reserve o resultado.

EMULSÃO
Descasque o alho resultantes do assado, escalde a salsa em água fervente, esfrie-a em água e gelo, escorra bem e reserve. Leve tudo ao liquidificador com a água, o azeite e os ovos e misture, até obter um molho homogêneo.

GUARNIÇÃO
À parte, salteie os brotos em azeite, junte o alho, a broa esfarelada, o tomate e tempere com sal e pimenta-do-reino.

REDUÇÃO DE VINAGRE
Reduza o vinho tinto com as maçãs e o alho. Quando a maçã estiver cozida, adicione o vinagre e o sal, deixe ferver 2 min a 3 min, tempere e leve ao liquidificador.

BACALHAU FRESCO CORADO, AÇORDA DE OVAS E COENTRO

LÍNGUAS

INGREDIENTES

MOLHO
150 g de línguas de bacalhau da Noruega
450 g de tomate sem pele, em gomos
220 g de cebola laminada
180 g de pimentão vermelho sem pele, em cubos
50 g de toucinho de porco caipira picado
100 ml de vinho branco
50 ml de azeite extravirgem
4 dentes de alho fatiados
2 folhas de louro
½ colher (café) de páprica
Sal marinho a gosto
Pimenta-do-reino moída na hora a gosto

BACALHAU
1,8 kg de bacalhau da Noruega fresco (*tranches*)
300 g de sal marinho
2 l de água
Azeite extravirgem

GUARNIÇÃO
1,2 kg de pão alentejano
300 g de ovas de bacalhau ou pescada
200 g de cebola picada
1,2 l de caldo de bacalhau (p. 67)
100 ml de azeite extravirgem
4 dentes de alho fatiados
1 folha de louro
3 colheres (sopa) de coentro picado
Sal marinho a gosto
Pimenta-do-reino moída na hora a gosto

MODO DE PREPARO

MOLHO
Demolhe previamente as línguas de bacalhau. Coloque todos os ingredientes do molho numa assadeira, cubra e leve ao forno preaquecido a 150 °C, durante 50 min. Emulsione depois o preparado no liquidificador, leve ao fogo, retifique os temperos e reserve.

BACALHAU
Coloque o bacalhau numa solução de água e sal durante 15 min. Escorra bem, seque e core em azeite e leve ao forno para terminar o cozimento.

GUARNIÇÃO
Em azeite, doure as ovas previamente temperadas, retire e reserve. Na mesma panela, coloque o alho, a cebola e o louro. Deixe cozinhar 2 min a 3 min e junte o pão esfarelado e o caldo de bacalhau pouco a pouco. Misture tudo muito bem. Guarneça com as ovas picadas, tempere com sal e pimenta-do-reino e perfume com o coentro. Acompanhe o bacalhau com o molho e a açorda.

CREME DE BATATA-DOCE, ESPINAFRE, SALADA DE BACALHAU E HORTELÃ

POSTA ALTA

INGREDIENTES

CREME
4 dentes de alho fatiados
250 g de cebola em cubos
600 g de batata-doce em cubos
1,5 l de caldo de bacalhau (p. 67)
50 ml de azeite extravirgem
Sal marinho a gosto
Pimenta-do-reino moída na hora a gosto
Noz-moscada a gosto
300 g de espinafre em juliana

GUARNIÇÃO
250 g de bacalhau da Noruega (posta alta)
1 colher (sopa) de hortelã em juliana
50 ml de azeite extravirgem
200 ml de vinagre de vinho branco
Pimenta-do-reino moída na hora a gosto

MODO DE PREPARO

CREME
Faça um fundo em azeite com a cebola em cubos e o alho. Coloque as batatas e deixe suar um pouco. Adicione o caldo de bacalhau e deixe cozinhar. Triture e retifique os temperos. Adicione o espinafre ao creme e deixe ferver 1 min antes de servir.

GUARNIÇÃO
Cozinhe o bacalhau, retire a pele e as espinhas e lasque. Tempere com azeite, vinagre, pimenta moída e perfume com hortelã.

TØRRFISK COM CEBOLADA DE SALSA

INGREDIENTES

10 postas de *Tørrfisk* da Noruega
200 g de cebola fatiada
4 dentes de alho picados
2 folhas de louro
200 ml de azeite extravirgem
1 l de leite
Pimenta-do-reino moída na hora a gosto

GUARNIÇÃO
1 kg de batatas cozidas inteiras com casca
10 ovos inteiros cozidos
200 g de cebola fatiada
5 colheres (sopa) de salsa picada
100 g de azeitonas pretas picadas
50 ml de azeite extravirgem

MODO DE PREPARO

Cozinhe o bacalhau no leite. Forre uma assadeira com a cebola, o alho, o louro e o azeite e sobreponha o bacalhau. Leve para assar em forno preaquecido a 150 °C, durante 20 min. Retifique os temperos. Lasque o bacalhau e reserve o resultado do assado.

GUARNIÇÃO
Doure a cebola em azeite, e deixe suar. Quando a cebola estiver dourada, adicione o bacalhau lascado e o resultado do assado. Misture tudo muito bem, adicione a salsa e reserve. Retire a casca das batatas e corte-as em rodelas. Proceda da mesma forma com o ovo. No fundo de uma travessa, coloque a cebolada que foi misturada com o bacalhau, sobreponha as batatas, as rodelas de ovo e as azeitonas. Leve para gratinar e, no momento de servir, aromatize com vinagre.

BACALHAU GRELHADO COM ABOBRINHA ASSADA E CEBOLADA DE ERVAS AROMÁTICAS

INGREDIENTES

BACALHAU
2 kg de bacalhau da Noruega (posta alta)
100 mℓ de azeite extravirgem

CEBOLADA
200 g de cebola fatiada
3 dentes de alho fatiados
150 mℓ de azeite extravirgem
150 mℓ de vinho branco
1 folha de louro
2 colheres (sopa) de salsa picada
1 colher (sopa) de cebolinha picada
Tomilho-limão a gosto
Sal marinho a gosto
Pimenta-do-reino moída na hora a gosto

GUARNIÇÃO
20 abobrinhas médias em metades
50 mℓ de azeite extravirgem

MODO DE PREPARO

BACALHAU
Grelhe o bacalhau do lado da pele. Vire e grelhe ligeiramente. Limpe o bacalhau, retirando-lhe a pele e as espinhas, lasque e tempere com azeite.

CEBOLADA
Doure a cebola em azeite juntamente com o alho, o louro e o tomilho. Refresque com o vinho branco. Deixe cozinhar em fogo brando e tempere com sal e pimenta. Quando a cebola estiver dourada, adicione a cebolinha e a salsa.

GUARNIÇÃO
Coloque as abobrinhas numa travessa refratária, tempere com azeite e leve ao forno a 180 °C durante 15 min.

Coloque o bacalhau e a cebolada sobre a abobrinha e leve novamente ao forno por 5 min.

POSTA ALTA

RECEITAS DO AUTOR

CONFIT DE BACALHAU EM AZEITE, AZEITONAS PRETAS, TOMATE SECO, *PINOLI* E ALECRIM

INGREDIENTES

2 kg de bacalhau fresco da Noruega
50 g de miolo de *pinoli*
20 g de tomate seco picado
20 azeitonas pretas secas
10 bagas de pimenta-da-jamaica
10 dentes de alho com casca
Alecrim a gosto
Vinagre de vinho seco
Azeite extravirgem a gosto

MODO DE PREPARO

Coloque o bacalhau em azeite (o suficiente para mergulhar o bacalhau até a metade da altura), junte o alho com casca, a pimenta-da-jamaica e os ingredientes restantes. O bacalhau deve cozinhar lentamente, para que o azeite não ferva (20 min, aproximadamente, a 150 °C e coberto com papel-alumínio).

BACALHAU FRESCO ESCALFADO COM VINHO DO PORTO SECO E ESPECIARIAS

INGREDIENTES

1,8 kg de bacalhau fresco da Noruega
50 ml de azeite extravirgem
200 ml de vinho do Porto seco
150 g de alho-poró picado
5 dentes de alho picados
150 g de bulbo de salsão (aipo) picado
20 ml de caldo de peixe (p. 76)
30 ml de vinagre de vinho branco
5 bagas de pimenta-da-jamaica
2 unidades de anis-estrelado
½ colher (café) de açafrão
½ colher (café) de mostarda-preta em grãos
Sal marinho a gosto

GUARNIÇÃO
1,2 kg de batata em rodelas grossas
200 g de cebola fatiada
5 dentes de alho fatiados
200 g de tomates sem pele, em gomos
50 ml de azeite extravirgem
Sal marinho a gosto
3 colheres (sopa) de cerefólio em folhas

MODO DE PREPARO

Tempere o bacalhau com sal, pimenta-da-jamaica, azeite, e vinagre. Deixe descansar entre 10 min e 15 min. Coloque todos os ingredientes numa panela, e deixe ferver durante cerca de 12 min. Adicione o bacalhau e deixe cozinhar em fogo brando.

GUARNIÇÃO
Numa panela, coloque as batatas, cubra com água, tempere com sal e adicione os ingredientes restantes. Tampe e deixe cozinhar em fogo brando. Quando as batatas estiverem cozidas, adicione o cerefólio.

Sirva as batatas em prato fundo e sobreponha o bacalhau.

MINHA MOQUECA DE BACALHAU

POSTA ALTA

INGREDIENTES

1,5 kg de bacalhau da Noruega (postas altas)

CREME
500 g de palmito fresco picado
250 g de cebola em cubos
300 ml de caldo de bacalhau (p. 67)
200 ml de vinho branco
50 ml de azeite extravirgem
400 ml de leite de coco
5 dentes de alho picados
1 colher (sopa) de azeite de dendê
1 colher (chá) de sementes de coentro
1 colher (chá) de gengibre picado
Sal marinho a gosto
Pimenta-do-reino moída na hora a gosto

GUARNIÇÃO
300 g de tomate sem pele, picado
300 g de cebola em juliana fina
200 g de pimentão vermelho descascado em juliana
100 ml de suco de limão-siciliano
4 colheres (sopa) de coentro picado
1 colher (sopa) de cebolinha picada
Malagueta fresca picada a gosto
Sal marinho a gosto

MODO DE PREPARO

Demolhe o bacalhau, retire a pele e as espinhas e lasque.

CREME
Doure no dendê e no azeite a cebola, o alho e os palmitos. Molhe com o vinho branco e o caldo de bacalhau. Deixe ferver até que o palmito cozinhe, e tempere com as especiarias e o sal. Triture no liquidificador, leve de novo ao fogo e adicione o leite de coco.

GUARNIÇÃO
Deixe ferver o creme e adicione todos os ingredientes, exceto o bacalhau e as ervas aromáticas. Retifique os temperos e, no momento de servir, junte o bacalhau. Perfume com coentro e cebolinha. Acompanhe com farofa de farinha de mandioca com dendê.

MOUSSE DE BACALHAU E AZEITONAS, CONFIT DE TOMATE E REDUÇÃO DE BALSÂMICO

INGREDIENTES

MOUSSE
850 g de bacalhau da Noruega (posta fina)
5 dentes de alho picados
100 g de cebola picada
1 folha de louro
400 mℓ de creme de leite fresco
4 folhas de gelatina sem sabor
60 g de manteiga sem sal
Noz-moscada a gosto
Cebolinha picada a gosto
Sal marinho a gosto
Pimenta-do-reino moída na hora a gosto

CONFIT DE TOMATE
250 g de tomate italiano
12 dentes de alho picados
Azeite extravirgem

GUARNIÇÃO
60 g de alface chicória
60 g de alface crespa
20 g de cebolinha (cortada em hastes)
100 g de broa de milho portuguesa

AZEITE DE AZEITONAS
80 g de azeitonas pretas
250 mℓ de azeite extravirgem

AZEITE DE SALSA
80 g de salsa
250 mℓ de azeite extravirgem

REDUÇÃO DE BALSÂMICO
20 mℓ de vinagre balsâmico
50 g de açúcar

MODO DE PREPARO

MOUSSE
Limpe o bacalhau demolhado, retirando-lhe a pele e as espinhas, e desfie. Prepare um fundo com um pouco de manteiga sem sal, alho, cebola, louro, e junte o bacalhau. Adicione parte do creme de leite fresco e deixe cozinhar lentamente. Retire o louro e triture o preparado no liquidificador. Deixe a gelatina de molho e depois incorpore no preparado anterior. Deixe esfriar e avelude com o creme de leite restante batido. Aromatize com cebolinha picada, retifique o sal, a pimenta-do-reino e a noz-moscada. Coloque sob refrigeração, para que solidifique.

CONFIT DE TOMATE
Retire a pele e as sementes do tomate italiano. Leve ao forno com alho picado e um fio de azeite durante cerca de 4 h a 80 °C.

GUARNIÇÃO
Lave as alfaces em água com umas gotas de vinagre. Corte e torre fatias de broa.

AZEITE DE AZEITONAS
Retire o caroço das azeitonas pretas e emulsione com azeite.

AZEITE DE SALSA
Lave a salsa, escalde em água quente e esfrie de imediato em água fria e gelo. Escorra e emulsione com azeite.

REDUÇÃO DE BALSÂMICO
Coloque o vinagre numa frigideira sauté com um pouco de açúcar e deixe que reduza lentamente, até atingir uma espessura viscosa.

Sirva colocando numa das extremidades do prato um buquê de alfaces, do lado direito as torradas de broa de milho portuguesa, ao centro duas quenelles de mousse de bacalhau e do lado esquerdo o confit de tomate. Tempere com azeite de azeitonas pretas, azeite de salsa e redução de vinagre balsâmico. Finalize com a cebolinha.

POSTA FINA

LÍNGUAS DE BACALHAU COM MOLHO DE GENGIBRE, COCO E LIMÃO-SICILIANO

INGREDIENTES

LÍNGUAS
1,5 kg de línguas de bacalhau da Noruega
50 ml de azeite extravirgem
Sal marinho a gosto
Pimenta-do-reino moída na hora a gosto

MOLHO
100 ml de suco de limão-siciliano
Casca de ½ limão-siciliano ralada
20 g de gengibre picado
200 ml de leite de coco
50 ml de azeite extravirgem
Sal marinho a gosto
Pimenta-do-reino moída na hora a gosto
2 colher (sopa) cebolinha picada
Torradas

MODO DE PREPARO

LÍNGUAS
Demolhe as línguas de bacalhau. Leve todos os ingredientes ao forno em recipiente coberto com papel-alumínio durante 20 min a 150 °C. Reserve.

MOLHO
Puxe o gengibre em azeite, refresque com o suco de limão-siciliano e o leite de coco e deixe reduzir em fogo brando. Tempere com sal e pimenta moída, leve ao liquidificador e incorpore raspas de limão-siciliano. Leve novamente ao fogo e adicione as línguas de bacalhau. Retifique os temperos.

Perfume com cebolinha e guarneça com torradas.

LÍNGUAS

RECEITAS DO AUTOR

BOLINHOS DE ARROZ, BACALHAU E QUEIJO DA SERRA COM IOGURTE E AGRIÃO

POSTA ALTA

INGREDIENTES

250 g de bacalhau da Noruega (posta alta)
600 g de arroz carolino
400 g de queijo da serra
150 g de cebola picada
80 g de *confit* de tomate picado
4 dentes de alho picados
200 ml de vinho branco seco
30 ml de azeite virgem
3 ovos
Caldo de galinha (p. 78)
Salsa a gosto
Farinha de milho
Óleo de amendoim ou canola
Sal marinho a gosto

MOLHO
150 g de requeijão cremoso
150 g de agrião
200 ml de iogurte
Sal marinho a gosto
Pimenta-do-reino moída na hora a gosto

MODO DE PREPARO

Depois de demolhado, retire a pele e as espinhas do bacalhau e lasque. Prepare um fundo em azeite com alho e cebola. Junte o arroz, molhe com vinho branco seco, deixe ferver e molhe com o caldo de galinha. Tempere com sal e deixe cozinhar. Quando o arroz estiver quase cozido, junte o tomate e deixe apurar. Incorpore o queijo da serra e retire do fogo. Quando o preparado estiver frio, perfume com salsa picada e molde com duas colheres em forma de bolinho, recheando cada um com uma lasca de bacalhau. Passe cada bolinho no ovo e na farinha de milho e mergulhe em óleo quente, para fritar.

MOLHO
Escalde os agriões em água fervente, esfrie de imediato em água e gelo, escorra bem e emulsione no liquidificador com o iogurte. Incorpore o requeijão cremoso e tempere com sal e pimenta-do-reino.

TORTILHA DE BACALHAU E CEBOLADA COM AZEITE DE ESPINAFRE

POSTA ALTA

INGREDIENTES

1 kg de bacalhau da Noruega (posta alta)
200 g de cebola em rodelas
700 g de batata fatiada
400 g de maçã fatiada
12 ovos
100 ml de azeite extravirgem
1 folha de louro
Flor de sal a gosto
Salsa em juliana a gosto
Noz-moscada a gosto
Pimenta-do-reino moída na hora a gosto
Sal marinho a gosto
100 ml de azeite de espinafre (p. 69)

MODO DE PREPARO

Demolhe o bacalhau, limpe-o e lasque. Reserve. Doure em azeite as cebolas e o louro. Deixe que a cebola fique ligeiramente dourada, retire do fogo e perfume com flor de sal.

Frite as batatas em azeite bem quente. Bata depois os ovos, tempere com sal, noz moscada e pimenta-do-reino e junte a salsa.

Coloque numa frigideira funda, em fogo brando, um fio de azeite, as batatas, a maçã, o bacalhau, a cebolada e regue com os ovos. Leve ao forno preaquecido a 150° C, até ficar com a consistência de uma tortilha.

Deixe esfriar um pouco antes de servir, para não se desmanchar ao partir, e acompanhe com o azeite de espinafre.

BOLINHOS DE BACALHAU, CASTANHA-DO-PARÁ, OVAS DE SALMÃO, SALADA DE FEIJÃO--FRADINHO E TOMATE-CEREJA

POSTA ALTA

INGREDIENTES

800 g de bacalhau da Noruega (postas altas)
400 g de batata cozida
160 g de castanha-do-Pará fresca picada
150 g de cebola picada
100 g de ovas de salmão
4 gemas
4 colheres (sopa) de salsa picada
Azeite extravirgem a gosto
Pimenta-do-reino moída na hora a gosto
Sal marinho a gosto

MOUSSE DE SALSA
120 g de queijo fresco
50 g de salsa
50 ml de azeite extravirgem
Noz-moscada a gosto
Flor de sal a gosto
Pimenta-do-reino moída na hora a gosto

SALADA
300 g de feijão-fradinho cozido
100 ml de azeite extravirgem
30 ml de vinagre de vinho tinto
10 tomates-cereja
2 cebolas novas fatiadas
2 colher (sopa) de cebolinha picada
Flor de sal a gosto

MODO DE PREPARO

Demolhe o bacalhau e lasque esfregando-o num pano. Passe a batata pelo espremedor e misture todos os ingredientes, com exceção das ovas.
No momento de fazer as *quenelles* do preparado, coloque um pouco das ovas no seu interior e mergulhe em azeite quente, para fritar. Depois de fritos, deixe descansar em papel absorvente.

MOUSSE DE SALSA
Escalde a salsa em água e esfrie-a de imediato em água e gelo. Emulsione no processador de alimentos com o queijo e os ingredientes restantes. Tempere com flor de sal, pimenta-do--reino e noz-moscada.

SALADA
Corte os tomates ao meio e marine a cebola com azeite e vinagre. Acompanhe os bolinhos com os tomates temperados com a marinada da cebola, com o feijão-fradinho, e perfume com a cebolinha. Tempere com sal. Sirva a *mousse* à parte.

BACALHAU FRESCO ESCALFADO, LEGUMES, FRICASSÊ DE AÇAFROA E SALSA EM JULIANA

INGREDIENTES

1,8 kg de bacalhau fresco da Noruega
1 ℓ de espumante bruto
12 dentes de alho picados
4 gemas de ovo
150 g de cebola picada
150 g de alho-poró picado
50 mℓ de azeite extravirgem
Açafroa a gosto
Suco de limão-siciliano
Sal marinho a gosto
Pimenta-do-reino moída na hora a gosto

GUARNIÇÃO
300 g de couve-flor
300 g de brócolis
300 g de cenoura
500 g de inhame
200 g de abobrinha
Sal marinho a gosto
Salsa em juliana a gosto

MODO DE PREPARO

Core o bacalhau em azeite. Depois de corar de um dos lados, vire e adicione o alho, a cebola e o alho-poró. Molhe com espumante e leve ao forno a 150 °C durante 10 min, para terminar o cozimento. Retire o peixe, coloque o resultado do escalfado do peixe emulsionando-o com a açafroa, o limão-siciliano e as gemas a quente, sem talhar. Retifique os temperos.

GUARNIÇÃO
Cozinhe os legumes em água e sal e reserve.

Sirva colocando os legumes no prato e sobre eles o bacalhau. Disponha o molho em volta e perfume com a salsa.

BACALHAU FRESCO NO VAPOR COM TEMPERO DE SALMOURA EM CALDO DE VINHO VERDE E LEGUMES

INGREDIENTES

SALMOURA
1,8 kg de bacalhau fresco da Noruega (lombos)
2 colheres (sopa) de salsa em folhas
Sal marinho a gosto
50 ml de azeite extravirgem

CALDO
500 ml de caldo de peixe (p. 76)
200 ml de vinho verde
200 g de cebola em juliana
250 g de ervilhas tortas
350 g de cenoura em juliana
160 g de salsão (aipo) em juliana
250 g de alho-poró em juliana
5 dentes de alho fatiados
10 folhas de cidrão
1 colher (chá) de gengibre picado
Pimenta-da-jamaica a gosto
Sal marinho a gosto

MODO DE PREPARO

SALMOURA
Tempere o bacalhau abundantemente com sal e as folhas de salsa. Deixe descansar 30 min. Lave o bacalhau e tempere com azeite, deixando descansar 5 min a 6 min. Coloque na panela a vapor para cozinhar, por aproximadamente 15 min, a 100 °C.

CALDO
Numa panela, coloque o caldo de peixe no fogo, perfumando com vinho verde, pimenta-da-jamaica, cidrão, gengibre, cebola, alho, alho-poró e deixe ferver por 10 min. Cozinhe os legumes restantes no caldo, enquanto o bacalhau cozinha. Retifique temperos.

Sirva o caldo em prato fundo, com os legumes e sobreponha o bacalhau.

RECEITAS DO AUTOR

BACALHAU CORADO, PURÊ DE GRÃO-DE-BICO, SALADA DE LÍNGUAS DE BACALHAU E BOCHECHAS DE PORCO, VINAGRETE DE ERVAS

INGREDIENTES

1,8 kg de bacalhau da Noruega (postas altas)
100 ml de azeite extravirgem
Sal marinho a gosto
Pimenta-do-reino moída na hora a gosto

PURÊ
800 g de grão-de-bico cozido
200 g de cebola picada
6 dentes de alho picados
50 ml de azeite extravirgem
Caldo de galinha (p. 78)
Sal marinho a gosto

SALADA
10 línguas de bacalhau da Noruega
300 g de bochechas de porco
100 ml de vinho branco
10 alhos com casca
2 folhas de louro
Azeite extravirgem
Alecrim a gosto
Sal marinho a gosto
Pimenta-do-reino em grãos a gosto
150 ml de azeite extravirgem
50 ml de vinagre balsâmico
Páprica a gosto
Flor de sal a gosto

VINAGRETE
50 g de cebola branca picada
50 g de cebola roxa picada
50 g de abobrinha picada
Salsa picada a gosto
Cebolinha picada a gosto

MODO DE PREPARO

Tempere o bacalhau previamente demolhado com sal e pimenta-do-reino e core em azeite. Cubra com papel-alumínio e leve ao forno a 150 °C, durante cerca de 20 min a 25 min, para terminar de assar.

PURÊ
Escorra o grão-de-bico e, depois de cozido, reduza-o a purê com a ajuda de um espremedor. À parte, prepare um fundo em azeite com alho e cebola, junte o purê de grão-de-bico, e um pouco de caldo de galinha e retifique os temperos.

SALADA
Coloque as bochechas numa marinada com vinho branco, louro e sal, durante 12 h. Escorra as bochechas da marinada e disponha-as numa assadeira funda ou mesmo numa panela. Cubra com azeite e aromatize com alecrim, alho e pimenta-do-reino em grãos. Leve para cozinhar em forno preaquecido a 150 °C, durante 2h30. Junte as línguas de bacalhau, nesse meio-tempo já demolhadas, e deixe cozinhar mais meia hora. Escorra as línguas e as bochechas do azeite do cozimento e reserve. Coloque no liquidificador o azeite, o vinagre, um pouco de páprica e flor de sal. Emulsione e reserve.

VINAGRETE
Coloque numa tigela as cebolas e as abobrinhas picadas, as línguas de bacalhau fatiadas, as bochechas em fatias finas, e incorpore a salsa, a cebolinha e o preparado anterior.

LÍNGUAS E POSTA ALTA

BACALHAU FRESCO NA CATAPLANA EM MOLHO DE TOMATE E PIMENTÕES, BATATA-DOCE ASSADA E HORTELÃ

INGREDIENTES

BACALHAU
2 kg de bacalhau fresco da Noruega (*tranches*)
50 mℓ de azeite extravirgem
150 g de *bacon* em juliana
2 folhas de louro
4 dentes de alho fatiados
150 g de cebola picada
200 g de pimentão vermelho em cubos
200 mℓ de vinho branco
300 g de tomate em gomos
Caldo de galinha (p. 78)
Sal marinho a gosto
Pimenta-do-reino moída na hora a gosto

GUARNIÇÃO
1 kg de batata-doce assada em rodelas
Hortelã a gosto

MODO DE PREPARO

BACALHAU
Prepare um fundo em azeite quente com *bacon*, louro, alho, cebola e pimentão. Molhe com vinho branco, deixe ferver e junte o tomate. Deixe cozinhar por instantes e molhe com o caldo de galinha. Quando levantar fervura retire a folha de louro. Leve o preparado ao liquidificador e passe por uma peneira. Leve de novo ao fogo para levantar fervura, tempere com sal e pimenta-do-reino e reserve.

GUARNIÇÃO
Tempere o bacalhau com sal. Coloque o molho quente na cataplana, adicione o bacalhau e a hortelã e deixe cozinhar aproximadamente 15 min.

Sirva na cataplana e acompanhe com a batata-doce assada.

TARTARE DE BACALHAU FRESCO COM MAIONESE DE AZEITE E VINAGRETE DE GENGIBRE

INGREDIENTES

MAIONESE DE AZEITE
100 ml de azeite extravirgem
50 ml de vinagre de vinho branco
3 gemas
1 colher (chá) de mostarda de Dijon
Pimenta-do-reino moída na hora a gosto
Sal marinho a gosto

TARTARE
1 kg de bacalhau fresco da Noruega (lombos)
150 g de cebola roxa picada
50 ml de vinagre de vinho tinto
5 ovos cozidos picados
3 colheres (sopa) de coentro picado
Sal marinho a gosto

VINAGRETE DE GENGIBRE
150 g de gengibre fresco picado
125 g de miolo de abobrinha
300 ml de azeite extravirgem
200 ml de suco de limão-siciliano
3 dentes de alho
Sal marinho a gosto
200 ml de azeite de coentro (p. 68)
Torradas

MODO DE PREPARO

MAIONESE DE AZEITE
Misture as gemas, a mostarda, o vinagre, o sal e a pimenta-do-reino e incorpore o azeite pouco a pouco, batendo simultaneamente. Se a maionese estiver muito espessa, misture um pouco de suco de limão-siciliano ou vinagre.

TARTARE
À parte, marine a cebola com o vinagre, tempere com sal, e deixe descansar durante 30 min. Corte o bacalhau previamente demolhado em cubos com cerca de 5 mm, misture com a maionese, o ovo picado, a cebola marinada e o coentro.

VINAGRETE DE GENGIBRE
Escalde o alho e a abobrinha e deixe esfriar. Emulsione o preparado com os ingredientes restantes.

Sirva o tartare em porções individuais, perfume com o vinagrete e o azeite e acompanhe com torradas.

BACALHAU FRESCO COM *FOIE GRAS*, PURÊ DE BATATA, ALHO-PORÓ E REDUÇÃO DE VINHO DO PORTO

INGREDIENTES

BACALHAU
1,8 kg de bacalhau fresco da Noruega (lombos)
100 ml de azeite extravirgem
10 *tranches* de *foie gras* de 30 g cada
Sal marinho a gosto
Pimenta-do-reino moída na hora a gosto

PURÊ
1,5 kg de batata em cubos
300 g de alho-poró
80 g de manteiga sem sal
6 dentes de alho fatiados
0,5 l de caldo de galinha (p. 78)
50 ml de azeite extravirgem
Sal marinho a gosto
Pimenta-do-reino moída na hora a gosto

REDUÇÃO
700 g de cebola roxa picada
10 g de sal marinho
400 ml de vinho do Porto LBV
150 ml de azeite extravirgem
Vinagre de vinho tinto

ERVAS AROMÁTICAS
Cebolinha a gosto
Cerefólio a gosto

MODO DE PREPARO

BACALHAU
Corte os lombos de bacalhau em *tranches*, tempere-os com sal e pimenta-do-reino, core-os em azeite, sobreponha o *foie gras* e leve ao forno preaquecido a 150 °C durante 10 min, para terminar de assar.

PURÊ
Prepare um fundo em azeite com alho e alho-poró. Junte a batata, deixe suar e molhe com o caldo de galinha. Tempere com sal e pimenta-do-reino moída na hora. Escorra a batata cozida do caldo e passe pelo espremedor. Leve de novo ao fogo e ligue com a manteiga.

REDUÇÃO
Core a cebola em azeite, molhe com o vinho do Porto e deixe reduzir de forma a obter uma textura caramelizada. Coloque o preparado no liquidificador, tempere com sal e emulsione com um fio de azeite e um fio de vinagre de vinho tinto.

ERVAS AROMÁTICAS
Disponha o purê no centro do prato, sobreponha o bacalhau, aromatize com a redução em volta e perfume com cebolinha picada e cerefólio.

RISOTO DE BOINAS DE BACALHAU, COGUMELOS E SALSA FRESCA

BOINAS

INGREDIENTES

500 g de arroz carnaróli
200 g de cebola picada
150 g de tomates sem pele, em cubos
50 g de *bacon* em cubos
1,5 l de caldo de bacalhau (p. 67)
100 ml de vinho branco
50 ml de azeite extravirgem
5 dentes de alho picados
1 folha de louro
3 colheres (sopa) de salsa
Sal marinho a gosto

GUARNIÇÃO
1,5 kg de *confit* de boinas de bacalhau da Noruega (p. 80)
800 g de cogumelos cortados em quatro
50 ml de azeite extravirgem
2 dentes de alho fatiados
2 malaguetas
Vinagre de arroz
Sal marinho a gosto

MODO DE PREPARO

GUARNIÇÃO
Salteie as boinas e os cogumelos em azeite com alho e malagueta, tempere com sal e perfume com um fio de vinagre de arroz.

Doure em azeite o *bacon*, o louro, o alho e a cebola. Molhe com vinho branco, deixe ferver e junte o tomate. Tampe e deixe cozinhar 5 min.

Junte o arroz e adicione o caldo de bacalhau pouco a pouco. Quando o arroz estiver no ponto, tempere com sal, perfume com a salsa e adicione a guarnição.

Sirva em prato fundo.

RECEITAS DO AUTOR

BACALHAU LASCADO, CIDRÃO E SAQUÊ, PURÊ DE BATATA E COGUMELOS SALTEADOS

LOMBO

INGREDIENTES

BACALHAU
10 lombos de bacalhau da Noruega
8 dentes de alho em metades
150 mℓ de azeite extravirgem
6 folhas de cidrão
200 mℓ de saquê

PURÊ
1 kg de batatas em cubos
3 dentes de alho fatiados
150 g de cebola picada
100 g de alho-poró picado
800 mℓ de leite
50 mℓ de azeite extravirgem
Sal marinho a gosto
Pimenta-do-reino moída na hora a gosto
Noz-moscada a gosto

GUARNIÇÃO
600 g de *champignons* picados
100 g de brotos de feijão
50 mℓ de azeite extravirgem
1 colher (café) de molho de soja (*shoyu*)

MODO DE PREPARO

BACALHAU
Ferva o alho em azeite, em fogo brando, e em recipiente tampado, até que estes fiquem cozidos. Junte os lombos de bacalhau demolhados, o saquê e o cidrão. Leve ao forno preaquecido a 150 °C durante 20 min a 25 min, cobertos com papel-alumínio. Retire o bacalhau e lasque-o. Emulsione no liquidificador o resultado do cozimento do bacalhau sem o cidrão, e reserve.

PURÊ
Prepare um fundo em azeite com alho, cebola e alho-poró. Junte a batata e deixe suar. Adicione o leite, reduza o fogo. Tampe e deixe cozinhar lentamente. Quando a batata estiver cozida, passe pelo espremedor e tempere com sal, pimenta-do-reino e noz-moscada.

GUARNIÇÃO
Leve os cogumelos ao forno preaquecido a 150 °C, durante 10 min. Salteie os cogumelos em azeite e perfume com o molho de soja.

MOUSSE DE BACALHAU E RICOTA, SALADA DE AGRIÃO E SALSA

POSTA FINA

INGREDIENTES

MOUSSE
650 g de bacalhau da Noruega (postas finas)
5 dentes de alho picados
100 g de cebola picada
1 folha de louro
300 g de ricota fresca
100 ml de azeite extravirgem
Sal marinho a gosto
Pimenta-do-reino moída na hora a gosto
Noz-moscada a gosto
Cebolinha picada a gosto

GUARNIÇÃO
250 g de agriões
30 g de salsa em folhas
150 g de chicória
10 tomates secos em azeite

MODO DE PREPARO

MOUSSE
Demolhe o bacalhau, retire a pele e as espinhas e desfie. Prepare um fundo com um pouco de azeite, alho, cebola, folha de louro, e junte o bacalhau.
Retire a folha de louro e triture o preparado. Incorpore a ricota e deixe esfriar. Aromatize com a cebolinha picada. Retifique o sal, a pimenta-do-reino e a noz-moscada. Coloque sob refrigeração para solidificar.

GUARNIÇÃO
Sirva colocando um buquê de agriões e chicória no centro do prato, disponha as *quenelles* em redor, o tomate seco e a salsa em folhas.

PANELINHA DE BACALHAU COM SABORES DO PARÁ

LOMBO

INGREDIENTES

MOLHO
1 l de caldo de bacalhau (p. 67)
300 g de tomates sem pele, em gomos
4 dentes de alho picados
200 g de cebola picada
200 g de pimentão vermelho sem pele, em cubos
50 ml de azeite extravirgem
200 ml de vinho branco
Sal marinho a gosto
Pimenta-do-reino moída na hora a gosto

GUARNIÇÃO
1 kg de bacalhau da Noruega (lombos)
1 kg de lombo de pirarucu
300 g de camarão regional
300 g de abacaxi em cubos grandes
300 g de manga em cubos grandes
100 g de cebola em cubos
100 g de pimentões vermelhos em cubos
200 g de tomate sem pele, em cubos
Coentro em juliana a gosto
15 g de gengibre picado
Pimenta de cheiro a gosto
Azeite extravirgem a gosto

ACOMPANHAMENTO
5 mandioquinhas médias
100 ml de azeite extravirgem
Sal marinho a gosto

MODO DE PREPARO

MOLHO
Prepare um fundo em azeite bem quente com o alho, a cebola e o pimentão. Molhe com o vinho branco, deixe que ferva e adicione o tomate. Deixe apurar e junte o caldo de bacalhau morno. Quando ferver, triture o preparado e passe por um *chinois* de forma a obter um creme homogêneo. Tempere com sal e pimenta-do-reino.

GUARNIÇÃO
Coloque o pirarucu numa salmoura seca durante 20 min. No momento de preparar, lave e corte em cubos. Leve de novo o molho ao fogo e, quando levantar fervura, adicione a cebola, o pimentão e o gengibre. Deixe ferver cerca de 6 min. Adicione o bacalhau demolhado em cubos e o pirarucu, deixando ferver por mais 3 min. Retifique os temperos. Junte os ingredientes restantes e retire do fogo. Deixe descansar tampado durante 5 min antes de servir.

ACOMPANHAMENTO
Corte as mandioquinhas ao meio e tempere com sal e azeite. Leve para assar no forno a 150 °C.

CONFIT DE BACALHAU FRESCO EM AZEITE E CUMARU-DO--AMAZONAS

INGREDIENTES

2 kg de bacalhau fresco da Noruega (lombos)
150 g de alho-poró picado
5 dentes de alho fatiados
50 g de tomate seco picado
Azeite extravirgem
Sal marinho a gosto
Pimenta-do-reino a gosto
Cumaru-do-amazonas a gosto

GUARNIÇÃO
500 g de espinafre em folhas
Salsa picada a gosto
Azeite extravirgem
Sal marinho a gosto

MODO DE PREPARO

Tempere o bacalhau com sal, pimenta-do-reino e cumaru-do-amazonas. Coloque azeite para aquecer numa frigideira *sauté*, adicione o alho-poró, o alho e o tomate seco. Junte o bacalhau, tampe a frigideira e leve ao forno preaquecido a 150 °C, por cerca de 30 min.

GUARNIÇÃO
Salteie o espinafre em azeite, tempere com sal e perfume com a salsa. Coloque no centro do prato o espinafre e sobreponha o bacalhau.

RISOTO DE ESPINAFRE, BACALHAU CORADO E MAÇÃ VERDE

POSTA ALTA

INGREDIENTES

ESPARREGADO
500 g de espinafre em folhas
100 g de casca de abobrinha
50 ml de azeite extravirgem
3 colheres (sopa) de salsa em folhas
Canela em pó a gosto
Noz-moscada a gosto
Sal marinho a gosto
Pimenta-do-reino moída na hora a gosto

ARROZ
500 g de arroz vialone nano
1,5 l de caldo de bacalhau (p. 67)
100 ml de vinho branco
50 ml de azeite extravirgem
2 dentes de alho fatiados
Sal marinho a gosto

GUARNIÇÃO
1,5 kg de bacalhau da Noruega (postas altas)
50 ml de azeite extravirgem
2 maçãs verdes (Granny Smith) em juliana
Sal marinho a gosto

MODO DE PREPARO

ESPARREGADO
Escalde a abobrinha em água fervente, esfrie de imediato em água e gelo, escorra bem e reserve. Salteie o espinafre e a salsa em azeite, junte a abobrinha, tempere com sal, pimenta-do-reino, noz-moscada e canela; emulsione o preparado no liquidificador.

ARROZ
Prepare um fundo em azeite com o alho, junte o arroz, molhe com vinho branco e adicione o caldo de bacalhau pouco a pouco. Tempere com sal.

GUARNIÇÃO
Quando o arroz estiver no ponto, adicione o esparregado, o bacalhau previamente demolhado em lascas e a maçã. Retifique os temperos e, ao servir, perfume com um fio de azeite.

RECEITAS DO AUTOR

BACALHAU COZIDO EM VINHO DO PORTO VINTAGE COM PURÊ DE BATATAS ASSADAS NO FORNO

POSTA ALTA

INGREDIENTES

2 kg de bacalhau da Noruega (postas altas)
200 g de alho-poró picado
200 g de cebola picada
5 dentes de alho
400 ml de vinho do Porto Vintage
50 ml de azeite extravirgem
4 cravos-da-índia
Sal marinho a gosto
Pimenta-do-reino moída na hora a gosto

PURÊ
1 kg de batatas
100 g de cebola picada
5 dentes de alho picados
200 ml de leite
50 ml de azeite extravirgem
Noz-moscada a gosto
Louro a gosto
Sal marinho a gosto
Pimenta-do-reino moída na hora a gosto

GUARNIÇÃO
2 colheres (sopa) de salsa em folhas
Vinagre de vinho tinto
Azeite extravirgem

MODO DE PREPARO

Para o bacalhau, forre o fundo de uma panela com alho, cebola, alho-poró, cravo-da-índia e um fio de azeite. Sobreponha as postas de bacalhau previamente demolhadas e depois despeje o vinho do Porto. Deixe cozinhar, sem ferver, durante 40 min. Retire o bacalhau, triture o resultado do cozido, tempere com sal e aromatize com um pouco de vinho do Porto.

PURÊ
Coloque as batatas para assar com casca, temperadas com azeite, sal, pimenta-do-reino e louro, cobertas com papel-alumínio, em forno preaquecido a 160 °C, durante cerca de 1 h. Retire depois a casca das batatas e corte-as em pequenos pedaços.
À parte, faça um refogado em azeite com alho e cebola. Adicione as batatas, molhe com o leite e deixe ferver. Passe pelo espremedor, tempere com sal, pimenta-do-reino e noz-moscada e aromatize com um fio de azeite extra virgem.

GUARNIÇÃO
No prato, disponha o creme do cozido de bacalhau. Sobreponha o bacalhau, o purê, a salsa em folhas e perfume com vinagre de vinho tinto e azeite.

MOUSSE DE BACALHAU, FOIE GRAS, PINOLI, MALAGUETAS E LIMÃO-SICILIANO

POSTA ALTA

INGREDIENTES

600 g de bacalhau da Noruega (postas altas)
350 g de *foie gras* fresco
250 g de pera cozida
200 g de cebola picada
200 mℓ de vinho branco
50 mℓ de azeite extravirgem
50 mℓ de suco de limão-siciliano
3 dentes de alho fatiados
1 malagueta
Sal marinho a gosto

GUARNIÇÃO

300 g de beterraba cozida em rodelas
60 g de *pinoli* torrados
Pão torrado a gosto
Brotos de alface a gosto

MODO DE PREPARO

Comece demolhando o bacalhau. Retire a pele e as espinhas e lasque. Doure em azeite o alho, a cebola e a malagueta. Molhe com vinho branco e deixe cozinhar. Junte o bacalhau e perfume com suco de limão-siciliano.
Tempere o *foie gras* com sal e core em frigideira *sauté* quente. Emulsione com o preparado anterior e a pera cozida, retifique os temperos e leve ao refrigerador antes de servir.

GUARNIÇÃO

Sobreponha a *mousse* às rodelas de beterraba, guarneça com os *pinoli* torrados e os brotos de alface e acompanhe com o pão torrado.

BACALHAU COM FAROFA ACEBOLADA, CREME DE ERVILHAS E CAJU

POSTA ALTA

INGREDIENTES

2 kg de bacalhau da Noruega (postas altas)
300 g de cebola picada
200 ml de vinho branco
50 ml de azeite extravirgem
4 dentes de alho picados
1 folha de louro

FAROFA ACEBOLADA
500 g de farinha de mandioca
250 g de cebola roxa picada
70 g de manteiga sem sal
Sal marinho a gosto
Pimenta-do-reino moída na hora a gosto

CREME DE ERVILHAS
250 g de ervilhas congeladas
80 g de alho-poró picado
50 g de polpa de caju
50 g de *bacon* picado
20 g de hortelã escaldada
200 ml de caldo de bacalhau (p. 67)
50 ml de vinho branco
4 dentes de alho picados
Azeite extravirgem
Sal marinho a gosto
Pimenta-do-reino moída na hora a gosto

MODO DE PREPARO

Demolhe o bacalhau e coloque-o numa assadeira com a cebola, o alho, o azeite, o louro e o vinho branco, e leve ao forno preaquecido a 150 °C, durante 20 min a 25 min. Retire do forno e deixe esfriar. Retire as espinhas e a pele, lasque o bacalhau e reserve. Junte a pele ao resultado do preparado e triture no liquidificador. Adicione ao bacalhau reservado.

FAROFA ACEBOLADA
Aqueça a cebola em manteiga, junte a farinha e tempere a gosto.

CREME DE ERVILHAS
Faça um refogado em azeite com o *bacon*, o alho-poró e o alho, molhe com o vinho branco e deixe reduzir. Adicione o caldo de bacalhau, deixe levantar fervura e junte as ervilhas e a polpa de caju. Quando levantar fervura novamente, triture no liquidificador, junte a hortelã previamente escaldada e retifique os temperos.

Coloque o bacalhau com o molho do assado numa travessa refratária, adicione o creme de ervilhas e, por fim, sobreponha a farofa e leve ao forno para gratinar.

BACALHAU EM POSTA NO FORNO, PURÊ DE GRÃO-DE-BICO E ESPINAFRE E EMULSÃO DE SALSA, AZEITONAS E CRAVO-DA-ÍNDIA

POSTA ALTA

INGREDIENTES

2 kg de bacalhau da Noruega (postas altas)
100 mℓ de azeite extravirgem
Pimenta-do-reino moída na hora a gosto

GUARNIÇÃO
1,4 kg de grão-de-bico cozido
300 g de espinafre em folhas
100 g de cebola picada
50 mℓ de azeite extravirgem
5 dentes de alho picados
Caldo de bacalhau a gosto (p. 67)
Sal marinho a gosto
Pimenta-do-reino moída na hora a gosto

EMULSÃO
180 g de salsa fresca
40 g de azeitonas verdes descaroçadas
200 mℓ de azeite extravirgem
1 cravo-da-índia
Sal marinho a gosto

MODO DE PREPARO

Coloque o bacalhau demolhado e temperado com azeite e pimenta-do-reino numa assadeira e leve ao forno preaquecido a 150 °C, entre 20 min e 25 min, coberto com papel-alumínio.

GUARNIÇÃO
Prepare um fundo em azeite com alho e cebola, e, depois de alourar, junte o grão-de-bico. Adicione o caldo de bacalhau, deixe ferver cerca de 5 min, triture no processador de alimentos e leve de novo ao fogo. Junte o espinafre e tempere com sal e pimenta-do-reino.

EMULSÃO
Prepare a emulsão, escaldando a salsa e misturando-a com o azeite, o cravo-da-índia, as azeitonas e o sal no liquidificador.

Disponha o purê de grão-de-bico, sobreponha a posta de bacalhau e finalize com a emulsão.

RISOTO DE CARANGUEJOLA, LÍNGUAS DE BACALHAU E ASPARGOS VERDES

INGREDIENTES

500 g de arroz arbório
200 g de talos de aspargos verdes picados
200 g de cebola picada
1,5 l de caldo de bacalhau (p. 67)
300 ml de vinho branco
50 ml de azeite extravirgem
4 dentes de alho fatiados
Açafrão a gosto
500 g de *confit* línguas de bacalhau da Noruega (p. 70)
300 g de pontas dos aspargos em juliana
100 g de alho-poró em juliana
1 caranguejola desfiada (com cerca de 1 kg)
3 colheres (sopa) de cebolinha picada
Sal marinho a gosto
Pimenta-do-reino moída na hora a gosto

MODO DE PREPARO

Doure o alho fatiado, a cebola e os aspargos picados em azeite. Deixe cozinhar 5 min a 6 min e adicione o arroz. Molhe com o vinho branco e parte do caldo de bacalhau (vá juntando o caldo conforme for necessário e mexendo sempre). Na metade do cozimento, perfume com o açafrão e adicione as pontas dos aspargos, as línguas e o alho-poró. Quando o arroz estiver no ponto, retifique os temperos. Por fim, junte a caranguejola e perfume com a cebolinha.

LÍNGUAS

RECEITAS DO AUTOR

BACALHAU LASCADO COM BROTOS E CROSTA DE BROA DE MILHO PORTUGUESA

POSTA ALTA

INGREDIENTES

1,5 kg de bacalhau da Noruega (postas altas)
250 g de cebola em cubos
6 dentes de alho picados
100 ml de vinho branco
100 ml de azeite extravirgem

MIGAS
500 g de broa de milho portuguesa
500 g de brotos de couve ou de nabo
100 g de cebola picada
6 dentes de alho picados
30 g de azeitona preta fatiada
10 g de salsa em juliana
50 ml de azeite extravirgem
1 folha de louro
Água de cozimento dos brotos
Pimenta-do-reino moída na hora a gosto
Sal marinho a gosto

50 ml de azeite de azeitona preta (p. 70)
100 ml de azeite de salsa (p. 68)

MODO DE PREPARO

Coloque as postas de bacalhau demolhadas para assar com o alho, a cebola e o azeite. Na metade do cozimento, refresque com vinho branco. Depois de assado, retire as espinhas e a pele do bacalhau e reserve em lascas. Triture o fundo do assado para criar um molho cremoso e branco.

MIGAS
Cozinhe os brotos em água temperada com sal e triture a broa. Faça um refogado com azeite, alho, cebola, azeitonas e uma folha de louro. Junte a broa ao refogado e misture (se necessário, umedeça com um pouco da água de cozimento dos brotos).

Numa assadeira coloque na seguinte ordem: uma camada de lascas de bacalhau, o molho, os brotos misturados com a salsa e a broa de milho portuguesa, e leve ao forno para gratinar.

No momento de servir, perfumar com os azeites.

SUFLÊ DE *TØRRFISK*, CAMARÃO E CASTANHAS-PORTUGUESAS, MOLHO DE TOMATE E AZEITE DE MANJERICÃO

INGREDIENTES

SUFLÊ
300 g de *Tørrfisk* da Noruega
200 g de miolo de camarão
250 g de castanhas-portuguesas cozidas
200 g de cebola picada
12 dentes de alho
8 ovos
Azeite extravirgem
1 folha de louro
Pimenta-do-reino branca moída na hora a gosto
Sal marinho a gosto
Manteiga para untar
Farinha para polvilhar

MOLHO
60 g de *bacon*
400 g de tomate
200 g de cebola
5 dentes de alho
50 mℓ de vinho branco
250 mℓ de caldo de camarão (p. 76)
Azeite extravirgem
Pimenta-do-reino moída na hora a gosto
Sal marinho a gosto

AZEITE DE MANJERICÃO
80 g de manjericão
200 mℓ de azeite extravirgem

MODO DE PREPARO

SUFLÊ
Retire a pele e as espinhas do *Tørrfisk* e desfie ainda cru. Prepare um refogado com azeite, uma folha de louro, alho e cebola picada. Salteie o bacalhau, junte as castanhas e deixe cozinhar lentamente. Retire do fogo e adicione o miolo de camarão. Triture o preparado até ficar homogêneo e cremoso. Ligue com as gemas de ovo, reservando as claras. Tempere com sal e pimenta-do-reino branca.

MOLHO
Retire a pele e as sementes do tomate maduro. Corte o *bacon* em juliana. Salteie o *bacon* em alho, cebola e azeite. Refresque com vinho branco e deixe reduzir. Junte ao preparado o tomate sem pele e o caldo de camarão previamente aquecido. Tempere com sal e pimenta-do-reino. Triture o molho e passe pelo *chinois*.

AZEITE DE MANJERICÃO
Escalde as folhas em água fervente, deixe esfriar e emulsione com o azeite.

No momento de servir o suflê, bata as claras em neve e coloque em formas untadas com manteiga, do interior para a extremidade. Polvilhe com farinha. Leve ao forno preaquecido a 200 °C, durante cerca de 20 min.

Perfumar com o azeite no momento de servir.

ARROZ DE BACALHAU COM SANTOLA, ERVILHAS E AÇAFRÃO

POSTA ALTA

INGREDIENTES

1,5 kg de bacalhau da Noruega (postas altas)
300 g de santola desfiada
500 g de arroz carolino
200 g de cebola picada
100 g de alho-poró picado
300 g de ervilhas
100 g de *bacon* em juliana
1,5 l de caldo de bacalhau (p. 67)
100 ml de azeite extravirgem
200 ml de vinho branco
10 folhas de manjericão
5 dentes de alho picados
3 colheres (sopa) de salsa em folhas
½ colher (café) de açafrão em estames
Sal marinho a gosto
Pimenta-do-reino moída na hora a gosto

MODO DE PREPARO

Doure a cebola, o alho e o alho-poró em 50 ml de azeite. Adicione o *bacon* e refresque com vinho branco. Junte o arroz e o caldo de bacalhau e deixe cozinhar. Na metade do cozimento, adicione o açafrão e os temperos e, em seguida, as ervilhas. Quando o arroz estiver cozido, junte a santola, o bacalhau demolhado e lascado e a salsa. Deixe descansar 5 min. Perfume com o manjericão e um fio de azeite.

MOUSSE DE BACALHAU, SALADA VERDE E FAROFA DE BROA DE MILHO PORTUGUESA

DESFIADO

INGREDIENTES

MOUSSE
850 g de bacalhau da Noruega (desfiado)
300 g de ricota fresca
100 g de *bacon* em juliana
6 dentes de alho picados
250 g de cebola picada
100 g de alho-poró picado
50 ml de azeite extravirgem
200 ml de vinho branco
Cebolinha picada a gosto
Sal marinho a gosto
Pimenta-do-reino moída na hora a gosto

GUARNIÇÃO
150 g de chicória
Salsa em folhas a gosto
100 ml de vinagrete de azeitonas pretas
300 g de broa de milho portuguesa
50 ml de azeite extravirgem
Sal marinho a gosto
Pimenta-do-reino moída na hora a gosto

MODO DE PREPARO

MOUSSE
Lave o bacalhau até que ele perca o excesso de sal. Prepare um fundo em azeite quente com *bacon*, alho-poró, alho e cebola. Junte o bacalhau desfiado e deixe estufar por instantes. Molhe com vinho branco e deixe ferver. Deixe cozinhar 1 min, tempere com sal e pimenta-do-reino e triture o preparado. Depois de frio, incorpore a ricota morna no preparado, juntamente com a cebolinha picada.

GUARNIÇÃO
Triture a broa de milho portuguesa com azeite, sal e pimenta-do-reino.

Acompanhe a *mousse* com a broa, a chicória e as folhas de salsa e perfume com a vinagrete de azeitonas pretas.

RISOTO DE BACALHAU E CAMARÃO, ABOBRINHAS, TOMATE E HORTELÃ-DA-RIBEIRA

POSTA ALTA

INGREDIENTES

500 g de arroz arbório
200 g de cebola picada
1,5 l de caldo de bacalhau (p. 67)
200 ml de vinho branco
100 ml de azeite extravirgem
Sal marinho a gosto
Pimenta-do-reino moída na hora a gosto

GUARNIÇÃO

1 kg de bacalhau da Noruega (postas altas)
300 g de abobrinha fatiada em rodelas finas
250 g de tomate sem pele, em cubos
100 g de queijo da ilha
100 g de cebola em cubos
50 g de *bacon* seco
50 ml de azeite extravirgem
20 camarões 21/30 descascados
3 dentes de alho fatiados
2 colheres (sopa) de hortelã-da-ribeira
Sal marinho a gosto
Pimenta-do-reino moída na hora a gosto

MODO DE PREPARO

Core em azeite o camarão, previamente temperado com sal e pimenta-do-reino, e reserve. Proceda da mesma forma com as abobrinhas.
Doure a cebola e o alho em azeite, adicione o arroz e molhe com vinho branco. Pouco a pouco, junte o caldo de bacalhau, mexendo sempre.
Na metade do cozimento do arroz, junte a cebola em cubos e o alho fatiado. Logo que o arroz estiver no ponto, acrescente o queijo, o tomate, as abobrinhas e a hortelã. Misture e retifique os temperos. Adicione, por fim, o bacalhau demolhado e lascado e o camarão.

RECEITAS DO AUTOR

BACALHAU CURADO COZIDO EM AZEITE, PURÊ DE ASPARGOS VERDES, CAVIAR, ABÓBORA E FAVA-TONCA

INGREDIENTES

BACALHAU
2 kg de postas altas de bacalhau da Noruega
150 ml de azeite extravirgem
1 colher (café) de pimenta-do-reino branca em grãos

PURÊ
600 g de aspargos escaldados
200 g de cebola picada
3 dentes de alho picados
Caldo de legumes (p. 77)
50 ml de azeite extravirgem
Sal marinho a gosto

CREME
100 g de línguas de bacalhau da Noruega
3 dentes de alho fatiados
50 ml de suco de limão-siciliano
100 ml de caldo de bacalhau (p. 67)
100 ml de azeite extravirgem
50 g de caviar beluga Averuga
80 g de miolo de abobrinha
Sal marinho a gosto

MOLHO
200 g de abóbora em cubos
100 g de alho-poró picado
100 g de tomate fresco sem pele
10 g de tomate seco picado
30 g de toucinho de porco caipira em cubos
100 ml de caldo de legumes
50 ml de azeite extravirgem
Fava-tonca (cumaru) a gosto
Vinagre de vinho tinto
Sal marinho a gosto
Cebolinha picada a gosto

MODO DE PREPARO

BACALHAU
Demolhe as postas de bacalhau e separe os lombos, retirando a espinha do meio. Leve-os ao forno preaquecido a 150 °C, durante 20 min a 25 min, cobertos com papel-alumínio, azeite e pimenta-do-reino.

PURÊ
Refogue em azeite, o alho e a cebola, molhe com o caldo de legumes e acrescente os aspargos, sem deixar ferver. Passe pelo espremedor e retifique os temperos. No final, perfume com um fio de azeite.

CREME
Demolhe as línguas de bacalhau. Coloque todos os ingredientes, com exceção do caviar, numa assadeira coberta com papel-alumínio. Leve para assar em forno preaquecido a 150 °C, durante cerca de 30 min. Triture o preparado e adicione o caviar.

MOLHO
Prepare um fundo em azeite com o toucinho, adicione o alho-poró, a abóbora, o tomate seco e o tomate sem pele. Molhe com o caldo de legumes e deixe cozinhar. Quando a abóbora estiver cozida, tempere com sal, emulsione o preparado com um fio de vinagre, perfume com fava-tonca e guarneça com cebolinha picada.

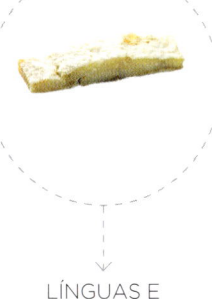

LÍNGUAS E POSTA ALTA

ARROZ DE CHERNE E LÍNGUAS DE BACALHAU COM VÔNGOLE E CHEIROS VERDES

LÍNGUAS

INGREDIENTES

FUNDO
50 ml de azeite extravirgem
150 g de *bacon* em juliana
2 folhas de louro
4 dentes de alho fatiados
150 g de cebola picada
200 g de pimentões vermelhos em cubos
200 ml de vinho branco
300 g de tomate em gomos
Caldo de peixe (p. 76)
Sal marinho a gosto
Pimenta-do-reino moída na hora a gosto

GUARNIÇÃO
500 g de *confit* de línguas de bacalhau da Noruega (p. 70)
500 g de cherne limpo em cubos
800 g de vôngole 21/30
500 g de arroz carolino
2 dentes de alho fatiados
150 g de cebola em cubos
250 g de tomates sem pele, em cubos
1 ramo de hortelã
Sal marinho a gosto
Pimenta-do-reino moída na hora a gosto
Azeite extravirgem
Coentro a gosto

MODO DE PREPARO

FUNDO
Prepare um fundo em azeite quente com *bacon*, louro, alho, cebola e pimentão. Molhe com vinho branco, deixe ferver e junte o tomate. Deixe cozinhar por instantes e molhe com o caldo de peixe. Quando levantar fervura, retire a folha de louro, leve o preparado ao liquidificador e passe por uma peneira. Leve de novo ao fogo para levantar fervura, tempere com sal e pimenta-do-reino moída e reserve.

GUARNIÇÃO
Tempere o cherne com azeite, sal e pimenta-do-reino moída. Reserve sob refrigeração. Leve o fundo ao fogo, junte o arroz assim que levantar fervura e, na metade do cozimento, adicione o alho e a cebola. Por fim, core o cherne e incorpore no preparado anterior, juntamente com as línguas de bacalhau. Adicione o vôngole e o ramo de hortelã.

Sirva o arroz em prato de sopa, salpique com tomate sem pele em cubos e coentro em juliana.

PAPILLOTE DE BACALHAU FRESCO COM HORTELÃ, MIGAS DE COUVE E BROA DE MILHO PORTUGUESA

INGREDIENTES

2 kg de bacalhau fresco da Noruega (lombo)
300 g de cebola em gomos
150 g de alho-poró em cubos
200 ml de vinho verde
100 ml de azeite extravirgem
30 ml de vinagre de vinho branco
20 folhas de hortelã
5 dentes de alho fatiados
Pimenta-do-reino em grãos a gosto
Sal marinho a gosto

GUARNIÇÃO

800 g de couve-portuguesa em juliana grossa
800 g de broa de milho portuguesa
150 g de cebola roxa em gomos
2 dentes de alho fatiados
50 ml de azeite extravirgem
Pimenta-do-reino moída na hora a gosto
Sal marinho a gosto

MODO DE PREPARO

Disponha a cebola, o alho e o alho-poró sobre uma lâmina de papel-alumínio, sobreponha o bacalhau, perfume com azeite, vinho verde, vinagre e hortelã e tempere com sal e grãos de pimenta-do-reino. Feche a lâmina, no formato de uma trouxa, e leve para assar em forno preaquecido a 180 °C, durante 18 min. Repita o processo para as *tranches* restantes.

GUARNIÇÃO

À parte, esfarele a broa e reserve. Escalde a couve em água fervente temperada com sal marinho, esfrie de imediato em água e gelo, escorra bem e reserve. Salteie a broa num fio de azeite quente com alho e cebola roxa, junte a couve, tempere com sal e pimenta-do-reino moída. Acompanhe com o *papillote*.

MOUSSE DE BACALHAU COM LAVAGANTE E SALADA DE ERVAS AROMÁTICAS

DESFIADO

INGREDIENTES

600 g de bacalhau da Noruega (desfiado)
400 g de miolo de lavagante escaldado
250 g de cebola picada
100 g de *bacon* em juliana
100 g de alho-poró picado
400 mℓ de creme de leite fresco
200 mℓ de vinho branco
50 mℓ de azeite extravirgem
5 dentes de alho picados
3 colheres (sopa) de coentro picado
Sal marinho a gosto
Pimenta-do-reino moída na hora a gosto

EMULSÃO
200 mℓ de azeite extravirgem
100 mℓ de polpa de maracujá fresco
30 mℓ de vinagre de vinho branco
1 colher (chá) de mostarda de Dijon
Pimenta-do-reino moída na hora a gosto

FAROFA DE SALSA
300 g de pão torrado
50 g de salsa escaldada
100 mℓ de azeite extravirgem

SALADA
300 g de chicória
200 g de *radicchio*
100 g de folhas de espinafre vermelho
1 colher (sopa) de poejo em folhas
1 colher (sopa) de brotos de mostarda
1 colher (sopa) de salsa em folhas
Flor de sal a gosto

MODO DE PREPARO

Passe o bacalhau várias vezes por água, para retirar o excesso de sal. Doure em azeite o *bacon*, o alho, o alho-poró e a cebola, e junte o bacalhau. Deixe cozinhar até perder o excesso de água. Molhe com o vinho branco, deixe ferver e junte o lavagante picado. Deixe cozinhar 1 min, tempere com sal e pimenta-do-reino e triture o preparado no processador de alimentos. Bata o creme de leite e incorpore no preparado anterior, juntamente com o coentro picado, quando estiver frio.

EMULSÃO
Ferva a polpa de maracujá 2 min a 3 min, coloque no liquidificador com todos os ingredientes da emulsão e misture.

FAROFA DE SALSA
Coloque o pão num processador de alimentos, adicione a salsa e o azeite.

SALADA
Disponha três *quenelles* de *mousse* no centro do prato, sobreponha a salada, tempere com flor de sal e aromatize com a emulsão. Guarneça com a farofa.

CARPACCIO DE BACALHAU FRESCO, EMULSÃO DE ALHO E MOSTARDA

INGREDIENTES

EMULSÃO DE ALHO E MOSTARDA
25 g de alho inteiro
60 g de alho fatiado
380 g de limão-siciliano descascado e sem sementes
25 g de mostarda
300 ml de azeite extravirgem
50 ml de azeite extravirgem para refogar
1 folha de louro
50 g de açúcar mascavo
100 ml de água
15 g de sal marinho

CARPACCIO
1 kg de Bacalhau fresco da Noruega (lombos)
Sal marinho a gosto
Pimenta-do-reino moída na hora a gosto
Azeite extravirgem
Cebolinha a gosto

TARTARE
100 g de alho-poró
100 g de abobrinha
100 g de cenoura
100 g de bulbo de salsão (aipo)
100 ml de maionese de azeite
Sal marinho a gosto

CHIPS
100 g de bulbo de salsão (aipo)
100 g de abobrinha

MODO DE PREPARO

EMULSÃO DE ALHO E MOSTARDA
Faça um refogado com 50 ml de azeite e todos os outros ingredientes, com exceção do alho, do sal e dos 300 ml de azeite.
Depois que o refogado estiver pronto, leve ao liquidificador com os ingredientes restantes e deixe emulsionar.

CARPACCIO
Retire a pele e as espinhas dos lombos, envolva em filme transparente e reserve no *freezer*. Fatie o bacalhau finamente com a ajuda de um fatiador de frios e disponha num prato, temperado com sal marinho, pimenta-do-reino e a emulsão.

TARTARE
Corte os legumes em palitos, escalde em água temperada com sal e seque em papel-toalha. Misture os legumes com a maionese e reserve.

CHIPS
No fatiador de frios, fatie o bulbo de salsão, a abobrinha e leve para secar em forno preaquecido a 100 °C, temperados com sal.

Disponha o tartare de legumes e os chips sobre o *carpaccio*, tempere com azeite e cebolinha e sirva.

RECEITAS DO AUTOR

BACALHAU EM FILÉS, MIGAS DE BROA DE MILHO PORTUGUESA, COUVE-PORTUGUESA E EMULSÃO DE TOMATE ASSADO

LOMBOS

INGREDIENTES

BACALHAU
2,3 kg de bacalhau da Noruega (lombos)
Pimenta-do-reino moída na hora a gosto
Farinha de milho
Azeite extravirgem

GUARNIÇÃO
1 kg de couve portuguesa escaldada
1,2 kg de broa de milho portuguesa esfarelada
180 g de cebola roxa fatiada
Caldo de galinha (p. 78)
50 ml de azeite extravirgem
100 ml de azeite de alho (p. 530)
Sal marinho a gosto
Pimenta-do-reino moída na hora a gosto
Salsa picada a gosto

EMULSÃO
300 g de *confit* de tomate
300 ml de azeite extravirgem
100 ml de vinagre de vinho branco
10 g de sal marinho

MODO DE PREPARO

BACALHAU
Corte o bacalhau demolhado em filés de 50 g cada. Tempere com azeite e pimenta-do-reino, passe na farinha de milho e core em azeite bem quente.

GUARNIÇÃO
Salteie a couve em azeite, tempere com sal marinho e perfume com emulsão de alho. À parte, prepare um fundo com cebola roxa, junte a broa e molde aos poucos com o caldo de galinha. Junte a couve salteada ao preparado e misture bem. Tempere com sal e pimenta-do-reino moída na hora. Perfume com salsa.

EMULSÃO
Emulsione todos os ingredientes no liquidificador e reserve sob refrigeração.

BACALHAU EM LASCAS E LAVAGANTE COM SABORES DO BRASIL

POSTA ALTA

INGREDIENTES

1,5 kg de bacalhau da Noruega (postas altas)
500 g de lavagante escaldado e fatiado

CREME
150 g de miolo de abobrinha em cubos
150 g de palmito fresco em rodelas
100 ml de cachaça
50 ml de azeite extravirgem
3 dentes de alho fatiados
Noz-moscada a gosto
Sal marinho a gosto

MOLHO
250 g de tomates sem pele, em cubos
180 g de cebola fatiada
200 ml de creme de leite fresco
200 ml de leite de coco
100 ml de azeite extravirgem
50 ml de azeite de dendê
5 dentes de alho fatiados
2 colher (sopa) de poejo em folhas
1 colher (sopa) de cebolinha picada
Malagueta a gosto
Sal marinho a gosto
150 g de pimentão descascado, em cubos

FAROFA
400 g de farinha de mandioca
150 ml de azeite extravirgem
2 colheres (sopa) de castanha-do-pará torrada

MODO DE PREPARO

Demolhe o bacalhau, retire a pele e as espinhas e lasque.

CREME
Para fazer o creme, doure o alho, o palmito e a abobrinha em azeite. Molhe com a cachaça, tempere com a noz-moscada e o sal, tampe e deixe cozinhar lentamente em azeite. Triture tudo no processador de alimentos e retifique os temperos.

MOLHO
Aqueça o azeite e o dendê, doure a cebola e o pimentão, adicione o leite de coco e o creme de leite. Misture até ficar homogêneo e adicione depois o tomate e a malagueta. Deixe ferver e retifique os temperos. Por fim, perfume com a cebolinha e o poejo.

FAROFA
Para a farofa, aqueça o azeite, adicione a farinha de mandioca e mexa até que fique solta. Junte a castanha torrada.

Sirva a farofa com as lascas de bacalhau e o lavagante e regue com o molho.

BACALHAU FRITO COM MARACUJÁ

POSTA ALTA

INGREDIENTES

1,5 kg de bacalhau da Noruega (postas altas)
150 g de farinha de trigo
20 g de cebolinha
80 g de coentro
2 ovos
200 ㎖ de caldo de bacalhau (p. 67)
Azeite extravirgem
Sal marinho a gosto
Pimenta-do-reino moída na hora a gosto

CREME DE MARACUJÁ

350 g de polpa de maracujá
80 g de toucinho
300 g de polpa de manga
3 dentes de alho fatiados
180 g de cebola picada
50 ㎖ de azeite extravirgem
50 ㎖ de vinho branco
1 folha de louro
Sal marinho a gosto
Pimenta-do-reino moída na hora a gosto

MODO DE PREPARO

Escalde as ervas separadamente, esfrie de imediato em água e gelo, escorra bem e emulsione com o caldo de bacalhau. Bata os ovos com a farinha, junte a emulsão de ervas e tempere com sal e pimenta-do-reino. Corte em cubos o bacalhau previamente demolhado, passe-os no preparado e frite em azeite.

CREME DE MARACUJÁ

Prepare um fundo em azeite com toucinho, louro, alho e cebola. Molhe com vinho branco e junte as polpas. Deixe reduzir. Emulsione o preparado e tempere com sal e pimenta-do-reino.

Acompanhe com uma salada de rúcula.

BACALHAU COM LEITE DE COCO E GERGELIM, ARROZ DE ESPINAFRE E PALMITO

POSTA ALTA

INGREDIENTES

10 postas altas de bacalhau da Noruega
125 g de gergelim branco
200 mℓ de leite de coco
100 mℓ de azeite extravirgem
Suco de 1 limão-siciliano
Pimenta-do-reino moída na hora a gosto

ARROZ
500 g de arroz carolino
600 g de espinafre vermelho
300 g de palmito fresco fatiado
200 g de cebola picada
1,8 ℓ de caldo de bacalhau (p. 67)
50 mℓ de azeite extravirgem
3 dentes de alho fatiados
2 colheres (sopa) de salsa picada
Sal marinho a gosto
Pimenta-do-reino moída na hora a gosto

MODO DE PREPARO

Demolhe o bacalhau. Separe as postas da espinha, coloque numa assadeira juntamente com o leite de coco, o suco de limão, o azeite e o gergelim, cubra com papel-alumínio e leve ao forno preaquecido a 150 °C, entre 20 min e 25 min. Retifique os temperos. Retire o bacalhau, leve o molho do assado ao fogo e, com a ajuda de um batedor, emulsione.

ARROZ
Doure a cebola e o alho em azeite, adicione o arroz e o caldo de bacalhau. Quando o arroz estiver na metade do cozimento tempere com sal e pimenta-do-reino e junte o palmito. No final do cozimento, junte a salsa e misture o espinafre.

Sirva o bacalhau sobre o arroz e perfume com o resultado do cozimento.

BOLINHOS DE ARROZ E BACALHAU COM MOLHO DE QUEIJO E MANJERICÃO

POSTA FINA

INGREDIENTES

BOLINHOS
250 g de bacalhau da Noruega (postas finas)
600 g de arroz carolino
400 g de queijo da ilha
150 g de cebola picada
80 g de tomate seco picado
4 dentes de alho picados
200 ml de vinho branco seco
30 ml de azeite extravirgem
3 ovos
2 colheres (sopa) de salsa picada
Caldo de galinha (p. 78)
Farinha de milho
Óleo de amendoim ou canola
Sal marinho a gosto

MOLHO
150 g de requeijão cremoso
150 g de manjericão em folhas
200 ml de iogurte natural
Sal marinho a gosto
Pimenta-do-reino moída na hora a gosto

SALADA
200 g de rúcula
200 g de chicória
200 g de espinafre vermelho

MODO DE PREPARO

BOLINHOS
Comece demolhando o bacalhau. Retire a pele e as espinhas e lasque.
Prepare um fundo em azeite com alho e cebola. Junte o arroz, molhe com vinho, deixe ferver e despeje o caldo de galinha. Tempere com sal e deixe cozinhar.
Assim que o arroz estiver quase cozido, junte o tomate e deixe apurar. Incorpore o queijo da ilha e retire do fogo.
Quando o preparado estiver frio, perfume com salsa picada e com duas colheres, molde bolinhos em forma de *quenelle*, recheando cada um com uma lasca de bacalhau. Passe cada bolinho no ovo e na farinha de milho e mergulhe em óleo quente, para fritar.

MOLHO
Escalde o manjericão em água fervente, esfrie de imediato em água e gelo, escorra bem e emulsione no liquidificador com o iogurte e o requeijão. Tempere com sal e pimenta-do-reino moída na hora.

SALADA
Sirva a salada temperada com o molho e acompanhe com os bolinhos.

RECEITAS DO AUTOR

BACALHAU CURADO, PURÊ DE CASTANHAS-PORTUGUESAS, EMULSÃO DE VINHO DO PORTO E FAVA-TONCA

LOMBO

INGREDIENTES

10 lombos de bacalhau da Noruega
200 ml de azeite extravirgem

PURÊ
1 kg de castanhas-portuguesas congeladas
200 g de batata em cubos
100 g de cebola picada
4 dentes de alho picados
500 ml de leite semidesnatado
100 ml de vinho branco
Pimenta-do-reino moída na hora a gosto
Sal marinho a gosto
Azeite extravirgem

EMULSÃO DE VINHO DO PORTO
200 g de cebola picada
60 g de abobrinha descascada
2 dentes de alho picados
300 ml de vinho do Porto
100 ml de azeite extravirgem
Fava-tonca (cumaru) a gosto
Pimenta-do-reino moída na hora a gosto
Sal marinho a gosto

GUARNIÇÃO
100 g de *pinoli* torrados
Salsa em folhas a gosto
Flor de sal a gosto

MODO DE PREPARO

Demolhe os lombos de bacalhau. Coloque o bacalhau com o azeite no forno, em assadeira coberta com papel-alumínio, durante cerca de 20 min a uma temperatura de 150 °C.

PURÊ
Faça um refogado com azeite, alho, cebola e batata, refresque com o vinho branco, junte as castanhas e o leite e deixe cozinhar. Passe pelo espremedor e retifique os temperos.

EMULSÃO DE VINHO DO PORTO
Faça um refogado em azeite com o alho, a abobrinha e a cebola. Refresque com vinho do Porto e deixe cozinhar um pouco. Triture, retifique os temperos e perfume com fava-tonca ralada.

GUARNIÇÃO
Finalize o prato com a salsa, o *pinoli* e a flor de sal.

BACALHAU COM PERA E EMULSÃO MORNA DE CHOCOLATE

POSTA ALTA

INGREDIENTES

10 postas altas de bacalhau da Noruega
200 g de pera em cubos
200 ml de caldo de bacalhau (p. 67)
100 ml de azeite extravirgem
50 ml de suco de limão-siciliano
6 dentes de alho fatiados
2 unidades de anis-estrelado
Pimenta de Sichuan a gosto

PURÊ DE BATATA

1,5 kg de batata em cubos
200 g de espinafre em folhas
200 g de cebola em cubos
150 g de alho-poró em cubos
20 g de dentes de alho fatiados
1 l de leite
200 ml de caldo de galinha (p. 78)
50 ml de azeite extravirgem
Sal marinho a gosto
Pimenta-do-reino moída na hora a gosto

EMULSÃO DE CHOCOLATE

100 g de chocolate amargo
100 ml de caldo de bacalhau
50 ml de azeite extravirgem
50 ml de vinho do Porto
8 gemas de ovo
Flor de sal a gosto
Pimenta-de-caiena a gosto

MODO DE PREPARO

Numa assadeira coloque o azeite, as postas de bacalhau demolhadas e sem pele, a pera em cubos, o alho, o suco de limão-siciliano, o anis e o caldo de bacalhau. Tempere com a pimenta de Sichuan. Cubra com papel-alumínio e leve ao forno a 150 °C durante 25 min. Retire as postas de bacalhau e reserve. Retire as especiarias do molho resultante, emulsione-o e retifique os temperos.

PURÊ DE BATATA

Prepare um fundo em azeite quente com alho, cebola e alho-poró. Junte a batata e deixe estufar por uns instantes. Molhe com o caldo de galinha e o leite e deixe cozinhar em fogo brando. Por fim, tempere com sal e pimenta-do-reino e triture o preparado. Incorpore o espinafre e retifique os temperos.

EMULSÃO DE CHOCOLATE

Derreta o chocolate com o vinho do Porto. Junte, em frio, as gemas de ovo com o caldo de bacalhau, leve ao fogo em banho-maria e bata vigorosamente, até que o preparado cozinhe. Por fim, junte o chocolate derretido e o azeite e retifique os temperos.

Sirva o bacalhau com o purê, o resultado do cozimento e a emulsão.

ARROZ DE BACALHAU, CREME DE LÍNGUAS E ERVAS AROMÁTICAS

INGREDIENTES

400 g de línguas de bacalhau da Noruega
1 kg de bacalhau da Noruega (lombos)
10 dentes de alho fatiados
200 g de cebola em cubos
50 mℓ de vinho do Porto branco seco
100 mℓ de azeite extravirgem
Sal marinho a gosto
Pimenta-do-reino moída na hora a gosto

ARROZ
500 g de arroz carolino
200 g de cebola picada
150 g de tomate seco picado
200 mℓ de vinho branco
100 mℓ azeite extravirgem
2 colheres (sopa) de poejo
8 dentes de alho picados
Sal marinho a gosto
Pimenta-do-reino moída na hora a gosto
Caldo de bacalhau do preparado anterior

MODO DE PREPARO

Faça um caldo de bacalhau fervendo as espinhas durante 30 min.

Numa assadeira, coloque a cebola, o alho, os lombos e as línguas de bacalhau demolhados. Retifique temperos. Perfume com o azeite e o vinho do Porto e leve ao forno preaquecido a 150 °C, durante 20 min. Ao fim deste tempo, retire os lombos, lasque-os e reserve. As línguas ficarão mais 15 min a 20 min no forno, à mesma temperatura, mas cobertas com papel-alumínio. Após retirar do forno, triture o molho do assado juntamente com as línguas e reserve.

ARROZ
Para o arroz, doure em azeite a cebola, o alho e o tomate seco. Junte o arroz, molhe com o vinho branco e vá juntando o caldo de bacalhau pouco a pouco. Retifique os temperos. No final, ligue o arroz com o assado das línguas e junte, por fim, o bacalhau. Perfume com o poejo.

LOMBO E LÍNGUAS

RISOTO DE BACALHAU, TOMATE E POEJO

INGREDIENTES

ASSADO
200 g de línguas de bacalhau da Noruega
1,5 kg de bacalhau da Noruega (lombos)
60 g de alho fatiado
100 g de cebola em cubos
100 ml de vinho do Porto seco
50 ml de azeite extravirgem
Sal marinho a gosto
Pimenta-do-reino moída na hora a gosto

RISOTO
700 g de risoto (arroz arbório cozido em caldo)
6 dentes de alho picados
200 g de cebola picada
120 g de tomate seco picado
100 ml de vinho branco
100 ml de azeite extravirgem
Poejo a gosto
Sal marinho a gosto
Pimenta-do-reino moída na hora a gosto

MODO DE PREPARO

ASSADO
Numa assadeira coloque a cebola, o alho e as línguas e os lombos de bacalhau previamente demolhados. Perfume com o azeite e o vinho do Porto. Retifique os temperos. Leve ao forno preaquecido a 150 °C durante 20 min. Ao fim deste tempo, retire os lombos, retire a pele e as espinhas, lasque e reserve. As línguas ficarão mais 15 min a 20 min no forno, à mesma temperatura mas cobertas com papel-alumínio. Triture o assado das línguas e reserve.

RISOTO
Faça um caldo fervendo as espinhas do bacalhau durante 30 min. Doure em azeite a cebola, o alho e o tomate seco. Junte o risoto, molhe com vinho branco, e vá juntando o caldo de bacalhau pouco a pouco. Retifique os temperos. No final, ligue o risoto com o assado das línguas. Adicione o bacalhau e perfume com o poejo.

LOMBOS E LÍNGUAS

CONFIT DE BACALHAU COM PÁPRICA E PANELINHA DE LENTILHAS

POSTA ALTA

INGREDIENTES

BACALHAU
10 postas altas de bacalhau da Noruega
Azeite extravirgem a gosto
1 colher (sopa) de páprica
2 alhos com casca

PANELINHA
1,2 kg de lentilhas cozidas
50 g de toucinho de porco caipira picado
200 g de cebola picada
4 dentes de alho fatiados
200 g de tomates sem pele, em gomos
300 g de espinafre em folhas
100 ml de azeite extravirgem
Vinho branco
Água do cozimento das lentilhas
1 haste de alecrim
2 colheres (sopa) de salsa picada
Sal marinho a gosto

MODO DE PREPARO

BACALHAU
Aqueça a páprica em azeite por cerca de 20 min, sem ferver. Coloque o bacalhau demolhado com todos os ingredientes numa assadeira coberta com papel-alumínio e leve ao forno a 150 °C por 25 min.

PANELINHA
Cozinhe as lentilhas, escorra e reserve a água do cozimento. Doure a cebola e o alho em azeite, com o toucinho e o alecrim. Junte o tomate, molhe com o vinho branco e misture as lentilhas. Junte um pouco da água das lentilhas e deixe ferver. Retifique os temperos. Por fim, adicione o espinafre e a salsa.

RECEITAS DO AUTOR

CEVICHE DE BACALHAU FRESCO

INGREDIENTES

1,2 kg de bacalhau fresco da Noruega (lombos)

MOLHO
1 pimentão vermelho sem pele, em juliana
½ pimentão verde sem pele, em juliana
150 g de cebola em cubos
150 g de gengibre em juliana
3 dentes de alho picados
5 colheres (sopa) de coentro em folhas
200 ml de suco de limão-siciliano
100 ml de azeite extravirgem
Malagueta fresca picada a gosto
Flor de sal a gosto
Cominho em pó a gosto

MODO DE PREPARO

Coloque no congelador o bacalhau envolvido em filme transparente. Quando estiver endurecido corte-o em fatias finas.

MOLHO
Misture todos os ingredientes com exceção do coentro e deixe repousar durante 30 min.

Coloque as fatias de bacalhau no fundo do prato, sobreponha o molho e perfume com um fio de azeite e o coentro.

LOMBO DE BACALHAU AO FORNO EM CROSTA DE PÃO ALENTEJANO E SALADA QUENTE DE GRÃO-DE-BICO

LOMBO

INGREDIENTES

2 kg de bacalhau da Noruega (lombos)
300 g de farinha de rosca de pão alentejano ralado
200 ml de azeite extravirgem
5 hastes de tomilho-limão
3 dentes de alho picados
1 colher (sopa) de folhas de salsa

SALADA QUENTE
800 g de grão-de-bico cozido
150 g de cebola picada
150 g de couve-flor picada
100 g de ovo cozido picado
100 g de tomate sem pele, em cubos
100 ml de azeite extravirgem
50 ml de vinagre de vinho branco
3 dentes de alho picados
2 colheres (sopa) de salsa picada
Sal marinho a gosto
Pimenta-do-reino moída na hora a gosto

MODO DE PREPARO

Misture o bacalhau, previamente demolhado com a farinha de rosca, de forma a ficar bem empanado. Core o bacalhau com 100 ml de azeite numa frigideira antiaderente e leve ao forno preaquecido a 150 °C, por 20 min, coberto com papel-alumínio e misturado com o azeite restante, alho e tomilho.

SALADA QUENTE
Doure em azeite a cebola e o alho, junte o grão-de-bico e a couve-flor. Misture tudo muito bem e deixe cozinhar 2 min a 3 min. Por fim, junte o tomate, a salsa e o vinagre. Retifique os temperos e adicione o ovo.

Sirva o bacalhau sobre a guarnição com o resultado do cozimento e perfume com folhas de salsa.

BOLINHOS DE BACALHAU COM OVAS DE SALMÃO E SALADA DE TOMATE-CEREJA

POSTA FINA

INGREDIENTES

BOLINHOS
400 g de bacalhau da Noruega (postas finas)
250 g de batata cozida
60 g de ovas de salmão
100 g de cebola picada
4 gemas
Azeite extravirgem
Salsa picada a gosto
Sal marinho a gosto
Pimenta-do-reino moída na hora a gosto
Óleo de amendoim ou canola

MOUSSE DE SALSA
50 g de salsa
120 g de queijo fresco
50 ml de azeite extravirgem
Noz-moscada a gosto
Flor de sal a gosto
Pimenta-do-reino moída na hora a gosto

SALADA
25 tomates-cereja
2 cebolas novas fatiadas
Manjericão em juliana a gosto
Azeite extravirgem
Vinagre de vinho tinto
Flor de sal a gosto

MODO DE PREPARO

BOLINHOS
Demolhe o bacalhau, retire a pele e as espinhas. Desfie-o, esfregando-o num pano. Passe a batata pelo espremedor. Misture todos os ingredientes com exceção das ovas. No momento de fazer as *quenelles* do preparado, coloque um pouco das ovas no seu interior e mergulhe-as em azeite quente, para fritar.

MOUSSE DE SALSA
Escalde a salsa em água fervente e esfrie-a de imediato em água e gelo. Emulsione no liquidificador com o queijo e os ingredientes restantes. Tempere com flor de sal, pimenta-do-reino e noz-moscada.

SALADA
Corte os tomates ao meio e marine as cebolas com azeite e vinagre. Tempere com flor de sal e perfume com o manjericão.

BACALHAU EM FILÉS, MIGAS DE VAGEM E EMULSÃO DE TOMATE ASSADO

INGREDIENTES

2 kg de bacalhau da Noruega
Farinha de milho
Pimenta-do-reino moída na hora a gosto
Azeite extravirgem a gosto

AZEITE DE ALHO
100 ml de azeite extravirgem
2 dentes de alho

GUARNIÇÃO
1 kg de vagem escaldada cortada fina
600 g de broa de milho portuguesa esfarelada
180 g de cebola picada
100 ml de azeite extravirgem
Caldo de bacalhau a gosto (p. 67)
Segurelha a gosto
Sal marinho a gosto
Pimenta-do-reino moída na hora a gosto

EMULSÃO
300 g de tomate sem pele, em metades
100 ml de azeite extravirgem
50 ml de vinagre de vinho branco
Sal marinho a gosto

MODO DE PREPARO

Demolhe o bacalhau e corte-o em tiras de 2 cm. Tempere com azeite e pimenta-do-reino, passe na farinha de milho e core em azeite bem quente.

AZEITE DE ALHO
Emulsione no liquidificador o azeite e o alho e reserve sob refrigeração.

GUARNIÇÃO
Salteie a vagem em azeite, tempere com sal e perfume com o azeite de alho (previamente preparado) e a segurelha. À parte, prepare um fundo com a cebola e a broa esfarelada e molhe aos poucos com o caldo de bacalhau. Junte depois a vagem ao preparado e misture muito bem. Tempere com sal e pimenta-do-reino e misture de forma a ficar solto.

EMULSÃO
Coloque no liquidificador o tomate, o azeite e o vinagre e triture, temperando com sal. Enforme a guarnição em aros de inox e leve para tostar em forno bem quente. Disponha a guarnição no centro, sobreponha quatro filés de bacalhau e aromatize com a emulsão.

POSTA ALTA

SALADA FRIA DE *TØRRFISK*, PIMENTÕES, AZEITONA E MANJERICÃO

INGREDIENTES

SALADA
500 g de *Tørrfisk* da Noruega
100 g de cebola roxa picada
100 g de pimentões assados em cubos
300 g de tomate fresco maduro
100 mℓ de azeite extravirgem
30 mℓ de vinagre de vinho tinto
10 folhas de manjericão
Pimenta-do-reino moída na hora a gosto

AZEITE AROMATIZADO
40 g de azeitonas pretas sem caroço
100 mℓ de azeite extravirgem

REDUÇÃO
300 mℓ de vinagre de vinho tinto
300 mℓ de vinho tinto
30 g de açúcar

GUARNIÇÃO
300 g de alfaces variadas
20 torradas de trigo

MODO DE PREPARO

SALADA
Cozinhe o *Tørrfisk* em água fervente, retire a pele e as espinhas, lasque e reserve. Coloque o bacalhau e a cebola roxa para marinar em azeite e vinagre. Guarneça com os pimentões e o tomate. Perfume com o manjericão e aromatize com pimenta-do-reino moída.

AZEITE AROMATIZADO
Emulsione as azeitonas com o azeite no liquidificador.

REDUÇÃO
Coloque todos os ingredientes para reduzir de forma a obter uma textura de xarope.

GUARNIÇÃO
Disponha a salada de bacalhau num extremo do prato. Coloque ao lado as alfaces e guarneça com as torradas. Tempere com o azeite de azeitonas e a redução de vinagre de vinho tinto.

RECEITAS DO AUTOR

BACALHAU FRESCO CORADO, PURÊ DE BATATA, SALSÃO, ALHO-PORÓ E EMULSÃO DE LARANJA E ESPECIARIAS

INGREDIENTES

1,8 kg de bacalhau fresco da Noruega (lombo)
Azeite extravirgem a gosto
Sal marinho a gosto
Pimenta-do-reino moída na hora a gosto

GUARNIÇÃO
2 kg de batata em cubos
350 g de alho-poró em cubos
350 g de bulbo de salsão (aipo) em pedaços
200 g de alho-poró
200 g de cebola picada
14 dentes de alho fatiados
2,5 ℓ de leite
100 mℓ de azeite extravirgem
Sal marinho a gosto
Pimenta-do-reino moída na hora a gosto

EMULSÃO
300 g de manteiga sem sal em cubos
300 mℓ de suco de laranja
Cardamomo em pó a gosto
Sal marinho a gosto
Pimenta-do-reino moída na hora a gosto

MODO DE PREPARO

Tempere o bacalhau com sal e pimenta-do-reino, core em azeite e leve ao forno preaquecido a 150 °C, para terminar o cozimento, durante aproximadamente 15 min.

GUARNIÇÃO
Faça um fundo com o azeite, doure o alho, a cebola, o alho-poró, a batata, o bulbo de salsão e junte o leite. Deixe cozinhar lentamente numa panela tampada. Passe pelo espremedor e retifique os temperos.

Corte o alho-poró em juliana fina e seque no forno a 150 °C durante 8 min.

EMULSÃO
Coloque o suco de laranja para reduzir em fogo brando, até atingir a consistência de compota. Pouco a pouco, junte a manteiga sem sal, emulsionando continuamente com a ajuda de um batedor. Tempere com sal, pimenta-do-reino e cardamomo. Reserve este molho em banho-maria (no máximo a 60 °C).

MACARRÃO GUISADO COM CARAS E LÍNGUAS DE BACALHAU, COENTRO E SÁLVIA

INGREDIENTES

1,5 kg de bacalhau da Noruega (caras)
500 g de línguas de bacalhau da Noruega
500 g de macarrão risone
300 g de tomate fresco sem pele, em cubos
250 g de cebola picada
150 g de linguiça toscana em rodelas
150 g de aspargos verdes escaldados
1 ℓ de caldo de bacalhau (p. 67)
100 mℓ de vinho branco
100 mℓ de azeite extravirgem
5 dentes de alho fatiados
3 folhas de sálvia
1 folha de louro
Coentro picado a gosto
Sal marinho a gosto
Pimenta-do-reino moída na hora a gosto

MODO DE PREPARO

Demolhe as caras de bacalhau e parta-as em pedaços. Doure em azeite o alho e a cebola, juntamente com as caras e as línguas demolhadas. Deixe cozinhar até liberarem a metade da água. Adicione a salsicha, misture bem e deixe cozinhar mais 4 min a 5 min. Refresque com vinho branco, junte o macarrão, o louro e parte do caldo de bacalhau. Tampe e deixe cozinhar em fogo brando. Na metade do cozimento retifique os temperos, acrescente mais caldo (se necessário), o tomate e a sálvia. Quando o macarrão estiver cozido, junte o coentro e os aspargos e sirva de imediato.

CARAS E LÍNGUAS

MOUSSE DE BACALHAU COM CAVACO, SALADA, FAROFA DE SALSA E EMULSÃO DE MARACUJÁ

DESFIADO

INGREDIENTES

MOUSSE
750 g de bacalhau da Noruega (desfiado)
100 g de *bacon* em juliana
6 dentes de alho picados
250 g de cebola picada
100 g de alho-poró
200 g de cavaco
200 ml de vinho branco
400 ml de creme de leite fresco
50 ml de azeite extravirgem
Cebolinha picada a gosto
Sal marinho a gosto
Pimenta-do-reino moída na hora a gosto

EMULSÃO
100 ml de polpa de maracujá fresco
Mostarda de Dijon a gosto
200 ml de azeite extravirgem
Vinagre de vinho branco

FAROFA
300 g de pão torrado
100 ml de azeite extravirgem
50 g de salsa escaldada

GUARNIÇÃO
200 g de chicória
200 g de rúcula
Salsa em folhas a gosto

MODO DE PREPARO

MOUSSE
Lave o bacalhau até perder o excesso de sal. Prepare um fundo em azeite quente com *bacon*, alho-poró, alho e cebola. Junte o bacalhau desfiado e deixe estufar por instantes. Molhe com vinho branco, deixando ferver. Adicione o cavaco e deixe cozinhar 1 min, temperando com sal e pimenta-do-reino. Triture o preparado. Bata o creme de leite e incorpore com a cebolinha quando o preparado estiver frio.

EMULSÃO
Coloque no liquidificador todos os ingredientes e emulsione.

FAROFA
Coloque o pão num processador de alimentos e adicione a salsa e o azeite.

GUARNIÇÃO
Disponha três *quenelles* de *mousse* no centro do prato, sobreponha a salada e aromatize com a emulsão. Perfume com a salsa e guarneça com a farofa.

BACALHAU FRESCO MARINADO E PERA-PORTUGUESA ASSADA

INGREDIENTES

1,2 kg de bacalhau fresco da Noruega (lombos)
500 mℓ de vinagre de arroz
Sal marinho a gosto

CEVICHE
100 g de cebola fatiada
200 g de bulbo de funcho fatiado
100 g de cenouras fatiadas
500 mℓ de água com gás
100 mℓ de azeite extravirgem
Vinagre de arroz
Flor de sal a gosto

PERA
5 peras-portuguesas em metades e sem caroço
5 alhos em metades
Azeite extravirgem a gosto
Pimenta de Sichuan a gosto
Sal marinho a gosto

MODO DE PREPARO

Coloque os lombos de bacalhau em sal durante 2h30. Passe por água e deixe descansar 40 min em vinagre de arroz. Retire o peixe do vinagre e corte em lâminas com cerca de 5 mm de largura.

CEVICHE
Coloque os legumes em água com gás durante 40 min. Retire a água e tempere com azeite, vinagre e flor de sal.

PERA
Coloque as peras numa assadeira perfumadas com pimenta de Sichuan, e sal e regadas com azeite. No local do caroço, coloque a metade do alho. Cubra com papel-alumínio e leve para assar a 150 °C, durante 35 min.

SUFLÊ DE BACALHAU E QUEIJO MISTURA PERFUMADO COM *MOUSSE* DE SALSA

POSTA ALTA

INGREDIENTES

800 g de bacalhau da Noruega (postas altas)
600 g de batata cozida
200 g de cebola picada
200 g de queijo mistura ralado
200 ml de creme de leite fresco
50 ml de azeite extravirgem
8 ovos (gemas e claras em neve)
4 dentes de alho picados
Noz-moscada a gosto
Sal marinho a gosto
Pimenta-do-reino moída na hora a gosto
100 ml de vinho branco
Manteiga para untar

MOUSSE
150 g de ricota fresca
80 g de salsa
Malagueta em pó a gosto
Pimenta-do-reino moída na hora a gosto
Sal marinho a gosto

MODO DE PREPARO

Depois de demolhado, retire a pele e as espinhas do bacalhau e lasque. Doure o alho e a cebola em azeite. Junte a batata (previamente passada pelo espremedor), molhe com vinho branco, deixe cozinhar e tempere com sal e pimenta-do-reino. Adicione o bacalhau e o creme de leite, deixe ferver e triture no processador de alimentos. Numa tigela de inox, coloque o preparado anterior, adicione o queijo ralado e as gemas e tempere com sal, pimenta-do-reino e noz-moscada. Termine incorporando as claras em neve.

Despeje o preparado em formas previamente untadas com manteiga e leve para cozinhar em forno preaquecido a 200 °C, durante aproximadamente 20 min.

MOUSSE
Para a *mousse*, escalde a salsa em água e sal e esfrie-a de imediato. Emulsione no liquidificador com a ricota e tempere com sal, pimenta-do-reino e malagueta. Coloque o suflê num prato e guarneça com a *mousse*.

RECEITAS DO AUTOR

CONFIT DE BACALHAU EM AZEITE EXTRAVIRGEM, CREME DE FAVAS, TOMATE SECO E HORTELÃ

LOMBO

INGREDIENTES

2 kg de bacalhau da Noruega (lombos)
20 g de gengibre fatiado
10 dentes de alho com casca
Pimenta-da-jamaica a gosto
Malagueta fresca a gosto
Azeite extravirgem

CREME DE FAVAS
250 g de favas congeladas
80 g de alho-poró picado
50 g de *bacon* picado
30 g de tomate seco picado
30 g de hortelã escaldada
200 ml de caldo de galinha (p. 78)
50 ml de vinho branco
4 dentes de alho picados
2 limões-sicilianos em gomos
Páprica em pó a gosto
Hortelã a gosto
Azeite extravirgem a gosto
Sal marinho a gosto

MODO DE PREPARO

Demolhe o bacalhau e coloque-o em azeite (o suficiente para mergulhar o bacalhau até a metade da altura), junte os alhos com a casca, a pimenta-da-jamaica, a malagueta e o gengibre. Cozinhe o bacalhau lentamente, para que o azeite não ferva.

CREME DE FAVAS
Faça um refogado com o *bacon*, o alho-poró, o alho e o tomate. Molhe com o vinho branco e deixe reduzir. Adicione o caldo de galinha, deixe levantar fervura e junte as favas descascadas e a hortelã. Quando levantar fervura de novo, leve ao liquidificador, retifique os temperos e, se necessário, passe pelo *chinois*. Sobreponha os limões na hora de servir.

BACALHAU FRESCO COZIDO NO VAPOR, VAGEM E EMULSÃO DE GEMAS

INGREDIENTES

BACALHAU
4 kg de bacalhau fresco da Noruega (lombos)
1 colher (sopa) de folhas de salsa
Sal marinho a gosto

GUARNIÇÃO
1,2 kg de vagem escaldada
5 dentes de alho fatiados
2 colheres (sopa) de amêndoas torradas
10 folhas de hortelã em juliana
50 ml de azeite extravirgem
Vinagre de vinho tinto a gosto
Sal marinho a gosto
Pimenta-do-reino moída na hora a gosto

EMULSÃO DE GEMAS
4 gemas de ovo
200 ml de azeite extravirgem
50 ml de vinagre de vinho branco
Sal marinho a gosto
Pimenta-do-reino moída na hora a gosto

MODO DE PREPARO

BACALHAU
Tempere os lombos de bacalhau com sal e as folhas de salsa durante 30 min. Passe o bacalhau por água, corte em porções e enrole em filme transparente. Leve ao forno a vapor a 75 °C durante 8 min.

GUARNIÇÃO
Salteie a vagem em azeite e alho. No momento de servir adicione a hortelã, as amêndoas e perfume com gotas de vinagre. Retifique os temperos.

EMULSÃO DE GEMAS
Coloque as gemas com sal, durante 10 min e escalde-as. Emulsione com o vinagre e o azeite. Tempere com sal e pimenta-do-reino.

SOPA DE TOMATE COM TIBORNADA DE BACALHAU

LOMBOS

INGREDIENTES

SOPA
800 g de tomate limpo em cubos
300 g de cebola fatiada
5 dentes de alho fatiados
200 ml de vinho branco
1 l de caldo de bacalhau (p. 67)
200 ml de suco de tomate
Sal marinho a gosto
Pimenta-do-reino moída na hora a gosto
1 folha de louro
50 ml de azeite extravirgem

TIBORNADA
1 kg de bacalhau da Noruega (lombos)
30 g de alho fatiado
200 g de cebola fatiada
2 colheres (sopa) de coentro em folhas
1 folha de louro
Poejo em folhas a gosto
Sal marinho a gosto
Pimenta-do-reino moída na hora a gosto
Azeite extravirgem

MODO DE PREPARO

SOPA
Faça um refogado em azeite com a cebola, o alho e o louro. Adicione o vinho branco e o suco de tomate. Deixe ferver. Junte o tomate, o caldo de bacalhau e deixe apurar. Quando o tomate estiver cozido, retifique os temperos.

TIBORNADA
Numa caçarola, core em azeite os lombos de bacalhau previamente demolhados, até ficarem dourados. Junte o alho, a cebola, o louro e tampe. Deixe cozinhar uns min. Perfume com as ervas e retifique temperos.

Sirva a sopa guarnecida com a tibornada.

CREME DE ERVILHAS COM SALADA DE LÍNGUAS DE BACALHAU E FAROFA DE TOMILHO

LÍNGUAS

INGREDIENTES

CREME
350 g de ervilhas congeladas
450 g de batatas em cubos
200 g de cebola em cubos
140 g de alho-poró em cubos
4 dentes de alho fatiados
1,5 l de caldo de bacalhau (p. 67)
50 ml de azeite extravirgem
Sal marinho a gosto
Pimenta-do-reino moída na hora a gosto

SALADA
800 g de *confit* de línguas de bacalhau da Noruega (p. 70)
50 ml de vinho branco
100 ml de azeite extravirgem
1 folha de louro
Flor de sal a gosto
Pimenta-de-caiena a gosto

FAROFA DE TOMILHO
200 g de pão alentejano seco
1 colher (chá) de folhas de tomilho fresco
Azeite extravirgem

MODO DE PREPARO

CREME
Prepare um fundo em azeite com o alho, a cebola e o alho-poró. Junte a batata, tampe e deixe suar. Molhe com caldo de bacalhau e deixe cozinhar. Tempere com sal e a pimenta-do-reino e deixe levantar fervura. Retire do fogo, triture e espere esfriar. Junte as ervilhas, triture novamente e passe por um *chinois*. No momento de servir leve novamente ao fogo e deixe levantar fervura.

SALADA
Tempere as línguas previamente demolhadas com todos os ingredientes e, no momento de servir, escorra-as da marinada e salteie em azeite quente.

FAROFA DE TOMILHO
Pique o pão e o tomilho no liquidificador e junte o azeite.

FILÉS DE BACALHAU FRESCO, AÇORDA DE ESPINAFRE E COENTRO

INGREDIENTES

BACALHAU
1,8 kg de bacalhau fresco da Noruega (filés)
3 dentes de alho fatiados
1 folha de louro
50 ml de vinho branco
50 ml de vinagre
Sal marinho a gosto
Pimenta-do-reino moída na hora a gosto

FRITURA
Óleo de amendoim ou canola
Farinha de milho

AÇORDA
600 g de espinafre
1 kg de pão alentejano em cubos
5 dentes de alho fatiados
300 g de cebola picada
5 gemas de ovo
100 g de coentro escaldado
Caldo de peixe (p. 76)
1 folha de louro
200 ml de azeite extravirgem
Sal marinho a gosto
Pimenta-do-reino moída na hora a gosto

MODO DE PREPARO

BACALHAU
Tempere o bacalhau com todos os ingredientes durante 45 min.

FRITURA
Passe o bacalhau na farinha de milho e frite em óleo bem quente.

AÇORDA
Doure a cebola, o alho e o louro em azeite. Junte o pão e molhe, pouco a pouco, com o caldo de peixe. Triture o coentro no liquidificador com um pouco do caldo e adicione ao preparado. Junte o espinafre. Retifique os temperos e, no momento de servir, misture as gemas.

RECEITAS DO AUTOR

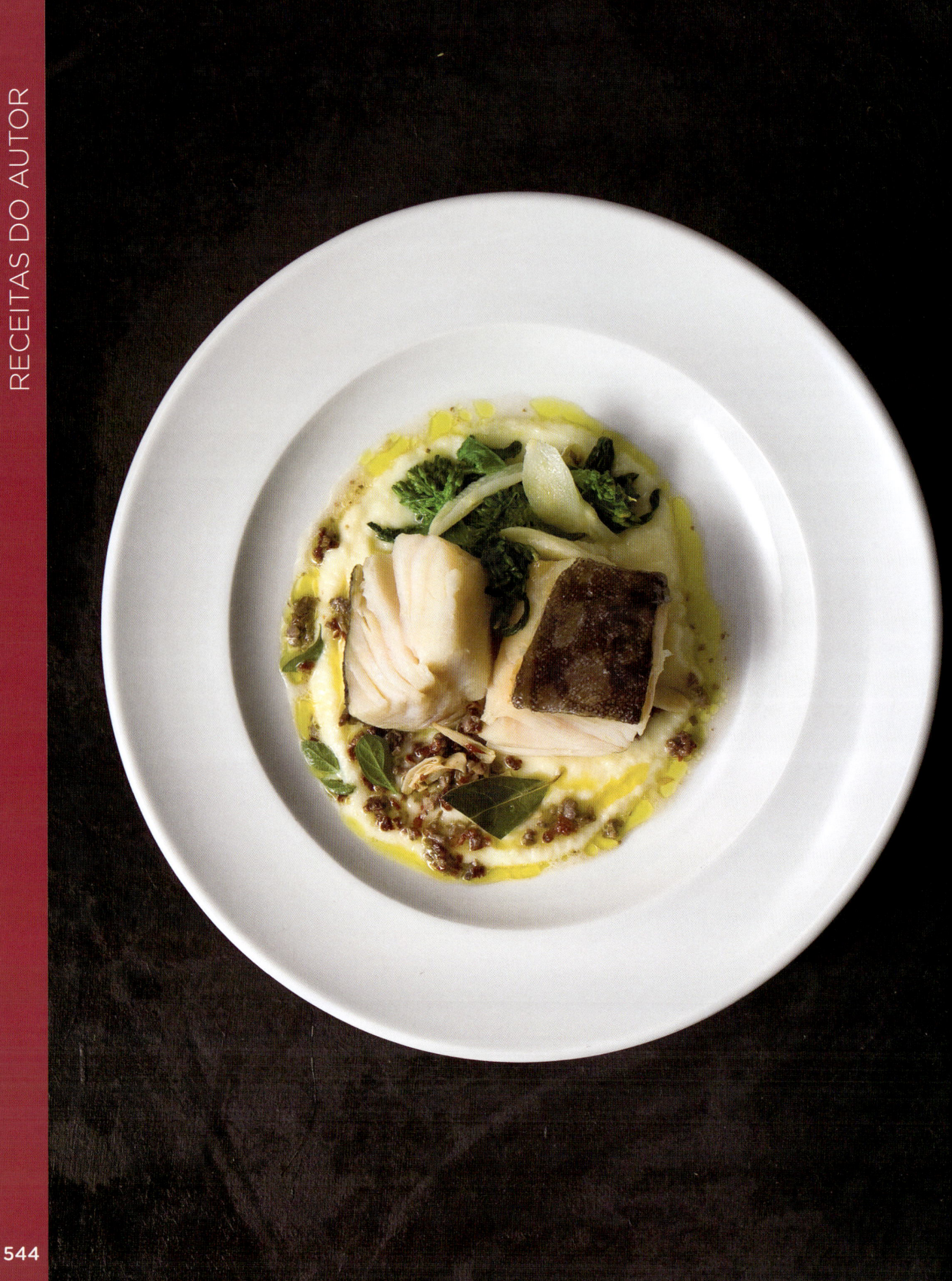

CONFIT DE BACALHAU, AZEITONAS, E TOMATE SECO, CREME DE BATATA, BROTOS E ASPARGOS BRANCOS SALTEADOS

LOMBO

INGREDIENTES

BACALHAU
2 kg de bacalhau da Noruega (lombos)
200 g de azeitona verde sem caroço e picada
50 g de tomate seco picado
2 dentes de alho fatiados
10 g de poejo
1 folha de louro
Azeite extravirgem

CREME DE BATATA
1 kg de batata em cubos
150 g de alho-poró em cubos
150 g de cebola picada
4 dentes de alho picados
1 ℓ de caldo de galinha (p. 78)
200 mℓ de vinho branco
150 mℓ de azeite extravirgem
2 colheres (sopa) de sal marinho
Pimenta-do-reino moída na hora a gosto

LEGUMES
300 g de brotos de couve ou de nabo escaldados
200 g de aspargos brancos em juliana
100 mℓ de azeite extravirgem
Pimenta-do-reino moída na hora a gosto
Sal marinho a gosto

MODO DE PREPARO

BACALHAU
Seque as azeitonas no forno a 120 °C durante 1 h. Coloque depois os ingredientes restantes e cozinhe em azeite extravirgem (o suficiente para cobrir o bacalhau) no forno preaquecido a 150 °C, durante 30 min.

CREME DE BATATA
Aqueça em 50 mℓ de azeite o alho, o alho-poró, a cebola e a batata. Junte o caldo de galinha e o vinho branco. Deixe cozinhar. Tempere com sal e pimenta-do-reino e triture no processador, adicionando o azeite restante.

LEGUMES
Salteie os legumes em azeite e tempere com sal e pimenta-do-reino.

BACALHAU FRESCO EM COZIMENTO UNILATERAL, MIGAS SOLTAS DE LARANJA E COENTRO

INGREDIENTES

BACALHAU
2 kg de bacalhau fresco da Noruega
100 ml de azeite extravirgem
Cardamomo em pó a gosto
Flor de sal a gosto
Pimenta-do-reino moída na hora a gosto

MIGAS
5 dentes de alho fatiados
100 g de azeitonas verdes picadas
100 g de tomate em cubos
1,2 kg de broa de milho portuguesa esfarelada
150 ml de suco de laranja
2 colheres (sopa) de coentro picado
100 ml de azeite extravirgem
Sal marinho a gosto
Pimenta-do-reino moída na hora a gosto

MODO DE PREPARO

BACALHAU
Core o bacalhau em azeite, começando pelo lado da pele. No momento de servir, tempere com flor de sal, cardamomo e pimenta.

MIGAS
Reduza o suco de laranja. Salteie em azeite o alho, as azeitonas e o tomate. Junte a broa e tempere com sal e pimenta-do-reino. Finalize perfumando com o suco de laranja reduzido e o coentro picado.

SOPA DE LÍNGUAS DE BACALHAU COM BATATA-DOCE, TOMATE E HORTELÃ

INGREDIENTES

CALDO
1 kg de caras de bacalhau da Noruega
1 folha de louro
1 maço de cidrão
1 cebola inteira
3 dentes de alho inteiros
100 mℓ de vinho branco
Água a gosto
Sal marinho a gosto
5 grãos de pimenta-da-jamaica

GUARNIÇÃO
800 g de *confit* de línguas de bacalhau da Noruega (p. 70)
200 g de cebola em cubos
5 dentes de alho fatiados
500 g de batata-doce em rodelas
300 g de tomate fresco em gomos
200 g de abóbora em cubos
20 folhas de hortelã
50 mℓ de azeite extravirgem
Piripíri a gosto (p. 81)
Sal marinho a gosto

MODO DE PREPARO

CALDO
Cozinhe em água as caras previamente demolhadas com os ingredientes restantes, sem deixar cozinhar demais.
Lasque as caras e passe o caldo pelo *chinois*. Reserve.

GUARNIÇÃO
Ferva o caldo anterior e adicione a cebola, o alho, a batata, o tomate e a abóbora.
Quando a batata estiver cozida, junte as línguas demolhadas, as caras e a hortelã. Regue com um fio de azeite e retifique os temperos.

CARAS E LÍNGUAS

BACALHAU FRESCO EM VINHA-D'ALHOS COM SALADA DE CHICÓRIA, DAMASCOS E CASTANHA-DO-PARÁ

INGREDIENTES

VINHA-D'ALHOS
2 kg de bacalhau fresco da Noruega com pele (lombos)
5 dentes de alho fatiados
250 ml de vinho branco
Salsa em rama a gosto
Louro a gosto
Gengibre picado a gosto
Suco de limão-siciliano a gosto
Sal marinho a gosto
Óleo de amendoim ou canola
Farinha

SALADA
300 g de chicória
100 g de damasco seco picado
100 g de castanha-do-pará fresca picada
Salsa em folhas a gosto
Azeite extravirgem
Vinagre de vinho branco

MODO DE PREPARO

VINHA-D'ALHOS
Marine o bacalhau com todos os ingredientes, durante aproximadamente 1 h. Escorra, seque, passe na farinha e frite em óleo bem quente.

SALADA
Marine a castanha-do-pará e o damasco no azeite e no vinagre. No momento de servir, misture os ingredientes restantes.

LÍNGUAS DE BACALHAU SALTEADAS, CREME DE MANGA E POEJO, FAROFA DE ALHO E BROA DE MILHO PORTUGUESA

INGREDIENTES

LÍNGUAS
1,2 kg de *confit* de línguas de bacalhau da Noruega (p. 70)
2 dentes de alho grosseiramente fatiados
100 ml de azeite extravirgem
30 ml de vinagre de vinho branco
1 folha de louro
1 malagueta
Sal marinho

CREME DE MANGA
250 g de manga descascada, em cubos
100 g de cebola picada
3 dentes de alho fatiados
10 g de gengibre picado
50 ml de suco de limão-siciliano
50 ml de azeite extravirgem
Poejo em folhas a gosto
Sal marinho a gosto

FAROFA
500 g de broa de milho portuguesa torrada
3 dentes de alho em metades
Azeite extravirgem

MODO DE PREPARO

LÍNGUAS
Doure as línguas em azeite juntamente com o alho, o louro e a malagueta. No final perfume com o vinagre. Deixe ferver 2 min a 3 min e misture as línguas com o resultado líquido, até obter uma textura homogênea. Retifique os temperos.

CREME DE MANGA
Doure o alho e a cebola com o gengibre e o azeite. Adicione a manga e deixe cozinhar um pouco. Molhe com suco de limão-siciliano e retifique temperos. Leve ao liquidificador. Por fim, adicione o poejo.

FAROFA
Doure o alho em azeite, com a panela tampada e em fogo muito brando. Coloque o resultado no liquidificador. Adicione a broa de milho portuguesa e misture tudo de forma homogênea. No final, adicione um pouco de azeite.

LÍNGUAS

RECEITAS DO AUTOR

CONFIT DE BACALHAU, TOMATE SECO, ALPERCE, PIMENTA-DO-REINO VERDE E ESPINAFRE

LOMBO

INGREDIENTES

2 kg de bacalhau da Noruega (lombos)
50 g de tomate seco picado
50 g de azeitona verde fatiada
50 g de alperce seco picado
5 dentes de alho fatiados
5 g de pimenta-do-reino verde em grãos
Alecrim em hastes a gosto
Azeite extravirgem

PURÊ
1,5 kg de batata em cubos
300 g de espinafre em folhas
200 g de cebola em cubos
150 g de alho-poró em cubos
4 dentes de alho fatiados
1 ℓ de leite
200 mℓ de caldo de galinha (p. 78)
50 mℓ de azeite extravirgem
Sal marinho a gosto
Pimenta-do-reino moída na hora a gosto

MODO DE PREPARO

Demolhe o bacalhau e coloque-o numa assadeira e perfume com o azeite. Guarneça com o tomate seco, o alperce, o alho, a pimenta-do-reino verde, a azeitona e o alecrim. Cubra e leve para cozinhar em forno preaquecido a 150 °C, durante 20 min a 25 min.

PURÊ
À parte, prepare um fundo em azeite quente com alho, cebola e alho-poró. Junte as batatas, tampe e deixe estufar por instantes. Molhe com o caldo de galinha e o leite e deixe cozinhar em fogo brando. Tempere com sal e pimenta-do-reino e triture o preparado. Corte o espinafre em juliana e adicione ao purê.

CARPACCIO DE BACALHAU FRESCO COM SABORES DE VERÃO

INGREDIENTES

1 kg de bacalhau fresco da Noruega (lombos)
30 g de bacalhau da Noruega salgado seco
2 laranjas em gomos
100 mℓ de suco de limão-siciliano
15 g de hortelã-da-ribeira
80 g de *pinoli*
50 g de azeitonas pretas picadas
15 g de tomate seco picado
150 mℓ de azeite extravirgem
Malagueta a gosto
Flor de sal a gosto

MODO DE PREPARO

Limpe os lombos de bacalhau, retirando-lhes a pele e as espinhas. Envolva em filme e reserve sob refrigeração.
Lamine o bacalhau finamente, disponha em círculos sobrepostos e tempere com todos os ingredientes.

LOMBO

TARTARE DE BACALHAU FRESCO COM TOMATE SECO E ESPECIARIAS

INGREDIENTES

800 g de bacalhau fresco da Noruega (cubos)
100 g de bacalhau da Noruega defumado picado
300 g de abacaxi em cubos
50 g de tomate seco
150 mℓ de azeite extravirgem
100 mℓ de suco de limão-siciliano
Flor de sal a gosto
Coentro em folhas a gosto
Coentro em grãos a gosto
Cominho a gosto
Pimenta de Sichuan
Cubos de pão de milho

MODO DE PREPARO

Misture cuidadosamente todos os ingredientes, exceto os cubos de pão. Disponha o tartare com o auxílio de um aro de metal, perfume com um fio de azeite e guarneça com os cubos de pão.

CONFIT DE BACALHAU COM GENGIBRE, SALADA DE FEIJÃO VERMELHO E HORTELÃ

INGREDIENTES

BACALHAU
10 postas altas de bacalhau da Noruega
Azeite extravirgem
1 colher (sopa) de gengibre picado
2 alhos com casca

SALADA
1 kg de feijão vermelho cozido
300 g de repolho crespo em juliana
50 g de cebola picada
4 dentes de alho picados
200 g de tomates sem pele cortado em quatro
100 ml de azeite extravirgem
Vinagre de vinho branco
Flor de sal a gosto
20 folhas de hortelã

MODO DE PREPARO

BACALHAU
Aqueça o gengibre durante 20 min em azeite, de modo que não ferva. Coloque o bacalhau previamente demolhado numa assadeira coberta com papel-alumínio, com todos os ingredientes. Leve ao forno durante cerca de 25 min, a 150 °C.

SALADA
Salteie a cebola, o alho e o tomate em azeite. Junte o feijão e o repolho crespo. Tempere com o vinagre. Quando o repolho estiver dourado, adicione a hortelã e retifique os temperos.

POSTA ALTA

CONFIT DE BACALHAU COM ESPECIARIAS, CREME DE FAVAS, MORCELA E COENTRO

LOMBOS

INGREDIENTES

BACALHAU
2 kg de bacalhau da Noruega (lombos)
1 colher (café) de pimenta-da-jamaica
5 cabeças de cravo-da-índia
½ colher (café) de cominho em grão
Azeite extravirgem

CREME DE FAVAS
300 g de favas congeladas
4 dentes de alho picados
80 g de alho-poró picado
200 ml de caldo de galinha (p. 78)
50 ml de vinho branco
30 g de coentro escaldado
30 g de tomate seco picado
80 g de morcela picada
Azeite extravirgem
Sal marinho a gosto
Pimenta-do-reino moída na hora a gosto
Páprica em pó a gosto
Coentro picado a gosto
Vinagre de vinho branco

MODO DE PREPARO

BACALHAU
Coloque o bacalhau previamente demolhado numa assadeira com o azeite, a pimenta-da-jamaica, o cravo-da-índia e o cominho. Leve ao forno preaquecido a 150 °C, durante 25 min.

CREME DE FAVAS
Faça um refogado com o azeite, a morcela, o alho-poró, o alho e o tomate. Molhe com o vinho branco e deixe reduzir. Adicione o caldo de galinha. Deixe levantar fervura e junte as favas descascadas e o coentro. Quando levantar fervura novamente, leve ao liquidificador e retifique os temperos. Se necessário, passe pelo *chinois*.

Sirva o molho e sobreponha o bacalhau. Perfume com a páprica em pó, o coentro picado e o vinagre.

SOPA FRIA DE COUVE-FLOR E ABOBRINHA, *MOUSSE* DE RICOTA E BACALHAU DEFUMADO

INGREDIENTES

SOPA
800 g de couve-flor escaldada
800 g de miolo de abobrinha escaldado
3 dentes de alho escaldados
150 mℓ de azeite extravirgem
50 mℓ de vinagre de vinho branco
150 g de gelo
Sal marinho a gosto

MOUSSE
200 g de bacalhau da Noruega defumado
300 g de ricota de ovelha
150 g de coentro escaldado
Farinha de rosca
Azeite extravirgem
Cominho em pó a gosto
Pimenta-do-reino moída na hora a gosto
Flor de sal a gosto

MODO DE PREPARO

SOPA
Triture a couve-flor e o miolo de abobrinha com os ingredientes restantes, até obter uma textura homogênea.

MOUSSE
Triture todos os ingredientes até obter uma *mousse*.

Sirva a sopa com a *mousse*.

RECEITAS DO AUTOR

BACALHAU CORADO, MOLHO DE LÍNGUAS E PIMENTÕES, CHOURIÇO DE BARRANCOS E AZEITE DE SALSA

INGREDIENTES

2 kg de bacalhau da Noruega (lombos)
Sal marinho a gosto
Azeite extravirgem a gosto
Pimenta-do-reino moída na hora a gosto

MOLHO
400 g de línguas de bacalhau da Noruega
350 g de tomate sem pele e sem sementes
200 g de cebola em cubos
150 g de pimentão vermelho
300 ml de vinho branco
100 ml de azeite extravirgem
3 dentes de alho fatiados
Sal marinho a gosto
Pimenta-do-reino moída na hora a gosto

REDUÇÃO DE VINAGRE
50 g de açúcar
200 ml de vinho verde
100 ml de vinagre de vinho branco

GUARNIÇÃO
350 g de chouriço de barrancos
200 g de azeitona preta
100 ml de azeite de salsa (p. 68)

MODO DE PREPARO

Corte os lombos de bacalhau demolhado em postas de 200 g, core-os num fio de azeite quente e leve para terminar o cozimento em forno preaquecido a 150 °C, durante 15 min a 20 min. Retifique os temperos.

MOLHO
Coloque um fio de azeite e o tomate numa caçarola, tampe e deixe cozinhar lentamente. À parte, prepare um fundo em azeite com alho e cebola. Junte as línguas de bacalhau demolhadas e picadas e os pimentões, deixe cozinhar lentamente. Retifique os temperos, molhe com vinho branco e deixe ferver. Junte o preparado anterior e leve para cozinhar em forno preaquecido a 150 °C, durante 1 h.

REDUÇÃO DE VINAGRE
Coloque o açúcar e o vinho verde para reduzir em fogo brando, de forma a obter uma textura de xarope. Molhe com o vinagre de vinho branco e deixe levantar fervura.

GUARNIÇÃO
Guarneça com chouriço de barrancos e perfume com azeite de salsa e as azeitonas pretas.

LOMBO E LÍNGUAS

ARROZ DE BACALHAU COM *FOIE GRAS*, CREME DE ABÓBORA E TOMATE

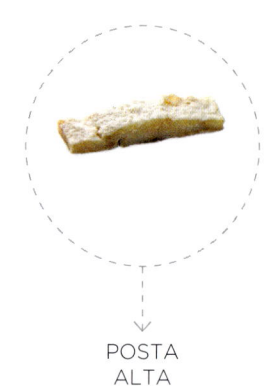

POSTA ALTA

INGREDIENTES

FUNDO
50 ml de azeite extravirgem
200 g de *foie gras* em cubos
2 folhas de louro
4 dentes de alho fatiados
150 g de cebola picada
200 g de pimentão vermelho descascado em cubos
200 ml de vinho branco
200 g de tomate sem pele em gomos
200 g de abóbora em cubos
Caldo de bacalhau (p. 67)
Sal marinho a gosto
Pimenta-do-reino moída na hora a gosto

GUARNIÇÃO
1 kg de bacalhau da Noruega (posta alta)
500 g de arroz carolino
3 dentes de alho fatiados
150 g de cebola em cubos
1,2 l de caldo de bacalhau (p. 67)
100 ml de vinho branco
250 g de tomate sem pele, em cubos
Poejo a gosto
Sal marinho a gosto
Pimenta-do-reino moída na hora a gosto
Azeite extravirgem a gosto
Coentro a gosto

MODO DE PREPARO

FUNDO
Prepare um fundo em azeite extravirgem quente com louro, alho, cebola e pimentão.
Molhe com vinho branco, deixe ferver e junte o tomate e a abóbora. Deixe cozinhar por instantes e molhe com o caldo de bacalhau. Quando levantar fervura, retire a folha de louro, leve o preparado ao liquidificador para triturar e passe por uma peneira.
Leve de novo ao fogo para levantar fervura, tempere com sal e pimenta moída e incorpore o *foie gras*. Reserve.

GUARNIÇÃO
Cozinhe o bacalhau demolhado, retire a pele e as espinhas e lasque. Doure a cebola e o alho em azeite e adicione o arroz. Molhe com vinho branco e o caldo de bacalhau. Quando o arroz estiver praticamente cozido, junte o preparado, o bacalhau, o tomate, retifique os temperos e adicione as ervas aromáticas.

ARROZ DE VÔNGOLE, LIMÃO-SICILIANO E ASPARGOS VERDES COM BACALHAU FRESCO CORADO

INGREDIENTES

ARROZ
700 g de arroz carolino
5 dentes de alho fatiados
200 g de cebola picada
200 ml de vinho branco
Caldo de peixe (p. 76)
Caldo de vôngole a gosto (p. 78)
50 ml de azeite extravirgem
100 ml de suco de limão-siciliano
150 g de manteiga sem sal
3 colheres (sopa) de salsa picada
1 folha de louro
Sal marinho a gosto
Pimenta-do-reino moída na hora a gosto

GUARNIÇÃO
300 g de miolo de vôngole
300 g de aspargos verdes escaldados e fatiados

BACALHAU FRESCO
10 *tranches* de bacalhau da Noruega
3 dentes de alho fatiados
100 ml de azeite extravirgem
100 ml de vinho branco
Sal grosso a gosto

MODO DE PREPARO

ARROZ
Doure em azeite a cebola, o alho e o louro. Molhe com o vinho branco e junte o arroz. Adicione o caldo de peixe e, quando o arroz estiver na metade do cozimento junte o caldo de vôngole. Para finalizar, adicione o suco de limão-siciliano, a manteiga e a salsa picada. Retifique os temperos.

GUARNIÇÃO
Guarneça com o miolo de vôngole e os aspargos.

BACALHAU FRESCO
Coloque o bacalhau numa salmoura seca: cubra as *tranches* com sal grosso durante 20 min. Passe por água e seque-as bem num pano. Core o bacalhau do lado da pele, em azeite. Quando esta estiver dourada, adicione o alho e o vinho branco. Vire a posta. Tampe e retire do fogo.

Acompanhe o bacalhau com o arroz.

BACALHAU COM MAÇÃ E EMULSÃO MORNA DE VINHO DO PORTO

RECEITAS DO AUTOR

POSTA ALTA

INGREDIENTES

BACALHAU
10 postas altas de bacalhau da Noruega sem pele
300 g de maçã em cubos
100 ml de caldo de bacalhau (p. 67)
6 dentes de alho fatiados
50 ml de suco de limão-siciliano
100 ml de azeite extravirgem
3 cabeças de cravo-da-índia
Pimenta-do-reino moída na hora a gosto

PURÊ DE BATATA
1,5 kg de batata em cubos
200 g de espinafre em folhas
20 g de alho fatiado
200 g de cebola em cubos
150 g de alho-poró
200 ml de caldo de galinha (p. 78)
1 l de leite
50 ml de azeite extravirgem
Sal marinho a gosto

EMULSÃO DE VINHO DO PORTO
8 gemas de ovo
100 ml de caldo de bacalhau (p. 67)
100 g de maçã assada
50 ml de vinho do Porto
50 ml de azeite extravirgem
Pimenta-de-caiena a gosto
Flor de sal a gosto
Pimenta-do-reino moída na hora a gosto

MODO DE PREPARO

BACALHAU
Numa assadeira, coloque o bacalhau demolhado com os ingredientes restantes e leve ao forno a 150 °C, durante 45 min. Retire as postas de bacalhau e reserve. Retire as especiarias do molho e emulsione. Retifique os temperos.

PURÊ DE BATATA
Prepare um fundo em azeite quente com alho, cebola e alho-poró. Junte a batata e deixe estufar por instantes. Molhe com o caldo de galinha e o leite e deixe cozinhar em fogo brando. Por fim tempere com sal e pimenta-do-reino e triture o preparado. Incorpore o espinafre e retifique os temperos.

EMULSÃO DE VINHO DO PORTO
Misture a maçã com o vinho do Porto e leve ao fogo. Separadamente, junte, a frio, as gemas com o caldo de bacalhau. Leve ao fogo em banho-maria e bata vigorosamente, até que cozinhe. Por fim junte o preparado anterior, adicione o azeite e retifique os temperos.

RISSOLE DE BACALHAU E *FOIE GRAS* COM BATATA-DOCE, CREME DE FAVAS E COENTRO

POSTA ALTA

INGREDIENTES

MASSA
100 ml de leite
100 ml de caldo de peixe (p. 76)
50 g de manteiga
200 g de farinha de trigo
Sal marinho a gosto

RECHEIO
250 g de bacalhau da Noruega (lascas)
150 g de batata-doce cozida
100 g de *foie gras* em cubos
Sal marinho a gosto
Pimenta-do-reino moída na hora a gosto

CREME
400 g de favas sem pele
100 g de coentro escaldado
150 g de alho-poró picado
5 dentes de alho fatiados
100 ml de vinho branco
50 ml de azeite extravirgem
150 ml de caldo de peixe (p. 76)
Sal marinho a gosto
Pimenta-do-reino moída na hora a gosto

4 ovos
Farinha de rosca
Óleo de amendoim ou canola

MODO DE PREPARO

MASSA
Leve o leite, o caldo de peixe, o sal e a manteiga ao fogo. Quando levantar fervura, retire do fogo e junte a farinha. Amasse bem o preparado. Leve novamente ao fogo, amassando sempre até que a massa comece a desgrudar do fundo da panela. Disponha a massa numa superfície fria. Deixe esfriar e descansar.

RECHEIO
Cozinhe o bacalhau previamente demolhado, retire a pele e as espinhas e lasque. Amasse a batata e misture com os cubos de *foie gras* previamente temperados com sal e pimenta-do-reino. Incorpore o bacalhau em lascas.

CREME
Doure o alho e o alho-poró em azeite. Molhe com o vinho e o caldo de peixe e deixe ferver em fogo brando. No momento de servir, emulsione com os ingredientes restantes.

Abra a massa, coloque pequenas porções do recheio sobre ela e feche. Corte com a forma de rissole. Passe no ovo e na farinha de rosca e frite em óleo bem quente.

RECEITAS DO AUTOR

POEJADA DE BACALHAU COM UVAS FRESCAS

POSTA ALTA

INGREDIENTES

1,5 kg de bacalhau da Noruega (posta alta)
150 g de poejo
1,2 l de água do cozimento do bacalhau
10 ovos
6 dentes de alho
Sal marinho a gosto
Azeite extravirgem
Pimenta-do-reino moída na hora a gosto

GUARNIÇÃO
600 g de torradas de pão alentejano
150 g de uvas sem sementes, em metades
Poejo em folha a gosto

MODO DE PREPARO

Demolhe o bacalhau e cozinhe-o em água temperada com azeite, sal e pimenta-do-reino, em fogo brando. Lasque o bacalhau e coe a água do cozimento.

Esmague o poejo e o alho no pilão e junte este preparado à água do cozimento do bacalhau. Leve o caldo ao fogo e junte os ovos, previamente batidos. Mexendo sempre, deixe os ovos coalharem e tempere depois com sal e pimenta-do-reino.

GUARNIÇÃO
Coloque uma fatia de pão no centro do prato, sobreponha algumas lascas de bacalhau, repetindo esta operação três vezes. Termine a composição com algumas uvas sem sementes e perfume com poejo.

FILÉS DE BACALHAU COM TOUCINHO, CREME DE TANGERINA, BATATA-DOCE E CAVIAR

LOMBO

INGREDIENTES

2 kg de bacalhau da Noruega (lombos)
Suco de 2 tangerinas
50 ml de azeite extravirgem
200 g de toucinho fatiado
2 ramos de alecrim
5 bagas de pimenta-da-jamaica picadas
Óleo de amendoim ou canola e azeite

CREME
3 dentes de alho fatiados
200 g de cebola picada
600 g de batata-doce em cubos
200 ml de caldo de bacalhau (p. 67)
2 colheres (sopa) de salsa picada
Azeite extravirgem
Sal marinho a gosto
Suco de uma tangerina

GUARNIÇÃO
30 g de caviar

MODO DE PREPARO

Tempere o bacalhau previamente demolhado com o suco de tangerina, o azeite, o alecrim e a pimenta-da-jamaica. Deixe descansar por 2 h. Coloque uma fatia de toucinho em volta de cada lombo e feche com a ajuda de um palito. Frite numa mistura de óleo e azeite e reserve.

CREME
Doure em azeite a cebola e o alho e junte a batata. Molhe com o caldo de bacalhau. Tampe e deixe cozinhar em fogo brando. Quando a batata estiver cozida, tempere com sal e junte o suco de tangerina. Deixe ferver e triture o preparado no liquidificador. Leve de novo ao fogo. Retifique temperos e perfume com a salsa picada.

GUARNIÇÃO
No momento de servir, coloque um pouco de creme no prato, sobreponha o bacalhau e guarneça com o caviar.

CONFIT DE BACALHAU, CREME DE LÍNGUAS DE BACALHAU E CAVIAR

INGREDIENTES

10 postas altas de bacalhau da Noruega
200 ml de azeite extravirgem
10 dentes de alho em metades

MOLHO
150 g de línguas de bacalhau da Noruega
150 g de alho-poró picado
10 g de caviar
200 ml de creme de leite fresco
100 ml de vinho branco
50 ml de azeite extravirgem
4 bagas de pimenta-da-jamaica
Confit de alhos a gosto

GUARNIÇÃO
20 aspargos brancos escaldados
10 folhas de couve *pac choi* escaldadas
Azeite extravirgem
Flor de sal a gosto

MODO DE PREPARO

Coloque o azeite e o alho em forno preaquecido a 150 °C, durante 30 min. Acrescente o bacalhau anteriormente demolhado e deixe cozinhar durante 20 min a 25 min, coberto com papel-alumínio. Retire o bacalhau e o alho e reserve-os separadamente. Leve o resto do resultado do assado ao *freezer* e, quando o azeite estiver solidificado, separe-o da água. Junte o bacalhau e o azeite e aqueça para servir. Emulsione a quente o líquido restante no momento de servir.

MOLHO
Doure em azeite o alho-poró, adicione as línguas demolhadas, molhe com vinho branco e junte o *confit* de alho e a pimenta-da-jamaica. Deixe apurar e despeje o creme de leite. Deixe cozinhar até reduzir e leve tudo ao liquidificador. Acrescente o caviar no momento de servir.

GUARNIÇÃO
Salteie os aspargos cortados em juliana em um pouco de azeite, junte a couve e, por fim, perfume com flor de sal. Sirva o bacalhau sobre a guarnição.

POSTA ALTA E LÍNGUAS

TRANCHES DE BACALHAU FRESCO ESCALFADO, PERA, TOMATE-CEREJA E COENTRO

INGREDIENTES

BACALHAU
2 kg de bacalhau fresco da Noruega (lombos)
100 g de cebola picada
3 dentes de alho fatiado
200 g de cubos de pera
20 tomates-cereja
Azeite extravirgem
500 mℓ de caldo de peixe (p. 76)
200 mℓ de vinho verde
50 mℓ de suco de limão-siciliano
15 g de gengibre picado
Capim-limão a gosto
Pimenta-da-jamaica a gosto
Sal marinho a gosto

GUARNIÇÃO
1,5 kg de nabos *baby*
200 g de amêndoas sem pele inteiras
5 dentes de alho fatiados
Azeite extravirgem
Noz-moscada a gosto
Sal marinho a gosto

MODO DE PREPARO

BACALHAU
Antes de preparar, coloque o bacalhau previamente demolhado em sal e limão-siciliano durante 15 min.
Numa forma, coloque a cebola e o alho. Sobreponha o bacalhau, a pera e o tomate-cereja. Junte o caldo de peixe, perfume com vinho verde, pimenta-da-jamaica, capim-limão e gengibre. Tempere com azeite. Tampe e deixe escalfar em fogo brando.

GUARNIÇÃO
Descasque os nabos, tempere com sal, alho, azeite, e noz-moscada e deixe marinar cerca de 20 min. Junte as amêndoas e leve para cozinhar em fogo brando durante 40 min.

SOPA FRIA DE ASPARGOS E ABOBRINHA, TARTARE DE TOMATE E BACALHAU

POSTA ALTA

INGREDIENTES

SOPA
800 g de aspargos escaldados
500 g de casca de abobrinha escaldada
3 dentes de alho escaldados
150 ml de azeite extra virgem
50 ml de vinagre vinho branco
150 g de gelo
Sal marinho a gosto

TARTARE
150 g de bacalhau da Noruega (cubos)
350 g de tomate fresco em cubos
100 ml de azeite extravirgem
1 colher (chá) de vinagre de arroz
Fava-tonca (cumaru) a gosto
Poejo em folhas a gosto
Flor de sal a gosto

MODO DE PREPARO

SOPA
Triture os aspargos, a abobrinha e o alho com os ingredientes restantes, até obter uma textura homogênea.

TARTARE
Corte o bacalhau previamente demolhado em cubos. Tempere com flor de sal, azeite e vinagre e deixe descansar por 30 min. Junte o tomate fresco, o poejo e a fava-tonca.

Coloque o tartare no centro do prato com a ajuda de um aro. Perfume com um fio de azeite e guarneça com a sopa.

RECEITAS DO AUTOR

BACALHAU AO FORNO, PURÊ DE MAÇÃ COM CAVIAR DE SALMÃO AROMATIZADO COM CIDRÃO

LOMBO

INGREDIENTES

1,8 kg de bacalhau da Noruega (lombos)
100 mℓ de azeite extravirgem
Pimenta-do-reino moída na hora a gosto

PURÊ
500 g de maçã descascada
500 g de miolo de abobrinha
150 g de cebola picada
50 mℓ de vinho branco
50 mℓ de azeite extravirgem
30 mℓ de suco de limão-siciliano
3 dentes de alho fatiados
Sal marinho a gosto
Pimenta-do-reino moída na hora a gosto
Cidrão a gosto

GUARNIÇÃO
120 g de caviar de salmão
Casca de abobrinha picada (toda a que restar)

EMULSÃO
Líquido resultante do assado
Vinagre de vinho branco

MODO DE PREPARO

Demolhe os lombos de bacalhau e leve-os para cozinhar em azeite, em forno preaquecido a 150 °C, durante 15 min, cobertos com papel-alumínio. Retifique os temperos. No final do tempo, reserve o líquido.

PURÊ
Prepare um fundo com a metade do azeite e com o alho, a cebola e o cidrão. Molhe com vinho branco, deixe ferver e junte a abobrinha e a maçã. Deixe cozinhar, perfume com um fio de suco de limão-siciliano e tempere com sal e pimenta-do-reino. Retire depois o cidrão e emulsione o preparado com o restante do azeite.

GUARNIÇÃO
Misture a guarnição e o purê.

EMULSÃO
Aqueça o líquido resultante do assado com o vinagre e misture com a ajuda de um *mixer* até adquirir uma textura espessa.

CONFIT DE BACALHAU FRESCO COM FAVA-TONCA, EMULSÃO DE MARACUJÁ E POEJO

INGREDIENTES

1,8 kg de bacalhau fresco da Noruega (lombo)
50 g de tomate seco picado
100 ml de azeite extravirgem
Fava-tonca a gosto
Noz-moscada a gosto
Sal marinho a gosto

EMULSÃO
100 g de maracujá em polpa
100 g de cebola picada
80 g de maçã em cubos
50 ml de azeite extravirgem
Sal marinho a gosto

GUARNIÇÃO
1 kg de espinafre em folhas
50 ml de azeite extravirgem
2 colheres (sopa) de poejo em folhas
Flor de sal a gosto

MODO DE PREPARO

Tempere o bacalhau com sal, noz-moscada e fava-tonca. Deixe descansar por 20 min. Coloque o bacalhau numa assadeira juntamente com o tomate seco e o azeite. Cubra com papel-alumínio e leve ao forno preaquecido a 150 °C, para confitar durante 18 min a 20 min.

EMULSÃO
Doure a cebola e a maçã em azeite, junte a polpa de maracujá e deixe reduzir. Leve para triturar no liquidificador, ferva de novo e tempere.

GUARNIÇÃO
Tempere o espinafre com todos os ingredientes. Coloque no centro do prato o espinafre, sobreponha o bacalhau e guarneça com a emulsão.

BACALHAU COZIDO EM AZEITE, *CONFIT* DE ALHO, BROA DE MILHO PORTUGUESA, CREME DE AZEITONAS DE PISO E SALSA

POSTA ALTA

INGREDIENTES

CONFIT
2 kg de bacalhau da Noruega (postas altas)
200 ml de azeite extravirgem
30 alhos inteiros
30 minicebolas
20 grãos de pimenta-do-reino
10 folhas de louro
Sal marinho a gosto

GUARNIÇÃO
1 kg de couve-portuguesa escaldada
400 g de broa de milho portuguesa esfarelada
300 g de alho-poró em juliana
100 ml de azeite extravirgem
Sal marinho a gosto

CREME
100 g de azeitona de piso descaroçada
3 colheres (sopa) de salsa em folha
30 ml de vinagre de vinho branco
Líquido resultante do *confit* a gosto
3 dentes de alho

MODO DE PREPARO

CONFIT
Numa travessa refratária, coloque o bacalhau previamente demolhado com os ingredientes que restaram do confitado. Cubra com papel-alumínio e leve ao forno preaquecido a 100 °C, durante 1 h. Quando o cozimento terminar, reserve o bacalhau e as minicebolas.

GUARNIÇÃO
Salteie a couve no azeite e alho-poró, tempere e misture tudo no momento de servir.

CREME
Escalde a salsa e esfrie-a em gelo. Leve ao liquidificador o alho, o líquido resultante do *confit*, o vinagre, a salsa e as azeitonas. Triture tudo até obter uma textura homogênea.

Sirva o bacalhau sobre a guarnição com as minicebolas e o creme.

FILÉS DE BACALHAU FRESCO, COM MOLHO DE *CURRY* VERDE, COENTRO, MANGA E PIMENTÃO

INGREDIENTES

BACALHAU
1,8 kg de bacalhau fresco da Noruega (filés)
3 dentes de alho picados
1 folha de louro
50 ml de vinho branco
Suco de 2 limões
Farinha de milho
Óleo de amendoim ou canola
Sal marinho a gosto
Pimenta-do-reino moída na hora a gosto

MOLHO
1 colher (chá) de *curry* verde
100 g de coentro escaldado
3 dentes de alho picados
100 g de manga em pedaços
200 ml de leite de coco
50 ml de vinho branco
50 ml de azeite extravirgem
Sal marinho a gosto
Pimenta-do-reino moída na hora a gosto

GUARNIÇÃO
100 g de manga em cubos
50 g de pimentão vermelho descascado, em cubos

MODO DE PREPARO

BACALHAU
Marine o bacalhau com todos os ingredientes com exceção da farinha de milho e do óleo. Deixe descansar cerca de 20 min. Escorra e passe na farinha. Frite em óleo bem quente.

MOLHO
Faça um fundo em azeite com alho e manga. Junte o *curry*. Refresque com o vinho branco e adicione o leite de coco. Retifique os temperos e deixe ferver 7 min a 8 min. Deixe esfriar e triture com o coentro escaldado até obter uma textura homogênea.

Sirva os filés acompanhados com o molho.

GUARNIÇÃO
Guarneça com os cubos de manga e o pimentão.

BACALHAU FRESCO, *MOUSSE* DE GRÃO-DE-BICO E GENGIBRE E AZEITE DE TOMATE SECO

INGREDIENTES

BACALHAU
1,2 kg de bacalhau fresco da Noruega (lombos)
200 ml de vinagre vinho branco
50 ml de azeite extravirgem
20 g de sal marinho

MOUSSE
400 g de grão-de-bico cozido
150 g de maçã Grand Schmidt
40 g de gengibre picado
5 g de coentro em grão
1 colher (chá) de sal marinho
100 ml de azeite extravirgem

AZEITE DE TOMATE SECO
5 g de cravo-da-índia em pó
150 g de tomate seco picado
400 ml de azeite extravirgem
Coentro picado a gosto

MODO DE PREPARO

BACALHAU
Coloque o bacalhau para marinar em vinagre e sal durante 45 min. Enxugue os lombos e core ligeiramente em azeite. Corte em fatias finas e reserve.

MOUSSE
Refogue o gengibre em azeite. Adicione o grão-de-bico e deixe cozinhar 4 min a 5 min. Acrescente os ingredientes restantes e triture no liquidificador, até obter uma pasta homogênea. Reserve no refrigerador.

AZEITE DE TOMATE SECO
Emulsione todos os ingredientes no liquidificador até obter uma pasta homogênea.

Sirva o bacalhau sobre a *mousse* e tempere com o azeite e o coentro picado.

BACALHAU AO FORNO, CREME DE FAVAS, ESPINAFRE E HORTELÃ-DA-RIBEIRA

LOMBO

INGREDIENTES

2 kg de bacalhau da Noruega (lombos)
3 dentes de alho picados
100 g de alho-poró picado
1 colher (chá) de gengibre picado
Malagueta fresca a gosto
150 ml de azeite extravirgem

CREME DE FAVAS E ESPINAFRE
250 g de favas congeladas
150 g de espinafre escaldado
4 dentes de alho picados
200 ml de caldo de bacalhau (p. 67)
50 ml de vinho branco
1 colher (sopa) de hortelã-da-ribeira
50 g de *bacon* picado
50 ml de azeite extravirgem
Sal marinho a gosto
Pimenta-do-reino moída na hora a gosto
Páprica em pó a gosto

MODO DE PREPARO

Demolhe os lombos de bacalhau e coloque-os numa assadeira com todos os ingredientes. Leve ao forno preaquecido a 150 °C, coberto com papel-alumínio, durante cerca de 25 min.

CREME DE FAVAS E ESPINAFRE
Refogue em azeite o *bacon* e o alho. Molhe com o vinho branco e deixe reduzir. Adicione o caldo de bacalhau, deixe levantar fervura e junte as favas descascadas, a hortelã e o espinafre. Retifique os temperos. Quando levantar fervura novamente, leve ao liquidificador e retifique temperos. Caso seja necessário, poderá passar pelo *chinois*.

Coloque o molho no prato e sobreponha o bacalhau perfumado com páprica em pó.

PEIXE-ESPADA EMPANADO COM MAÇÃ SECA, ARROZ DE TOMATE ASSADO COM LÍNGUAS DE BACALHAU E POEJO

LÍNGUAS

INGREDIENTES

FILÉS
2 kg de filés de peixe-espada
200 g de farinha de rosca
200 g de maçã seca picada
300 ml de suco de limão-siciliano
300 ml de óleo de amendoim ou canola
Pimenta-do-reino moída na hora a gosto
Sal marinho a gosto

ARROZ
400 g de línguas de bacalhau da Noruega
400 g de tomates sem pele assado
200 g de cebola picada
500 g de arroz carolino
2 folhas de louro
200 ml de vinho branco
50 ml de azeite extravirgem
150 ml de caldo de peixe (p. 76)
Poejo em folhas
Sal marinho a gosto
Pimenta-do-reino moída na hora a gosto
Malagueta (opcional)
4 dentes de alho picados

MODO DE PREPARO

FILÉS
Tempere os filés com sal, pimenta-do-reino, suco de limão-siciliano durante 2 h. Enxugue os filés e passe-os na mistura de farinha de rosca com a maçã. Frite em óleo quente e coloque-os sobre papel absorvente.

ARROZ
Prepare um fundo em azeite com alho, cebola e louro. Junte o arroz, molhe com vinho branco e deixe ferver. Adicione as línguas demolhadas e picadas, o caldo de peixe e deixe cozinhar. Na metade do cozimento, tempere com sal e adicione o tomate. Quando o arroz estiver quase cozido, retifique os temperos. Perfume com o poejo.

ÍNDICE DAS RECEITAS

65 RECEITAS-BASE

70	Azeite de azeitonas
68	Azeite de coentro
69	Azeite de espinafre
69	Azeite de manjericão
68	Azeite de salsa
71	Bacalhau lascado
67	Caldo de bacalhau I
67	Caldo de bacalhau II
76	Caldo de camarão
77	Caldo de carne
78	Caldo de galinha
77	Caldo de legumes
76	Caldo de peixe
78	Caldo de vôngole
73	*Confit* de bacalhau, azeitonas verdes e pimentões vermelhos
80	*Confit* de boinas de bacalhau
70	*Confit* de línguas de bacalhau
74	Conserva de Bacalhau
74	Conserva de bacalhau grelhado
79	Massa fresca de alho
79	Massa fresca de ovos
75	*Mousse* de bacalhau
75	*Mousse* de bacalhau com ricota
81	Piripíri
81	Piripíri (variação mais picante)
71	Tomatada

83 SOPAS

88	Caldo de bacalhau e coentro com massa fresca de alho
105	Caldo de grão-de-bico, bacalhau fresco e ervas aromáticas
87	Caldo verde de batata-doce, salada de bacalhau e hortelã
131	Canja de bacalhau à Marinha Grande
110	Canja de bacalhau com macarrão risone e manjericão
89	Canja de bacalhau com mandioca e gengibre
121	Canja e *mousse* de bacalhau e poejo
104	Creme de abobrinha com salada de bacalhau e caranguejola
88	Creme de bacalhau, camarão e línguas
95	Creme de batata e mandioca com dois bacalhaus e manjericão
101	Creme de camarão com salada de quiabo, bacalhau e coentro
135	Creme de coentro e aspargos, *mousse* de bacalhau e azeite de azeitonas pretas
99	Creme de coentro, favas e *mousse* de bacalhau
115	Creme de ervilhas, salada de bacalhau e coentro
107	Creme de espinafre, *mousse* de bacalhau e chips de batata-doce
117	Creme de favas, *confit* de línguas de bacalhau, torresmo e caviar
119	Creme de grão-de-bico com bacalhau, espinafre e salsa
123	Creme de grão-de-bico e batata-doce, salada morna de dobradinha de bacalhau, ovas de salmão e hortelã
92	Creme de línguas de bacalhau com cidrão e gengibre, tartare de camarão e lavagante com baunilha
120	Creme de línguas de bacalhau e tortilha de lagosta
129	Creme de mandioca, coco, caviar marinado e lascas de bacalhau
126	Creme de marmelo e couve-flor, salada de bacalhau, ervilhas e laranja
111	Creme de salsão, *mousse* de bacalhau e azeite de azeitonas
94	Cunhas de pão com caldo de bacalhau
132	Minha sopa de bacalhau
125	Ovos com bacalhau e creme frio de aspargos
109	Salada de bacalhau, laranja e coentro com creme de cenoura frio
116	Sopa de abóbora com tomate, salada de bucho de bacalhau, vôngole e coentro

89	Sopa de bacalhau com batatas e poejo
98	Sopa de bacalhau com ervas aromáticas
127	Sopa de bacalhau com ovo escalfado
133	Sopa de castanhas-portuguesas com limão-siciliano, salada de línguas de bacalhau e manjericão
128	Sopa de cogumelos *chanterelle* com açafroa, salada de bucho de bacalhau e caviar
113	Sopa de feijão, abóbora e bacalhau
134	Sopa de grão-de-bico com bacalhau, espinafre e ovos escalfados
122	Sopa de línguas de bacalhau, camarão, espuma de coral e coentro
86	Sopa de línguas de bacalhau, tortilha de camarão-carabineiro, e azeite de alho e coentro
103	Sopa de mandioca com bacalhau e pimentões de duas cores
97	Sopa de tomate com bacalhau e poejo
114	Sopa de tomate com cebolada de bacalhau
93	Sopa fria de abóbora, salada de bacalhau defumado, toranja e hortelã-da-ribeira
134	Sopa fria de espinafre e coentro com amêndoas torradas e bacalhau
108	Sopa fria de melão-cantalupo, pêssego, bacalhau e poejo
85	Sopa fria de pepino e pimentão verde, tartare de bacalhau e orégano
94	Sopa fria de pera, lascas de bacalhau e *pinoli* torrados
100	Sopa fria de tomate com salada de bacalhau cru e poejo
91	Sopa seca de bacalhau com grão-de-bico, vagem e hortelã

137 SALADAS & PETISCOS

139	Bacalhau albardado
145	Bacalhau cru desfiado
203	Bacalhau em salada silvestre
152	Bacalhau frito com açafrão e salsa
166	Bacalhau frito com cebolada de tomate
167	Bacalhau frito com creme de marmelo
143	Bacalhau frito com gengibre e *curry*
158	Bacalhau frito, creme de maçã e maracujá
185	Bacalhau marinado com favas e ervilhas
159	Bacalhau marinado com ouriços-do-mar e azeite de rúcula
185	Bola de bacalhau com toucinho e orégano
171	Bola de línguas de bacalhau com chouriço e tomate seco
194	Bolinhos de abóbora e bacalhau com molho de tomate e maçã
154	Bolinhos de bacalhau com azeitonas pretas e gengibre
173	Bolinhos de bacalhau com salada de feijão-fradinho
181	Bolinhos de bacalhau deliciosos
195	Bolinhos de bacalhau e arroz com queijo *camembert*
151	Bolinhos de bacalhau e azeitona, pepino e azeite picante
190	Bolinhos de bacalhau e camarão
190	*Carpaccio* de bacalhau, cebola marinada e coentro em juliana
172	*Carpaccio* de bacalhau com geleia de salsa e chips de maçã
161	*Carpaccio* de bacalhau com limão, caviar de salmão e azeite de coentro
148	*Carpaccio* de bacalhau com limão-siciliano, hortelã, *aliche* e malagueta
182	*Carpaccio* de bacalhau com tempero de meia-desfeita
155	*Carpaccio* de bacalhau, confit de tomate, chouriço e *croutons* de pão com emulsão de línguas
169	*Carpaccio* de bacalhau e legumes assados
165	*Carpaccio* de bacalhau fresco com emulsão de ervas
199	*Carpaccio* de bacalhau, salada de grão-de-bico, salsa fresca e broa de milho portuguesa
179	*Carpaccio* e bolinhos de bacalhau e emulsão de salsa
196	Filhoses de bacalhau com coentro
140	Lâminas de bacalhau, azeite de espinafre, redução de vinagre, maçã e bolinhos de mandioca e *bacon*
161	Lascas de bacalhau ao forno, coentro, cebolinha e torradas de pão de trigo
196	Lascas de bacalhau assado com pão de trigo
147	Línguas de bacalhau ao forno com vagem salteada com grão-de-bico e cenouras
187	Línguas de bacalhau fritas
200	*Mousse* de bacalhau com ricota fresca e azeite de azeitonas
188	*Mousse* de bacalhau e cação

164	*Mousse* de bacalhau para canapés
178	*Mousse* de bacalhau, salada de rúcula e tomate seco
201	*Mousse* de bacalhau, torradas de pão de trigo e azeite de azeitonas pretas
153	Ovas de sardinha com *confit* de línguas de bacalhau, tomate-cereja e pão alentejano
170	Ovos mexidos com bacalhau e torradas de pão de trigo
157	Pataniscas de bacalhau
160	Pataniscas de *Tørrfisk* com tomate seco
193	Salada César com bacalhau
191	Salada de bacalhau com feijão vermelho
183	Salada de bacalhau com grão-de-bico e creme de maçã
154	Salada de bacalhau com pimentões assados
141	Salada de bacalhau com tempero de meia-desfeita
163	Salada de bacalhau cru com favas
197	Salada de bacalhau cru desfiado com limão-siciliano e malagueta
184	Salada de bacalhau defumado e salgado com maçã, limão-siciliano e cubos de pão de trigo
142	Salada de bacalhau e paio de porco caipira com batata bolinha
182	Salada de bacalhau, grão-de-bico, pimentões vermelhos, azeitonas e coentro
153	Salada de bacalhau grelhado, poejo e amêndoas
164	Salada de uvas, *físalis*, amêndoas torradas, queijo da ilha, agriões e bacalhau em lascas
149	Salada fria de bacalhau, tomate, azeitonas e coentro
146	Salada fria de bacalhau, tomate e azeite de salsa
177	Salada morna de línguas de bacalhau
152	Saladinha de bacalhau grelhado com pimentão piquillo
170	Saladinha de dois bacalhaus com maçã, limão-siciliano e cubos de pão de trigo
148	Salsada de bacalhau
171	Sanduíches de bacalhau defumado e coentro
175	Sanduíches de bacalhau defumado, tomate e cebola
189	Tartare de bacalhau fresco, pêssego, maracujá e hortelã-da-ribeira
160	Tartare de bacalhau seco com gengibre, hortelã, coentro e azeite
197	Tomates frescos com bacalhau
191	Tomates gratinados recheados com bacalhau
184	Tortinhas de bacalhau
176	Tortinhas de bacalhau e creme de leite
202	*Vol-au-vent* de bacalhau

205 RECEITAS DE FAMÍLIA

266	Açorda Alentejana de bacalhau
316	Açorda de bacalhau com brotos salteados
210	Açorda de bacalhau com poejo
223	Açorda de bacalhau com tomate
298	Açorda de bacalhau da Mamãe
354	Açorda de bacalhau e camarão com hortelã
244	Açorda de boinas de bacalhau com amêijoas e vôngole
288	Alcatra de bacalhau à minha maneira
252	Almôndegas de bacalhau com purê de batata-doce
387	Arroz de bacalhau, camarão, tomate assado e coentro
320	Arroz de bacalhau com lentilhas
227	Arroz de bacalhau com mariscos e poejo
364	Arroz de bacalhau com peixes frescos e ervas aromáticas
365	Arroz de bacalhau com vôngole e cheiros verdes
268	Arroz de bacalhau da Tia Olga
247	Arroz de bacalhau, feijão e coentro
277	Arroz de bucho de bacalhau com mariscos e hortelã
376	Arroz de choco e línguas de bacalhau com sabores do Mediterrâneo
355	Arroz de línguas de bacalhau e amêijoas
311	Arroz de línguas de bacalhau e camarão com hortelã
210	Bacalhau à Assis
351	Bacalhau à Avó Isaura

335	Bacalhau à Brás
314	Bacalhau à Bruxas de Valpaços
242	Bacalhau à Capitolina
251	Bacalhau à Congregado
229	Bacalhau à Encontrus
343	Bacalhau à Gomes de Sá
221	Bacalhau albardado com *bacon*
274	Bacalhau à Madre Paula
291	Bacalhau à maneira de Caminha
300	Bacalhau à maneira de São Miguel
319	Bacalhau à Margarida da Praça
232	Bacalhau à Maria de Lourdes Modesto
211	Bacalhau à Maria do Porto
285	Bacalhau à Mil Diabos
287	Bacalhau à Minhota
217	Bacalhau à moda da Ervedosa
216	Bacalhau à moda de Viana
301	Bacalhau à moda do Douro
243	Bacalhau à moda do Fragateiro
307	Bacalhau à moda do Minho
306	Bacalhau à Padre Antônio
212	Bacalhau à Pousada de Oliveira
383	Bacalhau à Rashmi Kanji
243	Bacalhau à Terreiro
314	Bacalhau à Tia Beatriz
280	Bacalhau à Tio Antônio
289	Bacalhau à traído
293	Bacalhau à Turca
271	Bacalhau à Zé do Pipo
320	Bacalhau à alho e óleo
221	Bacalhau albardado com *bacon*
369	Bacalhau ao forno com batata-doce e creme de tomate
226	Bacalhau ao forno com pão de centeio
219	Bacalhau ao forno com purê de maçã e mandioca
249	Bacalhau ao forno com toranja, tangerina e especiarias
330	Bacalhau ao forno, creme de berinjela, salada de grão-de-bico, ovo e salsa
371	Bacalhau ao forno, creme de couve-flor, salada de batata bolinha, ovo e coentro
234	Bacalhau assado à maneira de Vila Real
301	Bacalhau assado ao forno com alho, açafrão e malagueta
281	Bacalhau assado ao forno com cebolada à Gomes de Sá
273	Bacalhau assado ao forno e salsa
317	Bacalhau assado, batata assada e cebolada de limão-siciliano
275	Bacalhau assado com aspargos e hortelã
378	Bacalhau assado com batatas a murro
224	Bacalhau assado e migas de broa de milho portuguesa
265	Bacalhau assado na brasa com batatas a murro
291	Bacalhau com alcaparras e *aliche*
253	Bacalhau com aromas Mediterrânicos
221	Bacalhau com azeite de alho e açafrão
209	Bacalhau com batata bolinha e compota de limão-siciliano
251	Bacalhau com broa de milho portuguesa e brotos
259	Bacalhau com camarão e amêijoas
275	Bacalhau com caracóis
306	Bacalhau com cebola e ricota fresca
282	Bacalhau com chuchu e coco
346	Bacalhau com couve-portuguesa, creme de alho e amêndoas
231	Bacalhau com creme ao forno
379	Bacalhau com creme de banana à Madeirense
380	Bacalhau com creme de especiarias e espinafre
208	Bacalhau com creme de espinafre

235	Bacalhau com ervas aromáticas
317	Bacalhau com grão-de-bico e batatas com casca
300	Bacalhau com grão-de-bico, gengibre e cominho
307	Bacalhau com grão-de-bico, minicebolas e brotos salteados
381	Bacalhau com lulas
227	Bacalhau com macarrão risone, tomate e manjericão
218	Bacalhau com mandioca-palha
290	Bacalhau com migas de batata e couve-flor
274	Bacalhau com migas de pão de milho
258	Bacalhau com ovo, salsa e aletria crocante
264	Bacalhau com pasta de azeitonas
267	Bacalhau com presunto e vinho do Porto
258	Bacalhau com sabores da Bahia
207	Bacalhau com todos
239	Bacalhau com todos e bechamel de especiarias
315	Bacalhau com tomate, batata-doce e hortelã
242	Bacalhau com tomate e pimentões à Alentejana
235	Bacalhau com torradas de pão de trigo, manjericão, tomate e cebola
304	Bacalhau corado, molho de línguas picadas e chouriço
321	Bacalhau cozido com brócolis e couve-flor
256	Bacalhau cozido em azeite, emulsão de alho, migas e redução de vinagre de vinho tinto
276	Bacalhau cozido em azeite, migas de couve e creme de azeitonas
245	Bacalhau cozido em azeite no forno com açorda de espinafre
217	Bacalhau crocante com azeitonas e tomate seco
313	Bacalhau da Avó do Bruno
312	Bacalhau da Avó Sophia
344	Bacalhau da Avó Tembe
348	Bacalhau da Família Dias Lopes
339	Bacalhau de caldeirada da Tia Alice
352	Bacalhau de escabeche com sabores Madeirenses
361	Bacalhau de forno, favas e hortelã
303	Bacalhau e dobradinha de bacalhau, molho de feijão vermelho e couve-portuguesa
236	Bacalhau em lascas com cogumelos e batatas crocantes
337	Bacalhau fresco com amêijoas e bolinhos de milho
220	Bacalhau fresco com legumes verdes salteados
321	Bacalhau fresco com molho de *curry* e frutas tropicais
345	Bacalhau fresco corado, batatas com pimentões e tomates no forno e emulsão de vôngole
357	Bacalhau fresco corado com caldo de peixe e farofa de alho
340	Bacalhau fresco de vinha-d'alhos, arroz de tomate e cerejas
241	Bacalhau fresco dourado com molho de manga e arroz Thai
347	Bacalhau fresco empanado com castanha-do-pará, açorda de tomate e ovas
354	Bacalhau frito à maneira de Coimbra
384	Bacalhau frito com arroz de brotos
377	Bacalhau frito com arroz de espinafre e cenoura
325	Bacalhau frito com arroz de tomate e feijão vermelho
220	Bacalhau frito com cebolada de páprica
260	Bacalhau gratinado com legumes
332	Bacalhau gratinado com maionese e molho de tomate
328	Bacalhau grelhado com batata-doce assada e cebolada de laranja
367	Bacalhau grelhado com pimentões
370	Bacalhau grelhado, compota de limão-siciliano e piripíri
385	Bacalhau grelhado e migas de pimentão enroladas
331	Bacalhau grelhado e salada morna de batata
359	Bacalhau guisado à Lisboa antiga
269	Bacalhau lascado com purê de mandioca, batata-doce e maçã assada
322	Bacalhau pil-pil
299	Bacalhau, purê de mandioca e azeite de salsa
211	Bacalhau recheado da Tia Narcisa
226	Bacalhau São Martinho
323	Batatas gratinadas com queijo da Ilha e bacalhau

259	Bola de bacalhau
388	Bolinhos de bacalhau
284	Bucho de bacalhau com feijoca, morcela da guarda e salsa
327	Caldeirada de bacalhau, batata-doce assada e folhas de salsa
255	Caldeirada de bacalhau com temperos aromáticos
290	Canelones gratinados com bacalhau defumado e ricota fresca
265	Caras de bacalhau com feijão
233	Cataplana de bacalhau
264	Cataplana de bacalhau à Mestre-Cervejeiro
261	Cataplana de bacalhau com tomate e temperos aromáticos
250	Cebolada de bacalhau
316	Cebolada de bacalhau com azeitonas e orégano
283	Chora de bacalhau
388	*Confit* de bacalhau com azeitonas, tomate seco, amêndoas e tomilho-limão
296	*Confit* de bacalhau com salada de espinafre e amêndoa torrada e picada
386	*Confit* de bacalhau, creme de camarão e manjericão
372	*Confit* de bacalhau fresco salada de espinafre e amêndoa torrada e picada
237	Empadão de bacalhau com ervilhas e palmitos
308	Empadão de bacalhau com especiarias
329	Ensopado de bacalhau com hortelã e poejo
324	Espaguetinho de ovos salteado com bacalhau, azeitona e salsa fresca
341	Feijoada de bucho de bacalhau com malagueta e coentro
349	Folhado com recheio de bacalhau purê de grão-de-bico e manjericão
373	Lascas de bacalhau com migas de pão de trigo e brotos de nabo
353	Lascas de bacalhau gratinadas, salsa e legumes
257	Línguas de bacalhau, ovas de salmão, creme de aspargo e limão
356	Macarrão guisado com migas de bacalhau e coentro
362	Macarrão *rigate* com bacalhau, tomate e poejo
360	Macarronada de bacalhau com camarão e ervas aromáticas
295	Meia-desfeita de bacalhau
279	Migas de bacalhau com poejo
225	Migas de bacalhau gratinadas com espinafre e *pinoli*
263	Moqueca de línguas de bacalhau e coentro
338	*Paella* da Terra de bacalhau
336	Palitos de bacalhau com migas de feijão-fradinho e emulsão de tomate
333	Panela de bacalhau da Avó Zazá
292	Panelinha de bacalhau
363	Panquecas de bacalhau com sabor de pizza
309	Pataniscas de bacalhau com arroz de feijão e espinafre
375	Pataniscas de bacalhau e camarão com arroz de tomate
315	*Penne* de bacalhau, ricota e coentro
216	*Penne* salteado com lascas de bacalhau e azeitonas
368	Pimentada de bacalhau com poejo
213	Pudim de bacalhau da minha Avó
240	Quiche de bacalhau
305	Risoto de bacalhau e bucho com legumes e coentro
297	Rolos de bacalhau com três molhos
215	Roupa-velha de bacalhau
355	Sopa de cebola e funcho com lascas de bacalhau
234	*Tagliatelli* fresco com bacalhau, rúcula e pimentões
389	Timbale de macarrão de bacalhau
272	Torta de bacalhau com legumes e molho verde
248	*Tortelinni* de espinafre com bacalhau, azeitonas e salsa
228	Tortilha de bacalhau com azeite de espinafre e malagueta

391 RECEITAS DO AUTOR

401	Aletria crocante com bacalhau e aspargos verdes
458	Arroz de bacalhau com camarão, abóbora e favinha

558	Arroz de bacalhau com *foie gras*, creme de abóbora e tomate
505	Arroz de bacalhau com santola, ervilhas e açafrão
523	Arroz de bacalhau, creme de línguas e ervas aromáticas
459	Arroz de bacalhau e cação de coentrada
510	Arroz de cherne e línguas de bacalhau com vôngole e cheiros verdes
399	Arroz de favas, bacalhau fresco corado e hortelã-da-ribeira
457	Arroz de feijão vermelho com brotos de nabo, tomate e caras de bacalhau assadas ao forno
559	Arroz de vôngole, limão-siciliano e aspargos verdes com bacalhau fresco corado
418	Bacalhau ao forno com espinafre e cerejas
424	Bacalhau ao forno, com favada de chouriço e coentro
403	Bacalhau ao forno, com ovo escondido e creme de cebola
574	Bacalhau ao forno, creme de favas, espinafre e hortelã-da-ribeira
569	Bacalhau ao forno, purê de maçã com caviar de salmão aromatizado com cidrão
393	Bacalhau assado com línguas, batata e vinagre de ervas
417	Bacalhau assado em azeite com emulsão do molho e farofa de azeitonas verdes
431	Bacalhau assado em azeite com emulsão do molho, pera assada e farofa de tomate
463	Bacalhau com creme de grão-de-bico, abobrinhas ao forno e vinagrete de coentro
499	Bacalhau com farofa acebolada, creme de ervilhas e caju
518	Bacalhau com leite de coco e gergelim, arroz de espinafre e palmito
560	Bacalhau com maçã e emulsão morna de vinho do porto
522	Bacalhau com pera e emulsão morna de chocolate
443	Bacalhau com toucinho e vieiras
557	Bacalhau corado, molho de línguas e pimentões, chouriço de barrancos e azeite de salsa
485	Bacalhau corado, purê de grão-de-bico, salada de línguas de bacalhau e bochechas de porco, vinagrete de ervas
438	Bacalhau corado, tartare de legumes e molho de feijão
455	Bacalhau cozido a baixa temperatura, lascado com espuma de batata
571	Bacalhau cozido em azeite, *confit* de alho, broa de milho portuguesa, creme de azeitonas de piso e salsa
497	Bacalhau cozido em vinho do Porto Vintage com purê de batatas assadas no forno
509	Bacalhau curado cozido em azeite, purê de aspargos verdes, caviar, abóbora e fava-tonca
521	Bacalhau curado, purê de castanhas-portuguesas, emulsão de vinho do Porto e fava-tonca
515	Bacalhau em filés, migas de broa de milho portuguesa, couve-portuguesa e emulsão de tomate assado
530	Bacalhau em filés, migas de vagem e emulsão de tomate assado
516	Bacalhau em lascas e lavagante com sabores do Brasil
415	Bacalhau empanado com molho de tomate picante e salada verde
500	Bacalhau em posta no forno, purê de grão-de-bico e espinafre e emulsão de salsa, azeitonas e cravo-da-índia
488	Bacalhau fresco com *foie gras*, purê de batata, alho-poró e redução de vinho do Porto
468	Bacalhau fresco corado, açorda de ovas e coentro
464	Bacalhau fresco corado, espinafre, chouriço e azeitonas
533	Bacalhau fresco corado, purê de batata, salsão, alho-poró e emulsão de laranja e especiarias
540	Bacalhau fresco cozido no vapor, vagem e emulsão de gemas
546	Bacalhau fresco em cozimento unilateral, migas soltas de laranja e coentro
548	Bacalhau fresco em vinha-d'alhos com salada de chicória, damascos e castanha-do-pará
474	Bacalhau fresco escalfado com vinho do porto seco e especiarias
453	Bacalhau fresco escalfado, com xerém de vôngole
482	Bacalhau fresco escalfado, legumes, fricassê de açafroa e salsa em juliana
444	Bacalhau fresco gratinado com camarão e legumes
458	Bacalhau fresco marinado com ouriços-do-mar
441	Bacalhau fresco marinado, creme de feijão e hortelã-da-ribeira
536	Bacalhau fresco marinado e pera-portuguesa assada
573	Bacalhau fresco, *mousse* de grão-de-bico e gengibre e azeite de tomate seco
486	Bacalhau fresco na cataplana em molho de tomate e pimentões, batata-doce assada e hortelã
445	Bacalhau fresco no vapor com *foie gras*, especiarias leves e purê de beringela
483	Bacalhau fresco no vapor com tempero de salmoura em caldo de vinho verde e legumes
459	Bacalhau frito com cebolada de maçã e açafrão
517	Bacalhau frito com maracujá
471	Bacalhau grelhado com abobrinha assada e cebolada de ervas aromáticas
451	Bacalhau lascado, batatas ao forno e creme de caranguejola
491	Bacalhau lascado, cidrão e saquê, purê de batata e cogumelos salteados
503	Bacalhau lascado com brotos e crosta de broa de milho portuguesa
432	Bacalhau lascado com *foie gras*, purê de batata, cogumelos e redução de vinho do Porto

409	Bacalhau tipo brás, gema de ovo morna e salada de agrião
479	Bolinhos de arroz, bacalhau e queijo da serra com iogurte e agrião
519	Bolinhos de arroz e bacalhau com molho de queijo e manjericão
481	Bolinhos de bacalhau, castanha-do-pará, ovas de salmão, salada de feijão-fradinho e tomate-cereja
529	Bolinhos de bacalhau com ovas de salmão e salada de tomate-cereja
465	Bolinhos de bacalhau com *pinoli*, ostras e salada de vagem
447	Caldo de bacalhau com cogumelos silvestres e azeitonas de piso
552	*Carpaccio* de bacalhau fresco com sabores de Verão
513	*Carpaccio* de bacalhau fresco, emulsão de alho e mostarda
527	Ceviche de bacalhau fresco
414	Charuto de massa de arroz com línguas de bacalhau e lavagante, creme de maçã e saquê
545	*Confit* de bacalhau, azeitonas, e tomate seco, creme de batata, brotos e aspargos brancos salteados
456	*Confit* de bacalhau com açafroa e salada de grão-de-bico com gengibre
554	*Confit* de bacalhau com especiarias, creme de favas, morcela e coentro
525	*Confit* de bacalhau com páprica e panelinha de lentilhas
406	*Confit* de bacalhau com tangerina, tomilho-limão, purê de abóbora, batata e salsa
553	*Confit* de bacalhau com gengibre, salada de feijão vermelho e hortelã
434	*Confit* de bacalhau em azeite de urucum e creme de favas
565	*Confit* de bacalhau, creme de línguas de bacalhau e caviar
473	*Confit* de bacalhau em azeite, azeitonas pretas, tomate seco, *pinoli* e alecrim
467	*Confit* de bacalhau em azeite e alho com casca e migas soltas de couve
539	*Confit* de bacalhau em azeite extravirgem, creme de favas, tomate seco e hortelã
570	*Confit* de bacalhau fresco com fava-tonca, emulsão de maracujá e poejo
446	*Confit* de bacalhau fresco em azeite com cítricos e alecrim
494	*Confit* de bacalhau fresco em azeite e cumaru-do-amazonas
427	*Confit* de bacalhau fresco no vapor com legumes salteados
551	*Confit* de bacalhau, tomate seco, alperce, pimenta-do-reino verde e espinafre
428	Creme de aspargos, bacalhau defumado, pistaches torrados e coentro
469	Creme de batata-doce, espinafre, salada de bacalhau e hortelã
396	Creme de cogumelos, bacalhau fresco arrepiado, azeite de ervilhas e cravo-da-índia
542	Creme de ervilhas com salada de línguas de bacalhau e farofa de tomilho
402	Ervilhas estufadas com torresmos do mar e lascas de bacalhau
425	Espaguete de espinafre, bacalhau fresco corado e vinagrete morno de frutas secas
426	Espaguete de ovos, línguas de bacalhau, enguias, alho e malaguetas
447	Espaguete de ovos, salteado com bacalhau, azeitonas e salsa fresca
564	Filés de bacalhau com toucinho, creme de tangerina, batata-doce e caviar
543	Filés de bacalhau fresco, açorda de espinafre e coentro
572	Filés de bacalhau fresco, com molho de *curry* verde, coentro, manga e pimentão
461	Fricassê de lascas de bacalhau e camarão com rosti de batata e coentro
419	Fritura de bucho de bacalhau, alfaces e emulsão de acerola
397	Hambúrguer de bacalhau com emulsão de ameixas
449	Lâminas de bacalhau, azeite de espinafre, redução de vinagre e maçã em salada
420	Lascas de bacalhau cozido em azeite e tomilho-limão com purê
450	Línguas de bacalhau assadas com lascas de bacalhau, batata esmagada e couve-portuguesa
439	Línguas de bacalhau assadas no forno com lavagante e creme de maçã
462	Línguas de bacalhau assadas no forno com ostras frescas e creme de maracujá
477	Línguas de bacalhau com molho de gengibre, coco e limão-siciliano
549	Línguas de bacalhau salteadas, creme de manga e poejo, farofa de alho e broa de milho portuguesa
437	Lombo de bacalhau ao forno com espinafre e uvas
528	Lombo de bacalhau ao forno em crosta de pão alentejano e salada quente de grão-de-bico
435	Lombo de bacalhau cozido em azeite, couves salteadas, fricassê e tempurá
534	Macarrão guisado com caras e línguas de bacalhau, coentro e sálvia
475	Minha moqueca de bacalhau
411	*Mousse* de bacalhau, camarão, salada verde e emulsão de pimentões assados
423	*Mousse* de bacalhau com azeitonas, *confit* de tomate e farofa de pão de trigo
535	*Mousse* de bacalhau com cavaco, salada, farofa de salsa e emulsão de maracujá
512	*Mousse* de bacalhau com lavagante e salada de ervas aromáticas
476	*Mousse* de bacalhau e azeitonas, *confit* de tomate e redução de balsâmico
429	*Mousse* de bacalhau e caranguejola em salada verde
492	*Mousse* de bacalhau e ricota, salada de agrião e salsa

498	*Mousse* de bacalhau, *foie gras*, *pinoli*, malaguetas e limão-siciliano
506	*Mousse* de bacalhau, salada verde e farofa de broa de milho portuguesa
426	Nhoque com línguas de bacalhau, camarão e hortelã
412	Palitos de bacalhau fritos, com migas de feijão e molho de tomate
493	Panelinha de bacalhau com sabores do Pará
511	*Papillote* de bacalhau fresco com hortelã, migas de couve e broa de milho portuguesa
446	*Papillote* de bacalhau fresco com salsa e poejo
421	Pataniscas de bacalhau e salada de vagem, hortelã e amêndoas torradas
575	Peixe-espada empanado com maçã seca, arroz de tomate assado com línguas de bacalhau e poejo
563	Poejada de bacalhau com uvas frescas
395	Ravióli de bacalhau, camarão e vodca
507	Risoto de bacalhau e camarão, abobrinhas, tomate e hortelã-da-ribeira
524	Risoto de bacalhau, tomate e poejo
489	Risoto de boinas de bacalhau, cogumelos e salsa fresca
501	Risoto de caranguejola, línguas de bacalhau e aspargos verdes
495	Risoto de espinafre, bacalhau corado e maçã verde
394	Risoto de línguas de bacalhau com amêijoas e manjericão
561	Rissole de bacalhau e *foie gras* com batata-doce, creme de favas e coentro
407	Salada de línguas de bacalhau com peras de forno e torradas de pão de trigo
531	Salada fria de *tørrfisk*, pimentões, azeitona e manjericão
401	*Shimeji* no forno, lascas de bacalhau, azeitonas pretas e azeite de pimenta-da-jamaica
408	Sopa de caras de bacalhau, mandioca, ervilhas e poejo
547	Sopa de línguas de bacalhau com batata-doce, tomate e hortelã
541	Sopa de tomate com tibornada de bacalhau
567	Sopa fria de aspargos e abobrinha, tartare de tomate e bacalhau
555	Sopa fria de couve-flor e abobrinha, *mousse* de ricota e bacalhau defumado
413	Suflê de bacalhau, camarão e molho de tomate
537	Suflê de bacalhau e queijo mistura perfumado com *mousse* de salsa
405	Suflê de espinafre e noz-moscada com línguas de bacalhau
504	Suflê de *Tørrfisk*, camarão e castanhas-portuguesas, molho de tomate e azeite de manjericão
487	Tartare de bacalhau fresco com maionese de azeite e vinagrete de gengibre
400	Tartare de bacalhau fresco com manga, tomate, pimentões e azeitonas secas
552	Tartare de bacalhau fresco com tomate seco e especiarias
400	Tartare de dois bacalhaus com maçã, limão-siciliano e cubos de pão de trigo
420	*Tørrfisk* com batata-doce, ovos e coentro
470	*Tørrfisk* com cebolada de salsa
452	*Tørrfisk* marinado com queijo de meia cura e sopa fria de tomate
480	Tortilha de bacalhau e cebolada com azeite de espinafre
566	*Tranches* de bacalhau fresco escalfado, pera, tomate-cereja e coentro
440	Trouxa de bacalhau fresco e *foie gras*, emulsão de vinho moscatel e purê de batatas assadas
433	Vatapá de bacalhau com coco fresco e castanha-de-caju